NOUVELLE-AQUITAINE

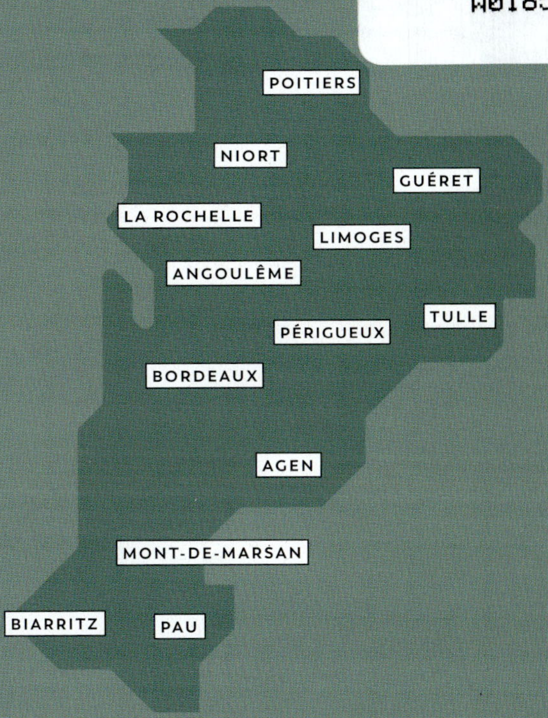

NOUVELLE-AQUITAINE

84 000 km²
La Nouvelle-Aquitaine est la plus grande région de France (15,5% du territoire national)

6,1 M hab.
C'est la 4ᵉ région la plus peuplée du territoire

10,5 Mds €
C'est la première région agricole européenne en valeur

1re
région de France pour l'élevage bovin et caprin

1re
région boisée de France, avec 2,8 millions d'hectares de forêts

5
parcs naturels régionaux

720 km
de littoral

9%
de part du tourisme dans le PIB régional

1263
hôtels dont 3 palaces et 40 5-étoiles

4 977 km
d'itinéraires cyclables

105 mètres
de haut pour la dune du Pilat, au Pyla-sur-Mer, plus haute dune d'Europe

SOMMAIRE

1

CHIFFRES CLÉS

5

SAVEURS LOCALES

006 – Dégustation et découverte à l'Atelier du Goût Gault&Millau d'un produit régional : le caviar de Nouvelle-Aquitaine

13

TÊTES D'AFFICHE

014 – Les Grandes Toques, le palmarès du Gault&Millau Tour Nouvelle-Aquitaine 2024

023 – Recette de chef autour d'une spécialité régionale : le canard

028 – Portraits des personnages et établissements emblématiques de la région

32

41

ITINÉRAIRES GOURMANDS

042 – 48 h à Biarritz

050 – 48 h à Périgueux

058 – Une journée dans le Marmandais

42

67

VINS & SPIRITUEUX

068 – Dégustation de graves

074 – Dégustation de cognacs

80

ÉTABLISSEMENTS GAULT&MILLAU

081 – Notre sélection des restaurants, hôtels, artisans

370 – Index des établissements

380 – Index des villes

LES 7 PRINCIPES DE GAULT&MILLAU

1

L'indépendance totale vis-à-vis des établissements.

2

Le recrutement d'enquêteurs exigeants, gourmets et gourmands.

3

L'anonymat des enquêteurs lors des évaluations.

4

La visite dans des conditions normales de fréquentation.

5

Le règlement des additions.

6

La mise à jour régulière par des évaluations continues.

7

La vérification de nos informations.

SAVEURS LOCALES

PRUNIER
CAVIAR
depuis 1872
PARIS
SIGNATURE
CAVIAR
DE NEUVIC
BAERI
Produit en France
VINTAGE
STURIA
VINTAGE
CAVIAR
Malossol
ARTISAN ÉLEVEUR
PÉRIGORD NOIR
CAVIAR
PERLE NOIRE
Classique
FABRIQUÉ EN FRANCE

LE CAVIAR DE NOUVELLE-AQUITAINE

Un mets rare, synonyme de prestige et d'hyperluxe inaccessible. Une petite boîte de 50 g au prix d'une paire de baskets peut provoquer une émotion insoupçonnable. Si des marques sont apparues, notamment en France, c'est sans doute qu'il y a une place pour la démocratisation du produit. Mais ce qui vaut pour le foie gras, la truffe ou le diamant vaut pour le caviar: le luxe bon marché n'existe pas, ou il est déceptif.

Arrivée du caviar en Gironde

Les pêcheurs girondins ne connaissaient rien de l'extraction des œufs d'esturgeon jusqu'au jour où, selon la légende, une princesse russe de passage dans l'estuaire leur prodigua quelques conseils. Ainsi, à la fin du XIXe siècle, le caviar de Nouvelle-Aquitaine était né. Et c'est l'arrivée de Russes blancs à Paris, en 1920, qui installe la richesse de ce mets raffiné. Invités à le déguster, les riches Parisiens gourmets ont vite apprécié ce délice. Dès les années 1980, la Nouvelle-Aquitaine a profité de lieux adaptés pour aménager des fermes piscicoles. La région a ensuite tiré parti de l'interdiction de l'exploitation des esturgeons sauvages décidée en 2010. Une IGP caviar d'Aquitaine est actuellement en cours d'élaboration. Au niveau mondial, la Chine domine nettement le marché, suivie par l'Italie, la France, la Pologne et les États-Unis.

DE L'ALEVINAGE À LA CUILLÈRE

Nombreuses sont les étapes avant dégustation. La première est celle de l'élevage. Le sexe de l'esturgeon étant déterminé après 3 ans, il n'atteint l'âge adulte qu'à 9 ou 10 ans. Suit un tri individuel opéré sur chaque femelle pour s'assurer que les œufs arrivent à maturité. Une fois séparés, ils sont tamisés, rincés et pesés. Ensuite, le salage et l'affinage, vrais marqueurs de la maison, sont déterminants. Après validation du maître affineur, le caviar est mis en boîte pour être transporté sans dommage jusqu'à la table des dégustateurs.

Une majorité de baeri

La plupart des caviars français sont issus de l'espèce baeri. Provenant d'un esturgeon originaire de Sibérie, *Acipenser baerii*, le baeri s'acclimate bien sous nos latitudes et s'élève assez facilement. Le grain, plutôt petit et fondant, présente un bon équilibre et une certaine finesse iodée. C'est celui que Gault&Millau a choisi de déguster. M. E.

NOTES DE DÉGUSTATION

♥ PRUNIER

Pionnière dans l'âme, la maison Prunier est à l'origine du premier producteur de caviar français en 1921 et de la première ferme d'élevage d'esturgeons en Dordogne, en 1990. L'ancêtre Prunier s'est révélé visionnaire dans un produit qui fait toujours rêver. Désormais entre les mains d'un groupe suisse soucieux de faire rayonner le caviar, elle compte 40 points de vente à travers le monde et 9 ateliers de production. La manufacture développe également des produits dérivés tels que le beurre ou les rillettes d'esturgeon...

58, rue des Moulineaux
24700 Montpont-Ménestérol
www.prunier.com

❶ *Les jolis grains homogènes aux reflets vert et nuances plus claires donnent le ton, celui de l'élégance., L'arôme agréable et vif présente des notes végétales et printanières teintées d'agrumes. La bouche confirme, malgré une texture légèrement pâteuse, avec un bel équilibre entre iodé et fruité.*

135 € la boîte de 30 g

STURIA

Dans un contexte d'extinction de l'esturgeon européen *Acipenser sturio*, la maison Sturia accueille dès 1986 ses premiers esturgeons baeri à Colombiers et crée en 1991 la première écloserie privée à Saint-Seurin-sur-l'Isle. Éleveur, producteur, sélectionneur et affineur, Sturia tend vers un projet « Zéro impact sur le biotope » et participe activement au programme de préservation et de réintroduction de l'esturgeon européen en milieu naturel.

102, route de Beauval
33450 Saint-Sulpice-et-Cameyrac
www.sturia.com

❷ *Les grains sont d'aspect brillant, de couleur anthracite aux reflets verts. L'arôme assez franc révèle des notes d'algues. Le croquant est agréable. La belle densité et la longueur en bouche en font un bon caviar de dégustation et d'accompagnement.*

75 € la boîte de 30 g « Vintage »

MEMBRES DU JURY

Marc Esquerré, *directeur des guides et des enquêtes Gault&Millau*
Franck Tesson, *responsable audit & labellisation Gault&Millau*
Jean Esquerré, *enquêteur Gault&Millau*

NOTES DE DÉGUSTATION

CAVIAR DE NEUVIC

La maison Caviar de Neuvic a été fondée en 2011 par Laurent Deverlanges, passionné d'aquaculture. La propriété est située dans le Périgord blanc, au bord de l'Isle, qui approvisionne des bassins équipés de panneaux photovoltaïques. Toutes les étapes de l'élevage sont assurées, de la closerie jusqu'à la préparation des caviars et de produits à base de chair d'esturgeon. La ferme est devenue en 2021 le deuxième fournisseur mondial – le premier en France – de caviar bio. Le domaine propose une formule brunch et des journées VIP.
430, route de la Veyssière
24190 Neuvic
www.caviardeneuvic.com

❸ *Un caviar consensuel, dont les grains gris vert de bonne tenue sont appétissants. Sur un nez très discret, légèrement vaseux, la mâche est fondante. Le grain s'écrase sur une saveur toujours consensuelle, laissant une impression beurrée légèrement iodée.*
75 € la boîte de 30 g « Baeri Signature »

CAVIAR PERLE NOIRE

L'entreprise Caviar Perle Noire, créée en 2008 par Frédéric Vidal, bénéficie d'un site environnemental de qualité dans le Périgord noir. Les esturgeons se développent dans des bassins de basse densité qui recréent un écosystème propice à l'espèce. C'est en eau douce que l'*Acipenser baerii* évolue. L'apport nutritif est strictement contrôlé. Visite et dégustation sur place d'avril à octobre, où l'on retrouve aussi beurre de caviar, crémeux d'esturgeon et de truite, œufs de truite…
Lieu-dit Cros Noir
24620 Les Eyzies-de-Tayac
www.caviarperlenoire.com

❹ *Un grain noir un peu irrégulier, légèrement écrasé, qui se ressent dans une texture vite fondante avec peu de mâche. La bouche est attendue, faiblement salée, organique, voire un peu animale, mais le plaisir est là.*
78 € la boîte de 30 g « Classique »

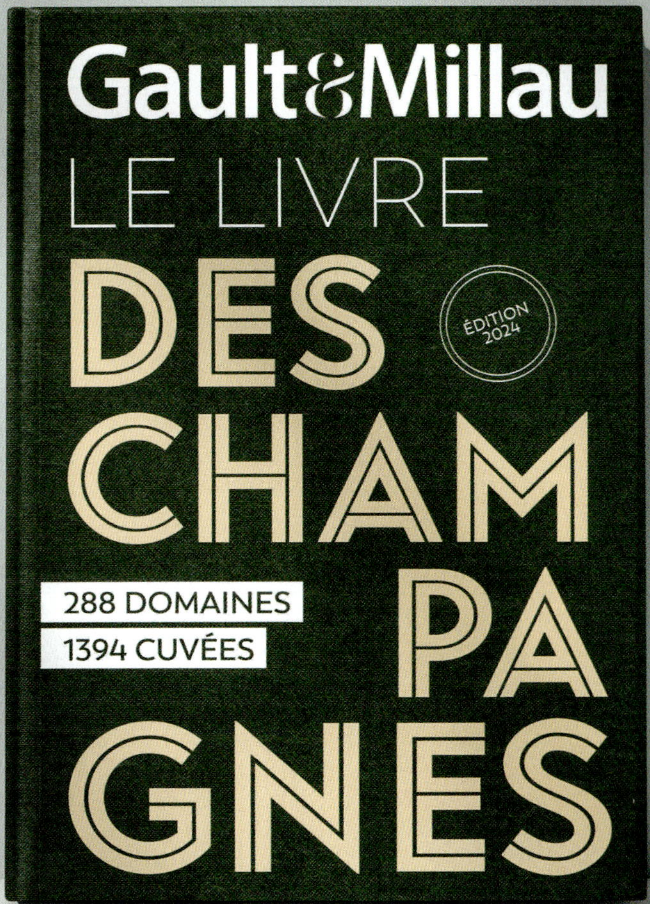
Gault&Millau
LE LIVRE
DES
CHAM
PA
GNES
ÉDITION 2024
288 DOMAINES
1394 CUVÉES

Gault&Millau
LE GUIDE
FRANCE
2024
NOTRE SÉLECTION
DE 2500 RESTAURANTS
LES 100 MEILLEURES
TABLES DE FRANCE

TÊTES D'AFFICHE

MICHEL GUÉRARD
Les Prés d'Eugénie

JÉRÔME SCHILLING
Lalique –
Château Lafaurie-Peyraguey

PHILIPPE ETCHEBEST
Maison Nouvelle

NICOLAS MASSE
La Grand'Vigne –
Les Sources de Caudalie

XABI & PATRICE IBARBOURE
La Table des Frères Ibarboure

MICHEL TRAMA
L'Aubergade

CHRISTOPHER COUTANCEAU
Restaurant
Christopher Coutanceau

SÉBASTIEN FARAMOND
La Table de Pavie –
Hôtel de Pavie

LES GRANDES TOQUES

TOQUES D'OR

Michel Guérard
Les Prés d'Eugénie
Eugénie-les-Bains, 40

Michel Trama
L'Aubergade
Puymirol, 47

4 TOQUES

Christopher Coutanceau
Restaurant Christopher Coutanceau
La Rochelle, 17

Philippe Etchebest
Maison Nouvelle
Bordeaux, 33

Sébastien Faramond
La Table de Pavie – Hôtel de Pavie
Saint-Émilion, 33

Xabi et Patrice Ibarboure
La Table des Frères Ibarboure
Bidart, 64

Nicolas Masse
La Grand'Vigne –
Les Sources de Caudalie
Martillac, 33

Jérôme Schilling
Lalique - Château Lafaurie-Peyraguey
Bommes, 33

FABIEN BEAUFOUR
Cent33

IDIR FSEIL
AHPÉ

PATRICE IBARBOURE
La Table des Frères Ibarboure

VIVIEN DURAND
Le Prince Noir

BERTRAND NOEUREUIL
L'Observatoire du Gabriel

MICHEL DUSSAU
La Table de Michel Dussau

BRICE GOEURIOT &
MARGAUX LE BAILLIF
Nuance

GAULT&MILLAU TOUR NOUVELLE-AQUITAINE 2024

GAULT&MILLAU D'OR

Vivien Durand
Le Prince Noir
Lormont, 33

GRAND DE DEMAIN

Bertrand Noeureuil
L'Observatoire du Gabriel
Bordeaux, 33

JEUNES TALENTS

Brice Goeuriot & Margaux Le Baillif
Nuance
Bayonne, 64

TECHNIQUES D'EXCELLENCE

Fabien Beaufour
Cent33
Bordeaux, 33

TERROIR D'EXCEPTION

Idir Fseil
AHPÉ
Biarritz, 64

TRADITION D'AUJOURD'HUI

Philippe Tredgeu
Le Serghi
Saint-Martin-de-Ré, 17

CUISINE DE LA MER, DES LACS ET DES RIVIÈRES

Fabian Feldmann
L'Impertinent
Biarritz, 64

CUISINE DES PRAIRIES ET DES PÂTURAGES

Michel Dussau
La Table de Michel Dussau
Agen, 47

PÂTISSIER

Patrice Ibarboure
La Table des Frères Ibarboure
Bidart, 64

ACCUEIL

François Durgueil
L'Agape
Limoges, 87

SOMMELIER

Élisa Combrouze
Auberge Ostapé
Bidarray, 64

JEUNE TALENT EN SALLE

Morgane Guider
Le Pétrocore
Périgueux, 24

VIVIEN DURAND
GAULT&MILLAU D'OR

Atypique, c'est peu de le dire, tant la rencontre avec Vivien Durand vous éloigne de la vision classique du chef gastro à toque bien droite et parcours complet.

Pyrénéen de naissance, naviguant d'un département à l'autre dans son enfance, du Pas de la Case à l'Aveyron en passant par la Bigorre, il entre au lycée hôtelier de Souillac avec déjà des rêves en grand. *«Je voulais aller chez Ducasse et j'y suis allé. Au Louis XV, à Monaco.»* Il se perfectionne dans la langue monégasque, fréquente quelques autres belles maisons pour acquérir tout ce qu'il faut savoir de la cuisine Riviera, et retourne dans sa région natale ouvrir un premier restaurant à 24 ans.

Le premier grand tournant se produit lorsqu'il rejoint la cave Eguiazabal, à Hendaye. Il est impressionné par l'érudition et l'approche du vin de Pierre Eguiazabal, qui a été sept ans le chef sommelier d'Alain Chapel. *«Tout ce que j'apprenais du vin, au fur et à mesure, faisait résonance avec ce que je pensais de la cuisine, dans les sauces, les acidités, les amers. À partir de là, je n'ai jamais plus envisagé une assiette sans penser à ce qui pouvait l'accompagner.»*

Au fil du temps, sa cuisine s'affine, tend vers sa meilleure version, le produit épuré, mais enrichi d'une grande et invisible technique, un trait d'épice, un secret de cuisson, qui rend la côte de bœuf ou l'épaule d'agneau inoubliables. Là encore, en 2014, les planètes s'alignent pour la deuxième fois avec une autre grande rencontre. *«J'avais fait deux repas chez Jean-Marie Amat et j'avais été ébloui; c'était ce type de cuisine que je voulais. Il m'avait époustouflé avec une viande de bœuf comme on en rêve, apparemment toute simple, et pourtant d'une saveur unique.»* Le grand Jean-Marie, le prince bordelais du Saint-James, celui qui révolutionna la ville cours de l'Intendance, puis à Bouliac, occupait alors le château du Prince Noir à Lormont.

«J'étais encore au Pays basque et je croise Alain Ducasse. C'est lui qui me parle du Prince Noir et me met sur l'affaire. J'y ai vu un signe, une opportunité que je devais saisir.» En quelques mois, l'affaire s'est conclue, d'autant mieux que le propriétaire, le promoteur Norbert Fradin, a façonné de façon idéale cette demeure historique dont la première construction remonte au XIe siècle. *«J'ai un outil formidable et toute liberté pour travailler exactement comme je veux.»* La cuisine de Vivien Durand, on l'a compris, n'est ni végétale, ni traditionnelle, ni marine, ni fermière, mais tout à la fois, dans la saisonnalité et le meilleur du produit.

Il y a quelques semaines, c'est toute l'équipe, et même des anciens revenus pour l'occasion, qui ont fêté les 10 ans de Vivien Durand au Prince Noir. *«C'est un peu ma fierté, aujourd'hui, de voir tous ces jeunes formés ici qui ont intégré de belles maisons.»* Et l'histoire, bien sûr, ne s'arrête pas là : *«Il reste quelques belles pages à écrire ici. On est bien, mais j'en suis sûr, on a encore une marge de progression!»* M. E.

Le Prince Noir – 16/20

1, rue du Prince-Noir – 33310 Lormont

BERTRAND NOEUREUIL
GRAND DE DEMAIN

Certains chefs l'affichent, la voie royale semble avoir été tracée pour eux. Mais ne nous y trompons pas, c'est toujours le travail, plus que la chance, qui déblaie l'allée des roses. Bertrand Noeureuil est de ceux-là. Le chef du Gabriel – qui gère à la fois le superbe gastro du premier étage et le bistrot, installé depuis décembre dernier – est arrivé comme une évidence. *« Le départ d'Alexandre Baumard libérait d'un seul coup deux postes, à Saint-Émilion et ici. Bordeaux m'attirait, pour me rapprocher de ma région toulousaine d'origine. »*

Les premiers pas se font chez Daniel Gonzalez et David Biasibetti à Ô Saveurs dans le village de Rouffiac-Tolosan. *« J'y ai tout appris à mes débuts, y compris l'envie de grimper. »* Le jeune homme est servi, puisqu'il rejoint Yannick Alléno pour sa dernière année au Meurice, avant de suivre le chef au Cheval Blanc Courchevel, où il passera six saisons. Il gagne alors Cheval Blanc Saint-Tropez avec Arnaud Donckele et se montre à nouveau performant : à l'ouverture de Plénitude Cheval Blanc Paris, le Cuisinier de l'Année 2020 lui propose de l'accompagner dans ce nouveau challenge. *« Quand on est arrivés, il n'y avait que quatre murs et tout à faire ! »* Il sera le chef de cuisine aux côtés d'Arnaud Donckele durant quatre ans.

Aujourd'hui, Bertrand Noeureuil est déjà un chef accompli, libre de ses mouvements et indiscutable Grand de Demain. *« J'accentue mes cartes sur les produits, mais aussi sur les cuissons de saison. On braise l'hiver, on grille l'été, ni la vision ni les plats ne sont identiques. »* Là aussi, l'aventure est excitante et ne fait que commencer au Gabriel. *« C'est un peu l'idéal pour moi aujourd'hui. Une maison historique, qui a une âme, où l'on peut jouer la tradition dans la modernité, jusque dans la mise en scène. On invite les clients à passer en cuisine et à faire chabrot* [verser du vin rouge dans un reste de soupe, NDLR], *avec un vin de Bordeaux bien sûr ! Et puis, par exemple, en ce moment je fais un cou farci qui me rappelle mon enfance, on y met de la pintade, du foie gras, d'autres volailles... On s'amuse ! »* M. E.

L'Observatoire du Gabriel – 15/20

10, place de la Bourse – 33000 Bordeaux

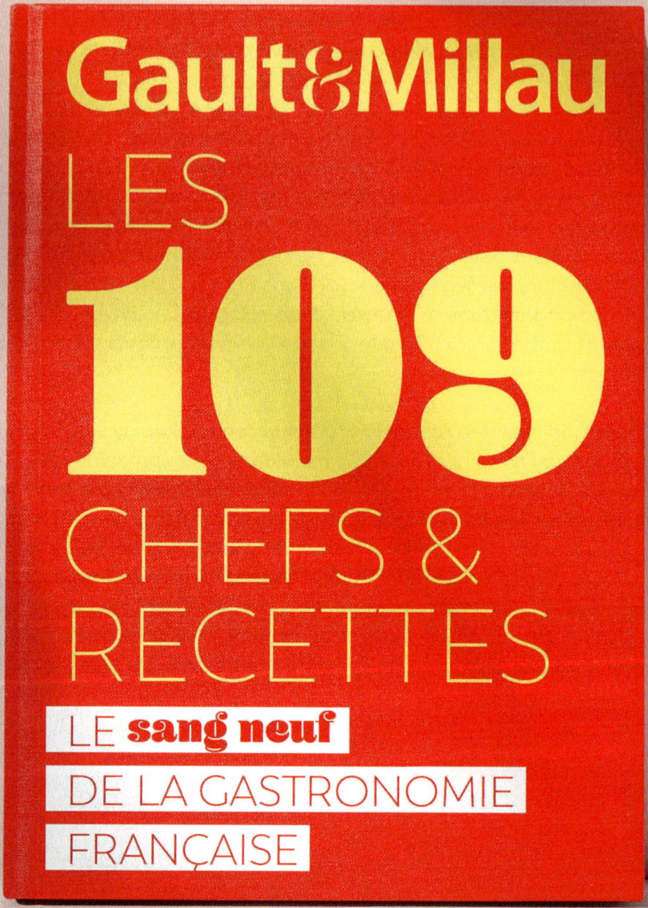
Gault&Millau
LES
109
CHEFS &
RECETTES
LE sang neuf
DE LA GASTRONOMIE
FRANÇAISE

RECETTE
DE CHEF

ANGEL MORALES

Capélo — 🍴 12/20
1, place Louis-Magne
24000 Périgueux

Tartare de canard & son condiment sucré salé

NIVEAU DE DIFFICULTÉ **FACILE**

POUR	PRÉPARATION	MACÉRATION
4 PERSONNES	10 MIN	7 JOURS

PICKLES D'ÉCHALOTES
2 échalotes
10 cl d'eau
5 cl de vinaigre aromatisé
1 c. à soupe de sucre
1 c. à soupe de sel

VINAIGRETTE
7 cl d'huile de noix
7 cl de sirop d'érable
1 c. à soupe de moutarde
3 c. à café de vinaigre de framboise
Paprika fumé

TARTARE
2 magrets de canard
1 pêche
Parmesan
Sel et poivre

1 – Réalisez les pickles d'échalotes (plusieurs jours à l'avance) : pelez et hachez grossièrement les échalotes, mettez-les à macérer dans un mélange d'eau, de vinaigre, de sel et de sucre pendant plusieurs jours.

2 – Préparez la vinaigrette : mélangez tous les ingrédients afin d'obtenir une vinaigrette.

3 – Réalisez le tartare : n'utilisez que le maigre du canard, ajoutez-y la pêche coupée en brunoise (petits dés), le parmesan râpé et les pickles. Ajoutez la vinaigrette, les pickles et assaisonnez à votre convenance.

Fondée en 2011 par Olivier Chaput, l'association Les Enfants Cuisinent a pour but d'apprendre aux enfants l'importance de bien se nourrir et donc de cuisiner afin d'éviter le plus possible les produits transformés. L'association invite des chefs à venir animer des ateliers dans les écoles.
Gault&Millau a choisi de s'associer à cette initiative et d'apporter son soutien.
Le chef Marc-Antoine Lepage du restaurant Nacre, à Arès (13,5/20 et 2 toques), est ainsi venu à l'école Bon Accueil, à Andernos-les-Bains, et a montré aux 17 élèves de CM1/CE2 et CE1 comment préparer une salade de fraises, fleur de sureau et chantilly.

www.les-enfants-cuisinent.com
Insta @lesenfantscuisinent

MARC-ANTOINE LEPAGE

Nacre – 13,5/20
3 bis, rue Sophie-et-Paul-Wallerstein
33740 Arès

FABIEN LAFON
PRODUCTEUR DE TRUFFES

LA CULTURE DE L'OR NOIR DU PÉRIGORD

C'est au cœur du Périgord noir, à Saint-Avit-Sénieur, que Fabien Lafon a créé sa truffière, il y a une vingtaine d'années. Passionné, il cultive avant tout le précieux champignon pour que cette tradition perdure.

« *J'ai créé cette trufficulture de toutes pièces* », affirme Fabien Lafon, pour lequel ce n'est pas le principal métier, puisque, dans la vie, le Périgourdin est carrossier. La truffe est avant tout sa passion : « *Mon attachement m'a été transmis par mon grand-père, qui s'absentait toute la journée, avec son chien, pour aller ramasser les truffes.* » Le cultivateur a hérité d'une parcelle, auparavant destinée à la culture du maïs ou du blé, sur laquelle il a planté des arbres truffiers.

Une culture aléatoire

Fabien Lafon détient aujourd'hui plus de 400 chênes, vieux d'une vingtaine d'années pour les plus anciens. Le carrossier occupe son temps libre à l'entretien de son exploitation : « *Je préfère être ici à nettoyer les arbres plutôt que d'être chez moi à faire du bricolage. Il y a du travail toute l'année. Juillet et août sont calmes, mais en septembre, il faut vérifier que les arbres vont bien. Mars correspond à l'ensemencement. Avril, c'est la taille, mais je la fais à la Van Gogh, comme ça me plaît !* »

Même si Fabien Lafon ne fait pas fortune avec son activité, celle-ci représente tout de même un complément de revenus : « *On ne devient pas riche avec la culture de la truffe. Il faut prendre en compte l'achat des chênes, l'entretien de l'enclos autour de la parcelle, la pose de systèmes de sécurité avec des caméras qui font dépenser beaucoup d'argent. Cette année, je me suis en quelque sorte autofinancé.* » La culture →

→ de la truffe est aléatoire et l'on n'est jamais sûr d'avoir une production florissante : *« Un trufficulteur peut faire un investissement nul. Si je me réfère à la récolte de l'année dernière, nous avons fait une demi-récolte avec très peu de volumes. Heureusement que je ne compte pas sur ma production pour en vivre. »*

Un avenir incertain
Fabien Lafon reste inquiet sur l'avenir de la truffe dans le Périgord noir. Depuis quelques années, le changement climatique impacte fortement la production : *« Il n'y a plus d'hiver ni de froid qui accompagnent la saison. Plus les années passent, et plus les températures augmentent. Et c'est un vrai problème pour la truffe. L'avenir est sûrement compliqué pour ceux qui désirent faire du volume. À mon avis, dans cinquante ans, il n'y aura plus beaucoup de truffes. »* Le producteur a peur de voir les jeunes se détourner de la production : *« Pour le moment, mes enfants ne désirent pas reprendre la truffière et je ne pense pas qu'ils soient les seuls de leur génération. Il faudra se battre pour que des jeunes perpétuent la tradition. »*

Les principaux débouchés de sa culture sont les grossistes du marché aux truffes de Saint-Alvère, les clients du garage où il travaille et les restaurateurs : *« Je travaille beaucoup avec le chef Vincent Arnould du Vieux Logis* [établissement noté 15,5/20 et auréolé de 3 toques Gault&Millau, NDLR] *à Trémolat. C'est une institution de la région qui met en valeur la truffe jusqu'à son paroxysme. Pendant la saison de la truffe noire, de décembre à février, le chef propose un menu autour de la truffe. C'est un régal ! »* J. P.

Marché aux Truffes de Sainte-Alvère

25510 Val de Louyre et Caudeau
T. 05 53 73 55 85
truffe-perigord-noir.com

LE MARCHÉ AUX TRUFFES DE SAINT-ALVÈRE

Le marché aux truffes de Sainte-Alvère est implanté depuis plus de trente-cinq ans au cœur du Périgord noir. Il est né d'une prise de conscience de la municipalité, de trufficulteurs et d'acheteurs de créer un marché qualitatif. Objectif réussi grâce à la vérification de chaque truffe avant sa mise en vente. De fin novembre à février, le public est convié à partir de 10 h au son de la cloche, pour acheter le précieux champignon. Chaque trufficulteur-récoltant est libre de fixer son prix. Compter en moyenne entre 500 et 1000 € le kilo. Désormais considéré comme un lieu de référence, il contribue à dynamiser les commerces environnants pendant l'hiver, et à maintenir une vie de village.

FRANCK LIHOUR
VIGNERON

PASSION JURANÇON

Niché au cœur du Béarn, le domaine Castéra est l'un des nouveaux fers de lance de l'appellation jurançon. Franck Lihour, vigneron talentueux, s'est nourri d'expériences viticoles avant de revenir dans sa région natale.

« *J'entame cette année mon dixième millésime, le temps passe vite !* » s'exclame Franck Lihour, qui a pris la suite de ses parents Christian et Pierrette Lihour à la tête du domaine Castéra en 2014. La famille l'a acquis en 1895, mais l'histoire de ce domaine en appellation jurançon remonte à 1743. Le jeune vigneron a d'abord souhaité découvrir d'autres régions et pays viticoles avant de s'installer : « *Je désirais acquérir une vision large du monde du vin. Je suis donc parti, après mon BTS viticulture-œnologie, en Corse, en Afrique du Sud ou dans la Napa Valley. Ces expériences m'ont enrichi et je suis revenu au domaine avec des idées plein la tête.* »

Le jurançon sec a le vent en poupe

Jurançon est une appellation où la polyculture est ancrée depuis des siècles : « *Jurançon est un vignoble du Piémont, les vignes sont positionnées en haut des coteaux et les autres terroirs sont réservés à de l'élevage ou à des céréales. Nous avons l'avantage de vivre avec le bon sens paysan depuis des siècles et de contribuer à maintenir un écosystème durable.* »

Franck Lihour fait partie d'une nouvelle génération qui sait tirer la quintessence des cépages emblématiques du jurançon, le petit et le gros manseng, et de leurs terroirs : « *Notre appellation est connue pour la production de vins liquoreux de grande qualité et nous en sommes fiers, mais nous créons aussi de très bons vins secs.* » En effet, malgré sa faible dimension – environ 125 hectares –, le jurançon a su aussi se faire une place →

→ auprès des amateurs grâce à de très beaux vins secs : *« Sur les cinq dernières années, on voit que le niveau de nos vins a évolué qualitativement et cela coïncide avec des pratiques culturales plus propres. Et par une évolution de la consommation, qui tend à se détourner des vins liquoreux. De mon côté, je me suis orienté sur des vins de terroirs plus purs et identitaires. »*

Sur la carte du Pré Catelan

Le domaine Castéra est surtout distribué en France par le biais d'un circuit de cavistes et de restaurateurs : *« J'ai eu une expérience en tant que caviste et je suis convaincu que c'est le meilleur moyen de faire découvrir des vins comme les nôtres, qui ne sont pas connus du grand public. Il nous faut des prescripteurs comme eux. »* Franck Lihour est aussi très fier de voir certaines de ses cuvées présentes sur de belles tables gastronomiques : *« On peut aussi bien trouver nos cuvées au Pré Catelan* [le restaurant parisien du chef Frédéric Anton, 19/20 et 5 toques Gault&Millau, NDLR] *que dans de bons bistrots. Le plus important est de faire découvrir nos vins et d'apporter de l'émotion. Pour la petite histoire, j'ai récemment reçu un message Instagram d'un Américain vivant à Los Angeles qui a eu un coup de cœur pour l'une de mes cuvées et qui me demandait où la trouver. Je me lève chaque matin pour recevoir ce type de retour. »* Les vins du domaine Castéra grandissent année après année et l'on a hâte de déguster le dixième millésime de Franck Lihour. J. P.

2023, UN MILLÉSIME COMPLIQUÉ

Quand ce n'est pas la sécheresse ou le manque d'eau, ce sont les maladies qui viennent gâcher les raisins, et c'est le cas du jurançon. Dans le Béarn, le millésime 2023 s'inscrit dans la lignée de 2022, avec une pluviométrie élevée (1600 ml) et l'apparition de mildiou dans les vignes. Le rendement moyen de l'appellation s'est élevé à 11 hl/ha en 2023, alors qu'elle permet d'exploiter jusqu'à 60 hl/ha pour les seuls jurançons secs. En conséquence, le domaine Castéra a décidé, au vu des faibles volumes produits, de ne réaliser qu'une seule cuvée d'assemblage de toutes ses parcelles. Le millésime 2023 se révèle néanmoins qualitatif, avec moins d'acidité qu'à l'habitude. Nous voilà rassurés. Il faudra néanmoins se dépêcher pour en dénicher.

Domaine Castéra

Chemin de Castéra
Quartier Uchaa
64360 Monein
domainecastera.fr

MAISONS DU MONDE HÔTEL & SUITES LA ROCHELLE

UNE MAISON D'AMIS AU CŒUR DE LA ROCHELLE

Troisième adresse de la toute nouvelle collection Maisons du Monde, cet hôtel, niché à deux pas du port de La Rochelle, bouscule les codes de l'hôtellerie locale avec son esprit « comme à la maison ». Décontracté, chaleureux, et à prix doux.

C'est une success story comme on les aime. Après avoir conquis la planète déco avec un mobilier exotique et inspiré, Maisons du Monde a choisi d'offrir de véritables écrins à ses créations en faisant son entrée dans l'univers de l'hospitalité. Pour cela, l'entreprise – née à Nantes et 100% française – s'est associée en 2019 au groupe hôtelier Vicartem et a déjà inauguré deux adresses urbaines (à Marseille et à Nantes), qui infusent un même art de vivre. L'esprit des lieux ? Des hôtels pensés comme des maisons d'amis ; simples et élégantes, faites pour l'échange et le partage.

Pari réussi une fois encore avec ce troisième opus aménagé dans l'ancien hôtel Saint-Jean d'Acre, au cœur de La Rochelle et à deux pas du port. Dès l'arrivée, le ton est donné. Ici, ni lobby, ni digitalisation... On est accueilli dans un élégant salon mixant noir et blanc, le tout habillé d'une cheminée, d'une bibliothèque et de grands canapés où l'on s'installe pour boire un verre avant de rejoindre sa chambre. Imaginées comme une invitation au voyage et meublées 100% Maisons du Monde, les 63 chambres et suites (parfaites pour les familles) déclinent cinq univers qui célèbrent les collections de la marque. Selon l'humeur, on optera pour les chambres « Vienne » au style classique et moderniste avec un mobilier de bois sombre, « Florence » au décor arty avec d'incroyables plafonds peints, « Madras » avec des inspirations ethniques et des tissus chatoyants, ou encore « Memphis » (nos préférées) qui réunissent motifs graphiques, palette de couleurs puissantes et jeu de formes asymétriques. Seuls points communs de ces refuges ? Des literies queen size, des salles de bains aux lignes pures et quelques outils technologiques (wifi haut débit, city-guide numérique...).

→

→ Lieu de vie à part entière, l'hôtel abrite un bar et une grande salle qui permet à la fois d'improviser une réunion et de rassembler quelques copains pour un afterwork. Côté restauration, l'endroit reste fidèle à l'esprit « famille » avec une cuisine ouverte et une salle à manger où l'on déguste de délicieux petits déjeuners (confitures artisanales de l'île de Ré Les Papas Confituriers, granola fait maison...) et, tout au long de la journée, un plateau d'huîtres de chez Nono ou une cuisine bistronomique servie en bocaux, le tout accompagné d'une belle sélection de vins et de bières (une mention pour la Beun'aize rochelaise). Dernier atout de ce lieu (qui n'en manque pas), des prix très doux qui illustrent concrètement l'esprit humain et convivial de cette toute nouvelle collection. L. B.

NICOLAS SCHMOLL, RESPONSABLE MARKETING DE YOUNIGHT HOSPITALITY, GESTIONNAIRE DE L'HÔTEL

Comment est née Maisons du Monde Hôtel & Suites ?

NICOLAS SCHMOLL La collection est l'association de deux expertises, celle du groupe hôtelier familial et indépendant Vicartem et celle de l'entreprise de mobilier Maisons du Monde. Les deux marques ont décidé de se rapprocher pour créer ces refuges 4 étoiles avec un motto : « la maison mais en mieux ». Ces lieux de vie sont implantés au cœur des villes et vivent en lien avec elles. Nous travaillons avec les commerçants rochelais et partageons notre réseau avec nos clients. Ce sont les meilleures adresses de la ville !

Qui sont vos hôtes ?

N. S. Nous accueillons des voyageurs venus de toute l'Europe – beaucoup de familles qui adorent nos suites, mais aussi une clientèle d'affaires séduite par l'atmosphère chaleureuse du lieu, loin de l'esprit business classique. L'hôtel est également devenu le QG des Rochelais, qui viennent travailler dans nos espaces de coworking la semaine, et déguster notre brunch le dimanche matin.

Quels sont vos projets pour demain ?

N. S. Nous avons inauguré cet hôtel en 2021. Il est encore assez jeune et nous travaillons à l'inscrire durablement dans le paysage rochelais. Nous sommes notamment partenaires de la salle de spectacle La Coursive. Nous accueillons ses artistes et leurs équipes, mais aussi les spectateurs venus pour un soir. C'est une façon de nous ancrer dans la dynamique culturelle de la ville.

Maisons du Monde Hôtel & Suites

3, rue Saint-Jean-du-Pérot
17000 La Rochelle
T. 05 46 41 73 33
larochelle. maisonsdumondehotel.com

Chambre double à partir de 96 €, petit déjeuner compris.

TOURISME DURABLE

Très engagé en termes de RSE, l'hôtel met en œuvre ses valeurs au quotidien : produits d'accueil Green Lab écolabellisés et rechargeables, gestion du linge écoresponsable, limitation de la consommation d'eau, abandon des bouteilles plastiques au profit de carafes... Par ailleurs, l'entreprise a choisi d'embaucher localement, et de commander en circuit court auprès des commerçants et producteurs de la ville et alentour. Une démarche vertueuse menée en collaboration avec le cabinet Betterfly Tourism pour mesurer l'impact environnemental de chaque adresse.

ITINÉRAIRES GOURMANDS

HÔTEL DU PALAIS

48 HEURES À BIARRITZ

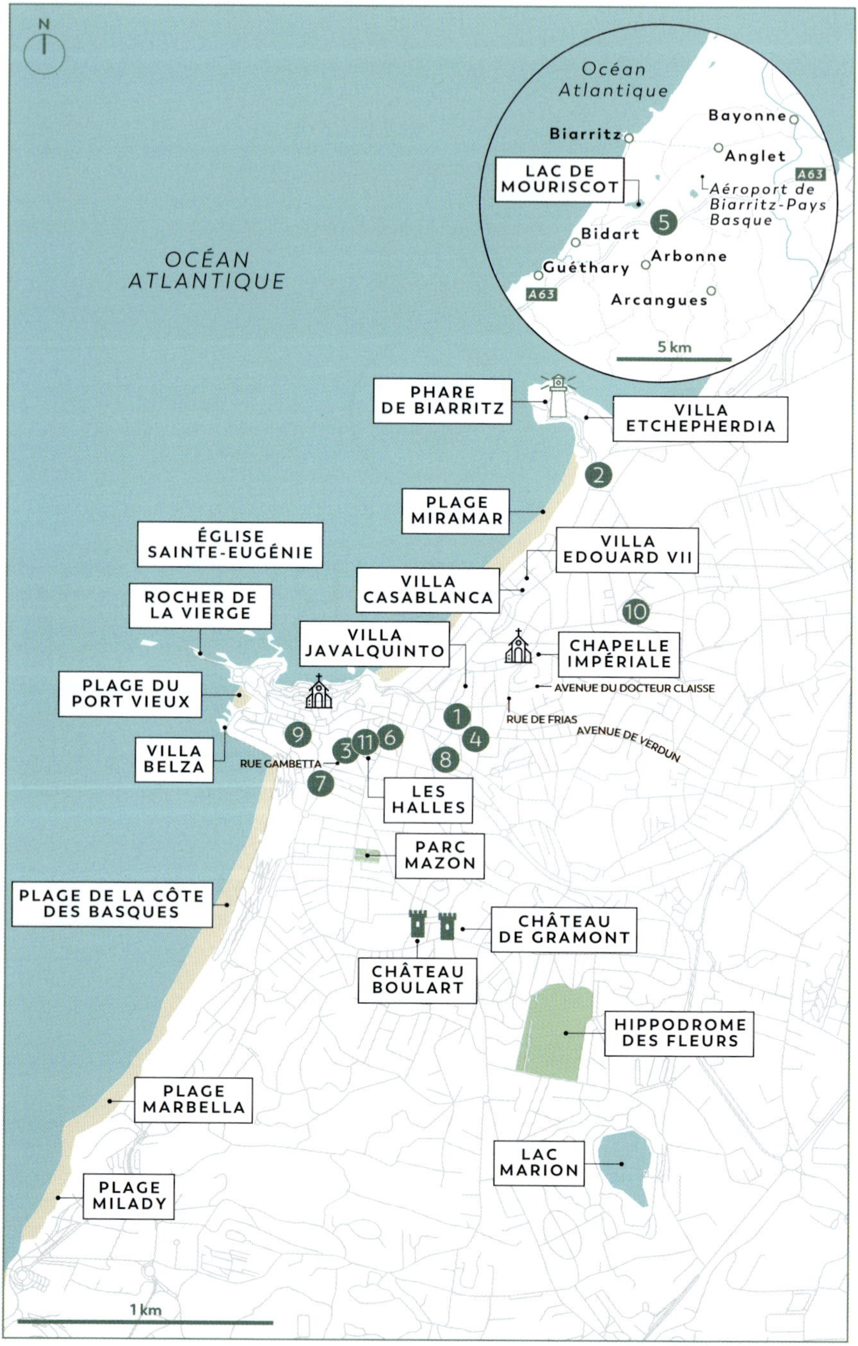
N
Océan
Atlantique
Bayonne
Biarritz
Anglet
LAC DE
MOURISCOT
A63
Aéroport de
Biarritz-Pays
Basque
5
Bidart
Arbonne
Guéthary
A63
Arcangues
5 km
OCÉAN
ATLANTIQUE
PHARE
DE BIARRITZ
VILLA
ETCHEPHERDIA
2
PLAGE
MIRAMAR
ÉGLISE
SAINTE-EUGÉNIE
VILLA
EDOUARD VII
VILLA
CASABLANCA
ROCHER DE
LA VIERGE
10
VILLA
JAVALQUINTO
CHAPELLE
IMPÉRIALE
AVENUE DU DOCTEUR CLAISSE
PLAGE DU
PORT VIEUX
1
RUE DE FRIAS
AVENUE DE VERDUN
9
4
VILLA
BELZA
3
11
6
8
RUE GAMBETTA
7
LES
HALLES
PARC
MAZON
PLAGE DE LA CÔTE
DES BASQUES
CHÂTEAU
DE GRAMONT
CHÂTEAU
BOULART
HIPPODROME
DES FLEURS
PLAGE
MARBELLA
LAC
MARION
PLAGE
MILADY
1 km

48 HEURES À BIARRITZ

Biarritz, ce joyau de la côte basque, a connu de nombreux soubresauts au cours de son histoire. Aujourd'hui au firmament des destinations cool et gourmandes, il est bon de rappeler ses riches fondements.

Cette joyeuse troupe qui monte sans peine l'avenue de Frias en vélo cargo électrique, longboards en bandoulière, se doute-t-elle qu'elle laisse dans son dos l'un des endroits les plus secrets et charmants de Biarritz – une chapelle cachée, abritée derrière de hautes haies de pittosporum de Chine qui, au printemps, se couvrent de fleurs blanches →

2

Dormir

Regina Experimental – 5 étoiles

52, avenue de l'Impératrice

Posé face à l'océan et aménagé dans une somptueuse bâtisse Belle Époque, cet hôtel historique a retrouvé une nouvelle jeunesse dans le giron de l'Experimental Group. Les 72 chambres ont été décorées de matériaux bruts, de meubles de bois vernis et de tapis aux motifs aquatiques par Dorothée Meilichzon. Le bar a lui aussi fait peau neuve, réinventant la partition d'un piano-bar à cocktails des années 1920.

JOUR 1

1

Dîner – 12,5/20

Après-Demain

12, avenue Louis-Barthou

Un endroit accueillant et intimiste, vieilles pierres mises en valeur, poutres allégées et un espace totalement ouvert sur l'extérieur, aéré, spacieux. Matthias Leuliette aime jouer, avec les textures, les saveurs et les trompe-l'œil (le foie gras laqué à la mandarine est toujours là). Il signe de belles assiettes comme la jolie tarte à la tomate et le cabillaud très réussi (camaïeu de la criée de Saint-Jean-de-Luz, sauce biphasée à l'huile d'aneth et Noilly Prat, œuf de truite de Banka). Cave dans l'esprit du circuit court.

JOUR 2

3

PAUSE DÉGUSTATION

Brûlerie Moka Fina

7, rue des Halles

Une valeureuse maison qui assure sa mission depuis plus de soixante-dix ans, respectant un esprit artisanal authentique. Outre une centaine de thés en vrac, on pourra compter sur une gamme de cafés pure origine, des assemblages, quelques produits d'épicerie fine ainsi que des accessoires de dégustation.

4

PETIT CREUX

Coin de Table

16, avenue de Verdun

Une boulangerie comme il y en a encore peu à Biarritz, qui fait du pain et non de la baguette, comme le dit François Bricage, ex-monteur truquiste dans la pub devenu boulanger. Certains pains se font sur deux jours, d'autres avec de la farine de maïs, de riz ou de pois chiche parfumés au zaatar, pain d'épices au miel du pays...

→ au parfum suave et entêtant, la Chapelle impériale ; que cette maison rose pâle surmontée d'une chantilly crémeuse ayant connu des jours meilleurs était la demeure du roi des Belges ; qu'ici, loin sur la gauche, s'étendait son parc, dont il reste peut-être quelques arbres là, au bout de l'avenue du Docteur-Claisse ? Se doute-t-elle, en empruntant l'avenue de Verdun – aujourd'hui repaire de surfeurs chics qui boivent du café latte et mangent bio –, qu'elle était autrefois connue pour abriter le poissonnier le plus couru de la ville (remplacé depuis par une boutique... de vêtements) ? Se doute-t-elle que, avant d'être une librairie, cette boutique aux airs british a été l'une des toutes premières de Gabrielle Chanel ? Bref, se doute-t-elle qu'avant d'être aujourd'hui l'un des hot spots d'une jeunesse branchée, festive et sportive, de télétravailleurs surfeurs ou golfeurs, Biarritz a connu mille et une vies, qu'elle est un millefeuille de destins croisés ?

Elle s'en est allée il y a longtemps, mais elle est encore partout. Eugénie, impératrice des Français, a – raconte-t-on encore aujourd'hui – lancé la station, transformant un modeste port de pêche en théâtre des vanités. C'est dans son sillage que se sont ruées toutes les cours d'Europe, alors même que la France ne tardera pas à tourner le dos à l'Empire. C'est là que s'est réfugiée la haute aristocratie

COIN DE TABLE

5

DÉJEUNER – 12,5/20

Marius

52, rue Alan-Seeger

C'est la nouvelle table en vue, une presque auberge de campagne, sur la route d'Arbonne, une maison basque entourée d'un jardin champêtre. C'est un retour aux sources pour Sébastien Sanjou, qui a recréé ici sa vision de la table d'amis, un lieu de convivialité où l'on peut retrouver les saveurs d'antan, des classiques à partager, exécutés par le chef Kévin Bigot.

6

PANIER GOURMAND

Maison Arostéguy

5, avenue Victor-Hugo

C'est une des grandes institutions de la ville, la « grande épicerie de Biarritz », fondée en 1875, proposant dans un décor d'apothicaire un vaste choix de produits d'épicerie fine, du Pays basque et du monde entier. Les hautes étagères en bois ne manquent de rien : piment d'Espelette, chocolats, foie gras, confitures et conserves, huiles, épices, fromages et charcuteries, bocaux et condiments, ou encore thés, cafés et infusions.

7

BOIRE UN VERRE

L'Artnoa

56, rue Gambetta

Dans l'une des rues les plus gourmandes de Biarritz, la cave et bar à vin d'Antoine Vignac est un vrai plaisir des sens, avec ses sélections larges et étudiées, pas seulement sur le vin, mais aussi les spiritueux, son lieu élégant et rassembleur, où l'on peut partager une assiette de producteur.

L'ARTNOA

russe en 1917 et que se sont installés les grands bourgeois des Années folles. Là encore que la bonne société des années 1950 découvrait à la fois les ballets du marquis de Cuevas et ceux sur l'eau de fous dingues que l'on appelle désormais les tontons surfeurs… Au fil des années, le rayonnement de Biarritz va donner un nouveau visage au Pays basque, tant côté mer que côté terre. La ville devient ainsi un véritable laboratoire architectural, avec ses folies fin XIXe (villa Belza), ses mini-châteaux pour bourgeois très enrichis de la IIIe République (château Boulart), ses maisons néo-normandes (villa Édouard VII), néo-andalouses (villa Casablanca, qui a appartenu à Jean Patou), néo-gothiques (villa Javalquinto, aujourd'hui l'office du tourisme), néo-Renaissance (château Gramont), néo-basques (villa Etchepherdia), ses manifestes Art déco…

Biarritz a longtemps connu la lumière, puis l'ombre. Dans les années 1970, et jusqu'au début du nouveau millénaire, les volets sont clos dix mois sur douze ; les campings remplacent les parcs des grandes propriétés ; les vans de hippies surfeurs et fumeurs, les limousines avec chauffeurs ; les barres d'immeuble, les grands hôtels sur le front de mer ; les grandes maisons construites pour les grandes →

8

DÎNER – 14/20

Sillon

4, rue Jean-Bart

Mathieu Rostaing-Tayard allie avec brio chic et décontraction. On a cette belle carte au comptoir pour dévorer des tapas de compétition (moules de Groix farcies, croquettes de queues de bœuf à la riojana). Puis le restaurant et les menus en cinq ou sept services, où l'on croisera le maquereau fumé, criste marine et huile de poivre, la seiche à la béarnaise, héliantis, sarrasin, genièvre, algue et ventrèche, un saint-pierre confit choux de Bruxelles à la braise, beurre à la feuille de bergamote et livèche. Cave forte et bien conseillée.

JOUR 3

9

PETIT CREUX

Noisette Pâtisserie

5, rue Gaston-Larré

Après avoir fait le buzz depuis son atelier du Village Iraty-Biarritz, le chef pâtissier Mathieu Turonnet a ouvert sa boutique en ville, dans le quartier de Port Vieux, pour le plus grand bonheur des gourmands. La grande terrasse permet de déguster de belles pâtisseries, notamment des viennoiseries XXL et des gâteaux au bon goût de revenez-y…

10

DÉJEUNER

Freya

1, rue du Lycée

Il faut une bonne dose d'audace pour proposer un menu gastro à 90% végétal. Mais il faut courir goûter à cette cuisine locale ambitieuse, exubérante, imaginée et servie par un jeune couple : Guillaume et Margot. Les plats à partager sont malins dans leur composition. Déjà classique, l'œuf géant dans lequel on trempe avec gourmandise des mouillettes non moins géantes ; addictif, le panais rôti aux noix de pécan.

11

PETIT CREUX

Maison Dezamy

11, rue des Halles

Lorsque la foule déambule en plein été du côté des halles, elle se réfugie volontiers chez Sara et Guillaume. Leurs glaces (les classiques noisette, chocolat, mais aussi cacahuète, sésame noir ou stracciatella), sorbets et pâtisseries glacées apportent fraîcheur et plaisir.

MAISON DEZAMY

→ familles sont découpées… Biarritz passe alors de mode et cumule les choix hasardeux, voire calamiteux.

Quelques irréductibles restent toutefois sous le charme d'un climat pour le moins incertain, d'une côte déchiquetée par une houle permanente, de ces montagnes que l'on aperçoit toujours au détour d'une rue. Des irréductibles qui vont réinventer la ville – rejoints par ceux que ces mêmes irréductibles, et les natifs, appellent ici les « néo ». Ils vont commencer par supprimer les frontières invisibles avec Anglet, puis Bayonne d'un côté, Bidart et Guéthary de l'autre, vont faire de l'œil à cet arrière-pays si proche, Arbonne, Arcangues… Ils vont imaginer des lieux où la fête est de nouveau belle, sans céder au bling, où s'invente une nouvelle gastronomie, où s'imagine une nouvelle hospitalité…

Biarritz est redevenu un épicentre. Il suffit de monter la rue Gambetta pour s'en convaincre, d'essayer de trouver une table, quelle que soit la saison, autour des halles et du marché, de tenter d'attraper le rayon vert depuis la côte des Basques, d'assister à un ballet (encore) lors du festival Le Temps d'Aimer, à une projection du festival Biarritz Amérique Latine ou du tout nouveau festival Nouvelles Vagues, de dîner dans l'une de ces auberges d'un genre nouveau avec vue sur la Rhune et les Trois Couronnes, de bruncher près du parc Mazon, de pédaler comme cette joyeuse bande sur cette piste cyclable qui longe l'océan… Surfant sur tous les codes d'une cool et sportive attitude, Biarritz fait la belle et la fière. **S. B.**

CATHÉDRALE SAINT-FRONT

48 HEURES À PÉRIGUEUX

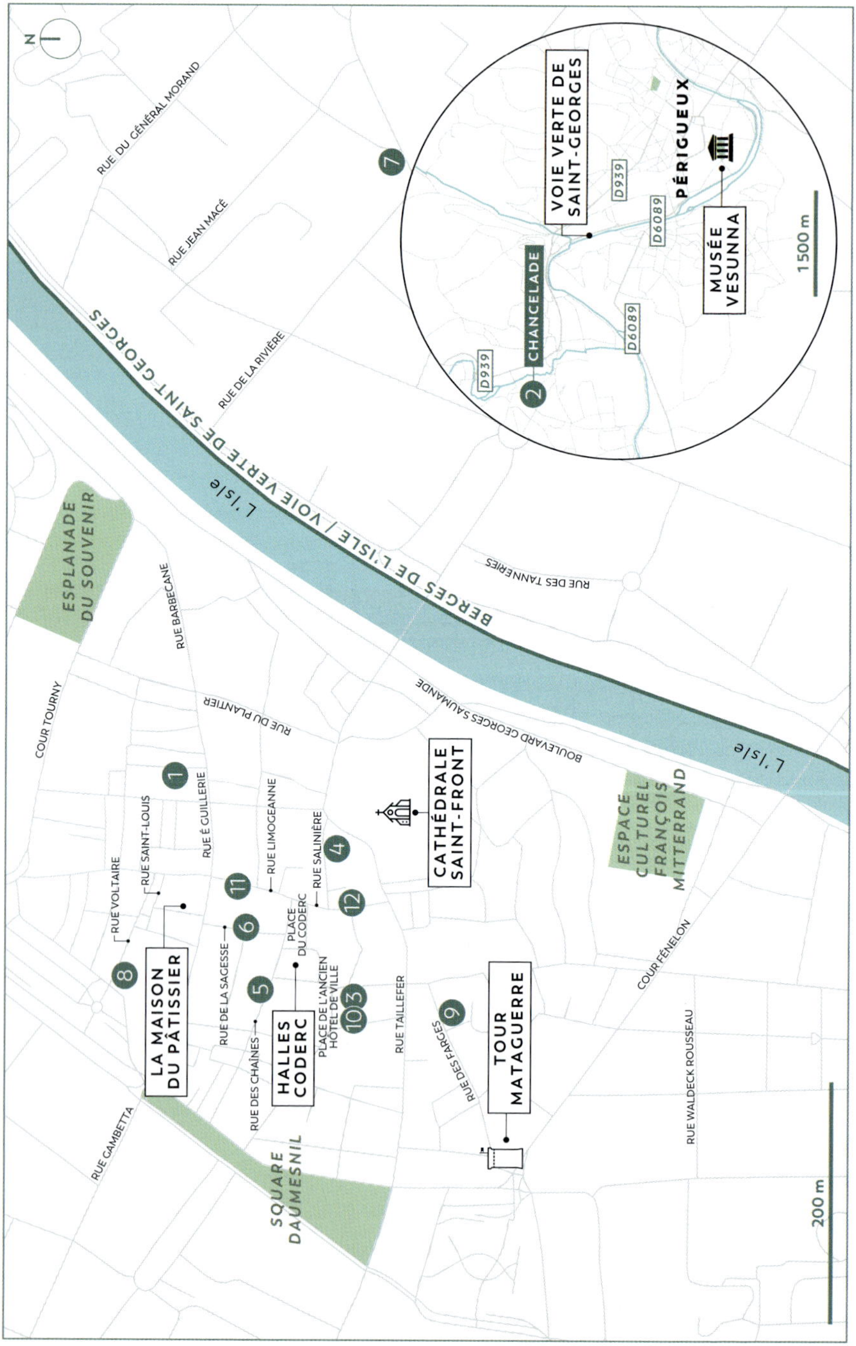
N
VOIE VERTE DE SAINT-GEORGES
PÉRIGUEUX
CHANCELADE
MUSÉE VESUNNA
D939
D6089
1500 m
RUE DU GÉNÉRAL MORAND
RUE JEAN MACÉ
RUE DE LA RIVIÈRE
BERGES DE L'ISLE / VOIE VERTE DE SAINT-GEORGES
L'Isle
ESPLANADE DU SOUVENIR
RUE BARBECANE
RUE DES TANNERIES
COUR TOURNY
RUE DU PLANTIER
BOULEVARD GEORGES SAUMANDE
CATHÉDRALE SAINT-FRONT
ESPACE CULTUREL FRANÇOIS MITTERRAND
RUE VOLTAIRE
RUE SAINT-LOUIS
RUE É GUILLERIE
RUE LIMOGEANNE
RUE SALINIÈRE
PLACE DU CODERC
RUE DE LA SAGESSE
LA MAISON DU PÂTISSIER
HALLES CODERC
PLACE DE L'ANCIEN HÔTEL DE VILLE
RUE DES CHAÎNES
RUE TAILLEFER
RUE DES FARGES
TOUR MATAGUERRE
COUR FÉNELON
RUE WALDECK ROUSSEAU
RUE GAMBETTA
SQUARE DAUMESNIL
200 m
1
2
4
5
6
7
8
9
10
11
12

48 HEURES À PÉRIGUEUX

Périgueux, une ville tellement riche ! Cette cité bimillénaire était connue à l'époque romaine sous le nom de Vésone (Vesunna), en référence à une déesse des eaux, mais le site fut occupé bien avant par les peuples gaulois Pétrocores, qui en firent leur capitale et donnèrent leur nom à la ville actuelle et à la région Périgord.

→

2

DORMIR

Château des Reynats

15, avenue des Reynats – 24650 Chancelade

À l'écart de Périgueux, dans un environnement de bois et de campagne, un manoir Napoléon III, bien équipé dans un beau jardin paysager et un parc de 30 hectares. 13 chambres stylées dans le château, 37 dans l'Orangerie, dont certaines viennent d'être entièrement rénovées. Le spa de 450 m² comprend salles de soin, sauna, hammam, bassin intérieur et piscine extérieure.

JOUR 1

1

DÎNER – 14/20

Le Clos Saint-Front

5-7, rue de la Vertu

Patrick Feuga ne se lasse pas d'inventer et de surprendre. Les lieux – une bâtisse du XVIe avec un jardin bien abrité –, superbes, se prêtent à l'exercice d'une gastronomie assumée dans le menu à 58 € associant le terroir aux idées personnelles du chef : galette de pieds et joue de cochon aux petits gris sauce butternut cardamome, pigeon et caille en deux cuissons, cuisses confites panées cacahuètes... Cave complète, bien pourvue en bergeracs et cahors.

JOUR 2

3

PETIT CREUX

Maison Montaigne

12, place de l'Ancien-Hôtel-de-Ville

Une belle boulangerie à la devanture vert amande et aux lettres dorées sur fond micacé. Du pain d'artisan de qualité, issu de farines de blés anciens et donnant nombre de produits savoureux, dont le rustique à la farine de meule ou le très bon seigle, sans oublier la pâtisserie et la viennoiserie pur beurre.

4

DÉJEUNER – 15/20

L'Essentiel

8, rue de la Clarté

Sobriété et efficacité chez Éric Vidal, le chef, et son épouse Magali, en salle. Des produits de haute tenue et peu d'improvisation dans des assiettes riches en saveurs et technicité : chou farci de cèpes et pied de cochon aux escargots jus de champignon, dos de biche caramélisée aux dragées panais ail noir et betterave sauce civet grand veneur, soufflé chaud passion dans cette belle séquence à 72 €. Service sans faute, menu truffe en saison, belle cave toutes régions.

→ Aujourd'hui, les gourmands viennent pour la sauce du même nom, le foie gras et les truffes, mais le visiteur est vite saisi par la beauté architecturale d'une ville qui témoigne de toutes les époques, la superbe cathédrale Saint-Front qui domine la ville, inscrite au patrimoine mondial de l'Unesco (montez la rue Taillefer, si les travaux sont achevés, pour en goûter la plus belle perspective), les belles maisons des XVe et XVIe siècles, certaines à pans de bois et encorbellements, qui jalonnent la promenade dans toute la ville ancienne, autour des rues les plus pittoresques, comme la rue Limogeanne, la rue de la Sagesse, la rue Saint-Louis, la médiévale rue des Farges ou la rue Éguillerie. Pour les amateurs, la tour de Vésone et les vestiges romains sur lesquels a été édifié le musée Vesunna par l'architecte Jean Nouvel, la tour Mataguerre, unique témoin des remparts qui enserraient la ville au Moyen Âge, et que l'on peut escalader pour découvrir, depuis →

L'ESSENTIEL

5

PETIT CREUX

Joseph

13, rue des Chaînes

Jolie boutique en voie semi-piétonne pour cet artisan chocolatier, pâtissier et glacier, héritier de trois générations dans cet art gourmand. Assortiments en coffrets, citronnettes et crousti-noix, nougatines et mendiants. Belles pâtisseries individuelles, comme le « Royal », le « Trouville » (chocolat poire, beurre salé) ou l'excellente tarte au chocolat.

JOSEPH

6

PANIER GOURMAND

Maison Requier

8, rue de la Sagesse

L'univers périgourdin dans une boutique de bonne bouche : foie gras, truffe et volailles de grande qualité rassemblés dans cette maison typique. Éric Requier produit lui-même son foie gras, décliné en différentes versions, et offre de belles spécialités, comme son pâté de Périgueux en croûte, mais aussi des plats cuisinés, la choucroute (les jours de marché), les conserves, l'épicerie fine et le meilleur de la charcuterie.

7

PETIT CREUX

Antoine Girard

41 bis, boulevard de Stalingrad

Dans le quartier Saint-Georges, Antoine Girard fournit un excellent pain aux connaisseurs, sur la rive gauche de l'Isle. Baguette Label rouge, pain à la farine de meule, tourte de seigle et pain « Ancêtre » issu de blés anciens. Mais le boulanger est aussi un très bon chef pâtissier : de beaux entremets, et des classiques comme la forêt-noire, la tropézienne ou la pavlova.

ANTOINE GIRARD

8

DÎNER — 14,5/20

L'Atelier

2, rue Voltaire

Chez Cyril Haberland, les connaisseurs affluent. Ils ne regrettent jamais la centaine d'euros (le soir, les menus sont à 65 et 87 €) investis pour passer la meilleure soirée du mois. Le chef distille une carte ciselée au cordeau : foie gras excellent (qui pourrait presque se passer de betterave), saint-jacques topinambour condiment citron chorizo et jus des barbes en émulsion, le dessert truffe chocolat bien imaginé, jouant sur un remarquable sorbet truffe, savoureux et pas trop sucré. Accueil tout en douceur feutrée d'Anne Haberland.

JOUR 3

9

DÉJEUNER – 11/20

Le Seizième

16, rue des Farges

La ruelle aux belles maisons anciennes s'échappe d'une placette centrale pour offrir cette maison secrète qui porte en son nom passé et tradition. La cuisine de Denis Laforest se montre néanmoins actuelle, en phase avec son terroir, avec le croustillant de cabécou chutney de châtaignes et oignons rouges, le foie gras mi-cuit aux pruneaux, le confit de canard et les côtes d'agneau à la crème d'ail rose. Desserts soignés (soufflé fruits rouges, feuilleté pomme mascarpone), bon menu à 29 €.

10

PANIER GOURMAND

Café Louise

10, place de l'Ancien-Hôtel-de-Ville

Moderne et accueillant, ce comptoir gourmand offre de quoi se requinquer sur place ou à emporter. En épicerie fine, de bons produits d'un peu partout, des conserves, des sauces tomate et des pâtes italiennes, de la crème de pistaches, des biscuits, et des plats chauds changeant régulièrement, quiche, risotto, lasagnes et gaufres bien garnies. Les desserts à 5 € sont bien agréables, moelleux aux noisettes, crémeux orange-mandarine, banoffee…

11

PANIER GOURMAND

La Ferme Périgourdine

9, rue Limogeanne

La boutique n'est pas énorme, mais le parfum du bon fromage est intense et le choix de qualité. Une jolie présentation soignée pour des produits de toutes régions, des plateaux sur mesure, et des accompagnements idoines, comme les confitures bien mariées.

12

PAUSE GOURMANDE

Le Glacier de Périgueux

4, rue Salinière

Plus de 50 parfums de glaces et sorbets par ce spécialiste bien placé en centre-ville. Cornets et petits pots, crèmes glacées, glace au yaourt, sur place et à emporter ; également des gaufres si, par hasard, le soleil ne vient pas…

→ son belvédère à 15 mètres de hauteur, la beauté de la ville avec ses toits de tuiles, et la promenade le long des berges de l'Isle, aux nombreuses animations durant l'été.

Le promeneur épicurien a de quoi faire. L'animation se concentre autour de la place du Coderc, où se trouvent les halles ouvertes le matin, et se prolonge en place de l'Ancien-Hôtel-de-Ville. Les principaux commerces de bouche se rassemblent dans un petit périmètre, l'essentiel des bonnes tables de la ville étant enserré dans le centre ancien. La sauce Périgueux, que vous trouverez en épicerie fine ou traiteur, est composée d'un roux où la graisse de canard (ou d'oie, plus rare) se substitue au beurre, échalotes, vin blanc réduit et truffes, le foie gras, qui n'est pas dans la sauce originale, venant souvent apporter un riche complément. Autre vedette, la noix du Périgord, que l'on retrouve dans de nombreux desserts, chez les pâtissiers et au restaurant, mais aussi la fraise en saison, qui fait l'orgueil des producteurs périgourdins, notamment autour de la capitale de la fraise, Vergt, au centre du département, à une vingtaine de kilomètres de Périgueux.

Si la période s'y prête, on passe par la place Saint-Louis où se tient le marché aux truffes en saison d'hiver et la maison de la Truffe en été : dans le beau cadre de la maison du Pâtissier, une animation estivale permet d'aller à la rencontre des trufficulteurs et de mieux connaître le diamant noir, véritable emblème régional. M. E.

CANAL DE GARONNE

UNE JOURNÉE DANS LE MARMANDAIS

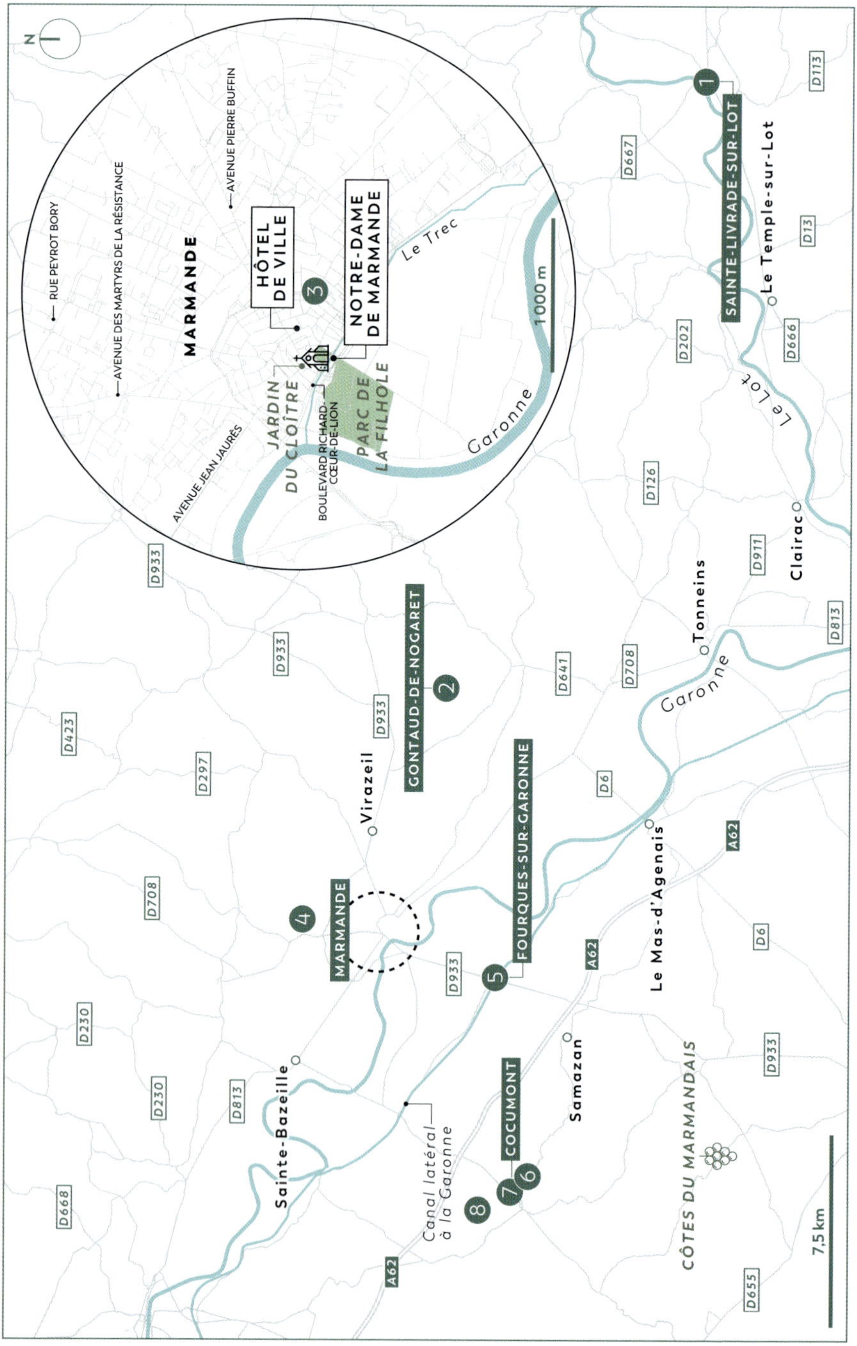
N
RUE PEYROT BORY
AVENUE DES MARTYRS DE LA RÉSISTANCE
AVENUE PIERRE BUFFIN
AVENUE JEAN JAURÈS
MARMANDE
HÔTEL DE VILLE
3
NOTRE-DAME DE MARMANDE
JARDIN DU CLOÎTRE
BOULEVARD RICHARD-CŒUR-DE-LION
PARC DE LA FILHOLE
Le Trec
Garonne
1000 m
1
SAINTE-LIVRADE-SUR-LOT
Le Temple-sur-Lot
Le Lot
Clairac
Tonneins
Garonne
2
GONTAUD-DE-NOGARET
Virazeil
4
MARMANDE
5
FOURQUES-SUR-GARONNE
Le Mas-d'Agenais
Samazan
COCUMONT
6
7
8
Sainte-Bazeille
Canal latéral à la Garonne
CÔTES DU MARMANDAIS
7,5 km
D113
D667
D13
D202
D666
D126
D911
D813
D933
D641
D708
D6
A62
D423
D297
D708
D230
D813
D668
D655

UNE JOURNÉE DANS LE MARMANDAIS

Le destin de Marmande est à la fois étrange et banal. Comment cette petite ville, sous-préfecture du Lot-et-Garonne, qui concentre autant d'atouts, n'est-elle pas plus connue et fréquentée des touristes ?

Marmande est plus qu'une pépite, c'est un filon. Architecturalement, la ville concentre de nombreux édifices religieux, dont Notre-Dame de Marmande et son cloître classé datant de 1540, un bel hôtel de ville, des ruelles aux maisons anciennes, de jolis bords de Garonne et de la rivière le Trec, qui longe le quartier ancien avant de rejoindre le fleuve... Pourtant, l'essentiel se déguste. →

1

DÉJEUNER – 14/20

Domaine de Bugatel

Allée de Bugatel
47110 Sainte-Livrade-sur-Lot

Alina Galatescu et Philippe Gus nous offrent aujourd'hui un petit coin magique. La salle étonne avec sa haute charpente, sa cave voûtée où l'on va choisir son vin, ses terrasses en bordure du Lot, sa péniche où l'on peut boire l'apéritif. Un concept « à partager », telles les rillettes de poulet fumé et la planche du Bugatel. La daurade royale, une petite merveille, est servie sur une grande brique de sel de l'Himalaya ; tout l'océan dans votre assiette...

2

PANIER GOURMAND

Ferme de Ladevèze

47400 Gontaud-de-Nogaret et halle du marché à Marmande

Vente en direct de la ferme située tout près de Marmande. L'occasion de goûter des volailles bien élevées et bien préparées. Élevage en plein air, chairs savoureuses et préparations maison : rôti de canard, pintade farcie, saucisses et merguez de volaille, magrets, cuisse de lapin et, bien sûr, poulet à la rôtissoire.

3

PETIT CREUX

Fournil Helios

60, avenue du Maréchal-Joffre 47200 Marmande

Depuis deux ans, la boulangerie face au cinéma Plaza a été reprise par Damien et Loïc, qui ont insufflé un esprit nouveau et attiré une belle clientèle. Le pain est réellement excellent. À goûter, la vedette de la maison, la baguette « Hélios », avec ou sans graines, l'épeautre « Volcan », le « Tabatière », mais aussi la viennoiserie et le russe, souvenir de leur vie précédente du côté du Béarn.

4

PANIER GOURMAND

Loïc Saint-Marc

Route du Moulin-à-Vent 47200 Marmande

Un apiculteur-récoltant qui propose d'excellents miels élaborés sur place sous la marque Les Ruchers du Moulin à Vent. On y trouve du miel en pots de 500 g, mais aussi les produits dérivés, propolis, pollens, savons, hydromels, liqueurs...

→ Vous trouverez, le long de la Garonne et du Trec, le boulevard Richard-Cœur-de-Lion. Normal, puisque c'est le fils d'Aliénor d'Aquitaine, futur roi d'Angleterre, qui accorde, en tant que duc d'Aquitaine, une charte, avec tous ses privilèges, à la ville de Marmande en 1182. En revanche, il faut bien fureter pour découvrir, au croisement avec l'avenue du Docteur-Fleming, une rue Peyrot-Bory, rare exemple de toponyme accordé à un personnage fictif – c'est un peu comme si vous trouviez une rue Robin-des-Bois ou une rue Jean-Valjean.

Qui est Peyrot Bory ? Selon la légende, un jeune Marmandais, amoureux d'une trop belle pour lui, Ferline. Elle est trop belle, lui, trop pauvre ; pour tout oublier, il se fait mousse sur un vaisseau voguant vers le Nouveau Monde, et visite les Antilles et l'Amérique du Sud pendant quelques années. Il revient les poches pleines de petites graines qu'il a trouvées outre-Atlantique. Il les fait pousser, elles deviennent de beaux fruits rouges qu'il dépose sous les fenêtres de la belle. La saveur délicate de cette merveille acidulée la fait craquer. Elle l'épouse et ils baptisent tous deux ce nouveau fruit « pomme d'amour ».

La véritable histoire de la tomate de Marmande, et de sa notoriété, commence en fait un peu plus tard, après le phylloxéra qui ravage les vignes autour de 1860. On arrache les plants de vigne pour installer massivement des champs de tomates. La région devient pionnière et la « marmande » – variété unique, tendre et juteuse, qui ressemble un peu à la cœur de bœuf, en moins côtelée et plus ronde – est née. Elle fait depuis la fierté de la ville. La marque « tomate de Marmande », qui englobe d'autres variétés produites dans la région, brigue l'IGP à moyen terme, ayant déjà obtenu le précieux Label rouge.

Autre richesse, car toutes les vignes n'ont pas disparu, le vin côtes-du-marmandais : 90 vignerons, 27 communes, 50 000 hl annuels, AOC depuis 1990. Les cépages du Bordelais et du sud pour les rouges (malbec, cabernet, merlot, syrah et le rustique abouriou), sauvignon et sémillon pour les blancs. Aujourd'hui, vous trouverez un côtes-du-marmandais sur de nombreuses grandes tables de France grâce à quelques vignerons phares, dont Elian Da Ros, installé depuis 1997, mais aussi la dynamique Cave du Marmandais (désormais Les Marmandais) à Cocumont, qui regroupe 80 vignerons sur un millier d'hectares. M. E.

5

DÎNER – 11,5/20

Ja'Ayl

116, allée de Pont-des-Sables
47200 Fourques-sur-Garonne

François Szpala, lauréat 2021 de la Dotation Jeunes Talents Gault&Millau, a concrétisé le projet d'une vie dans cette imposante demeure au bord du canal, acquise par ses parents et qu'il a réaménagée avec son épouse Meshair. Le menu du soir, en 8 escales (68 €), est une fenêtre sur le monde, issue de leurs nombreux voyages. Mais le décor moderne et l'ambiance zen plongent les convives dans une dimension nouvelle. Premières impressions favorables au déjeuner avec les latkes (galettes pomme de terre), la truite confite crème d'épinards, le gâteau noix de coco dans une formule à 26 € largement plébiscitée.

PAUSE DÉGUSTATION

6

Domaine Elian Da Ros

Laclotte
47250 Cocumont

Depuis plus de vingt ans, Elian Da Ros est la référence en côtes-du-marmandais, à la renommée de laquelle il a largement contribué. Ses cuvées phares, « Chante Coucou » et « Clos Baquey », nous enchantent à chaque millésime, la première pour sa friandise, sa rondeur, son velouté et sa justesse, la seconde, davantage de garde, pour sa profondeur et sa structure. Les connaisseurs dégustent avec ferveur « Coucou Blanc », « Abouriou » et se régalent au quotidien avec « Le vin est une fête ».

7

Sandrine Farrugia

Laclotte
47250 Cocumont

Il faut mutualiser les plaisirs : en allant rendre visite à Elian Da Ros, vous prendrez également rendez-vous avec Sandrine, sa compagne, qui est aussi une vigneronne accomplie, aux cuvées personnelles et magiques. 52 ares en blanc, « La Vague » et « Epiphyte » en rouge, un plaisir immédiat qui se prolonge en vins de garde. Nous avons goûté récemment « La Vague » 2018, dense, chaud et très voluptueux, une pure merveille.

8

Domaine Émilien Jean

Lieu-dit La Gravette
47250 Cocumont

Non loin du domaine d'Élian Da Ros, Émilien Jean est un jeune vigneron qui commence à se faire un nom sur l'appellation. Installé sur quelques hectares paternels depuis 2016, il travaille en bio de vieilles vignes de malbec, abouriou, cabernet franc, merlot et sauvignon. Ses cuvées commencent à faire parler d'elles et se retrouver à table, notamment son « Be Api » à base de merlot majoritaire et son « Anthophila » en 100% sauvignon.

Gault&Millau
GUIDE
BRETAGNE
2024
EN VENTE DEPUIS LE 6 JUIN 2024
ITINÉRAIRES
& DÉCOUVERTES
GOURMANDES
75 VILLES
69 HÔTELS
192 RESTAURANTS
117 ARTISANS

VINS & SPIRITUEUX

LES GRAVES, DES VINS HISTORIQUES

Le vignoble des Graves comprend la prestigieuse appellation pessac-léognan et ses crus classés, mais également celle des graves, seule appellation française à porter le nom du sol (sables et graviers) qui la constitue. Elle revendique avec fierté son terroir avec des vins à l'identité propre.

Voici une sélection des meilleures cuvées dégustées par nos experts. Retrouvez l'intégralité des notes et commentaires ainsi que les présentations des domaines sur notre site :

gaultmillau.fr

Un vignoble ancien

Les livres d'histoire stipulent que c'est dans cette région, aux portes de Bordeaux, que la vigne a été implantée dès l'Antiquité. Véritables porte-drapeaux, ces nectars ont ainsi bâti la renommée du « vin de Bordeaux » à travers le monde. Si ce vignoble représente actuellement une superficie de 5100 hectares, il dépassait les 10 000 hectares il y a un peu plus d'un siècle. L'urbanisation grandissante a eu raison des rangs de vignes. Mais cette superficie ne reflète pas totalement « les graves » puisque environ 1600 hectares sont situés dans l'appellation pessac-léognan. Cette dernière, qui couvre 10 communes et possède pas moins de 16 crus classés, a été attribuée en 1987. L'appellation graves couvre donc 3 500 hectares. On y produit des vins rouges (en majorité), des blancs et des moelleux. La région des Graves s'étend sur la rive gauche de la Garonne, de Bordeaux jusqu'au sud de Langon. Cette longue bande d'une soixantaine de kilomètres, au bord de la forêt landaise, s'étire une largeur comprise entre 15 et 20 kilomètres.

Un terroir diversifié

Le terroir des Graves est très varié. On trouve surtout des terrasses de galets et de graviers modelées en croupes. Mais pas seulement. Si nous devions résumer les caractéristiques de ce vignoble, il ressemble un peu à celui du Médoc avec des parcelles plus ou moins graveleuses, notamment le long de la rive gauche de la Garonne. En descendant plus au sud vers Langon, les zones sablo-graveleuses ou argilo-sableuses deviennent plus fréquentes. Par conséquent, les sensations organoleptiques des flacons varient en fonction de la position géographique des propriétés. S. O.

UNE APPELLATION DE CARACTÈRE

L'appellation graves, qui compte 240 propriétés, se divise en trois AOC : graves rouges, graves blancs et graves supérieures. Les vins rouges, à la chatoyante robe rubis, représentent environ 70% de la production. Ils sont élaborés à partir d'un assemblage des cépages classiques de la région : cabernet, merlot, petit verdot et malbec. Les blancs secs (20% du volume), très aromatiques, sont issus de sauvignon, sémillon et muscadelle. Le reste correspond aux vins blancs moelleux (graves supérieures).

GRAVES ROUGES

CHÂTEAU SIRIO

2019

91/100

Le nez s'ouvre sur des arômes marqués de chocolat noir qui laissent également deviner des fruits secs comme la noisette. En bouche, le vin est large, la matière est présente jusqu'en milieu de bouche. La finale, longue, se termine sur les fruits noirs et les épices.

16,20 €

CHÂTEAU CRABITEY

2018

90/100

Les fruits noirs et rouges apportent au nez un plaisir immédiat. En bouche, la suavité domine avec des tanins jeunes. Son élaboration classique permet de deviner qu'il s'agit d'un vin de Bordeaux.

14,50 €

CHÂTEAU FERNON

2020

90/100

Au nez, le vin délivre des notes subtiles de boisé. La bouche dévoile des arômes de fruits rouges à dominante de fraise. La matière est suave, enveloppée de tanins qui demandent à s'assouplir avec le temps. La finale est saline et fraîche.

14,50 €

Dégustation S. O.

CHÂTEAU LUSSEAU

2020

90/100

Les parfums de ce vin d'un grenat profond sont multiples. Les notes de pruneau, tabac, poivre... évoluent en milieu de bouche vers des sensations de cassis. Les tanins présents, enrobés d'épices, donnent une finale puissante à ce graves issu d'un vignoble en agriculture biologique.

16,50 €

CHÂTEAU QUINCARNON

Maypé-Lagrave

2019

90/100

Cette propriété compte trois types de sol – sablonneux, argilo-sableux et argilo-limoneux –, qui permettent de travailler une complexité qu'on retrouve sur un nez confiture de rose et de groseille, de bourgeon de cassis et de muscade. En bouche, c'est fluide et élégant avec une finale épicée.

7,90 €

CLOS BOURGELAT

2021

90/100

On découvre avec surprise un nez étonnamment iodé dès l'ouverture, qui évolue sur une aromatique de fruits noirs. En bouche, le tanin se révèle soyeux avec une jolie matière sur le fruit et un côté un peu cannelle. Ce vin est élégant.

10,20 €

GRAVES BLANCS

CHÂTEAU CAZEBONNE

Le Grand Vin

2022

92/100

Un vin singulier mêlant résine, rose ancienne, épices, sauge, angélique, menthe blanche, fruits secs, pamplemousse, zestes d'agrumes, fruits exotiques… C'est frétillant en bouche, ça rebondit, ça s'en va et ça revient. On fredonne les saveurs et les notes comme une chanson douce. Ça berce et cajole, c'est réjouissant. Merci pour ce moment de bonheur !

20 €

CHÂTEAU LUSSEAU

2022

92/100

Ce vignoble s'est fait grâce à la volonté, au courage et à la ténacité de Bérengère Quellien. Après des débuts déjà prometteurs dans les années 2000, les vins n'ont eu de cesse de progresser. La vigne plonge et puise sa sève dans le terroir respecté pour donner, comme ici, un fruit précis, goûteux, à la maturité généreuse sans lourdeur. Un magnifique vin salin et suave à la fois.

19,70 €

CLOS LARDIT

2022

92/100

Avouons-le, au premier nez, on peut passer à côté de ce vin assez simple, un peu sur la retenue. Après vingt minutes d'ouverture, le grand bal commence : des petites touches composent un très beau tableau qui aurait inspiré Seurat avec sa juxtaposition de notes frémissantes dans une ambiance calme, presque suspendue.

10 €

Dégustation P. G.

CHÂTEAU DU SEUIL

2022

90/100

C'est simple, sans chichi, tout simplement bon. Un vin qui coule de source, qui vous donne une sensation d'évidence. C'est de la dentelle, de l'élégance, ni trop ceci ni trop cela, mais beaucoup à la fois. Il joue plusieurs registres avec délicatesse et subtilité, alternant le fruit savoureux, le salin, le croquant, le miel, les épices douces.

12,50 €

CHÂTEAU ARZAC

Cuvée Léa

2023

89/100

De la fraîcheur sur ce vin de fruit au fond floral, révélant aussi une touche d'élevage très mesurée apportant des notes de café et de toasté. On aime les fruits confits, la datte, les épices, la gentiane et les épices douces réconfortantes.

15 €

CHÂTEAU DE CÉRONS

2022

89/100

Attention, palais « cocalisés », passez votre chemin ! Nous sommes en présence d'un vin « eau de roche », qui désaltère, qui dessoiffe même. Mais ne vous fiez pas à la première impression de simplicité, car, à l'aération, le vin se déploie, s'affirme et s'étire sur la résine, la mine de crayon (étonnamment), les fruits secs, les fruits confits, le miel, le cuir et le poivre blanc.

14 €

LE COGNAC L'ART DU VIEILLISSEMENT

Cognac est certainement, avec le champagne, l'appellation viticole française la plus connue au monde. Elles ont d'ailleurs en commun de faire rayonner la France à l'export, puisque les cognacs sont principalement appréciés hors de nos frontières (98% de la production est exportée).

Décryptage des étiquettes

Le cognac est une eau-de-vie de vin produite autour de la ville de Cognac, Son vignoble couvre une superficie de plus de 80 000 hectares. Les étiquettes signalent l'aire de production, divisée en six crus (Grande Champagne, Petite Champagne, Borderies, Fins bois, Bons bois, Bois ordinaires), mais également la catégorie, qui évolue en fonction du nombre d'années de vieillissement de l'eau-de-vie en fûts de chêne.

XXO, la nouvelle mention

Depuis 2018, La mention XXO désigne une nouvelle catégorie dans le cognac. Elle regroupe les eaux-de-vie ayant au minimum 14 années de vieillissement dans les chais. Ces trois simples lettres, XXO, ne sont pas anodines. Elles marquent un véritable tournant dans l'univers feutré des maisons cognaçaises, car les mentions de durée de vieillissement de ce spiritueux n'avaient pas bougé depuis 1983. Cette nouvelle dénomination vient ainsi en complément des annotations déjà existantes comme VS (au moins 2 ans de vieillissement), VSOP (4 ans), Vieille Réserve (5 ans), Napoléon (6 ans) et XO (10 ans). Cette version abrégée « XXO » , qui signifie « Extra Extra Old », permet à toutes les maisons d'utiliser cette mention en toute légalité. C'est également un bon moyen de valoriser les eaux-de-vie de cognac à l'export, qui représente pas moins de 98% de la production. **S. O.**

UN ÉTIQUETAGE PLUS CADRÉ

On trouve aussi dans le commerce, des cognacs millésimés, Hors d'Âge, Très Vieilles Réserves, Extra... qui ont vieilli plus de 14 ans avant d'être proposés sur le marché, vieux même de plus d'un siècle pour certains. Ces dénominations n'ont rien d'officiel. Elles sont indiquées sur l'étiquette par les maisons en toute liberté. On peut dire aujourd'hui qu'elles appartiennent à la catégorie XXO. Avant cette mention, elles étaient simplement des XO.

COGNACS

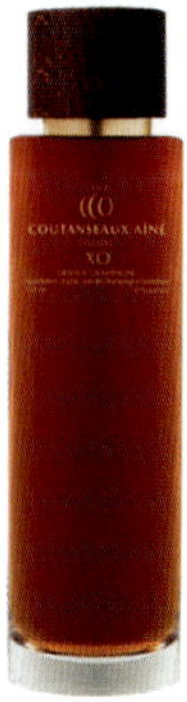

COUTANSEAUX AÎNÉ

XO
Grande Champagne

94/100

Cette marque est un nouvel entrant dans le cognac. Elle signe son arrivée par la plus belle des manières en nous offrant un cognac d'une élégance raffinée. Le nez, avec ses parfums de cuir vieilli, de rose et de bois de santal, nous transporte vers un autre univers. Il y a de la finesse. La bouche est suave avec une trame enivrante. La finale avec ses épices douces prolonge le plaisir.

230 €

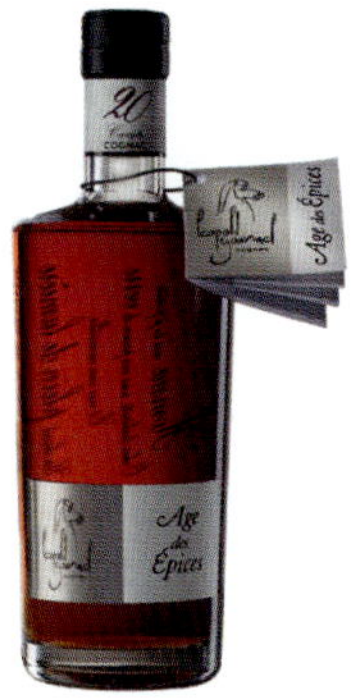

LÉOPOLD GOURMEL

Âge des Épices

93/100

La maison aime se diversifier. On entre dans la gamme par des sensations et non par l'âge (VSOP, VS, XO...), ce qui dénote une certaine intelligence, car les émotions s'imprègnent en nous à jamais. Et effectivement, comme son nom l'indique, ce distillat sent les épices: le curry, le poivre, la cardamome et la badiane. En bouche, la puissance s'impose dès le départ pour ne jamais nous quitter. Le bel âge.

230 €

RAGNAUD-SABOURIN

Grande Champagne
Fontvieille N°35

93/100

Il est souvent difficile de combiner simplicité et consistance, et pourtant ce cognac y arrive aisément avec son nez mêlant caramel, poivre blanc, vanille et eucalyptus. L'attaque en milieu de bouche se révèle suave. Le soyeux demeure et nous séduit. Sa grande longueur aromatique devient une musique douce dont il est difficile de se détacher.

150 € env.

FANNY FOUGERAT

Cèdre Blanc
Extra Old

92/100

Si les grandes maisons dominent le marché, il est bon de découvrir aussi des petites pépites. Ici, la robe est surprenante par sa clarté. Les arômes floraux comme un printemps se terminent par une pointe de fruits exotiques dominés par le litchi. En bouche, la délicatesse se confirme. Ce cognac est plein de vie, avec des épices sur la finale et une agréable sensation de salinité.

99 €

FRAPIN

Château Fontpinot
XO
Grande Champagne

92/100

Ce cognac est élaboré exclusivement avec les vignes de la propriété. Une situation très rare qui permet la maîtrise de tout le processus. On décèle des parfums intenses sur l'ananas séché et la brioche à la fleur d'oranger qui donnent une note d'exotisme. En bouche, l'amplitude domine avec une gourmandise appétente. La finale est longue et épicée.

135 €

TESSERON

Lot N°90
XO Ovation

92/100

Cette maison familiale est une référence dans le monde feutré du cognac. Les différentes eaux-de-vie ont toujours de la personnalité. Le nez se révèle complexe avec ses parfums de gingembre frais, de miel… La suavité en bouche est dominée par une texture charnue très réconfortante qui se termine sur de l'orange confite extrêmement séduisante.

98 €

COGNACS

VALLEIN TERCINIER

Hors d'âge

92/100

Le cognac touche à la subtilité quand il prend de l'âge. Une idée largement prouvée ici. On débute avec la gourmandise suggérée par un nez sur le pain d'épices, qui se poursuit également sur un peu de fruits exotiques comme la mangue. En bouche, la structure est souple, fruitée avec une note chocolatée et une finale légèrement saline qu'on apprécie.

135 €

CHÂTEAU DE MONTIFAUD

XO Petite Champagne

91/100

Il faut être maître de ses vignes et posséder une demeure sur son vignoble pour apposer le nom de « château ». Quelle énergie ! Nez sur la pomme, l'orange sanguine, le chocolat noir et le clou de girofle. C'est un bouquet de sensations. En bouche, l'attaque est franche au démarrage avant de devenir gourmande. La finale est longue et riche et ne manque pas de générosité.

90 €

FRANÇOIS VOYER

Extra Grande Champagne

91/100

Cette noble maison offre ici un cognac d'une personnalité affirmée. Il se révèle tonique avec un nez bien relevé sur la muscade, le poivre noir et la réglisse. On retrouve aussi des notes de bois de cèdre et des zestes d'orange. En bouche, l'amplitude domine. Une eau-de-vie qui monte progressivement en puissance.

250 €

RAISON PERSONNELLE

5.0
Grande Champagne

91/100

Le nom de cette marque de cognac est déjà étonnant. La surprise se poursuit avec un nez sur l'ananas suivi d'épices, notamment le poivre de Sichuan, et d'un léger boisé. En bouche, cet alcool affirme sa personnalité avec délicatesse. On retrouve du fruit, un peu de bois et surtout une finale épicée avec parcimonie. À découvrir !

65 €

ABECASSIS

XXO
Grande Champagne

90/100

Voici une maison familiale avec une vaste gamme de cognacs. Celui-ci est destiné aux vrais amateurs puisque les eaux-de-vie ont au minimum vieilli durant quatorze longues années. Nous avons un nez doux et gourmand sur la frangipane et les orangettes saupoudrées de poivre blanc. Cette douceur se confirme en milieu de bouche. Le fruité persiste avec une finale d'une belle ampleur.

406 €

MERLET DOMAINE LE DROGUET

Vieux Cognac

90/100

Cette maison maîtrise l'élaboration des eaux-de-vie puisqu'elle distille d'autres alcools. Cette marque sérieuse jouissant d'une bonne réputation délivre un cognac avec un nez aux parfums de miel de châtaignier. En bouche, l'attaque est suave.
La puissance arrive par vagues ascendantes.
Ce cognac est charpenté.
Sur la finale, les épices et la subtile amertume lui donnent de la hauteur.

130 €

16

CHARENTE

ANGOULÊME 16000

Le Comptoir de Brice 13/20

50 rue de Genève - T. +33 (0) 6-61-82-91-61 - Carte 33 €

La table de Brice Javerzac prouve qu'un authentique bistrot, populaire et décontracté, ne signifie en rien le relâchement des efforts en cuisine, amenant dans cet îlot de convivialité, une solide technique au service du plaisir. Le chef a une expérience qui se révèle dans chaque plat, des idées innovantes et toujours bien exécutées, aussi bien sur la forme que sur le fond, un pot-au-feu terre-mer et crémeux au maquereau fumé, un magret BBQ avec les légumes d'un tajine, harissa douce et datte-zaatar, une sphère charentaise. Bonne sélection en cave.

Cokotte 11/20

6 rue des Trois-Notre-Dame - T. +33 (0) 5-45-95-15-19 - Menu(s) 20-33 €

Repris par un couple franco-suédois après le départ de Séverine Veyssière, l'établissement conserve le nom, l'équipe et le concept, proposant toujours ses plats dans la fonte, dans un esprit bistronomique. Katia Lenander et Patrick Bournisien conjuguent ainsi leur expérience du monde et leur amour de la Charente, dans une carte et un lieu vivant, où l'on fait moderne et local. À la carte, œuf mollet bio et velouté de petits pois à la française, cocotte de gambas bleues au safran de Betty et jus de carcasse, cocotte de ris de veau au pineau des Charentes et morilles, macaron au poivre et duo de chocolats. Formule à 35 €.

Le Saint-André 11/20

6 rue Saint-André - T. +33 (0) 5-45-92-25-85 - Menu(s) 38 €

Le bistrot a du chic, une atmosphère aussi bien faite pour les premiers rendez-vous qu'un déjeuner en ville, avec sa lumière tamisée le soir et sa terrasse les beaux jours. Les assiettes témoignent d'une certaine délicatesse, des assemblages réfléchis revisitant le répertoire, une crème de haricots lingots blancs, copeaux de foie gras et huile de noix, un cabillaud skreï, jus réduit à l'ail noir, mousseline de sarrasin et craquant sarrasin, une épaule de cochon noir de Bigorre rôtie, jus de cuisson et fondant de pommes de terre, petits légumes, des cannelés comme des profiteroles. Formule à 38 €.

Raisin 10/20

18 rue des 3 Notre Dame - T. +33 (0) 6-76-53-77-02

Un bar à vins chaleureux à l'angle de la rue des Trois-Notre-Dame, pour partager une planche de petits producteurs autour d'une sélection travaillée. La cave aligne aussi bien des grands classiques que des vins de soif, les vins corses de Jean-Baptiste Arena et les châteauneuf-du-pape du domaine Bienheureux, les cuvées d'Olivier Pithon, ou encore le domaine de Fondrèche.

L'Étage 10/20

16 rue des Trois Notre-Dame - T. +33 (0) 5-17-20-48-98 - Menu(s) 18-28 €

C'est un vrai coin de soleil dans le centre historique, alignant des propositions d'inspiration méditerranéennes, à la fois fusions et contemporaines. Le menu à 28 € exprime une créativité bien exploitée, des idées de saison bien dressées, un nem au boudin noir de la ferme des Monts Verts, un tartare de gambas aux agrumes et grenade, un retour de pêche, crumble de comté et chorizo, coulis de poivron et déclinaison de chou, un wok de volaille, sésame et légumes croquants à l'orientale, une crème à la cerise amarena.

BOUCHER

Lapierre - Tradition

Place des Halles - T. +33 (0) 5-45-92-47-03

Un immense comptoir en angle dans les Halles d'Angoulême, à la hauteur de la réputation. La boucherie-charcuterie entretient un savoir-faire transmis depuis 1967, aujourd'hui largement diversifié, proposant de nombreuses viandes, porc, agneau, veau, bœuf, charcuteries et saucisses, ainsi que de nombreux plats traiteur.

CHOCOLATIER

Chocolaterie Duceau

18 place de l'Hôtel de Ville - T. +33 (0) 5-45-95-06-42

Une référence en ville, installée sur la place de l'Hôtel de ville, d'un style classique raffiné, avec ses belles boiseries et ses moulures. On y retrouve le travail de Jean-Christophe Crosnier, proposant classiques et créations, chocolats, confiseries et tablettes. On recommandera notamment les marguerites d'Angoulême et les cerises de Montmorency, spécialités de la maison.

PÂTISSIER

Julien Galon

1 place Francis Louvel - T. +33 (0) 5-45-37-40-63

Une valeur sûre du vieil Angoulême, proposant dans un écrin de bois noir mouluré, des pâtisseries traditionnelles et des créations. L'artisan-pâtisserie, qui a travaillé avec plusieurs MOF, défend un beau savoir-faire, aussi sur la forme que le fond. La maison compte également une adresse au 121 rue de Saintes.

TORRÉFACTEUR

Brûlerie du Valois

81 rue de Périgueux - T. +33 (0) 5-45-95-82-25

Deux adresses et un savoir-faire transmis depuis plus de soixante-dix ans. La jolie boutique au style d'époque, comme pour marquer l'authenticité, propose aujourd'hui sur ses étagères une bonne gamme de cafés, ainsi qu'une sélection de thés, infusions et accessoires. Parmi les pures origines, Brésil, Colombie, Guatemala, ou encore Pérou.

Menu(s)

Fourchette de prix mentionnant le menu le moins cher et le menu le plus cher proposant à la fois entrée, plat et dessert sans les boissons, qui n'exclut pas les prix intermédiaires

Des Tours Gourmands

LA RÉFÉRENCE AQUITAINE

Sur le parvis du musée de la bande dessinée d'Angoulême, au bord de la Charente, Aurélie et Jérôme Compain installent leur food truck du mardi midi au vendredi midi. Ici, les produits frais locaux sont mis à l'honneur dans leurs savoureuses préparations. Chaque jour, ils servent à l'ardoise 4 types de burgers dont le fameux auvergnat à la fourme d'Ambert, mais aussi des salades, des wraps, des tapas, un plat du jour et une proposition végétarienne. Pour votre confort, Aurélie et de Jérôme ont prévu des places assises en terrasse dès que le temps le permet. Élu meilleur food truck de la Nouvelle-Aquitaine en 2018 aux Gastronomades d'Angoulême, il est privatisable le soir et les week-ends pour vos événements privés et professionnels : prestations traiteur, festivals…

Quai de la Charente, chais Magelis, 16000 ANGOULÊME – Tél. : 07-89-86-38-53
Facebook : Des-tours-gourmands

« La découverte d'un mets nouveau fait plus pour le bonheur du genre humain que la découverte d'une étoile. »

Jean Anthelme Brillat-Savarin (1755-1826)

Soï Thaï

LA STREET FOOD ASIATIQUE

C'est au pied du quartier du vieil Angoulême que Watchara Thepphaengta a souhaité créer son restaurant de spécialités sud-asiatiques. Lui est thaïlandais et Aline, sa Cheffe, originaire du Laos. À eux deux, ils reproduisent avec poésie des recettes authentiques telles qu'on peut les déguster sur place au détour d'une rue de Bangkok ou de Ventiane. Le Pad Thaï emblématique de cette région du monde est une assiette unique composée de crevettes sautées, de pâtes de riz, d'une sauce tamarin maison à la cacahuète, de légumes et d'œufs. Goûtez également le Tom Yam, la soupe traditionnelle aux crevettes, curry rouge et galanga ainsi que le fabuleux Mongo sticky rice, un dessert parfumé d'exotisme qui vous transportera loin de la France. Une agréable équipe vous servira sur la jolie terrasse du printemps à l'automne.

374 bis, rue de Bordeaux, 16000 ANGOULÊME – Tél. : 05-45-96-51-95
Instagram : @soi_thai_16

Ô Santa Rita

ENTRE FRANCE ET PORTUGAL

Du magret au poulpe et de la morue au cassoulet, ce restaurant d'Angoulême fait voyager sa clientèle entre traditions culinaires françaises et portugaises. À seulement quinze euros la formule entrée, plat, dessert, l'établissement qui dispose d'une centaine de couverts attire une clientèle d'habitués que Mickaël Carvalhal Martins a su fidéliser en proposant quatre plats au choix, chaque jour à midi, dont nécessairement un poisson. Dans un cadre à l'unisson d'une cuisine simple et conviviale, ouvriers, employés de bureau et professions libérales viennent aussi découvrir les vins portugais*. Une vingtaine de références au total, toutes disponibles au verre dans les trois couleurs, du vinho verde aux rouges de la vallée du Douro en passant par le Mateus rosé. *Ouvert midi et soir du lundi au samedi.*

290 ter, rue de Basseau, 16000 ANGOULÊME
Tél. : 05-45-91-54-19

*L'ABUS D'ALCOOL EST DANGEREUX POUR LA SANTÉ

BOURG-CHARENTE 16200

La Ribaudière 16/20

2 place du Port - T. +33 (0) 5-45-81-30-54 - Carte 110 € - Menu(s) 57-128 €
Chef : Thierry Verrat - Chef : Julien Verrat

Un duo père-fils aux commandes d'un 3 toques, les exemples se comptent sur les doigts d'une main. Installé depuis plus de trente ans derrière les fourneaux de cette belle maison des bords de Charente, Thierry Verrat a été rejoint en 2017 par son fils, de retour d'un périple de plusieurs années à travailler aux quatre coins du globe. La future transition se fait en douceur, avec une tendance marquée et louable à l'antigaspi. On retrouve ainsi les pluches et fanes de légumes dans le bouillon de l'entrée ou un boudin de tête de lotte avec le tournedos grillé extraction de tomates et marinière à la livèche. Le «menu gourmand», sous la barre des 80 €, est un excellent choix pour découvrir cette belle cuisine qui réconcilie les classiques et les modernes.

Membres de l'Académie Gault&Millau

Tables Exceptionnelles – 19/20 à 19,5/20

Tables de Prestige – 17/20 à 18,5/20

Tables Remarquables – 15/20 à 16,5/20

Tables de Chef – 13/20 à 14,5/20

Tables Gourmandes – 11/20 à 12,5/20

Tables Originales – 10/20 à 10,5/20

L'Authentique
REMARQUABLE ET REMARQUÉE

Sarah et Clément, amoureux à la ville et passionnés par leur métier, vous proposent du mardi au dimanche des pièces exceptionnelles en boulangerie, biscuiterie et pâtisserie. Seules de belles matières premières sont utilisées. Seules des techniques authentiques sont à l'œuvre telle la création du levain pour les pains dont celui de 4 kg proposé entier ou à la coupe. Ici tout est artisanal y compris la gamme de biscuits, viennoiseries, brioches et pâtisseries. Au-delà des sublimes gâteaux, pièces montées, number cakes et entremets qui ponctuent vos événements ou les fêtes annuelles, la gamme quotidienne et les créations du mois (éclair, tarte, entremet) font le bonheur de tous. *« Clément ne cesse de créer des associations de parfums et de textures, des design… »*, dit Sarah.

13, rue des Loriots, 16430 CHAMPNIERS – Tél. : 05-45-92-20-25
Facebook : Boulangerie Pâtisserie L'Authentique

« La gastronomie est la joie de toutes les situations et de tous les âges. Elle donne la beauté de l'esprit.

Charles Monselet (1825-1888) »

CHÂTEAUBERNARD 16100

HÔTEL

Gallery et Spa - Château de l'Yeuse - *4 étoiles*

65 rue de Bellevue - T. +33 (0) 5-45-36-82-60 - À partir de 120 €

À proximité de Cognac et des rives de la Charente, ce château du XIXe siècle s'est offert une nouvelle vie sous l'impulsion de Céline Desmazières, qui a demandé à des artistes graffeurs de relever un ambitieux défi : transformer les chambres en œuvre d'art, tout en célébrant l'âme du site et la nature environnante. Pari réussi avec de splendides fresques qui donnent à chacune des 24 chambres et suites un charme singulier. Pensé avec autant d'esprit, le spa se veut en lien avec le parc du château, transformé en «jardin respectueux» de la biodiversité, avec verger et potager bio d'où sont issues les plantes qui président aux soins proposés (une mention pour le massage réalisé avec une huile tonique et régénérante à base de bambou). Après une pause dans cette bulle de bien-être, on rejoindra le restaurant, qui magnifie les produits locaux, ou encore la cognathèque et ses quelque 180 variétés... Membre des Collectionneurs.

COGNAC 16100

Les Foudres - Hôtel Chais Monnet 14/20

50 avenue Paul Firino Martell - T. +33 (0) 5-17-22-32-23 - Menu(s) 75-140 €

Le magnifique domaine 5* est un lieu hors du temps, un rare site classé au patrimoine industriel et rénové en hôtel de luxe au cœur d'un parc arboré. L'ancien chai cathédrale accueille la cuisine gastronomique de Mathis Debize et du chef pâtissier Alexandre Mornet, le premier étant passé chez Alexandre Baumard et Paul Bocuse, tandis que le second a pu faire ses classes auprès de Christophe Hay. Le duo remplit sa mission avec les honneurs, servant, sous les foudres centenaires, trois menus autour du produit, à 75, 95 et 140 €. On pourra y découvrir la déclinaison d'artichauts de la ferme de Tauziet, rôtis, crémeux au pineau des Charentes et sabayon au miso vinaigré, le retour de pêche aux légumes primeurs, pommes de terre confites à la bonite et beurre nantais aux œufs de poissons fumés, une belle volaille AOP du bourbonnais, cuite sur le coffre et pochée au foin, céleri rave et jus végétal, un chocolat Valrhona en texture, sarrasin, gavotte et praliné. La cave est dense, avec plusieurs centaines de références, aussi bien des panthéonisés que des choix plus confidentiels, Coulée de Serrant, Dagueneau, Grillet, Gripa, Petrus et Lafite-Rothschild, et Lescure, Duband ou encore Peyre Rose.

Notes - La Nauve 13,5/20

12 rue de la Nauve - T. +33 (0) 5-48-17-03-70 - Menu(s) 80-120 €

C'est la grande nouveauté des environs, et il fallait pour ce Relais & Châteaux flambant neuf, mettre les bouchées doubles. Le magnifique château à quelques minutes de Cognac a entièrement été rénové dans les règles de l'art, et se distingue par un sens du détail assez rare : des boiseries somptueuses et des sculptures en verre de Murano, du mobilier sur-mesure, des chambres au style art déco, et un service de palace. Pour compléter, il fallait bien sûr le bistrot et une table gastronomique, laquelle est installée dans un authentique salon Napoléon III, tout en bois crème, moulures et dorures. L'équipe et le chef Anthony Carballo ont pensé à tout, de la georgette aux beurres déclinés, les menus sculptés dans le bois et l'esprit d'une expérience totale, devant se conclure autour d'une élégante cuisine de terroir. Le chef promeut une éthique exigeante, privilégiant les circuits courts et produisant sur place quand il peut, dans les jardins du château, où l'on trouvera vergers, serres, vignes et poulailler. Dans l'esprit des menus, en quatre ou six services, la tartelette aux champignons, cœur de jaune d'œuf confit, jambon de chevreuil et sarrasin, un travail autour de l'esturgeon et vert de poireau, écume de coques et gel de vin blanc, un carré de cochon rôti, pommes soufflées, pommes purée à l'ail, grenailles et cochon confit, jus réduit et émulsion de persil, ou encore un blanc manger, déclinaison autour de la poire et lamelles de main de Bouddha confit. Très belle cave, avec de nombreuses grandes références.

Belle Époque - Hôtel Héritage 12/20

25 rue Angoulême - T. +33 (0) 5-45-82-01-26 - Carte 46 €
Aux commandes du restaurant de l'hôtel, Mirko Lasorsa, attelé à la réalisation d'une cuisine de marché équilibrée et de saison. Le bel établissement 3* arbore un charme volontairement vintage, un style coquet inspiré du début du XXe siècle, avec banquettes en velours et papier peint. Les assiettes sont dans la norme, des associations qui fonctionnent, comme des saint-jacques flambées au cognac, persil tubéreux, poireaux au vinaigre balsamique, œuf de lump, un filet de rouget, nage de cresson, pommes de terre au safran, condiment céleri vinaigre, une joue de bœuf confite, écrasé de pommes de terre aux épices et légumes racines, ou encore une crème brûlée d'automne au butternut, vanille et marron croustillant.

HÔTEL

Hôtel Chais Monnet & Spa - *5 étoiles*

50 avenue Paul Firino Martell - T. +33 (0) 5-17-22-32-23 - À partir de 230 €
Unique site classé au patrimoine industriel à être transformé en hôtel, cette adresse exceptionnelle réunit tout ce qu'on aime. Une piscine XXL, un bar jazz, un rooftop avec une vue à couper le souffle sur la ville, une brasserie contemporaine, une table gastronomique emmenée par Mathis Debize et logée dans un chai digne d'une cathédrale, et quelque 104 chambres, suites et appartements chaleureux. Literie 5 étoiles, meubles aux lignes pures, vastes salles de bains et services high-tech (enceinte Solo-One Bluetooth), les chambres sont prolongées par de petits jardins-terrasses parfaits pour le farniente. Le spa se veut aussi hors norme avec sa piscine de 22 m de long, ses douches sensorielles et ses cabines de soin, le tout proche du ravissant parc de 2,5 ha en plein cœur de la cité. Un lieu rare, membre de la collection The Leading Hotels of the World et propriété de l'homme d'affaires Javad Marandi.

La Nauve, Hôtel & Jardin - *5 étoiles*

12 rue de la Nauve - T. +33 (0) 5-48-17-03-70 - À partir de 470 €
Posé sur les bords de la Charente, à deux pas de Cognac, cet hôtel particulier XIX accueille ses hôtes dans un délicieux cadre champêtre - un parc de quelque cinq hectares ombragés de grands arbres (magnifique séquoia centenaire) et enrichi d'un beau potager. On aime la déco des douze luxueuses chambres et suites qui se répartissent dans les deux bâtiments du domaine, tout comme les délices concoctés par le chef Antony Carballo et servis dans les deux restaurants de l'hôtel. Selon l'humeur, on rejoint la Brasserie des Flâneurs aménagée dans l'ancienne distillerie ou la très chic table gastronomique qui prend place dans une grande salle style Napoléon avec ses miroirs et ses boiseries. Inauguré il y a tout juste un an et labellisé Relais-Châteaux, ce lieu élégant est membre de la collection Almae, à qui l'on doit aussi le Palazzo Garzoni à Venise et l'Armancette dans les Alpes.

MAISON D'HÔTES

Logis des Tourelles

40 rue du Charmant - T. +33 (0) 6-84-30-80-28

Au cœur de la vieille ville de Cognac, cette maison d'hôtes, classée 4 épis, encore confidentielle est une halte idéale pour goûter l'âme et l'histoire de la cité. Niché dans un parc ombragé, cet hôtel particulier du XIXe siècle, flanqué de belles tourelles, a conservé intacts ses sols et son escalier d'origine et réserve à ses hôtes le charme de 5 vastes chambres et d'un appartement (pour 4 personnes), décorés de mobilier ancien, de belles cheminées et de lits aussi larges que douillets. Au rez-de-chaussée, une belle bibliothèque invite à une après-midi de farniente, à deux pas de la salle à manger ornée de boiseries anciennes ; à moins que l'on ne préfère profiter de la grande terrasse qui ouvre sur les jardins rafraîchis de la piscine. Parfait dès les premiers soleils pour prendre le petit déjeuner avec, au menu, de délicieux produits bio et locaux (fromages, jambons...), sans compter les pains et gâteaux maison.

Tables Exceptionnelles – 19/20 à 19,5/20

Tables de Prestige – 17/20 à 18,5/20

Tables Remarquables – 15/20 à 16,5/20

Carte

Addition moyenne d'un prix à la carte englobant le prix d'une entrée + plat + dessert

Menu(s)

Fourchette de prix mentionnant le menu le moins cher et le menu le plus cher proposant à la fois entrée, plat et dessert sans les boissons, qui n'exclut pas les prix intermédiaires

La Table de Joce

LA TRADITION FRANÇAISE

Près de la maison natale de l'ancien Président François Mitterrand, dans le centre piétonnier de Jarnac, Jocelyn Jeanneaud concocte une cuisine à l'ancienne telle que la proposaient nos grands-mères. Dans un cadre chaleureux, aux meubles d'antan et aux nappes à carreaux rouges et blancs, découvrez en hiver les plats mijotés dont il détient certaines recettes de sa maman, restauratrice, et, en été, des viandes grillées à la plancha, accompagnées de frites maison à la graisse de bœuf. Le Chef magnifie les produits du marché. En dessert, un sublime café gourmand ravira vos papilles notamment avec le gâteau au chocolat sans farine dont seul Jocelyn a le secret. De la terrasse ombragée, vous pourrez admirer les magnifiques bâtiments anciens de l'ancienne place du marché.

28, Grand-Rue, 16200 JARNAC – Tél. : 05-45-82-41-62
Facebook : La-Table-de-Joce

Le Manslois

LE FROMAGE BLANC 100% CHARENTE

Ce fromage blanc est le fruit d'un héritage familial. Depuis 1962, au fil du temps, il est devenu incontournable en Charente car il a su conserver son goût frais et authentique. Sa texture onctueuse, légèrement salée, est conçue à partir de laits de vache ou de chèvre pasteurisés. Le Manslois est apprécié par les gourmets comme par les Chefs qui l'utilisent dans leurs plats. Présente dans les grandes surfaces et sur les marchés, la maison le propose aussi de la vente directe. La dernière création, « Le Moulé », a été pensée pour compléter vos planches apéritives.

10, Chez Pouret, 16110 RIVIÈRES
Tél. : 05-45-62-13-82

La Marmite

AU CŒUR DU VILLAGE

Le bar-restaurant-café La Marmite vous accueille au cœur du charmant village de Palluaud, à côté de l'église. Le Chef vous propose une cuisine traditionnelle française généralement revisitée avec des épices, à l'image de la blanquette de veau au curry. Parfois, il se promène sur d'autres continents et vous amène ainsi à découvrir de nouvelles saveurs. Et pour satisfaire tous les palais, il mitonne également des plats végétariens. Le soir, vous pourrez profiter du bar et goûter les vendredis et samedis soir, les planches de charcuterie et de fromage. Côté animations, toutes les deux semaines une soirée thématique « Autour du monde » est organisée. L'occasion de faire voyager vos papilles ! L'été, La Marmite accueille des musiciens à écouter tranquillement sur la terrasse couverte.

16, rue Marcel Lafaye, 16390 PALLUAUD – Tél. : 09-81-90-52-28
Facebook : La Marmite Palluaud 16390

Café des Sports

STYLE BISTRO ET VRAIE CUISINE

Dans ce café-bar-brasserie-espace festif, Eden et Alexandre proposent une cuisine authentique et vraiment locavore. En plus de bien manger, on vient ici pour boire un verre ou pour passer une bonne soirée (événement, concert, karaoké, retransmission de match…). *Ouvert du mardi au jeudi de 9h à 0h, le vendredi et samedi de 9h à 2h et le dimanche de 9h à 0h.*

2, rue Liancourt, 16110 LA ROCHEFOUCAULD-EN-ANGOUMOIS
Tél. : 05-45-63-96-02 – Facebook : CAFÉ DES SPORTS

> « Il n'y a pas d'amour plus sincère que celui de la bonne chère. »
>
> George Bernard Shaw (1856-1950)

MASSIGNAC 16310

HÔTEL

Hôtel Domaine des Étangs - *5 étoiles*

Le Bourg - T. +33 (0) 5-45-61-85-00 - À partir de 338 €

Un château du XIIIe siècle et des étangs, un moulin et des troupeaux qui paissent sur quelque 1000 ha préservés... Tout ici invite à se reconnecter à la nature pour retrouver équilibre et sérénité. Telle est d'ailleurs la raison d'être de cette ancienne propriété familiale transformée en un refuge holistique par la collectionneuse Garance Primat. Répartis entre la longère, le château et les métairies, les 30 chambres, suites et appartements (de 104 à 393 m2) sont baptisés du nom de planètes ou de saisons, et le restaurant célèbre les produits des potagers et des vergers alentour. Divers espaces accueillent artistes et artisans d'art pour des expositions, tandis que le spa se transforme en thermes romains, avec bains vapeur et frigidarium. On vient ici le temps d'un week-end ou d'une retraite de quelques jours mêlant yoga, shiatsu ou naturopathie. Ajoutons à ce cadre apaisant que les enfants sont ici les bienvenus : piscine, immense salle de jeux et balades dans les bois, tout est (aussi) pensé pour eux.

LES PRODUITS AOP, IGP ET AOC DE LA RÉGION NOUVELLE-AQUITAINE

Agneau de lait des Pyrénées, asperges du Blayais, armagnac, beurre de Charentes-Poitou, bœuf de Chalosse, canard à foie gras du Sud-Ouest, cassis de Saintonge, chabichou du Poitou, fleur de sel de l'île de Ré, jambon de Bayonne, jambon noir de Bigorre, kiwi de l'Adour, noix du Périgord, ossau-iraty, porc du Sud-Ouest, porc noir de Bigorre, poularde du Périgord, pruneaux d'Agen, tomme des Pyrénées, volailles de Gascogne, volailles des Landes, volailles du Gers...

17

CHARENTE-MARITIME

BOYARDVILLE 17190

Les Bains 10/20

1 rue des Quais du 158 RI - T. +33 (0) 5-46-47-01-02
Un joli petit hôtel de vacances, idéal pour un séjour typique et sa table de simplicité, avec les huîtres de Fort-Royer et les poissons de la Cotinière. L'accueil est agréable, l'ambiance à la détente et les plateaux de fruits de mer sont bien garnis, sans chercher d'autre plaisir que celui des embruns au naturel dans les plats (raie aux câpres, sole poêlée beurre citronné...). Cave appropriée et pas chère.

LES 7 PRINCIPES DE GAULT&MILLAU

1

L'indépendance totale vis-à-vis des établissements.

2

Le recrutement d'enquêteurs exigeants, gourmets et gourmands.

3

L'anonymat des enquêteurs lors des évaluations.

4

La visite dans des conditions normales de fréquentation.

5

Le règlement des additions.

6

La mise à jour régulière par des évaluations continues.

7

La vérification de nos informations.

Les 3 canards by Gally

SUR LA PRESQU'ÎLE D'ARVERT

Dans le quartier d'Avallon, c'est une institution vieille de 50 ans qu'a repris Magali « Gally » Faure en 2023, la transformant en un lieu chic et élégant. Secondée par Sébastien Renévot aux fourneaux, elle propose une carte gastronomique entièrement élaborée maison. Le jeune Chef, formé auprès de grands noms de la cuisine française, crée et imagine de délicates recettes dont vos papilles se souviendront ! Les fruits et légumes, les poissons et fruits de mer, les viandes ou encore les fromages sont choisis au fil des saisons et du terroir local pour composer une nouvelle carte chaque mois. De bien plaisants nectars* accompagneront avec finesse chacune de vos assiettes. Une terrasse couverte joliment fleurie vous accueille dès les premiers rayons du soleil.

14, rue des Sauniers, 17530 ARVERT – Tél. : 05-46-36-40-43 / 06-08-24-55-87
Facebook : Les 3 Canards by Gally

> La vraie cuisine est une forme d'art. Un cadeau à partager.
>
> Oprah Winfrey (1954-)

Le jardin d'Arcy

DANS UN ÉCRIN DE NATURE

Une magnifique bâtisse du XVIIe siècle en pierres de taille pour décor : tel est l'endroit idyllique planté au milieu des vignes choisi par Suzanne et Claudio Pitchouague pour installer leurs chambres et gîtes. Aux fourneaux de la table d'hôtes en intérieur ou dans la cuisine d'été, le Chef magnifie un fabuleux magret de canard, mais aussi des salades composées, des potages et des plats mijotés. La terrasse arborée et fleurie sur cour intérieure est un véritable havre de paix invitant à la dégustation.

23, avenue Principale, 17240 BOIS – Tél. : 06-86-71-39-54
www.jardin-darcy.com

*L'ABUS D'ALCOOL EST DANGEREUX POUR LA SANTÉ

CHANIERS 17610

POISSONNIER

Poissonnerie Labatud

27 route des Passereaux - T. +33 (0) 9-67-28-79-50

Un grand comptoir au fond des halles pour profiter des trésors de l'Atlantique, une bonne variété et de bons conseils. On y trouvera par exemple, et en fonction des arrivages, bars sauvages, soles, rougets, ailes de raie, coquillages et crustacés.

CHÂTELAILLON-PLAGE 17340

Les Flots 11/20

52 boulevard de la Mer - T. +33 (0) 5-46-56-23-42 - Carte 62 € - Menu(s) 26-85 €

Une bonne nouvelle pour cet établissement qui a accueilli cette année Yannick Fauriès pour diriger les cuisines. Ex-Jeune Talent Gault&Millau (c'était aux Remparts, à Bazas, en 2013, après un passage au Relais du Bois Saint-Georges, à Saintes), il donne un peu d'assise à une carte encore assez consensuelle et classique des stations de bord de mer: gaspacho de melon au gin, vitello tonnato à la truffe d'été (peu de goût, mais une viande parfaitement cuite et bien tranchée), magret de canard à l'abricot, abricot confit, lavande et sorbet abricot. Cave assez courte, animée avec enthousiasme par la jeune sommelière, Gwendoline.

DOLUS-D'OLÉRON 17550

Le Grand Large 13,5/20

2 avenue de l'Océan - T. +33 (0) 5-46-75-77-77 - Carte 92 € - Menu(s) 70-118 €

Nous nous réjouissons de cette nouvelle dynamique et du retour au premier plan gastronomique de l'île. L'hôtel est évidemment un must, face à l'océan, sur l'une des plus belles plages oléronaises, et la salle panoramique se prête à une cuisine marine fine, racée et tournée vers le naturel. Sur les conseils du nouveau MOF limousin David Boyer, le chef Marc Lereun réalise des assiettes techniques et pleines de goût: mulet noir mariné au timut et asperge verte, tourteau condimenté crème glacée livèche, merlu de ligne nacré beurre blanc au Baume de Boutteville et coquillages, adaptant de belles idées classiques comme le ris de veau et homard avec un artichaut à l'amaretto. On se laisse griser au soleil couchant, enchaînant avec les bons desserts du pâtissier Paul Tranquard, passé par le Palais Gallien, sur la fraise ou le chocolat avec un cognac XO. Bon menu «Écume» à 70 €, cave bien fournie en classiques, très bon service, à la hauteur de l'événement.

HÔTEL

Hôtel Le Grand Large - *4 étoiles*

2 avenue de l'Océan - T. +33 (0) 5-46-75-77-77

Ce bâtiment contemporain en béton d'inspiration Le Corbusier, construit dans les années 60, offre une situation idéale, face la mer. Un classique pour des résidents qui reviennent chaque année goûter au charme iodé et à l'accueil très pro. Piscine, espace détente avec soins et fitness.

POISSONNIER

La Grande Marée Oléronaise

485 route de St-Pierre - T. +33 (0) 6-74-71-18-40

Les connaisseurs viennent chercher ici les poissons d'arrivage, de grande fraîcheur et surtout à des prix imbattables. Si vous pensez que le poisson frais est forcément cher, allez faire un tour devant cet étalage de mulet et merlan à moins de 5 € le kilo et autres plaisirs marins, servis avec gentillesse et compétence.

Carte

Addition moyenne d'un prix à la carte englobant le prix d'une entrée + plat + dessert

Membres de l'Académie Gault&Millau

Tables Exceptionnelles – 19/20 à 19,5/20

Tables de Prestige – 17/20 à 18,5/20

Tables Remarquables – 15/20 à 16,5/20

Tables de Chef – 13/20 à 14,5/20

Tables Gourmandes – 11/20 à 12,5/20

Tables Originales – 10/20 à 10,5/20

Boucherie Denis Cordon
ARTISAN GOURMAND

Ce qui démarque la boucherie Cordon des autres artisans, c'est son savoir-faire. Tout y est fait maison. Ou quasiment tout : les terrines, les saucisses, les andouillettes, les pâtés, les boudins et même le grillon et les grattons charentais, grandes spécialités de la Charente-Maritime. Aussi, l'origine des produits est française, la boucherie travaille avec un petit abattoir de région. Voici autant de raisons de passer y goûter leurs délicieux mets.

13, Grande Rue, 17550 DOLUS-D'OLÉRON – Tél. : 05-16-84-90-24
Facebook : Boucherie-Denis-Cordon

Marée des Îles
UNE POISSONNERIE D'EXCEPTION

Présente sur trois marchés de Charente-Maritime et de Vienne, la poissonnerie Marée des Îles profite d'une implantation géographique avantageuse et d'une expertise reconnue, et cela se voit sur les étals. *« On privilégie les poissons de saison et la pêche française »*, insiste Mme Quantin. Bar de ligne, maigre, tourteaux, moules, huîtres… Vous trouverez votre bonheur toute l'année ! *Horaires d'ouverture : jeudi et dimanche à Neuville-de-Poitou (7h-14h), vendredi à Gémozac (7h-14h), samedi à la Halle des marchés de Notre-Dame à Poitiers (7h-14h).*

25, rue du Maine Bouyer, 17750 ÉTAULES – Tél. : 06-42-73-59-59
Facebook : La Marée des iles

Restaurant de la Seugne
UNE CUISINE INOUBLIABLE

Proche du château, dans l'Hôtel de l'Écu, ce restaurant cosy fait le bonheur de tous. Les produits frais sont travaillés avec soin afin de vous régaler d'une cuisine de tradition française, notamment avec l'andouillette et les véritables frites maison. Aux beaux jours, optez pour la terrasse ! La combinaison 33 chambres tout confort et restaurant privatisable est parfaite pour vos fêtes ! Parking privé.

3, place Fillaudeau,
17500 JONZAC
Tél. : 05-46-48-50-56

LA FLOTTE-EN-RÉ 17630

Chai Nous comme Chai Vous 13,5/20

1 rue de la Garde - T. +33 (0) 5-46-09-49-85 - Carte 70 € - Menu(s) 55 €

Vous n'irez pas Chai Nous Comme Chez Vous par hasard car, si vous n'avez pas réservé, vos chances sont très minces de pouvoir déguster la cuisine de Laurent Favier. Ici, on trouve des habitués et amateurs de bons petits plats et des touristes qui ont pris la peine de se renseigner sur les belles adresses de l'île de Ré. Vous êtes à deux pas du port, dans une ruelle tranquille, et le restaurant ne propose qu'une vingtaine de couverts dans cet ancien chai familial. Laurent et Florence vous accueillent comme si vous faisiez partie des intimes, et leur objectif est de travailler les produits locaux de façon simple, mais créative, où chaque ingrédient a sa place dans l'assiette. Le menu est composé au gré du marché et peut varier d'un jour à l'autre : girolles françaises et artichaut à l'amaretto, une crème au bourgeon de sapin, les champignons mis en valeur par la saveur noisette de l'artichaut et l'amande de l'amaretto. Le sapin relève le tout en fin de bouche et les textures moelleuses rajoutent un côté gourmand au plat. On s'éloigne un peu des sentiers battus avec le pavé de maigre à la plancha, velouté au lait de coco et curry vert herbacé maison, aubergines japonaises et cèpes français, et le résultat est tout aussi convaincant. On se sent vraiment bien... chai vous. Le vin a également fait l'objet d'une sélection rigoureuse : une centaine d'étiquettes, en grande partie bio. Chaque région française est représentée par des vins valorisant leur terroir. Florence s'est accordé un petit plaisir avec les appareils Dvine, qui permettent de proposer de grands crus dans les meilleures conditions d'aération et de température. Vous pourrez ainsi choisir parmi plus de 20 références de vin au verre.

HÔTEL

Hôtel Le Richelieu - *5 étoiles*

44 avenue de la Plage - T. +33 (0) 5-46-09-60-70 - À partir de 205 €

C'est l'une des grandes institutions de l'île, idéalement située face à l'océan. Réparties entre la demeure principale et quelques villas, les 38 chambres et suites offrent à leurs fidèles (et ils sont nombreux) un confort cosy et intemporel avec de luxueuses literies, des meubles aux lignes sobres et des fauteuils bien douillets. Fidèle à l'esprit marin qui préside dans l'île, le luxueux spa réunit jacuzzi et hammam privatif ainsi qu'un espace dédié à l'océan avec un bassin d'eau de mer riche en oligo-éléments et en minéraux. Y sont proposés également des séances de chromothérapie face au mur de sel et des soins et massages à base des produits Thalgo. Ajoutez une brasserie avec terrasse ombragée de palmiers avec vue sur la plage...

Menu(s)

Fourchette de prix mentionnant le menu le moins cher et le menu le plus cher proposant à la fois entrée, plat et dessert sans les boissons, qui n'exclut pas les prix intermédiaires

Ré Alizés
DES PRODUITS DE LA MER UNIQUES

Benjamin Gilard, poissonnier-écailler Champion d'Europe Écailler, membre d'Eurotoques, Meilleur Apprenti de France, en lice pour devenir Meilleur Ouvrier de France, propose une pêche ultra-locale. Ses suggestions traiteur faites maison sont savoureuses. Le summum est la pause dégustation sur sa terrasse : optez pour le poisson cuit minute sans artifice. Et éblouissez vos convives avec des plateaux composés de fruits de mer, coquillages ou poissons décortiqués et préparés, alliant beauté et saveurs.

16 ter, rue des Caillottières, 17630 LA FLOTTE
Tél. : 07-85-80-21-00

« Tout homme qui aime le poisson a l'esprit délicat.
Edmond de Goncourt (1822-1896) »

À la Plancha
INSPIRATION ASIATIQUE

À la Plancha, on remarque en premier lieu le cadre unique. Ici, on dîne au bord de l'eau. Puis, bien sûr, on se laisse séduire par la cuisine du Chef, Michael Marquet. Une cuisine à consonance asiatique qu'il module tous les deux jours en fonction des arrivages du marché. On y goûte des woks d'encornet au chorizo, noix de cajou et sauce soja, du risotto de homard et du thon Rossini. Que demander de plus ? Pensez à réserver.

12, cours Félix Faure, 17630 LA FLOTTE – Tél. : 05-46-68-10-34

LA ROCHELLE 17000

Restaurant Christopher Coutanceau 17/20

Plage de la Concurrence - T. +33 (0) 5-46-41-48-19 - Menu(s) 260-310 €
CHEF: CHRISTOPHER COUTANCEAU - CHEF PÂTISSIER: BENOÎT GODILLON
DIRECTEUR DE SALLE: BRIEUC GRENET - CHEFFE SOMMELIÈRE: MANON BRAS

En 2024, l'immense salle à manger et ses 40 m de baies vitrées, face à la plage de la Concurrence, fête ses 40 ans de Coutanceau. Quarante ans de table d'exception qui regarde l'océan droit dans les yeux, avec de sublimes couchers de soleil. Quarante ans de haute gastronomie des grands fonds, dont l'héritage est porté par Christopher depuis 2007. Ce cuisinier-pêcheur, qui a grandi ici, connaît le potager marin sur le bout des doigts. Dans un esprit écoresponsable, il étudie la saisonnalité des produits de la mer, partage ses découvertes de poissons oubliés et les remet au goût du jour. Il bannit la viande, travaille les poissons simples, comme ce maquereau, qu'il fume, puis magnifie par une cuisson à l'unilatérale, et qu'il accompagne de quelques asperges et d'un bouillon d'herbes folles, pulvérisé de garum. À l'image de ces langoustines vivantes de La Cotinière, il aime les déclinaisons avec un frais tartare piqué au caviar, une gelée de pinces au piment d'Espelette et la pince panée de panko et de pistaches que l'on trempe dans un sabayon fort gourmand. Ouvert à toutes les techniques de cuisson possibles, il sublime le lieu jaune par une cuisson à 46°C, il l'accompagne d'artichauts en trois façons et d'un beurre blanc réalisé à partir du fumet du lieu qu'il lie à des œufs de brochet fumé avec juste une pointe d'acidité fournie par la mûre. Il aime aussi prendre des risques: le tartare de bœuf est un trompe-l'œil ludique où la seiche a été marinée sous vide dans une extraction de jus de betterave rouge. On vient à table l'assaisonner finement d'aromates et l'accompagner d'un mesclun marin et de pommes de terre soufflées à l'encre de seiche. Signés Benoît Godillon, les desserts iodés surfent sur la même vague océane, avec ces agrumes, criste marine et gin. La cave aux 22000 bouteilles et 2400 références, qui héberge vins de collection et vins de terroir, est bien pourvue pour affronter le large. Le service, alerte, jeune et stylé, en habits bleus, supervisé par Nicolas Brossard, invite à ce voyage sensoriel en Atlantique. N'oublions pas le décor signé Bertrand Pourrier, qui a trouvé son inspiration dans la mer: parois de cuir sable, moquette bleu océan, plafond ouvragé de vagues d'où surgissent 500 «gouttes de LED», telles des stalactites, dont l'intensité s'adapte automatiquement à la luminosité naturelle. Voilà qui participe, sans conteste, à la magie du lieu.

Restaurant les Flots 14,5/20

1 rue de la Chaîne - T. +33 (0) 5-46-41-32-51 - Carte 93 € - Menu(s) 39-119 €

Le navire amiral de Grégory Coutanceau, une situation unique sur le port, qui attire les flots touristiques toute l'année. Evidemment, pas seulement pour le chic et le confort, mais aussi pour une carte suffisamment élaborée tout en restant familière dans l'éventail des saveurs: ceviche de dorade pétales et jus de butternut citronnelle et citron vert, saint-jacques de belle qualité poireaux braisés au kombu et yuzu beurre blanc, soufflé passion moelleux coco et sauce chocolat blanc. Les classiques, sole meunière, civet de homard en hommage à papa Coutanceau, sont aussi bien en place. Bon menu Retour de pêche à 39 €, cave étendue et classique.

Impressions 14/20

7 rue Saint Michel - T. +33 (0) 5-46-09-03-98 - Menu(s) 33-78 €

Installé depuis trois ans, David Etcheverry apporte aux Charentais une expertise et une rigueur pas si communes. Le quartier est calme, la maison jolie et le décor à l'image du chef, calme, zen, précis. Une courte carte, deux menus, de la distinction et du plaisir dans chaque assiette : seiche et poireau confit, carré de veau fermier salsifis, feuille à feuille ananas cardamome crème de lait dans cet Acte 1 à 62 € bien raffiné, en cinq services en comptant les mises en bouches et fromages du moment. Dans la très vaste offre rochelaise, ce gastro très sûr est incontestablement une bonne affaire. Cave de connaisseur à prix juste, service sans faute, toujours dans la discrétion et l'efficacité.

L'Astrolabe 12,5/20

35 rue Gambetta - T. +33 (0) 5-46-41-52-55 - Carte 72 € - Menu(s) 30-79 €

Bien inspiré, cet Astrolabe vous donne toujours la bonne position et vous ne serez pas perdu au milieu de l'océan touristique de la ville. Un bon chef, consciencieux et rigoureux dans le choix de ses produits, pêche locale et viandes de qualité (bœuf Metzger notamment), fruits et légumes bio façonnent une carte toujours attrayante, dont les compositions sont inspirées des voyages ; aux intitulés sur quatre lignes et aux nombreux ingrédients («pêche miraculeuse en mer d'Adaman», «Autour d'un feu de camp Estancia de Rio Chico», «Aux confins du détroit des Dardanelles») tandis que le patron Benoît Lefer sait proposer les bouteilles adéquates avec chaque option. La formule du midi à 30 € connaît un succès mérité.

La Yole de Chris 12,5/20

Plage de la Concurrence - T. +33 (0) 5-46-41-41-88 - Carte 74 €

Plus de place au gastro ? La Yole de Chris (comprenez Christopher Coutanceau, le Neptune rochelais) saura vous régaler avec une cuisine inspirée par le chef et bien traduite sur les produits de la pêche du moment. Après le ceviche ou le gravlax du moment, le lieu jaune plancha, la sole de petit bateau ou même le homard grillé les jours de fête, mais aussi la pluma ibérique au feu de bois ou le tartare au couteau. Desserts rassembleurs, coupes glacées et bonne cave. Les habitués viennent aussi pour les huîtres et les plateaux de fruits de mer, en toute simplicité et fraîcheur.

Annette 12/20

14 rue Bletterie - T. +33 (0) 6-82-24-86-77 - Carte 50 €

Un bistrot jeune et déluré dans une rue calme du coin commerçant de la ville. Les idées offertes par Audrey et Dale sont à la fois simples et bien étudiées pour offrir curiosité et convivialité : gyozas langue de bœuf et anguille fumée au céleri, filet de canette carottes miso jus de viande, pommes caramélisées crumble noisette sabayon au calvados, une séquence complète et bien tournée en dessous de 50 €. Cave intéressante et bien triée.

Le Bouillon 12/20

15 rue du Dr Bigois - T. +33 (0) 5-46-42-05-29 - Menu(s) 28,90-95,50 €

Il est si discret, ce Bouillon, que l'on passe facilement devant sans le voir. Heureusement, les locaux sont nombreux à connaître l'adresse et vous le conseilleront comme nous. Sous son air de restaurant de plage, il cache une cuisine sérieuse et aboutie, celle du chef Jemmy Brouet : bouillon de crustacés à la thaïe et ravioles de crevettes, filet de cabillaud chou rouge andouille de Guéméné et caramel de soja, roulé de crêpes à l'orange et Grand Marnier. Menus Dégustation de 3 à 7 plats, menu Truffe en saison.

Opaline 12/20

20 rue Rambaud - T. +33 (0) 6-21-12-39-44 - Menu(s) 19-59 €

Non loin de la place Vauban et du centre commerçant, cette table cachée est une agréable découverte pour le promeneur. Charlotte et Alexis, lauréats de la Dotation, mènent cette jolie table avec passion et savoir-faire. Une courte carte pour le déjeuner, permettant de se faire une bonne idée du travail accompli (pomme darphin crème acidulée œufs de truite, grondin citron beurre blanc et blettes, ganache chocolat crème anglaise caramel et cacahuètes grillées), des menus dégustation cachés pour le soir, en 5 ou 6 séquences. L'atmosphère est agréable, la prestation très pro, les tarifs justes.

Thiers Temps 12/20

26 rue Thiers - T. +33 (0) 5-46-34-31-81 - Menu(s) 42,50 €

Passez son temps libre dans cette maison bien tenue est une bonne idée. La régularité (la toque est présente depuis dix ans), la variété des menus s'adaptant aux saisons, de la recherche sur chaque plat et un service toujours affable et prévenant en font une valeur sûre : ceviche de haddock déclinaison champignon, ballottine de volaille farcie potimarron confit polenta crémeuse jus de poulet aux herbes, blanc manger au lait d'amande et marmelade de figues à la vergeoise dans une formule complète à 42,50 € du chef Loïc Valet, qui prévoit également un plat végétarien pour chaque niveau.

L'Aunis 11,5/20

14 rue Saint-Jean du Pérot - T. +33 (0) 5-46-41-03-00 - Menu(s) 35,50 €

S'inscrivant dans l'univers très concurrentiel de la rue, l'Aunis tire son épingle du jeu par l'assiette et le choix. Un menu bien étudié à 35,50 €, un peu au-dessus de la norme commune, et un peu grevée de suppléments, mais tout se tient bien, la confection est de bonne qualité et les dressages soignés : carpaccio de haddock mariné et céleri rémoulade, encornets farcis aux légumes niçois et chorizo riz aux petits légumes, baba au rhum chantilly à la vanille dans une liste de desserts classiques. Cave adaptée.

Bon Temps 11,5/20

35 rue Saint-Jean du Pérot - T. +33 (0) 5-46-52-26-69 - Carte 52 € - Menu(s) 20-39 €

Dans la ville historique, à deux pas du port, Grégory Coutanceau a remplacé son Entracte par une autre jolie table dans le style brasserie contemporaine. Il régale à prix doux, d'une cuisine en finesse sur des plats classiques à l'exécution très pro. L'œuf parfait en meurette et ses mouillettes grillées au sarrasin est réussi avec précision tout comme le pavé de merlu sur une bisque de crustacés et son gratin de pommes de terre farci d'oignons confits ; la carte des vins de vignerons à belle allure avec de beaux flacons, mais un fief vendéen accompagnera aussi bien cette cuisine de la mer. Mention spéciale à une équipe qui respire l'envie de satisfaire ses clients dans un espace chaleureux.

André 11/20

5 rue Saint-Jean du Pérot - T. +33 (0) 5-46-41-28-24 - Menu(s) 24,50-35,90 €

Une institution depuis des décennies sur le port de la Rochelle, qui a le souci de moderniser les différentes salles de restauration en conservant un esprit brasserie chic ; la mer est dans l'assiette et l'on se bouscule pour déguster les plateaux de fruits de mer ou simplement les huîtres des producteurs reconnus de la région ; à la carte les poissons sont légion, cuisinés seuls ou dans la choucroute de la mer ou les diverses cassolettes ; l'ardoise du jour en trois services à moins de 25 € s'accompagne avec bonheur d'un vin de pays de l'île de Ré qui incite à s'attarder sur la terrasse, face à la tour de la Chaîne.

Boute en Train 11/20

7 rue des Bonnes Femmes - T. +33 (0) 5-46-41-73-74 - Menu(s) 19-32,50 €
Un bistrot d'aujourd'hui qui mène son train à belle allure, ne manquant pas de s'inscrire dans la tendance en mêlant mode et plats canailles : tataki de saumon façon gravlax wakamé vierge passion, os à moelle, filet de daurade risotto crémeux et pesto, tête de veau ravigote, tartare. Les tarifs sont plutôt doux, le service dynamique, les desserts comme attendu (profiteroles, coulant au chocolat, brioche perdue...).

Le Comptoir Italien 11/20

22 rue Saint-Jean du Pérot - T. +33 (0) 5-46-50-62-60 - Menu(s) 24-30 €
Une bonne reconversion pour ce comptoir versé dans la Botte avec une cuisine italienne sérieuse, aux assiettes bien construites et épaulées par une cave piochant dans toutes les régions, de la Toscane à la Sicile. Bons antipasti, vitello tonnato, parmiggiana d'aubergine, arancini, paccheri à la norman filet de bœuf au gorgonzola, saltimbocca romana...

La Côte Rôtie 11/20

2 boulevard Maréchal Lyautey - T. +33 (0) 5-46-44-04-19 - Carte 53 € - Menu(s) 30 €
En retrait de la ville, près du marché de La Pallice, les Rochelais connaissent bien le coin et cette adresse fidèle. La véranda ouvre sur un coin de nature, non loin de l'océan, ce qui nourrit une carte simple, avenante et bien traduite : cassolette de saint-jacques à la bretonne, pavlova aux fruits de saison. Le menu du jour, à 30 €, bien constitué, est une option favorable. Cave d'appoint avec un petit choix au verre.

Le Mail 11/20

16 Allée du Mail - T. +33 (0) 5-46-34-12-52 - Menu(s) 23,50-35 €
Non loin de la plage de la Concurrence, une brasserie sincère et amicale qui ouvre une large carte et compose correctement ses menus. Les huîtres, couteaux en persillade, tartare de daurade, le lieu jaune ou la lotte avec une rouille safranée et une mousse chocolat stracciatella en clôture, dans un confort très satisfaisant et avec le service efficace que l'on attend.

Le Panier de Crabes 11/20

9 place de la Fourche - T. +33 (0) 9-53-56-59-97 - Menu(s) 35 €
Un bistrot marin planqué sur une jolie placette, la simplicité de l'arrivage, par mer ou par terre : tourteau, bulots sauce tartare, crevettes mayonnaise pour le premier, grillon charentais, farci pour le second. L'ambiance est bonne, on finit par le baba ou le Mystère en dépensant moins de 30 €.

Verre Bouteille 11/20

6 rue Saint Nicolas - T. +33 (0) 5-48-19-88-67
Une table récente dans la gourmande rue Saint-Nicolas, un accueil vraiment souriant et le plaisir d'un patio qui rajoute de la convivialité. L'ardoise offre un grand choix et la cuisine s'applique à petit prix : le pâté en croûte pistaches et morilles, l'œuf meurette ou le gravlax

de saumon, le suprême de volaille aux grenailles ou la côte de veau gratin dauphinois ont le bon goût et la générosité, avant la brioche en pain perdu ou le gâteau grand-mère à l'orange.

La Fleur de Sel 10,5/20

45 rue Saint-Jean du Pérot - T. +33 (0) 5-46-41-17-06 - Menu(s) 27-37 €
Pour se distinguer des autres enseignes dans la rue Saint-Jean, cette Fleur de Sel mise sur un certain charme, avec sa marquise vintage au bas d'un bel immeuble de pierre, et sur l'efficacité de ses menus à 27 et 37 € en séquence complète, offrant un vaste choix parmi cinq entrées, sept plats neuf dessert pour la plus économique : bonne soupe de poisson, cabillaud snacké dahl de lentilles crème de coco, verrine de tatin crumble et chantilly, l'affaire est bien menée et bien servie.

Prao 10,5/20

10 rue Saint-Nicolas - T. +33 (0) 5-46-37-85-46 - Menu(s) 29-33 €
En retrait du port, la rue Saint-Nicolas est bien animée, et ce Prao moderne s'adapte à la clientèle touristique et à l'époque en jouant une partition qui place le terroir dans son époque : l'œuf au plat de Marans est avec une crème de chorizo, le hareng et la pomme vont en gaufre salée, la cuisse de poulet est roulée et farcie au paprika purée de brocolis. Le cadre et l'accueil sont engageants, et la gourmandise est aussi au dessert, avec le gâteau basque à l'orange sanguine ou le carré choco-cassis. Bon petit choix de vins bio en bouteille, pichet, chopine ou verre.

Ze Bar 10,5/20

13 bis rue de la Chaîne - T. +33 (0) 5-46-07-05-15 - Carte 34 €
Toujours rassembleur et bonne franquette, ce bar de potes qui sait varier les plaisirs autour de bons verres. Dans un recoin idéal au milieu de la foule, des découvertes à petits prix et des bières artisanales, tandis que l'assiette peut passer du grignotage de charcuterie à plus consistant : acras, tartare, pita de confit de canard, risotto...

Franquette 10/20

25 rue Saint-Jean-du-Pérot - T. +33 (0) 5-16-19-80-73 - Carte 54 €
Une adresse bien de son époque dans la rue des restaurants ; comme son nom l'indique, de ka convivialité autour de plats de barbecue et de petits menus bien ficelés : os à moelle, pimientos, gravlax de saumon, les touristes affamés se contentant souvent d'un plat bien gari, un burger, une basse côte, des ribs de porc ou le plateau barbecue à partager.

Gaée 10/20

4 quai Louis Prunier - T. +33 (0) 5-46-50-89-05 - Carte 48 €
Une honnête restauration d'hôtel pour ceux qui préfèrent ne pas trop s'éloigner de la chambre (le Mercure offre une belle vue, mais est tout de même assez excentré). On suivra donc les idées de la carte du moment, dans l'actualité et la mode : tartare cresson anchois, œuf parfait huîtres et jambon de pays, cabillaud hoummous coquillages curcuma, tom kha kai... Carte des vins dans le même esprit, les régionaux absents.

Lerouge aux Lèvres 10/20

4 rue des Cloutiers - T. +33 (0) 5-46-50-08-17 - Menu(s) 16 €

Un caviste qui aime le naturel, le bio et la biodynamie, toujours de bon conseil et proposant un petit grignotage futé sur place pour accompagner. Tapas, charcuterie (un bon pâté, jambon de chez Ospital...), huîtres de l'île de Ré, os à moelle, gravlax de lieu jaune pour un apéro que l'on peut rendre encore plus consistant en prolongeant le moment avec la saucisse de cochon et le poulet rôti, avant les fromages de chez Épicurium et un petit dessert. Une quinzaine de vins au verre, bière, jus de pomme...

Le Tout du Cru 10/20

24 rue Thiers - T. +33 (0) 9-52-96-90-00 - Carte 66 €

Face aux halles, un mignon bistrot avec sa petite terrasse et sa finesse du contrepet. Il s'avère à l'usage franc et agréable en consommant du produit marin brut et bien choisi, les huîtres de diverses provenances (Cabane Océane, Papin, David Hervé, Ancelin, Gillardeau), les assiettes et plateaux composés pour un ou plus, de la charcuterie et les suggestions du moment pour compléter, palourdes ou couteaux en persillade, homard au four... Fruits de mer à emporter.

HÔTEL

Maison des Ambassadeurs - *5 étoiles*

43 rue du Minage - T. +33 (0) 5-46-28-06-00 - À partir de 284 €

Au cœur du vieux La Rochelle, avec ses ruelles aux arcades de pierre et son marché historique, ce bel hôtel récemment restauré réunit 58 chambres et suites qui se déploient autour de deux édifices. Selon l'humeur, on posera ses valises dans la bâtisse XVIIe siècle avec son escalier historique, ses chambres mansardées aux poutres et pierres apparentes, ou dans le bâtiment années 1950 qui offre des espaces plus modernes et très lumineux dotés de larges vues sur la ville. Très réussie, la décoration des salons et salle à manger s'inspire de la vie d'Albert Bodard, diplomate rochelais, avec meubles exotiques, maquettes de bateaux et cartes marines. Une mention également pour le Bodard Bar qui ouvre sur une belle cour-jardin, le restaurant Arco aux accents sud-américains et le spa doté d'une piscine, privilège rare dans la ville.

Maisons du Monde Hôtel & Suites - *4 étoiles*

3 rue Saint-Jean du Pérot - T. +33 (0) 5-46-41-73-33 - À partir de 98 €

Posé sur le vieux port de la Rochelle, ce nouveau refuge est la troisième adresse de la marque de décoration éponyme (associée au groupe Vicartem) qui conforte là son implantation dans le monde de l'hospitalité. Et tant mieux pour les amateurs de lieux cosy, élégants et largement inspirés par le voyage, et la modernité. L'accueil est digitalisé mais l'hôtel très chaleureux avec un salon aux canapés bien profonds, une salle de petit déjeuner pensée comme une grande cuisine de famille où l'on déguste de savoureux petits déjeuners, sans oublier le magnifique brunch du dimanche matin et des bocaux gourmands à faire réchauffer. Les chambres sont dans ce même esprit avec, selon votre choix, une déco à l'inspiration indienne, italienne ou viennoise, le tout avec des literies de palace et de belles vues sur le port et la vieille ville ; notamment depuis la junior suite dotée d'une terrasse.

Villa Grand Voile

12 rue de la Cloche - T. +33 (0) 5-46-44-81-14 - À partir de 190 €
C'est l'une des meilleures tables de La Rochelle, emmenée par un chef talentueux et engagé, notamment en faveur d'une pêche durable. Soucieux d'offrir le meilleur à ses hôtes, Christopher Coutanceau a aménagé cette ancienne demeure d'armateur pour en faire un hôtel chaleureux et intimiste (membre Relais & Châteaux) qui compte désormais 11 chambres et suites. Décorées par les architectes locaux de l'agence Mur-Mur, toutes déclinent un luxe discret avec leurs lignes sobres qui se mêlent à de belles pièces Art déco. Le patio intérieur abrite une piscine chauffée où l'on fait ses longueurs avant de paresser sur un transat à l'ombre des palmiers. En plein cœur de La Rochelle, très prisée des touristes, un refuge aussi calme que séduisant.

MAISON D'HÔTES

Eden Ouest

33 rue Thiers - T. +33 (0) 5-56-23-38-60
À deux pas du marché, cette demeure est un morceau de l'histoire de la Rochelle, Bâtie en 1745 par une famille d'armateurs, elle a traversé les époques avant d'être rachetée par Lise Humeau et son mari, et transformée en une maison d'hôtes imaginée comme un refuge cosy et douillet, loin de l'agitation de la ville... Le lieu se déploie autour de deux appartements et cinq chambres et suites, dont quatre avec salons et hammams privés. Décorés avec esprit, les différents espaces offrent tous de beaux volumes et sont habillés de tonalités douces, de parquets blonds et de meubles chinés qui se mêlent à des pièces plus contemporaines. À savoir aussi, la maison toute entière peut être privatisée pour un séminaire ou un événement familial.

AFFINEUR FROMAGER

Histoires d'Affineur

Halles de La Rochelle - T. +33 (0) 6-63-60-05-29
Alexis, avec son équipe, met l'accent sur la noblesse de la profession, l'affinage. La sélection est bonne, mais elle est surtout dans sa forme optimale, prête à être dégustée par les connaisseurs. Les fromages de chèvres, du Poitou et de Touraine, mais aussi du coin, comme le très bon Mothais sur feuille des Deux Sèvres, des bleus parfaits, comme la rare fourme de Montbrison, les fromages des Alpes et du Jura, et des voisins proches, gorgonzola et appenzeller.

BOUCHER

Le Palais des Viandes

Halles de la Rochelle - T. +33 (0) 5-46-41-27-64
Sébastien et Fabienne sont un peu les bouchers stars des halles, conciliant abondance et qualité sur la plupart des thèmes. La charcuterie à base de porc, les saucisses, l'agneau de belle tenue (gigot, baron, épaule, souris...), les belles côtes de bœuf (simmental, angus...) et toutes les préparations, rôti de poulet au miel et aux figues, filet mignon savoyard, paupiettes Orloff, blanquette, kefta...

BOULANGER

LABoulangerie

8 rue des Cloutiers - T. +33 (0) 5-46-28-29-14

Dans LABoulangerie, il y a « AB », pour « artisan boulanger comme pour le sigle bio. Le pain est donc de qualité, fignolé et bien levé, à partir de farines bio. Au programme, la Désirée, le pain de meule, l'engrain, l'épeautre, al tourte de seigle, le méteil et bien d'autres.

CAVISTE

La Joie du Vin

2bis rue Thiers - T. +33 (0) 5-46-41-09-07

Un caviste complet et reconnu face aux halles, proposant un vaste catalogue, bien placé, en choix et en prix sur toutes les régions. C'est ici que vous trouverez les références connues, mais aussi quelques raretés, mais surtout les choix du caviste sur une sélection à petits prix (on peut se faire plaisir autour de 10 €), avec un altesse, un coteaux bourguignons ou un beaujolais villages. Egalement des spiritueux et les conseils de pro.

Lerouge aux lèvres

4 rue des Cloutiers - T. +33 (0) 5-46-50-08-17

Un caviste, épicerie fine (charcuterie Ospital, tartinables, tapas...) et cave à manger qui se préoccupe de notre plaisir gourmand en y ajoutant les gorgeons qui vont bien. Des partis pris, du bio, de la biodynamie et du nature, mais aussi de nombreuses références qui font consensus, comme Gramenon, Clovallon, Goisot, Boillot, Danjou Bannessy... Et une flopée de petits plats bienvenus, huîtres, os à moelle, saint-jacques snackées, boudin noir...

ÉPICIER

Un Bol d'Air

12 rue Gambetta - T. +33 (0) 9-52-18-89-04

Du bio et local en vrac pour tous ceux qui ont en tête une consommation éthique et durable. Du choix dans toutes les catégories, pâtes et riz, céréales, farines, cafés et thés, laitages, biscuits, confitures et également un rayon soin et cosmétiques.

FROMAGER

L'Epicurium

6 rue Gargoulleau - T. +33 (0) 5-46-42-48-57

Un fromager de référence, qui double son activité avec un rayon épicerie fine et surtout une cave importante pour accompagner tous les fromages. Des thèmes qui mettent à tour de rôle des régions ou des pays, comme dernièrement la Suisse avec le vacherin de Fribourg ou le gruyère, avec des promotions régulières. Plateaux composés pour vos réceptions, fondues et raclettes.

GLACIER

Ernest le Glacier

18 rue du Port - T. +33 (0) 5-46-50-55-60

Belle et chic boutique pour les fans de fraîcheur glacée, fruitée, chocolatée, épicée... Tous les parfums pour tous les goûts et les envies, en boules, pots, verrines, bâtonnets... De l'originalité délicieuse avec les crèmes glacées forêt-noire, cannelé, gianduja, brownie, cacahuète ou encore les sorbets figue, citron jaune bio ou abricot nougatine pavot...

PÂTISSIER

Binôme les Pâtissiers

2 rue des Cloutiers - T. +33 (0) 5-46-46-12-42

La pâtisserie à suivre près du marché, ouverte moins d'un an : Betty et Mathieu ont quitté la restauration pour ouvrir leur boutique, apportant leur rigueur, leur technique, leurs idées. Les Rochelais se régalent, sur les classiques comme sur les innovations, les délicieux entremets, les compositions aux fruits de saison ; mais aussi les biscuits, les cookies bien garnis, les surprenants sablés aux fleurs et bien d'autres au fil des saisons.

POISSONNIER

Chez Mélie

Halles de La Rochelle - T. +33 (0) 5-46-41-23-00

Un grand linéaire pour ce poissonnier qui offre le volume, l'abondance et la fraîcheur à tous niveaux, poissons, coquillages, crustacés. C'est ici que vous trouverez, entre autres les langoustines vivantes, l'araignée et le tourteau, la sole et la barbue, mais aussi le mulet noir, la dorade sébaste et le maquereau dans les petits prix.

PRODUCTEUR

La Cabane Océane

Halles de La Rochelle - T. +33 (0) 5-46-66-54-08

Une enseigne reconnue sur tout le département pour fournir des huîtres aux particuliers connaisseurs, mais aussi à nombre de restaurants du coin. En direct de la production, une qualité régulière et un coin dégustation sur place.

TORRÉFACTEUR

Cafés Merling

25 rue Gambetta - T. +33 (0) 5-46-50-56-41

Une vaste et belle boutique, une marque qui s'étend avec des boutiques à Bordeaux, Niort, Poitiers, un grand choix dans les cafés d'origine et les mélanges maison, et les marques connues de thés (Dammann, Kusmi, Mariage...). La visite est agréable et s'étend aux arts de la table et aux accessoires, qui font autant d'idées pour garnir sa cuisine que de cadeaux.

Saveurs Café

4 bis rue Thiers - T. +33 (0) 5-46-41-52-98

Café du monde, sélection de thé et chocolats de référence (Bonnat, Cluizel), une maison de qualité et un torréfacteur reconnu dans cette belle boutique face aux halles. Nombreux accessoires et services à café et à thé.

Tables Gourmandes – 11/20 à 12,5/20

Tables Originales – 10/20 à 10,5/20

La Kase

EMBARQUEZ POUR UN VOYAGE GOURMAND !

À la tête de ce restaurant dans le quartier du Vieux-Port, deux frères, Sébastien en salle et Patrice, Chef passé par des maisons prestigieuses. Passionnés de cuisine et de voyages, ils cultivent dans ce lieu cosy et intimiste, le plaisir de recevoir autour de plats créatifs. Les produits du marché sont revisités avec épices et ingrédients du monde (Antilles, Réunion, Asie, Amérique latine…). Découvrez une cuisine des voyages, inspirée, aux accents bistronomiques, ponctuée pour les amateurs, par un rhum* arrangé maison ! *Ouvert du mercredi midi au dimanche soir.*

13, rue de la Chaîne, 17000 LA ROCHELLE
Tél. : 05-46-55-73-36

Praline et Bergamote

L'ARTISAN QUI DONNE ENVIE D'ÊTRE GOURMAND !

Claire et Robin forment un duo de pâtissiers qui adore imaginer pour offrir aux clients des gâteaux, peu sucrés, originaux, travaillés avec des matières premières de qualité. À chaque événement de l'année, une pâtisserie ! Les fidèles raffolent des macarons (16 parfums) dont le célèbre framboise-fleur de sureau ou de la tarte citron-bergamote. Les fondus de chocolat hésitent encore devant une large gamme de bonbons, rochers, tablettes, mendiants... Ajoutons une équipe jeune qui a soif de satisfaire tous les goûts.

17, rue Foran, 17390 LA TREMBLADE
Tél. : 05-46-47-68-34 – Instagram : @praline.et.bergamote

La Panaderia

SAVEURS ORIGINALES

La boulangerie-pâtisserie La Panaderia est un joli clin d'œil à l'Argentine. Evie et Kriss en sont les patrons. Le couple produit des créations réalisées 100 % maison : du pain traditionnel aux pains originaux comme par exemples les baguettes Tradition au chanvre et au charbon végétal et au sésame torréfié. De nombreuses pépites sont à apprécier du côté des pâtisseries comme le Vanille Pécan que Kriss est le seul à réaliser avec, en prime, une vanille importée de Madagascar. Un savoir-faire unique à découvrir ! *Ouvert du mardi au dimanche.*

3, Grande Rue, 17120 MORTAGNE-SUR-GIRONDE
Tél. : 09-70-66-99-61

*L'ABUS D'ALCOOL EST DANGEREUX POUR LA SANTÉ

Le Comptoir Saoufé
LES BONNES HUÎTRES

Le Comptoir Saoufé (ou « Comment vas-tu ? », en créole), c'est avant tout une histoire d'amour. L'histoir de Jérémy, fils et petit-fils d'ostréiculteur, tombé amoureux d'une ancienne rhumerie* située en plei cœur de La Rochelle. Une rhumerie martiniquaise transformée en bar à huîtres chaleureux, où l'on peu déguster et partager les meilleures huîtres de la région, mais aussi des bulots, des rillettes de sardine ou du saumon fumé, le tout pêché localement. À sa carte, il propose aussi des terrines, du foie gras, de fromages artisanaux, des bières et des vins du coin issus de petits producteurs, fromagers et bouchers de alentours. Son crédo : proposer de bons produits comme à la maison. Le pari est réussi.

12, rue du Port, 17000 LA ROCHELLE – Tél. : 05-46-29-58-69
Instagram : @le_comptoir_saoufe

Les Robinsons LA JOIE DE LA JUNGLE

Dans un décor unique façon jungle amazonienne, Les Robinsons régalen les aventuriers en herbe et les gourmets en quête d'évasion. Ici, le fait maisor et les produits de saison sont à l'honneur. Au menu, filet mignon au mie et thym, burger, bar à la plancha, pavé de dorade crème de combawa.. Une cuisine tournée vers le monde à l'image des soirées polynésienne organisées chaque mois.

42, avenue de Lazaret, 17000 LA ROCHELLE – Tél. : 09-52-62-37-47
cormier.fabien@orange.fr

La Grillérade FRAÎCHEUR ET CRÉATIVITÉ

Au menu, sourires, bonne humeur et découverte de notre terroir. Telles son les propositions de l'équipe de la Grillérade avec des entrées fraîcheurs à bas de légumes frais et de saison, des burgers gourmands, des plats raffinés e créatifs et des desserts savoureux. Aux beaux jours, venez profiter de la grand terrasse, du soleil et d'un cocktail* fruité et rafraîchissant accompagné d'un planche de produits locaux.

8, route des Gros Joncs, 17580 LE-BOIS-PLAGE-EN-RÉ
Tél. : 05-46-09-20-72 – Facebook : La Grillérade

*L'ABUS D'ALCOOL EST DANGEREUX POUR LA SANTÉ

LE CHÂTEAU-D'OLÉRON 17480

Au Gré du Vin 11/20

Place de la République - T. +33 (0) 5-46-85-02-73 - Carte 51 €
Sur la grande place du village, un bon plan pour manger simple et bon dans une ambiance agréable, de vacances et de quotidien souriant, ce qui n'empêche pas un réel effort en cuisine : fraîcheur de tourteau et couteaux, ballottine de skrei cacahuète, carotte, agneau aux mojettes et petits pois crème d'ail. Petit choix de desserts (baba, fontainebleau fraise...), vins de l'île, service aimable.

BOULANGER

Maison Hervé

15 place de la République - T. +33 (0) 5-46-47-61-31
Sur la place, une boulangerie-pâtisserie qui rassemble les amateurs, pour le pain de tous les jours comme les spéciaux, le pavé des sables, le céréales ou la miche nature. À noter aussi une très bonne viennoiserie avec la brioche et la «gourmande», la galette charentaise, mais aussi les cookies, les muffins et financiers, un rayon pâtisserie bien pourvu et un large choix de sandwiches, tacos, tartes salées pour le déjeuner. Coin salon de thé et terrasse.

ÉPICIER

Épicerie fine du château

30 rue Georges Clemenceau - T. +33 (0) 5-46-76-04-11
Des produits de l'île (sel, salicornes, galettes, confitures, biscuits aux algues...) mais aussi d'ailleurs, joliment présentés dans une boutique avenante au bout de la rue principale. Conserves marines, douceurs, vins, biscuits, condiments, apéritifs, des paniers et coffrets cadeaux tout préparés pour ramener des souvenirs aux amis.

FROMAGER

Fromages Béguier

11 rue Georges Clemenceau - T. +33 (0) 6-33-25-38-86
Un nom connu qui tient à sa réputation : une boutique dans la rue principale, un comptoir dans les halles pour présenter les fromages de la région, de toute la France et aussi d'Italie, spécialité bien assumée et qui se prolonge avec des salaisons transalpines et espagnoles. En local, goûtez les chèvres et la jonchée, un fromage frais de Charente-Maritime.

POISSONNIER

Poissonnerie Oléronnaise

28 rue des Sartières - T. +33 (0) 5-46-47-55-06
On voudrait tout emporter tant cet étal du matin, dès l'arrivage, fait envie. Plongez dans les embruns avec ces fruits de mer (plateaux sur commande) et poissons de petits bateaux prêts à sauter dans l'assiette. Également des préparations, comme la soupe de poisson en bocaux. De si belles araignées vivantes, tourteaux, langoustines, vanneaux, oursins, coques et palourdes complètent un choix de poisson considérable.

PRODUCTEUR

Earl Faux

Les Halles - T. +33 (0) 6-89-03-42-85
Dégustation d'huîtres sur place, sur le marché, avec bien sûr les produits de l'île au meilleur prix, du n°2 au n°5 en fines et en spéciales, à emporter ou croquer sur place. La douzaine de fines à 7 € en n°2 avec un verre de blanc à 1,50 €, avec pain et beurre, qui dit mieux ?

LE GRAND-VILLAGE-PLAGE 17370

Le Relais des Salines 10/20

Port des Salines - T. +33 (0) 5-46-75-82-42 - Carte 38 €
Le lieu a beaucoup de charme et cette cabane verte en bout de quai offre une situation superbe avec la vue sur les salines et la nature, et une belle terrasse sous charpente. Si la cuisine fait un peu de manières, on peut néanmoins trouver une bonne simplicité iodée avec les huîtres, le mulet céleri, les fromages et la tarte citron. Vin de pays charentais au pichet.

PRODUCTEUR

La Salorge

Rue des Anciennes Salines - T. +33 (0) 7-89-27-61-54
Un joli bâtiment à l'écart du port des Salines, promenade privilégiée des visiteurs. On y présente la production locale, gros sel, fleur de sel et sels aromatisés, mais aussi le caramel pour une visite instructive et gourmande.

ROCHEFORT 17300

Vivre(s) 11,5/20

14 quai aux Vivres - T. +33 (0) 5-54-70-02-90 - Menu(s) 31-69 €
Une belle maison de pierre typique, bien modernisée, tout près de la Charente et de la Corderie Royale. La signature de Grégory Coutanceau garantit un bon niveau de prestation, dans l'accueil souriant, le service prévenant, les responsables au taquet, les assiettes bien codifiées. Certes, tout paraît un peu mécanique, mais l'essentiel est préservé, si l'on oublie le temps d'attente entre les plats : boudin basque de Massonde rôti palet de butternut et jaune d'œuf parfait mariné au soja, merlu et couteaux avec les grenailles au chorizo, crémeux aux deux chocolats Valrhona tonka, biscuit aux amandes, glaçage au gianduja et glace au chocolat. Cave plutôt bien pensée, affinée comme dans tous les établissements du groupe, et adaptée en tarifs, sauf peut-être pour les vins au verre (hormis le charentais, tout au-dessus de 10 €).

La Corderie Royale 11/20

Quai Joseph Bellot - T. +33 (0) 5-46-99-35-35 - Carte 49 € - Menu(s) 42 €
Le cadre de la Corderie Royale est un enchantement et mérite à lui seul la visite. Mais aujourd'hui, on peut ajouter la bonne tenue de cette table sérieuse, à la cuisine hôtelière sans défaut, offrant choix et variété dans une réalisation bien menée : saint-jacques rôties crème de persil au curry et panais, lieu jaune en croûte de noix de cajou chou rouge et

céleri en mignonnette, côte de veau au beurre sauce pleurote mousseline de cresson. Bon menu à 42 € avec la charlotte aux pommes ou le cheesecake myrtilles en dessert, cave et service appropriés.

Le Violon d'Ingres 11/20

68 rue de la République - T. +33 (0) 5-46-88-48-65

Une nouvelle table ambitieuse qui draine une clientèle de toutes générations vers une cuisine d'aujourd'hui aux produits plutôt chics. Il y avait un gros arrivage de saint-jacques lors de notre passage, glissées dans la moitié des entrées et trois plats sur cinq. La réalisation est pro, les idées assez classiques et les nostalgiques de Demy apprécieront la situation et la vue sur la célèbre place des Demoiselles. Agréable coulis d'étrilles et mouillettes grillées à la crème d'algues, saint-jacques et andouille de Guéméné jus de viande potiron, poire pochée crème cannelle gelée de poire et caramel. Jeune service féminin attentif, cave d'appoint pas très bien renseignée.

Le Cap Nell 10,5/20

1 quai Bellot - T. +33 (0) 5-46-87-31-77 - Menu(s) 23,90 €

Pratique et populaire, cette bonne brasserie généraliste remplit la salle et fait même tourner les tables. Il faut dire que le rapport prix-plaisir est favorable, avec une formule du jour en séquence complète à 23 €: ceviche de mulet bien frais, filet d'églefin en plat du jour pak choï et pomme de terre, crème brûlée. Service alerte en T-shirt marin dans cet agréable décor bateau, En cave, des références et du bio, avec un bon choix en Poitou, en Charentes et dans la Loire proche, la plupart au verre.

O'Bistrot du Sud 10/20

115 rue de la République - T. +33 (0) 5-46-82-44-13

Un aimable bistrot de centre-ville, cadre sobre et cuisine sans mystère dans une carte variée bien conçue: huîtres, burrata tomate, charcuteries, pavé de maigre crème crevette flan de courgette, côte de cochon patate douce, magret de canard purée au chorizo... Le choix est large et les prix assez doux, jusqu'aux desserts classiques à 7 €. Cave également variée avec un choix intéressant de vins étrangers au verre

Tables Remarquables – 15/20 à 16,5/20

Tables de Chef – 13/20 à 14,5/20

Tables Gourmandes – 11/20 à 12,5/20

O Pains

LE GOÛT DE L'AUTHENTICITÉ

En ouvrant leurs deux boulangeries, Nathalie et Frédéric Rabiller (boulanger depuis 30 ans) avaient une priorité : l'authenticité. *« La farine est Label Rouge ou biologique, sans additifs, sans pesticides et au levain naturel. Tous les produits sont de qualité et issus de proximité »*, précisent-ils. Les pains, avec une longue fermentation, se conservent plusieurs jours. Surtout, ils ont le goût et les saveurs d'autrefois. Une douzaine de pains (rustique, campagne, châtaignes, sarrasin…) sont vendus au poids. De quoi réjouir les gourmands, qui apprécient aussi les viennoiseries, les sablés, les cookies, les pains d'épices et les tartes qui accompagnent le snacking (sandwichs, pizzas, quiches, wraps, cakes, salades...). Du fait maison drôlement bon !

13, avenue Lafayette, 17300 ROCHEFORT – Tél. : 05-16-35-85-52
71, avenue Gambetta, 17300 ROCHEFORT – Tél. : 05-16-35-31-12
opains.fr

Le 17-58 AU NOM DE LA MER

Le Chef, Ludovic Vallina, mène le cap au rythme des arrivages. Une cuisine d'auteur inspirée par les saisons et la pêche du jour. Le poisson est roi, et les produits frais et producteurs régionaux sont valorisés. À l'ardoise volontairement restreinte, le filet de bar avec un riz crémé façon risotto, la lotte à la cuisson parfaite, les daurades à partager. En salle dans un cadre épuré, le fin gourmet est aux anges.

66, front de Mer, 17200 ROYAN – Tél. : 05-46-77-51-37
ludovicvallina@gmail.com

Confiserie Dupuy

DÉLICES SUCRÉS

À la tête de cette institution de Royan, Reynald et Sophie Dupuy vous proposent des parfums originaux ainsi que des classiques authentiques. L'accent est mis sur la qualité des recettes de famille. La nougatine aux amandes, les gaufres légères et croustillantes et la trentaine de parfums de glaces sont incontournables. Madeleine de Proust assurée !

32, quai Amiral Meyer, 17200 ROYAN – Tél. : 06-20-14-57-84
www.confiseriedupuy-royan.fr

Le Pab

L'ADRESSE PLAISIR

Cet établissement est un rempart fabuleux contre la morosité. Avec son esprit cabaret, Le Pab ouvre ses portes pour le petit déjeuner, le déjeuner, le goûter et pour des soirées des plus festives. Des dîners spectacles chaque vendredi et samedi ainsi que des soirées à thème en font sa renommée depuis son ouverture. Côté cuisine, la clientèle appréciera le plat du jour bistronomique, le sandwich au homard et le caviar d'Aquitaine. Une adresse étonnante à découvrir.

10, Boulevard de Lattre de Tassigny, 17200 ROYAN – Tél. : 05-46-05-03-22
Instagram : @le_pab_by_le_parisbar

Le Chiquito

UNE INSTITUTION À ROYAN

Le Chiquito a été repris par deux amis de longue date qui prolongent superbement la tradition. Thibault et Garry proposent des plats fabuleux et accessibles. Un menu à 24 euros avec une entrée « Terre » et une entrée « Mer », un plat « Terre ou Mer » et un dessert maison. La carte regorge de pépites avec les chipirons, la côte de bœuf ou les savoureuses gambas. Atout du Chiquito : ici, le circuit court est en son royaume. Réservation fortement conseillée. Adresse incontournable ! *Ouvert du mardi au dimanche, 7h-15h.*

62, rue Pierre Loti, 17200 ROYAN
Tél. : 05-46-05-00-38

Le Vinci

POUR LE BONHEUR DE VOS PAPILLES

Au carrefour de la Perche, direction Vaux-sur-Mer ! Gloria Godier a créé cet endroit au charme épuré et moderne en 2017. Au piano, son fils, Lenny, fabrique maison la pâte fine de ses pizzas, le pain de ses burgers, les sauces onctueuses, les frites, mais aussi un savoureux fondant au chocolat et de sublimes profiteroles au chocolat dont vous vous souviendrez longtemps. Les mets sont simples, mais ultra goûteux et concoctés avec des produits frais de saison de belle facture. Espace fumeur sur courette.

1, boulevard de la Perche, 17200 ROYAN – Tél. : 05-46-76-48-45
Facebook : Le Vinci

SAINT-MARTIN-DE-RÉ 17410

Le Serghi 12,5/20

15 quai Clemenceau - T. +33 (0) 5-46-66-59-59 - Carte 58 €
Une vingtaine d'années en arrière, Gault&Millau avait fait la couverture du magazine sur ces «affranchis», ces chefs formés à grande école et qui voulaient exprimer leur talent sur une cuisine plus accessible. Philippe Tredgeu était de ceux-là, dans son petit Entredgeu de la rue Laugier. C'est dire le plaisir que nous avons de le retrouver sur la pointe du port de Saint-Martin, en écoutant les mouettes, dans un tout autre environnement. Certes, la Seine a coulé et les vagues se sont succédé, mais l'esprit d'un bistrot humain et chaleureux est toujours bien présent, loin de Paris, dans ce décor tradi rénové, parquet naturel, banquettes, murs blancs, moulures discrètes au plafond, comptoir bois blanc. Pâté croûte de vrai cuisinier, avec une gelée et une farce fine de qualité, saint-jacques bien cuites, mousseline de butternut et jus meunière, tapioca vanille en dessert, simple, plaisant, pas trop sucré. La cave n'est pas une priorité, mais le choix satisfait les buveurs occasionnels avec des petits prix sur les verres.

George's 12/20

3 quai Job Foran - T. +33 (0) 5-46-35-40-32 - Carte 63 €
Ouvert en 2021, le restaurant George's, attenant à l'hôtel Le Toiras, cumule la vue sur cette majestueuse demeure d'armateur du XVIIe siècle et sur le port de Saint-Martin-de-Ré. Magnifiquement restaurée, dans un camaïeu de blanc et de crème, la façade de l'hôtel se prolonge en une terrasse très confortable décorée dans les mêmes tonalités et donnant directement sur le port, où il fait bon prendre un verre ou goûter à la cuisine du nouveau chef Jeffrey Ng Cheong Wong. La salle intérieure se décline en bleu et blanc, toujours dans un esprit très chic. Le chef, d'origine mauricienne, s'appuie sur des produits régionaux, qu'il associe parfois avec des épices venues de son île natale : merlu vindaye et son risotto tranché à l'encre de seiche où l'on retrouve, entre autres, curcuma, moutarde, vinaigre et piment, ou suprême de pintade ail noir, crème à la bière rétaise. La vaisselle est délicate, l'argenterie fine, la vue incroyable. Il faudra monter un peu en gamme sur la cuisine pour parvenir à la hauteur de l'environnement. Le service est fluide et distingué, assorti au standing de la maison, tout comme les crus proposés sur la carte des vins, où figurent des Pétrus et des Romanée-Conti.

À Côté de chez Fred 11,5/20

6 venelle de la Fosse Bray - T. +33 (0) 5-46-09-95-95 - Menu(s) 20 €
En été, les terrasses sont blindées et l'on cherche un peu de calme détendu du côté de chez Fred, dans ce recoin accueillant du port. Hors saison, c'est l'une des rares bonnes maisons qui vous accueillent, preuve aussi que cette qualité n'est pas appréciée que par les touristes. La courte carte, l'accueil d'une patronne distinguée et la déco qui fait penser aux vacances placent les convives dans une ambiance favorable. Les intitulés sont brefs, mais éloquents. Une bonne terrine maison, la blanquette de la mer, la raie pochée et grillée, assez généreuse et bien cuite, citron et cassis pour condimenter et une tatin, assez personnelle, plutôt compotée, mais honorable pour fixer une toque méritée. On boit gentiment, avec une offre toutes régions et une vingtaine de vins au verre, dont le vin de l'île.

HÔTEL

La Baronnie Hôtel & Spa - *4 étoiles*

17 rue Baron de Chantal - T. +33 (0) 5-46-09-21-29 - À partir de 204 €

Capitale de l'île, Saint-Martin-de-Ré préserve les traces de son histoire, notamment les somptueuses fortifications de Vauban, classées depuis 2008 au patrimoine mondial de l'Unesco. C'est non loin de ces murs que se cache cette belle demeure XVIIIe, transformée en hôtel avec 23 chambres et suites au luxe intemporel et cosy, sans oublier une villa de 180 m2, parfaite pour un week-end en famille ou entre amis. Mieux encore, le lieu, membre des Collectionneurs, s'enrichit depuis avril 2022 d'une belle piscine extérieure chauffée avec nage à contre-courant, complétant l'offre bien-être déjà très riche du spa : bassin de nage, jacuzzi, soins et massages griffés Cinq Mondes. À ne pas manquer également, le bar de La Baronnie, avec ses fauteuils de cuir et son style British, où l'on déguste cocktails ou bière blanche de l'île de Ré.

Le Clos Saint-Martin - *4 étoiles*

87 cours Pasteur - T. +33 (0) 5-46-01-10-62 - À partir de 226 €

Au coeur de l'île de Ré, niché dans les fortifications de Vauban qui dominent le village de Saint-Martin, cette luxueuse adresse abrite 32 chambres et suites réparties dans trois demeures et décorées dans l'esprit local - murs blanchis à la chaux rehaussés de tonalités naturelles verveine ou sauge, parquets anciens et meubles chinés dans les brocantes locales. On vient ici savourer une ambiance raffinée et chaleureuse qui infuse aussi le restaurant aux allures de lounge bar chic où on déguste d'excellentes salades et assiettes à partager. Reste ensuite à rejoindre l'une des deux piscines de l'hôtel ou le spa griffé Clarins qui abrite hammam, douche sensorielle et cabines de soins et massages. À savoir aussi, le lieu propose également trois villas à louer, idéales pour un séjour en famille ou entre copains.

Hôtel de Toiras - *5 étoiles*

33 avenue Victor Bouthillier - T. +33 (0) 5-46-35-40-32 - À partir de 312 €

Une adresse comme un voyage dans le temps. Posée à l'entrée du port de Saint-Martin-de-Ré, cette demeure d'armateur vieille de quatre siècles propose aujourd'hui une vingtaine de luxueuses chambres et suites, toutes pensées en hommage à des personnages célèbres - explorateurs, artistes, écrivains... Réparties sur deux étages autour du jardin aromatique, elles affichent une déco signée Pierre-Yves Rochon qui met en valeur le travail des artisans locaux, le tout rehaussé de tissus Pierre Frey ou Canova. Le résultat est un sans-faute, tout comme l'aménagement du bar restaurant George's avec sa terrasse aux allures de lounge chic qui ouvre sur le port. Une mention également pour les massages et soins prodigués dans l'hôtel et la belle piscine extérieure de la Villa Clarisse qui appartient au même propriétaire. Située à deux pas, elle accueille les hôtes du Toiras qui viennent ici faire leurs longueurs avant de paresser sur un transat dans le beau jardin clos..

Tables Gourmandes – 11/20 à 12,5/20

Villa Clarisse and Spa - *4 étoiles*

5 rue du Général Lapasset - T. +33 (0) 5-46-68-43-00 - À partir de 365 €

Idéalement située à 300 m du port et de son agitation, cette villa se compose d'une superbe maison XVIIIe tout en longueur prolongée d'un jardin soigné, lequel rejoint une seconde bâtisse et un autre espace vert près de la piscine. Décoré par Pierre-Yves Rochon, cette maison de vacances idéale (étagères emplies de livres, photos de famille, remarquable collection de céramiques contemporaines) accueille 9 chambres et suites à la décoration lumineuse et sobre qui dévoilent de splendides vues sur les jardins, imaginés par le paysagiste star Louis Benech. Tout juste inauguré, le luxueux spa réunit une piscine chauffée et des cabines de soin où profiter des conseils d'un physiothérapeute qui vous proposera des séances personnalisées et griffées de la marque bio Olivier Claire. Derniers atouts de la villa, l'Honesty Bar, qui propose une belle palette de cocktails et, enfin, le George's, la table de l'Hôtel de Toiras tout proche et partenaire de la villa où l'on savoure une cuisine contemporaine en admirant le va-et-vient des bateaux dans le port.

LES PRODUITS AOP, IGP ET AOC DE LA RÉGION NOUVELLE-AQUITAINE

Agneau de lait des Pyrénées, asperges du Blayais, armagnac, beurre de Charentes-Poitou, bœuf de Chalosse, canard à foie gras du Sud-Ouest, cassis de Saintonge, chabichou du Poitou, fleur de sel de l'île de Ré, jambon de Bayonne, jambon noir de Bigorre, kiwi de l'Adour, noix du Périgord, ossau-iraty, porc du Sud-Ouest, porc noir de Bigorre, poularde du Périgord, pruneaux d'Agen, tomme des Pyrénées, volailles de Gascogne, volailles des Landes, volailles du Gers...

Le Petit Poucet

UN MOMENT D'EXCEPTION

Surplombant l'océan et doté d'une belle vue sur le phare de Cordouan, ce restaurant qui a investi une bâtisse architecturée par Jean Prouvé est une institution. Il propose, de février à novembre, une pause bistronomique élaborée maison par le Chef, Jean-Philippe Guiard. Inscrit dans le respect de la tradition française, ce dernier la modernise et sa carte courte privilégie les produits locaux de saison. Pour exemple, les papilles succombent aux ravioles de gambas sauce de crustacés suivies des ribbs de bœuf, grenailles de l'Île de Ré sauce laquée. Les amateurs apprécient les fruits de mer en provenance de l'Île d'Oléron. Pour accompagner ces moments, le sommelier a sélectionné 80 références* issues de producteurs indépendants. On aime aussi le menu enfant et les prix abordables.

185, avenue Grande Côte, 17420 SAINT-PALAIS-SUR-MER
Tél. : 05-46-23-20-48

« Le vrai gourmet est celui qui se délecte d'une tartine de beurre comme d'un homard grillé, si le beurre est fin et le pain bien pétri...

Sidonie-Gabrielle Colette (1873-1954) »

---

*L'ABUS D'ALCOOL EST DANGEREUX POUR LA SANTÉ

SAINT-PALAIS-SUR-MER 17420

HÔTEL

Hôtel Hemen - *4 étoiles*

3 rue des Bains - T. +33 (0) 5-86-58-04-05 - À partir de 520 €

On aime tout dans ce refuge magique. La vue à couper le souffle sur l'Atlantique depuis l'embouchure de la Gironde, la villa années 20 à colombages soigneusement restaurée et entourée d'une forêt de pins avec, à deux pas, un chapelet de plages au sable blond... Deux chambres et une suite seulement sont à l'unisson de cette harmonie, dévoilant un luxe épuré avec leurs baignoires en marbre, leurs lambris blancs et leur parquet de chêne clair. Après avoir posé ses valises, il ne reste qu'à rejoindre le restaurant Chez Bob qui propose les grands classiques de brasserie, servis dans une salle dédiée ou sur le rooftop avec sa vue sur l'océan. Sans oublier les tapas et les cocktails à commander dans le délicieux jardin d'une maison voisine. Une mention enfin pour le spa avec hammam, sauna et des cabines de massages et de soins griffés de la marque américaine Dermatologica.

SAINT-PIERRE-D'OLÉRON 17310

Sillage 12/20

4 ruelle de la Lanterne - Place Camille Memain - T. +33 (0) 5-46-36-87-45 - Menu(s) 39-56 €

C'est toute l'île qui peut se réjouir de l'installation de Gabriele Ferri au cœur de Saint-Pierre, tout près du marché couvert, en retrait de la rue principale. Le jeune chef, passé chez Pierre Gagnaire à Châtelaillon-Plage et la Tour d'Argent, et lauréat de la Dotation Gault&Millau, promeut tous les codes d'une jeune restauration qui voit juste : menus et carte affichés, ligne locale claire, maraîchers et pêcheurs valorisés, et jolie petite carte des vins (la Charente et l'île en avant, y compris au verre) animée par Marie, précise et pro en salle. Et si son «Jardin iodé», plein de fraîcheur, avec un bon coulis cresson, pourrait être encore plus iodé (la betterave l'emporte), la lotte est bien cuite, pochée et saisie, et bien gourmande avec son beurre blanc à la réglisse et les lentilles beluga d'un producteur proche. Bon dessert fraises au pineau, mascarpone, voile de panna cotta au sésame dans un beau décor pierre brut et bois avec mezzanine.

Les Alizés 10,5/20

4 rue Dubois-Aubry - T. +33 (0) 5-46-47-20-20 - Menu(s) 21 €

À l'écart du village, une aimable petite table qui vaut par sa modestie et le soin apporté aux assiettes, dans la simplicité. Certes, il y a le burger frites, mais le fait maison s'étend à des plats plus construits, le cromesquis de tête et pied de cochon aux lentilles, le poulpe asperge sauce curry vert, la courge travaillée en dessert. Menu du marché à 21 €, avec un accueil bien aimable.

L'Assiette du Capitaine 10,5/20

2 bis boulevard Capitaine Leclerc - T. +33 (0) 5-46-47-38-78 - Menu(s) 23-37 €

Parfaitement placée sur le port, cette maison d'angle est la table rassembleuse et marine que l'on attend en se promenant sur le port de pêche le plus célèbre de France. L'arrivage est au rendez-vous, travaillé pour donner un air de tendance actuelle aux préparations : poêlée de langoustines campagnarde, chaudrée de lotte à la créole, tajine de merlu, aile de raie sauce algues et riz dans les suggestions du moment. On peut heureusement aussi trouver du naturel sorti de l'eau, huîtres, langoustines mayo, tourteau, bulots... Vins d'accompagnement, très vaste choix de rhums, une véritable spécialité exclusive.

BOULANGER

La Meule à Pain

3 rue Pierre Loti - T. +33 (0) 5-46-47-21-64

La «barrette Saint-Germain» est le pain vedette de cette maison de longue réputation. Le fruit d'une longue tradition qui met à l'honneur une farine bio pour une production de qualité. La Saint-Germain se décline aux algues ou bien aromatisée, une gamme complétée avec les spéciaux, petit épeautre, complet bio, céréales bio, kamut, seigle... La maison est aussi présente sur les halles de Saint-Pierre.

Les Saveurs de la Coti

31 rue du Port - T. +33 (0) 5-46-47-37-62

Les galettes et biscuits de cette boulangerie-pâtisserie-confiserie (goûtez les nougats) sont réputés depuis des années. Au quotidien, l'affluence touristique se tourne de plus en plus vers l'offre salée, variée et abondante, avec sandwiches, paninis, pizzas et autres tartes salées. Le puits d'amour, célébrité locale, est aussi bien présent.

CAVISTE

La Kylix

98 rue de la République - T. +33 (0) 6-17-02-22-92

Une cave originale et bien fournie, avec plus de 200 références, spécialisée en bio et biodynamie, mais aussi une vaste gamme de spiritueux et de cocktails, de bonnes affaires sur les jeunes domaines, des bières artisanales et un petit coin terrasse bien plaisant pour grignoter un peu de charcute en dégustant les offres du moment.

FROMAGER

La Crème de la Crème

61 rue de la République - T. +33 (0) 5-46-75-64-75

Une belle boutique bien fournie en produits locaux (ou d'ailleurs) de qualité. Un bon rayon fromages, de plus en plus étendu à tous les produits, conserves, biscuits, miels, confitures, plats cuisinés, condiments, épices, charcuterie basque, produits italiens...

POISSONNIER

L'île O Poissons

56 avenue de Bel Air - T. +33 (0) 5-17-25-31-78

L'arrivage de la Cotinière, à quelques kilomètres d'ici, est l'un des plus réputés de France, et les étals de ces belles halles regorgent de fraîcheur marine. Ici, la pêche est en direct et la qualité s'accompagne aussi de tarifs bien loin de Paris. Langoustines, bulots, araignées de mer, crevettes et tous les poissons du matin, le saint-pierre, la raie torpille, le bar moucheté...

PRIMEUR

Primeurs Luc Martin

Les Halles

Un producteur local qui vend sur place ses légumes et fruits de saison, de belles asperges, des haricots bien frais, des fraises et autres fruits rouges, un bel étalage complété par une gamme venue d'ailleurs et tout aussi quali (avocats, bananes, fruits exotiques…).

LES 7 PRINCIPES DE GAULT&MILLAU

1

L'indépendance totale vis-à-vis des établissements.

2

Le recrutement d'enquêteurs exigeants, gourmets et gourmands.

3

L'anonymat des enquêteurs lors des évaluations.

4

La visite dans des conditions normales de fréquentation.

5

Le règlement des additions.

6

La mise à jour régulière par des évaluations continues.

7

La vérification de nos informations.

Le Grand-Pierre

BON, BEAU ET LOCAL

Quand le Chef Etienne Signol ouvre le Grand-Pierre au centre du bourg derrière l'église, il est suivi par les fins gourmets qui apprécient sa cuisine traditionnelle, parfumée d'exotisme et réalisée à partir de produits frais et locaux. Une terrasse arborée et un choix de salles cosy dessinent le cadre d'un restaurant gourmand qui travaille à l'ardoise pour des plats de saison superbement présentés. Cette adresse incontournable offre un excellent rapport qualité/prix pour un moment inoubliable garanti.

14, rue Pierre Loti, 17310 SAINT-PIERRE-D'OLERON – Tél. : 05-46-47-91-20
Facebook : LeGrand-PierreIØ

Le Bec Faim

FAST-FOOD GOURMAND

Service rapide et saveurs gourmandes dans ce fast-food convivial. Mélissa, en cuisine, et Rodolphe, en salle, ont misé sur la qualité pour leurs burgers, kebabs, wraps, avec des produits soigneusement sélectionnés : pains du boulanger, frites et sauces maison, steaks du boucher, viande kebab sourcée. Également des spécialités ultra-savoureuses : burger Cheese Bomb, burger au fromage raclette en demi-meule... Avis aux gourmands, petits et grands ! *Sur place/à emporter. En juillet-août, ouvert du lundi au samedi (12h-21h30). Hors saison, ouvert du mardi au samedi.*

3, rue du Général de Gaulle, 17310 SAINT-PIERRE-D'OLÉRON
Tél. : 05-17-25-60-47

Mr Klaxon

LE SENS DE L'ACCUEIL

« Bienvenue chez vous ! », cette phrase en dit long sur le sens de l'accueil de Michel Amanieu qui a ouvert Mr Klaxon en 2020. Dans une ambiance très conviviale, ce restaurant traditionnel est spécialisé dans les burgers, avec des nouveautés chaque semaine préparées par le Chef cuisinier Stephen Cadre. *« Nos produits viennent beaucoup de Vendée, et toujours de France »*, précise-t-il. Un gage de qualité pour qui souhaite déguster souris d'agneau ou côte de bœuf. Menu du midi à 15€. Terrasse en été.

1, place de la Mairie, 17540 SAINT-SAUVEUR-D'AUNIS
Tél. : 05-46-45-18-17

Pâtisserie d'Émotion

DES GOURMANDISES D'EXCEPTION

Jérémie Bonnaillie est reconnu pour son talent. *« Garder les codes tout en se réinventant demande une remise en question permanente »*, explique avec humilité ce passionné inspiré par le travail de Pierre Hermé. Parmi les créations emblématiques, on recommande les beaux et délicieux trompe-l'œil. *« Après le citron, la fraise et la cabosse, Jérémie va créer une fleur »*, précise Maryne, son épouse, sans qui, selon lui, il ne serait rien. On apprécie aussi ses gourmandises d'antan comme l'épais et onctueux flan parisien. Pour une pause gourmande, installez-vous dans le salon de thé !

36, rue Carnot, 17600 SAUJON
Tél. : 05-46-21-81-28

Le Met's

CRÉATIVITÉ ET CONVIVIALITÉ

Venus de Haute-Savoie en famille, Anthony, Chef cuisinier et son épouse, Charlotte, en salle, ont créé face au parc du Château un lieu à leur image, convivial et accueillant. En salle ou sur la terrasse, on découvre la cuisine gourmande, entre audace et équilibre, d'un Chef passionné ! L'inspiration vient des produits frais de saison de producteurs voisins et de recettes traditionnelles revisitées avec créativité – épices et sauces d'ici et d'ailleurs, sucré-salé... Une expérience culinaire riche en saveurs ! *Fermé mardi soir, mercredi, dimanche soir.*

23, place du Général Leclerc, 17700 SURGÈRES
Tél. : 05-46-67-64-71

> De toutes les passions, la seule vraiment respectable me paraît être la gourmandise.
>
> Guy de Maupassant (1850-1893)

Restaurant Chez nous
COMME CHEZ VOUS !

C'est une histoire d'amitié, de passion et de gourmandise qui s'écrit dans ce restaurant chaleureux du centre de Saujon. Depuis juillet 2023, trois amis, Annabelle, Hind et Thomas, professionnels de la restauration et bons vivants, ont posé dans cette jolie maison typique avec terrasse, leur tablier et leurs valises en provenance de Lorraine. Tombé sous le charme de la Charente-Maritime, de son terroir et de son patrimoine culinaire, Thomas lance l'idée d'accueillir ici au sein d'un lieu dans qui leur ressemble : *« Nous voulions que les personnes que l'on reçoit se sentent comme chez elles, pour leur offrir un vrai moment de détente »*, indiquent les trois amis. Pari tenu : la décoration épurée et chaleureuse, l'ambiance cosy et l'atmosphère détendue mettent dans les meilleures dispositions pour découvrir une cuisine maison traditionnelle qui mêle subtilement les produits locaux et de saison, du marché et de la criée, à des inspirations d'ailleurs. Grands voyageurs, amateurs de saveurs du monde, le trio d'amis n'hésite pas à apporter un zeste de créativité, s'autorisant des épices et des associations qui invitent au voyage et sublimant les produits de la région. Pour accompagner, une carte des vins* variée où chacun trouvera son bonheur, notamment les amateurs de références bio et Nature qui tiennent une belle place, ainsi que des perles dénichées chez les vignerons voisins, comme ce pineau des Charentes provenant d'un domaine à 3 km. On retrouve également un large choix de bières artisanales et un cocktail du moment, signé par le barman inspiré. En salle ou sur la terrasse pleine de charme, l'heure est à la bonne humeur et à la gourmandise ! Formule à midi, à la carte le soir. Suggestion du jour selon le marché et la criée. *Ouvert toute l'année du mardi midi au samedi soir.*

11, rue Eugène Mousnier, 17600 SAUJON – Tél. : 05-46-22-05-12

*L'ABUS D'ALCOOL EST DANGEREUX POUR LA SANTÉ

Le Promontoire
TALMONT-SUR-GIRONDE

Le restaurant Le Promontoire accueille les visiteurs de passage et les habitués gourmands dans le petit village touristique de Talmont-sur-Gironde classé parmi les plus beaux villages de France. L'établissement propose une cuisine simple faite maison. Outre sa carte mettant en avant les produits locaux, le restaurant propose des dégustations de caviar d'Aquitaine et de rillettes d'esturgeon, mais aussi des glaces et des crêpes maison. Côté boissons, on retrouve les vins* des deux vignobles du village ainsi que des alcools comme le cognac ou le pineau. *Ouvert en basse saison jusqu'en novembre du lundi au dimanche (fermé le mardi) de 10h à 19h et tous les jours de juillet à août jusqu'à 23h.* **Le + :** La grande terrasse et le rooftop permettent de profiter au mieux des couchers de soleil et de la vue mer. Réservation conseillée.

Rue de l'Ancien Château, 17120 TALMONT-SUR-GIRONDE – Tél. : 06-32-33-23-05
contact@lepromontoire.fr

Le vin stimule l'appétit
et donne du goût à la nourriture.
Il favorise les discussions, l'euphorie
et peut transformer un simple repas
en événement mémorable.

Derek Cooper (1925-2014)

*L'ABUS D'ALCOOL EST DANGEREUX POUR LA SANTÉ

SAINTES 17100

Le Dallaison 15/20

30 rue du Bois Taillis - T. +33 (0) 5-46-92-08-18 - Menu(s) 37-90 €
CHEF : JÉRÔME DALLET

Le déménagement a fait beaucoup de bien à Jérôme Dallet et sa compagne Coralie. Ce qui pourrait leur paraître paradoxal sachant qu'ils ont perdu une récompense à laquelle ils tenaient, mais ils en gagnent une autre dans cette belle maison de la périphérie où le jeune chef si bien formé (Emmanuel Renaut, Anne-Sophie Pic, Stéphane Carrade) semble s'affranchir des codes un peu balourds qu'il s'était imposés rue Gambetta. Plus Gault&Millau donc, moins sophistiqué, sans occulter la personnalité ni l'ambition. Voilà ce qui fait un Grand de Demain. Du travail dans chaque assiette, de la technique exécutée avec beaucoup d'attention, et puis le parti pris du beau produit de saison, au meilleur de son goût. Les ingrédients sont parfois nombreux, mais le chef a le talent de leur faire parler la même langue, l'histoire prend forme, on est emporté et on se régale ! Trois toques dès à présent pour l'ensemble de son œuvre, dès la mise en bouche sur la carotte et lierre terrestre, puis le très précis filet de veau mariné au sel, topinambour, morilles et jaune d'œuf coulant avec un beau bouillon servi minute, le rouget barbet rôti sur une feuille de figuier, petits pois, rhubarbe et coques, là encore très abouti, harmonieux. Et le dessert ne gâte rien, au contraire, un excellent chocolat noir, praliné aux noix, Chartreuse verte qui conclut l'affaire en beauté. Belle équipe de salle autour de Coralie, en solidarité et fluidité, cave assez classique avec une amplitude tarifaire adéquate.

Le Parvis 14/20

12 quai de l'Yser - T. +33 (0) 5-46-97-78-12 - Carte 48 € - Menu(s) 23-65 €

Une très jolie maison en ville, située sur les bords de la Charente et présentant aussi bien son jardin idéal en été qu'un intérieur bourgeois, propices aux grandes occasions. La maison de Valérie et Pascal Yenk est sans conteste l'une des plus appréciées en ville, pour son charme discret et son professionnalisme, les assiettes maîtrisées du chef. La carte dévoile une belle idée de la gastronomie régionale, avec les pomponettes de lapin en gelée de myrtilles, tartare d'eryngiis aux noisettes, un dos de cabillaud demi-sel, écrasé de pomme de terre, andouille de Guéméné et jus d'oignons doux, une timbale de ris de veau braisés, crème de champignons et jus de veau corsé, ou encore la pomme en trompe-l'œil, sablé breton et gelée de jus de pomme. De 26,50 € à 65 €. Cave bien constituée.

Relais du Bois Saint-Georges 13/20

132 cours Genêt. Le Pinier - T. +33 (0) 5-46-93-50-99 - Carte 54 € - Menu(s) 50 €

La maison est réputée, le domaine dans son environnement de verdure à l'écart de la ville possède un charme certain, et les Saintais n'y manquent pas une cérémonie ou un dîner de famille. La cuisine du valeureux chef Stéphane Gautier a donc toutes les raisons d'être mentionnée, elle est bien faite et construite, il n'y manque qu'un poil d'engagement et d'identité pour se démarquer de son statut de belle hôtellerie : foie gras bergamote pruneau, merlu de ligne chou pointu ail des ours, ris de veau betterave crapaudine vinaigre de fleur de sureau. Le menu-carte en séquence complète à 50 € est une affaire tout à fait recommandable, le service est bien au standing revendiqué et la cave collectionne les belles étiquettes.

Saveurs de l'Abbaye 13/20

1 place Saint-Pallais - T. +33 (0) 5-46-94-17-91 - Carte 52 € - Menu(s) 20-36 €

On aime ces maisons classiques qui, comme des phares dans la nuit, indiquent toujours le bon chemin. L'hôtel-restaurant est en effet une halte sûre, avec ses jolies chambres en parquet et sa table à taille humaine, où les pensionnaires et les locaux se croisent chaque année dans une confiance renouvelée. Le chef Vincent Coiquaud fait du charentais gastronomique, des produits d'ici, des recettes un peu bourgeoises, des réalisations exactes et un plaisir sincère, sur un œuf mollet en panure dans une relecture de l'œuf meurette, avec des lardons et des champignons, un accord terre-mer réussi sur la pintade farcie aux langoustines, sauce américaine et spaghetti, un gourmand new york roll fourré à la ganache au chocolat 70% et grué cacao. Cave pertinente avec une bonne représentation de la Saintonge.

L'IØde 12/20

89 avenue Gambetta - T. +33 (0) 5-46-90-72-94 - Carte 46 € - Menu(s) 22-35 €

Si la spécialité de Benjamin Girard est la mer, le chef passé par Thierry Verrat et Philippe Etchebest se révèle aussi bon sur la terre, défendant globalement une bonne assiette de terroir. Dans cette belle salle bleue et blanche toute en longueur, l'adresse de Benjamin et Justine renouvelle bien l'offre en ville, apportant une touche de bistronomie moderne et bien faite. Le menu à 35 € est d'un rapport qualité-prix franchement honnête, avec l'intéressant moelleux de volaille, sauce blanquette et vin jaune, tuile de pain et brunoise pomme-noix, un lieu jaune de bonne cuisson, endives braisées, orange et sabayon pamplemousse, et enfin le chou, crème diplomate et glace caramel beurre salée. Cave qui mériterait un peu plus de force, mais qui a déjà ses bonnes références, comme Gramenon, Guillemot ou encore Soulanes.

Restaurant 29 12/20

9 place Blair - T. +33 (0) 5-46-96-71-72 - Menu(s) 25-47 €

Michael Durkin poursuit sa route avec une belle indépendance, continuant de prodiguer une cuisine franco-britannique joyeuse et originale, dans sa table à deux pas de la Charente. La maison ne cache ses ambitions plutôt gastronomiques, avec cet intérieur chic et feutré, où le tout-Saintes vient faire ses affaires. On débute avec l'œuf croustillant, truffes, confit de poireau et émulsion d'ail, le fameux fish & chips revisité, le filet de bar et ragoût de légumes d'hiver, coques, fines herbes et fumet de poisson, un suprême de panais, choux, châtaignes, ballotine de porc et abricots, et pour terminer le « sticky toffee pudding «, sauce butterscotch et glace vanille. Bon service.

La Cave passe à Table 11/20

27 rue Saint-Michel - T. +33 (0) 5-46-72-12-88

Une jolie table contemporaine en centre-ville, où l'on soigne autant le vin que l'assiette dans une vision régionale bien modernisée : préfou de cagouilles à la persillade, tourteau au naturel sauce tzatziki, retour de criée au beurre tomaté à la coriandre, filet de bœuf grillé sauce poivre vert et citron, chocolat mangue en dessert. Des plats originaux et intéressants dans un choix court, un accueil souriant et pro.

Au Coin des Saveurs 10/20

36 quai Yser - T. +33 (0) 5-46-93-21-88 - Menu(s) 30 €

Si la table est un peu excentrée, elle profite néanmoins d'une jolie terrasse et d'une vue heureuse sur la Charente, idéale pour déguster une cuisine de marché à prix décent. Le chef suit correctement les saisons, donne à voir le velouté de butternut, julienne de magret fumé et pépites de foie gras, la blanquette de poissons, le pavé de veau sauce pineau des Charentes, ou encore le moelleux au chocolat noir et glace vanille. Formule à 30 €.

La Musardière 10/20

29 rue Alsace-Lorraine - T. +33 (0) 5-46-74-34-87 - Menu(s) 13,90-25 €

La boutique se double d'un restaurant toujours animé, en terrasse ou dans la salle, avec une carte simple et variée de tapas et petits plats. L'ardoise est joyeusement variée, des cochonnailles aux scampis à l'ail, de la salade César aux encornets plancha, et aux plats consistants, comme le magret farci au foie gras ou le pavé de bœuf sauce bordelaise. L'ambiance et la réputation font le reste.

BOULANGER

Le Petit Chat Gourmand

6 avenue de Bellevue - T. +33 (0) 5-16-86-96-15

La boulangerie de Pascal Thomas ne manque certainement pas de gourmandise, avec ses étals chargés, où s'amoncellent des viennoiseries généreuses et des pains spéciaux aux noix, aux noisettes, au seigle, complets… On trouvera également quelques pâtisseries colorées, flans, tartes aux fraises, choux à la crème, diplomates…

ÉLEVEUR

ETS Rambeau

Cours Reverseaux - T. +33 (0) 5-46-49-76-83

En plus de leur présence sur quelques marchés de Charente, on retrouve l'éleveur-boucher aux halles, avec un stand fourni et de bons conseils. À la vente, boudins, saucisses, charcuteries, porc, veau, bœuf…

FROMAGER

Fromagerie David

23 rue Saint-Pierre

Un étal bien fourni pour s'approvisionner en fromages du Poitou comme d'ailleurs, chabichous, couronnes de Touraine, crottins fermiers, sainte-maure de Touraine, chevrots, tommes de chèvre basques, comtés 30 mois…

TORRÉFACTEUR

La Musardière

29 bis rue Alsace-Lorraine - T. +33 (0) 5-46-74-34-87

Restaurant, brûlerie, salon de thé… C'est une jolie boutique du centre-ville et aussi une institution, aux mains d'un torréfacteur reconnu, Gabriel Peña, qui propose ses crus d'origine, fraîchement torréfiés, pour une dégustation quotidienne. Dans la partie salon de thé, quelques douceurs pâtissières pour accompagner le café et la sélection de thé, dans le même esprit quali. Également un peu d'épicerie fine et des événements réguliers, spectacles et expos.

Insieme

PARTAGER LA CUISINE DE LA NONNA

Face à la cathédrale Saint-Pierre, humez les doux effluves qui émanent de la trattoria d'Aurélia Monge e de Paolo Del Vecchio. Franchissez le seuil de l'entrée, et voilà, vous êtes en Italie ! Les pierres charentaise alliées à la décoration colorée de teintes terracotta et vert olive vous projettent au-delà des Alpes. Leur spécialités sont les pastas fabriquées maison, notamment les carbonaras au guanciale ainsi que les trè spéciales pâtes au nduja (chair à saucisse pimentée telle que l'on propose en Calabre), à la stracciatell et à la sauce tomate. Grâce aux recettes authentiques de sa grand-mère et à ses nombreux voyages e Italie, Paolo revisite avec une émotion particulière les best-sellers de la gastronomie italienne. Terrass ombragée sur rue piétonne pendant les services.

4, rue Saint-Michel, 17100 SAINTES – Tél. : 05-46-72-60-09
www.insieme-trattoria.fr

Crédits photos : Stephen Clément

> C'est au cours d'un dîner copieux que la spiritualité de l'homme se manifeste avec le plus d'évidence.
>
> Somerset Maugham (1874-1965)

VAUX-SUR-MER 17640

HÔTEL

La Résidence de Rohan

7 avenue de Rohan - T. +33 (0) 5-46-39-00-75 - À partir de 103 €

Un hôtel de bord de mer, chaleureux et cosy comme on les aime. Ancienne propriété de la duchesse de Rohan, cette demeure a conservé ses charmes XIXe avec son vaste salon orné d'une cheminée, ses murs lambrissés et son grand parc ombragé. Transformée en hôtel par la famille Seguin-Ouvrard, qui préside à ses destinées depuis 1980, la Résidence réunit désormais 44 chambres et suites au confort et à l'esprit plus contemporain. Le lieu héberge également une piscine chauffée et propose une restauration légère tout au long de la journée. Une halte idéale pour découvrir le meilleur de la région, de la délicieuse plage de Nauzan, à laquelle on accède par un sentier privé, jusqu'à Royan, Saint-Palais-sur-Mer ou encore le formidable zoo de La Palmyre.

LES PRODUITS AOP, IGP ET AOC DE LA RÉGION NOUVELLE-AQUITAINE

Agneau de lait des Pyrénées, asperges du Blayais, armagnac, beurre de Charentes-Poitou, bœuf de Chalosse, canard à foie gras du Sud-Ouest, cassis de Saintonge, chabichou du Poitou, fleur de sel de l'île de Ré, jambon de Bayonne, jambon noir de Bigorre, kiwi de l'Adour, noix du Périgord, ossau-iraty, porc du Sud-Ouest, porc noir de Bigorre, poularde du Périgord, pruneaux d'Agen, tomme des Pyrénées, volailles de Gascogne, volailles des Landes, volailles du Gers...

19

CORRÈZE

ALTILLAC 19120

Cueillette 12,5/20

3 La Raufie - T. +33 (0) 5-19-90-00-19 - Menu(s) 35-80 €

Oscar Garcia aime les challenges. L'ancien second de Franck Putelat, qui nous avait tant séduits dans son premier poste de chef à la Table d'Uzès en raflant 3 toques d'emblée, a ouvert il y a un an, avec sa compagne Julie Pons, cette belle table dans un fier manoir XIXe classique à la lisière du département, tout près de Beaulieu-sur-Dordogne. Dans ce superbe cadre, qui fut une demeure viticole et celle d'un négociant en bétail, il exprime le sens du beau et du bon en s'appuyant sur la région. Avec son bagage technique, le chef sait valoriser le produit tout en lui donnant une tournure très personnelle, élaborée, graphique, dans une très belle salle aux murs de pierre et aux matériaux chaleureux, bois blond et tons beige en majorité.

BRIVE-LA-GAILLARDE 19100

En Cuisine 14/20

39 avenue Édouard Herriot - T. +33 (0) 5-55-74-97-53 - Menu(s) 42-52 €

Le quartier n'est pas fulgurant de charme, mais l'accès hors centre est ainsi pratique et la maison de Nicolas Eche facile à dénicher. L'intérieur est au contraire douillet et moderne, et l'offre bien cadrée avec des menus bien construits à 42 et 52 €. En piochant dans la formule Intuition à 52 €, on croise de beaux ingrédients nobles et bien travaillés, le foie gras des canards de Dominique Thocaven, le filet de lotte chou verte et homard sauce bordelaise, le paleron de veau rissole de pomme de terre et ris de veau au vin jaune épinards et champignons, le dessert yuzu pistache avec un crémeux et un sorbet. Cave assez classique, bien vue en tarifs.

La Table d'Olivier 14/20

3 rue Saint-Ambroise - T. +33 (0) 5-55-18-95-95 - Menu(s) 60-85 €

Dans les ruelles pittoresques de la vieille ville, une bistronomie de très bon niveau dans un cadre chic et distingué. Pierre Neveu peut aujourd'hui se permettre une carte de produits nobles, afin de faire plaisir à sa clientèle exigeante : le foie gras, les saint-jacques coquillages et main de bouddha, le poisson noble et raviole de homard, le ris de veau et filet aux aromates émulsion café champignons charpentent une offre bien pensée pour 60 €. Un menu dégustation à 85 €, des desserts bien travaillés, une cave classique.

Chez Francis 13/20

61 avenue de Paris - T. +33 (0) 5-55-74-41-72 - Menu(s) 35 €

Depuis des années, cette enseigne est une signature. On va chez Francis comme chez un meilleur ami cuisinier, comme d'habitude. Avec la certitude d'être bien reçu et bien nourri. Les menus ne sont pas extravagants, mais c'est à la carte que l'on se fait plaisir selon son humeur et son envie : le foie gras, la salade de truffes crues et cuites pomme de terre et parmesan, l'andouillette à la ficelle sauce moutarde, le veau de Corrèze sous la mère chanterelles et jus au marsala, voilà qui régale dans l'ambiance qui va avec le lieu, bon appétit et large soif comme on dit chez Bocuse.

Moon 12,5/20

27 avenue Pasteur - T. +33 (0) 5-55-23-71-58 - Carte 47 €

Tous les Brivistes connaissaient la Toupine d'Olivier Maurin, ils connaîtront bientôt tous Moon, cette lune élégante au ton bleu nuit, parquet et bois clair, qui lui a succédé. Car Amandine Renault et Nicolas Laval, lauréats de la Dotation Gault&Millau, ont tous les atouts dans leurs manches; justesse, modernité, lucidité accompagnent leurs premiers pas. Ils ont su conserver une partie de l'équipe précédente, en donnant un ton actuel et frais qui n'exclut pas la tradition. Comme le montrent ces premières assiettes, les ravioles de foie gras sur un bouillon de bœuf précis, la langoustine en tartare avec une petite bisque (la taille des entrées est réduite afin de garder des tarifs mesurés), le paleron de veau est superbe, en qualité comme en cuisson, avec là encore un jus irréprochable et même les desserts montrent attention et soin (un mont-blanc aux agrumes façon torche). Amandine anime la salle avec simplicité et naturel, le service d'un ancien de la maison, Christophe, est assuré avec justesse, et la petite cave, encore en développement et classique, a le mérite de la variété, avec un bon petit choix au verre.

Bistrot C.Forget 12/20

53 avenue de Paris - T. +33 (0) 5-55-74-32-47 - Menu(s) 27-50 €

Sur la grande avenue qui mène au centre-ville, Christophe Forget trace son chemin dans le meilleur esprit qui soit, dans un style bistrot moderne qui n'exclut pas une maîtrise gastronomique du sujet, avec les produits qui conviennent. La fricassée de pied de cochon au cantal ou la cervelle de veau sauce gribiche, mais aussi le turbot poché bisque d'étrilles, le risotto de coquillages et encornets ou le veau en deux façons, médaillon poêlé et en confit dans un feuille à feuille de pomme de terre. Menus bien placés à 35 et 41 €, cave pas mal triée avec des vignerons proches, en bergerac ou IGP périgord.

Inspyration 12/20

142 avenue Président Henri Queuille - T. +33 (0) 9-81-02-36-76 - Menu(s) 28-56 €

A la sortie de la ville, dans la longue côte qui mène au quartier de la Pigeonne, cette grande maison de brique et de pierre attire le regard. Jérémy Cannesan, chef d'origine normande, s'est bien acclimaté au terroir corrézien. Il a ajouté un «y» de coquetterie et pratique, pour filer la métaphore moderne, le menu caché imposé qui plaît tant aux néophytes. On peut miser sans crainte, les tarifs sont doux, à partir de 36 € la séquence en trois plats, et les produits sont bien choisis. Cave personnelle assez intéressante, bière artisanale.

HÔTEL

Le Chêne Vert

24 boulevard Jules Ferry - T. +33 (0) 5-87-09-99-99 - À partir de 118 €

Dans cette région où la plupart des hôtels sont aménagés dans d'anciennes fermes ou châteaux, cette adresse, nichée au cœur de Brive-la-Gaillarde, offre une alternative bienvenue avec ses surprenantes allures art déco. Dès l'arrivée, le ton est donné avec une superbe verrière parisienne qui emplit le rez-de-chaussée de lumière. Les vingt chambres reprennent ce style années 20, mêlé à des pièces et un confort plus contemporain (préférez les chambres de luxe plus spacieuses). Au rez-de-chaussée, le bar lounge invite à déguster de délicieux cocktails en feuilletant les beaux-livre de la bibliothèque, installés dans des canapés bien profonds. Un lieu cosy et familial, idéal pour partir à la découverte de la ville.

Le Miel des Muses

21 avenue Jean Jaurès - T. +33 (0) 5-55-23-79-65 - À partir de 90 €

À proximité de la vieille ville de Brive-la-Gaillarde, ce refuge a été aménagé dans une ancienne quincaillerie industrielle dont il a gardé les imposants volumes. Il abrite aujourd'hui une dizaine de chambres décorées avec élégance et simplicité, sans compter un très beau rooftop avec une piscine et une terrasse pour déguster un verre en admirant la vue sur les toits de la ville. Au rez-de-chaussée, le restaurant Le Comptoir Saint-Sernin décline une savoureuse cuisine locale, idéale pour reprendre des forces après la visite des trésors alentour : les villages de Collonges-la-Rouge et Turenne, les gouffres de La Fage et Padirac, sans compter les sentiers de randonnée qui traversent les magnifiques paysages des vallées du Lot et de la Dordogne.

AFFINEUR FROMAGER

Ferme du Puy Lenty

Halle gaillarde - T. +33 (0) 6-08-65-96-00

Un étalage appétissant au cœur des halles, une crémière qui connaît ses produits et vous conseille avec jovialité. Du bon local en fromage fermier de chèvre comme de vache, mais aussi des produits d'Auvergne, un bon cantal, le salers, le saint-nectaire fermier. Dégustation sur place, plateaux sur mesure.

BOUCHER

Boucherie des Beaux Vallons

22 rue du Lieutenant Colonel Farro - T. +33 (0) 5-55-24-05-21

C'est la ferme familiale (des Beaux Vallons) qui fournit la bonne charcuterie et viande de porc, de quoi faire de belles saucisses et un boudin mémorable. De nombreuses préparations festives et au quotidien, bien mieux qu'un dépannage des soirées où le frigo est vide. Préparations bouchères à cuire, et quelques spécialités reconnues, la mique et petit salé, la choucroute...

Cheville

Place Maréchal de Lattre de Tassigny - T. +33 (0) 7-61-60-82-31

Pour la variété de l'offre, la viande, la charcuterie et les nombreuses préparations, les galettes de pomme de terre qui accompagneront votre filet de bœuf, mais aussi la bouchée à la reine, les pommes dauphines et la choucroute. Tous les beaux morceaux en veau et bœuf.

BOULANGER

Maison Leyrat-Longy

10 bis avenue Pasteur - T. +33 (0) 5-55-24-30-90

Tout près du pont sur la Corrèze et de l'entrée dans le quartier ancien, une boulangerie très fiable qui propose un pain de qualité et une pâtisserie bien gourmande depuis cinquante ans et trois générations. Des galettes, des tartes aux pruneaux, diverses propositions et même en salé, avec par exemple la mique et petit salé, le cassoulet, la blanquette... Le pain a été adopté notamment par le nouveau restaurant Moon.

DISTILLATEUR

Distillerie Denoix

9 boulevard du Maréchal Lyautey - T. +33 (0) 5-55-74-34-27

Une institution quasi bicentenaire qui honore la ville par son savoir-faire et ses nombreux produits connus aujourd'hui dans tout le pays. Le maître liquoriste offre tous les parfums, principalement à travers trois grandes gammes, liqueurs, apéritifs et moutarde (la célèbre moutarde violette de Brive). La boutique sur le boulevard offre une visite très complète et instructive pour mieux connaître ce passionnant et gourmand univers. Belles présentations, beaux flacons, et nombreuses explications pour un parcours pédagogique.

FROMAGER

Hervé Miane

25 rue Gambetta - T. +33 (0) 5-55-74-02-02

Serviable et d'une gentillesse à toute épreuve, Pascal Charazac, qui a succédé à Hervé Miane en tout début d'année 2024, tout en conservant l'enseigne si réputée, veille sur ses trésors avec une passion qu'il fait partager. La boutique n'est pas énorme, mais il connaît chaque fromage, son histoire et sa provenance et les variétés proposées gardent intacte la qualité offerte au temps de son prédécesseur.

GLACIER

Valentin le Glacier

29 rue Toulzac - T. +33 (0) 9-52-35-90-81

Sur la place, Valentin est immanquable et attire les foules les jours de canicule, mais pas seulement, car tout est bon ici, et l'on peut se rabattre sur les gaufres et les crêpes en hiver. Dès les premiers rayons, on sort les sorbets et les crèmes glacées bio, les milkshakes et les jus de fruits. Un grand choix, un accueil efficace et souriant.

TORRÉFACTEUR

L'Atelier de Nico

Place Maréchal de Lattre de Tassigny - T. +33 (0) 6-86-42-27-61

Sous le slogan « café, thé et gourmandises », un rayon bien fourni de petites gâteries savoureuses pour accompagner thés et cafés de qualité. Des cookies et des cakes, des moelleux au chocolat et chaussons, mais aussi des plats préparés et bocaux avec une grande variété de thèmes et assemblages, poulet, pâtes, saucisses, crevettes épicées.

Café Bogota

1 rue du Lieutenant Colonel Farro - T. +33 (0) 5-55-18-06-18

Le balle maison de pierre en angle, au cœur de la ville, fêtera bientôt son siècle d'existence au service des Brivistes. Un grand choix, des machines, accessoires et services, pour tous les goûts et tous les styles. Pures origines de tous les continents, mélanges maison, thés, infusions et chocolats. Plusieurs points de vente sur Brive et Tulle.

Tables Originales – 10/20 à 10,5/20

Côté Dordogne

UN CADRE IDYLLIQUE POUR VOUS RESTAURER

Le Chef, Olivier Bonneval, partage avec ses apprentis le goût d'une cuisine authentique, des produits frais et aime restaurer ses clients, tout en leur faisant plaisir. Le ris de veau cuit à basse température, poêlé et servi avec des légumes de saison issus du potager de ses grands-parents ou d'un ami, agriculteur, plaît beaucoup. La décoration chaleureuse pensée par la femme d'Olivier et la terrasse au bord de l'eau, voilà qui augure aussi d'un joli moment. Et encore plein de projets à venir…

20, boulevard Rodolphe de Turenne, 19120 BEAULIEU-SUR-DORDOGNE
Tél. : 05-55-91-29-29

Les Pieds dans l'Eau

UN RESTAURANT OÙ IL FAIT BON SAVOURER

« On est toujours là, c'est bien qu'il y a une raison ! », aime à dire le co-gérant des Pieds dans l'Eau, Christophe Lavaur. Le cadre enchanteur, au pied de la plage, l'engagement qualité avec des produits achetés en direct auprès des producteurs, une cuisson authentique, des viandes labellisées, une formule midi qui change tous les jours impliquant d'être créatif : voilà les arguments qui fidélisent les habitués du quartier et les touristes en été. Ajoutons une offre snacking aux beaux jours.

Plage du Camping Lac de La Valette, 19320 MARCILLAC-LA-CROISILLE
Tél. : 05-44-41-10-45

> Un poète et un cuisinier se ressemblent bien : c'est le génie qui fait l'âme de leur art particulier.
>
> Athénée de Naucratis (170-223 ap. J.-C)

Gault&Millau
.FR
GUIDE
CENTRE-
VAL DE LOIRE
& PAYS DE LA LOIRE
EN VENTE DEPUIS LE
11 AVRIL 2024
ITINÉRAIRES
& DÉCOUVERTES
GOURMANDES
140 VILLES
77 HÔTELS
277 RESTAURANTS
178 ARTISANS
20
24
CENTRE-VAL DE LOIRE
& PAYS DE LA LOIRE

Harmonie du Monde

FRAIS, LOCAL ET BIO

Dans une vénérable bâtisse également dédiée au bien-être et à la musique, ce restaurant enrichit peu à peu son offre depuis sa naissance, il y a deux ans. Au cœur d'un village perché connu pour ses cascades, Harmonie du Monde défend une restauration *« à base de produits frais, locaux et transformés sur place »*. Les plats proposés à l'ardoise laissent une place de choix à la préparation des légumes bio, locaux eux aussi. Entre jambon local, magret et truite fumée, deux d'entre eux font la part belle aux saveurs corréziennes, tandis que le troisième est un plat du monde, en harmonie avec l'esprit des lieux. Côté boissons, vins* bio et bières de Corrèze sauront surprendre les plus exigeants palais. Comptez une vingtaine d'euros pour la formule assiette et dessert.

18, Le Bourg, 19800 GIMEL-LES-CASCADES
Tél. : 07-68-49-73-79

« Manger est bon.
Avoir mangé est meilleur.
Anatole France (1844-1924) »

Le Relais du Quercy

LES ROIS DE L'OMELETTE AUX CÈPES

Tenu par Martine Delaunay depuis… 48 ans, cet hôtel-restaurant familial affiche une carte quasi-immuable. Suivant les saisons, tripoux, filet de bœuf sauce aux morilles et omelette aux cèpes – le produit phare de la maison – y occupent le devant de la scène, servis dans la vaste salle aux tons clairs ou à l'une des deux terrasses. Les viandes sont choisies localement par le mari de la patronne, boucher de profession.

34, boulevard du Quercy, 19500 MEYSSAC – Tél. : 05-55-25-40-31

*L'ABUS D'ALCOOL EST DANGEREUX POUR LA SANTÉ

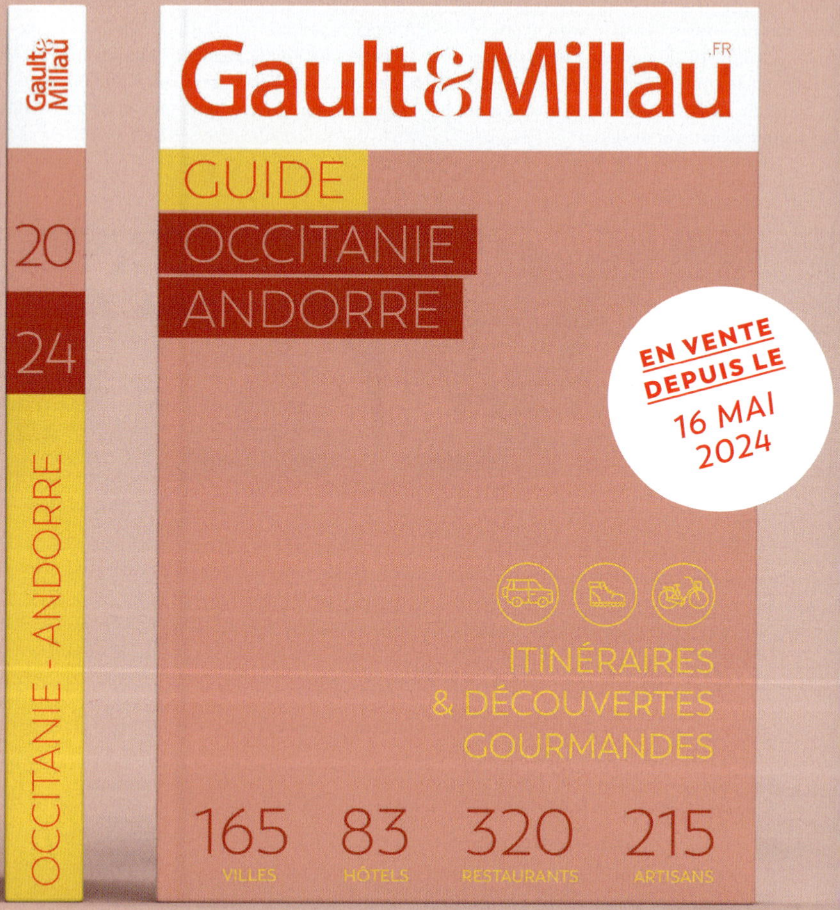
Gault&Millau .FR
GUIDE
OCCITANIE
ANDORRE
EN VENTE DEPUIS LE
16 MAI 2024
ITINÉRAIRES
& DÉCOUVERTES
GOURMANDES
165 VILLES
83 HÔTELS
320 RESTAURANTS
215 ARTISANS
Gault&Millau
20
24
OCCITANIE - ANDORRE

Boulangerie Chancel

DES PAINS DÉLICIEUX !

Passionné par son métier, Jean-Baptiste Chancel tient la seule boulangerie de Rilhac-Xaintrie, en Corrèze. Il fabrique des pains avec des farines d'excellente qualité.

Depuis 2019, le village de Rilhac-Xaintrie dispose d'une boulangerie, ouverte par Jean-Baptiste Chancel. *« Il n'y en a pas eu pendant 50 ans ! J'avais envie de me mettre à mon compte. C'est un métier que j'ai toujours voulu faire »*. Très jeune, après un apprentissage à l'Institut professionnel d'Aurillac, il décroche un CAP puis un brevet professionnel, et devient donc boulanger. Un métier qui le passionne et qu'il exerce avec un parti pris : la qualité des farines, issues de meuniers de la région : *« J'utilise de la farine Label Rouge certifiée. Pour le seigle, elle est labellisée Produit de montagne »*. Des farines naturelles qui garantissent l'excellence des pains. *« La fermentation est très longue. Le pain est digeste et peut se garder plusieurs jours. Le goût est différent et la croûte est fine »*, s'enthousiasme-t-il. C'est le cas de ses baguettes (dont une Tradition), mais aussi de pains spéciaux : tourte de seigle, céréales, campagne, petit épeautre... *« Sur commande, je fabrique aussi des pains aux noix, à la figue ou au citron »*. Côté viennoiseries, croissants et chocolatines sont pur-beurre. Le Croquant, un biscuit sec sablé, et la brioche, sont uniques également ! Jean-Baptiste Chancel élabore aussi de très bonnes bûches traditionnelles à Noël et des bugnes pour le carnaval. Sans oublier des pizzas et des quiches lorraines à la demande. Particularité : *« La boulangerie est ouverte pour que les clients me voient travailler, cuire, pétrir. Je fais tout moi-même dans le labo »*. Une bonne adresse ! *Ouvert tous les jours, sauf le mercredi.*

Le Bourg, 19220 RILHAC-XAINTRIE - Tél. : 05-55-91-71-45

SAINT-YBARD 19140

Auberge Saint-Roch 11/20

2 rue du Château - T. +33 (0) 5-55-73-00-05 - Menu(s) 36-47 €
Une auberge de village et de tradition dans une bonne maison de pierre typique de la région. Hervé Moncany, membre des Toques Blanches du Limousin, propose une carte variée à base classique qui sait alterner répertoire bourgeois et produit nobles : os à moelle et escargots, foie gras mi-cuit pruneaux aux épices, parillade de poissons coquillages et crustacés risotto à l'encre de seiche, ris de veau au sautoir crème de chanterelles. Sylvie en salle assure la supervision avec maîtrise.

LES 7 PRINCIPES DE GAULT&MILLAU

1

L'indépendance totale vis-à-vis des établissements.

2

Le recrutement d'enquêteurs exigeants, gourmets et gourmands.

3

L'anonymat des enquêteurs lors des évaluations.

4

La visite dans des conditions normales de fréquentation.

5

Le règlement des additions.

6

La mise à jour régulière par des évaluations continues.

7

La vérification de nos informations.

Lard de l'Étable

LA BOUCHERIE À L'ANCIENNE

Au virage de la cinquantaine, Frédéric Thers a raccroché son col blanc d'ingénieur pour endosser le tablier du boucher. Un retour aux origines pour ce passionné de cuisine, dont le grand-père était lui-même boucher-charcutier dans le Cantal et issu d'une famille *« où on a toujours tué le cochon »*. Depuis l'été dernier, il loue à la commune les murs de la boucherie-charcuterie du bourg de Saint-Chamant. La qualité de ses viandes – toutes locales et issues de la race limousine, de veaux élevés sous la mère et de porcs nourris à la graine de lin – a eu tôt fait de forger sa réputation. Une fois par semaine, on s'arrache ses gratons faits à l'ancienne à base de gras de porc cuit, confit et pressé. Toute la charcuterie est fabriquée sur place et un plat traiteur est proposé chaque jour.

2, avenue de la Souvigne, 19380 SAINT-CHAMANT – Tél. : 05-55-28-08-23

« La gastronomie fait trembler d'intelligence nos narines. »

Charles Monselet (1825-1888)

Aux Délices Seilhacois

LE PAIN S'Y VEND AU POIDS !

Entre Tulle et Uzerche, cette boulangerie-pâtisserie est aussi petite par la taille que grande par le renom de son pain à la coupe. Des tourtes de campagne de 8 kg, débitées au poids après plus de 3h de cuisson ! La quinzaine de pains côtoit viennoiseries et pâtisseries maison dont l'offre suit les produits locaux de saison. À commencer par les châtaignes et les myrtilles. Côté salé, Francis Guenot a installé le pâté lorrain de sa région d'enfance parmi les produits phares de la maison qu'il a reprise voilà deux ans avec sa compagne, Christine Joye.

21, avenue Nationale, 19700 SEILHAC
Tél. : 05-55-27-03-68

TURENNE 19500

HÔTEL

La Maison des Chanoines

29 rue Joseph Rouveyrol - T. +33 (0) 5-55-85-93-43 - À partir de 90 €

Au cœur du village de Turenne, cette maison du XVIe siècle a conservé, comme par miracle, les multiples traces de son histoire, tels des escaliers à vis et des fenêtres à meneaux, des gargouilles et un ravissant jardin de curé, tout en offrant à ses hôtes une atmosphère chaleureuse et bien vivante. La preuve avec ses 6 chambres et son gîte ultra-confortable, sa terrasse, où l'on déguste dès l'arrivée des beaux jours de délicieux petits déjeuners, et la cuisine signée Claude Cheyroux, propriétaire des lieux avec son épouse Chantal depuis plus de trente-cinq ans. Un refuge idéal pour se ressourcer et partir à la découverte des villages de Collonges-la-Rouge ou de La Roque-Gageac, ou encore du gouffre de Padirac et des grottes de Lascaux.

VARETZ 19240

HÔTEL

Château de Castel Novel - *4 étoiles*

Route de Roland Garros - T. +33 (0) 5-55-85-00-01 - À partir de 95 €

Niché en lisière du village, au cœur d'un parc de 17 ha planté de grands arbres, ce château médiéval flanqué de ses tourelles a été la propriété d'Henri de Jouvenel, le mari de Colette qui écrivit là une grande partie de son œuvre. Désormais propriété des Corréziens Maxime Meizaud et Michel Mounier, le lieu abrite 24 chambres et 3 suites qui offrent le plus raffiné des refuges, avec leur mobilier d'époque et leurs boiseries, leurs vastes salles de bains et leurs vues, splendides, sur les jardins et la forêt voisine. Une halte parfaite également pour déguster la cuisine d'auteur très inspirée du chef Geoffrey Debrach, servie dans la salle à manger du château ou sur la grande terrasse qui surplombe le parc...

Carte

Addition moyenne d'un prix à la carte englobant le prix d'une entrée + plat + dessert

Menu(s)

Fourchette de prix mentionnant le menu le moins cher et le menu le plus cher proposant à la fois entrée, plat et dessert sans les boissons, qui n'exclut pas les prix intermédiaires

23

CREUSE

NOTH 23300

HÔTEL

Château de la Cazine Wyndham Halcyon Resort - *4 étoiles*

Domaine de la Fôt - T. +33 (0) 5-55-63-97-10 - À partir de 105 €

Parfait pour se mettre au vert, ce château XVIIe se niche au cœur d'un incroyable domaine de 90 ha de forêts, d'étangs et de clairières. Remarquablement restauré, il abrite 19 chambres et de vastes suites qui déclinent un raffinement très cosy avec moquettes bien épaisses, luxueuses literies et vastes salles de bains. On vient ici pour savourer une nature idéale entre balade à pied ou à VTT dans le parc, retrouver son énergie en faisant une partie de tennis ou des longueurs dans la piscine chauffée, le tout avant de rejoindre la somptueuse salle à manger du château pour déguster la cuisine gastronomique du chef Pierre Guilhot. Un établissement qui célèbre ce fameux art de vivre à la française et permet de découvrir les trésors de la région, les bords de la Creuse chers à Claude Monet, la cité médiévale de La Souterraine ou la ville de Limoges, connue pour sa porcelaine et ses émaux.

LES PRODUITS AOP, IGP ET AOC DE LA RÉGION NOUVELLE-AQUITAINE

Agneau de lait des Pyrénées, asperges du Blayais, armagnac, beurre de Charentes-Poitou, bœuf de Chalosse, canard à foie gras du Sud-Ouest, cassis de Saintonge, chabichou du Poitou, fleur de sel de l'île de Ré, jambon de Bayonne, jambon noir de Bigorre, kiwi de l'Adour, noix du Périgord, ossau-iraty, porc du Sud-Ouest, porc noir de Bigorre, poularde du Périgord, pruneaux d'Agen, tomme des Pyrénées, volailles de Gascogne, volailles des Landes, volailles du Gers...

Mamma Pizza
AU TOP !

La pizzeria à la jolie façade Art déco d'Alexandre et Hugo, des amis d'enfance natifs de la région, vous propose midi et soir 7j/7 des saveurs italiennes réalisées sur place. On note que la pâte à pizza est mise au repos minimum 48h en chambre de pousse pour une pâte plus digeste. Les pizzas sont agrémentées de savoureux produits. En plus des classiques, la Pistacchio est à découvrir. Leur recette réputée en Italie mais peu commune en France fait chavirer les Italiens de passage chez Mamma Pizza. Pour changer de régal, on craque pour les pâtes dont toutes les sauces sont faites maison. En dessert, on aime leurs cannoli siciliens. Si les propositions sont principalement à emporter, nous préférons les savourer sur place. On se croirait chez des amis tant l'ambiance est sympathique notamment grâce à la cuisine ouverte.

32, Grande Rue, 23000 GUÉRET – Tél. : 05-44-30-15-22
www.mammapizzaepasta.fr

La Montagne Noire by Tim
L'ART DE LA CRÊPE AUTHENTIQUE

Après un parcours initiatique jalonné de formations entre le Pays basque, Paris, l'Angleterre, puis l'excellence de L'Atelier de la Crêpe à Saint-Malo, Timothée Ferracci a parachevé son apprentissage sous la houlette de Bertrand Larcher au Breizh Café. De retour des terres qu'il connaît bien, il a affûté son art avant de donner vie, en 2024, à son propre établissement, encouragé par le maire de Saint-Georges-Nigremont. Avec sa généreuse terrasse offrant une vue spectaculaire sur le Puy de Sancy, ce crêpier met à l'honneur des produits principalement locaux, tels que la farine de sarrazin, bientôt rejointe par la farine de froment. En parsemant ses créations de subtils accents basques et en sublimant ses réalisations avec le beurre de la Maison Bordier, Timothée poursuit inlassablement sa quête de l'excellence dans l'art des crêpes et des galettes.

3, Le Bourg, 23500 SAINT-GEORGES-NIGREMONT
Tél. : 09-75-78-74-01

24

DORDOGNE

BERGERAC 24100

Aux Tabliers Noirs 12,5/20

24 rue Duguesclin - T. +33 (0) 9-81-34-62-08 - Menu(s) 30-38 €

Frédéric et Mathilde se sont rencontrés au Pressoir d'argent de Gordon Ramsay, avant de se mettre à leur compte et de s'installer à Bergerac. Leur jolie maison en bois accueille une salle cosy avec peu de couverts, pour une expérience intimiste et chaleureuse. L'intérieur privilégie la simplicité, le bois clair, la cuisine ouverte, cadres décoratifs, chaises Thonet et végétation. La carte déroule une cuisine de saison de bon niveau, des assiettes bien dressées et des recettes plaisantes, une entrée d'œuf mollet, déclinaison autour du chou-fleur, haddock fumé, zestes de citron, amandes, croûtons et oignons pickles, une truite rôtie, déclinaison de céleri, tortellinis, noisette, gel de cresson, sauce Noilly Prat et œufs de truite, un feuille à feuille, tuile au sucre muscovado, crème diplomate vanillée et fève tonka.

Le Bistro d'en Face 11/20

1 rue Fénelon - T. +33 (0) 5-53-61-34-06

Sur la rive gauche de Bergerac, la table d'Hugo Brégeon et Aurore dispose d'une belle terrasse au bord de la Dordogne, ainsi qu'une cuisine bistronomique créative. Le chef ne manque pas d'idées, convoquant des influences diverses, rassemblées avec cohérence dans deux menus à 32 et 42 €. Les poireaux confits sont associés au lieu fumé au bois de hêtre, vinaigrette mimosa et tuile de lin, le pavé de sandre grillé est servi dans un beurre blanc agrumes et verveine, avec du céleri à la grenobloise, le civet de cerf fait la farce du chou, avec un jus aux petits légumes et pak choï grillé. En dessert, pavlova « colada «, financier à la noisette, namelaka chocolat-arabica, glace au café blanc d'Éthiopie, riz tout lait.

Le Vin'Quatre 11/20

14 rue Saint-Clar - T. +33 (0) 5-53-22-37-26 - Menu(s) 35 €

Repris en juin 2023 par un jeune chef, à la suite du départ de Charlie Ray et Mélanie Legrand (ils ont ouvert une nouvelle table à Saussignac, Mélange), l'établissement a néanmoins conservé cette bonne humeur et ce sens de l'accueil, qui lui assure une affluence toujours visible. La petite table à l'entrée du centre médiéval a le charme des néo-bistrots, un mobilier épuré dans un écrin d'époque, en grosse pierre à la chaux. Le chef revient à plus de simplicité que ses prédécesseurs, des compositions efficaces sur le marché, déroulées dans un menu à l'ardoise : saumon gravelax, betteraves cuites et crues, cardamome, un lieu noir aux algues nori, polenta crémeuse au citron confit, vierge de maïs aux herbes et pop-corn, une tarte au citron meringuée, sablé noisette, lemon curd et glace citron. Service très aimable.

Tables Gourmandes – 11/20 à 12,5/20

Tables Originales – 10/20 à 10,5/20

Nature Viande

ENTRE TRADITION ET INNOVATION

Dans leur domaine de 250 hectares, Étienne Maury et son père, Hervé, maîtrisent avec brio la gestation des animaux jusqu'au produit dans l'assiette. Ces éleveurs bovins ont embrassé avec passion le concept du circuit court. Leur ferme abrite fièrement 200 bêtes dans un écrin bio où la nature s'épanouit en toute liberté. Les Maury ont tissé des liens étroits avec d'autres artisans du terroir : un éleveur d'agneaux, un volailler bordelais et un charcutier de Bergerac. Cette alliance permet à leurs délices de s'envoler à travers tout l'Hexagone, répondant à l'appel des gourmets en quête d'authenticité. Ils ont aussi innové en installant des distributeurs automatiques, une touche de modernité qui propose de la viande en libre-service. Cette audace a renforcé leur notoriété, mais également ajouté une nouvelle étape à leur tradition familiale.

VENTE AUX PARTICULIERS, RESTAURATEURS, CANTINES, MAGASINS
22, rue Jacques Le Lorrain, 24100 BERGERAC
Tél. : 05-53-57-52-26 – contact@natureviande.fr
(Sur commande uniquement : www.natureviande.fr)

Le bœuf est la reine des viandes ; le bœuf possède, incluse en lui, la quintessence de la perdrix, de la caille, de la venaison, du faisan, du plum-pudding et de la crème aux œufs.

Jonathan Swift (1667-1745)

Le Richelieu

L'AUTHENTICITÉ CULINAIRE AU CŒUR DE BERGERAC

Venez découvrir le charme et la générosité de la cuisine périgourdine au restaurant Le Richelieu, une adresse incontournable à Bergerac. Situé entre les deux statues de Cyrano, au pied de la place Pélissière, ce lieu se distingue par une cuisine gourmande et du terroir, élaborée à base de produits frais, que vous pourrez déguster sur son accueillante terrasse extérieure ou sous sa magnifique voûte du XVe siècle. Les plats inspirés de la gastronomie traditionnelle de la région enchanteront votre palais avec des spécialités incontournables telles que le foie gras maison, les gésiers de canard, le magret ou encore le confit. Le Richelieu vous offre enfin l'opportunité de personnaliser vos événements en privatisant ce cadre enchanteur pour des moments festifs et mémorables.

23, rue des Conférences, 24100 BERGERAC – Tél. : 06-51-56-56-84
le-richelieu.fr

Cabanoix & Châtaignes

TABLE INTIMISTE AU CŒUR DU PÉRIGORD NOIR

Découvrez, en plein cœur du village de Domme, la table authentique et intimiste de Cabanoix & Châtaignes, dont Céline et Benoît sont les gardiens. Une vieille bâtisse en pierre de pays abrite ce restaurant au cadre chaleureux. En salle, pierre calcaire et poutres blanchies … Par beau temps, la cour intérieure dresse ses tables en terrasse ou sur l'ancienne coursive. Ici, on respecte les saisons et la fraîcheur des produits locaux. Les vins*, qu'on sert au verre bien volontiers, sont choyés. En cuisine, Céline et Rosine imaginent pour vous des associations généreuses et régionales, s'inspirent des souvenirs de voyage, recréent les goûts de l'enfance. Samoussas de truite du Périgord… Tatin de canard forestier… Petit Délice violette-myrtilles … Passez le seuil !

3, rue Geoffroy de Vivans, 24250 DOMME – Tél. : 05-53-31-07-11
www.restaurantcabanoix.com

*L'ABUS D'ALCOOL EST DANGEREUX POUR LA SANTÉ

Nommad's

POUR LE PLAISIR DES PAPILLES ET DES YEUX

Découvrez une odyssée culinaire au Nommad's : un mariage entre plaisir gustatif et artistique. Delphine et Jérôme vous invitent à un voyage épicurien où chaque plat raconte une histoire de découverte et d'émerveillement. Leur credo ? Toutes les cuisines du monde sont sources d'inspiration. Les produits locaux sont à l'honneur, sublimés dans des assiettes généreuses, vibrantes de couleurs et d'épices, telles que le foie gras aux algues, le ceviche ou encore les larmes du tigre. Chez Nommad's, l'accueil chaleureux transforme chaque visite en une expérience conviviale où l'on se sent comme chez des amis. Dans cet espace d'échange et de partage, Delphine orchestre en cuisine, épaulée par son mari, pour créer de véritables œuvres d'art à déguster. Nommad's, une escale gourmande où le plaisir des papilles rencontre celui des yeux.

10, rue de l'Église, 24310 BOURDEILLES – Tél. : 05-53-53-39-07
nommads.fr/fr

La Bandeja

UNE CUISINE INNOVANTE ET SAVOUREUSE

Unique en France, le centre La Bandeja associe brasserie bistronomique, Padel, salle de séminaire et boutique. Le Chef, Pierre Marty, y propose une cuisine et une carte stimulant les cinq sens, ainsi qu'une formule, à midi, réinventée chaque jour. L'expérience est gourmande, chaleureuse et accessible.
Ouvert midi et soir.

185, rue de l'Innovation – ZA Cre@vallée Nord, A89 Sortie 15, 24660 COULOUNIEIX-CHAMIERS
Tél. : 05-53-09-82-24
contact@labandeja.fr
labandeja.fr

BRANTÔME 24310

HÔTEL

Moulin de l'Abbaye - *4 étoiles*

1 route de Bourdeilles - T. +33 (0) 5-53-05-80-22 - À partir de 255 €
Au cœur de la Venise du Périgord, ce moulin tapissé de lierre occupe l'un des plus beaux sites de Dordogne. Situé au bord de la rivière, il offre une vue unique sur les monuments de la ville de Brantôme : le pont coudé (chef-d'œuvre du XVIe siècle), le jardin des moines et la célèbre abbaye, fondée en 769 par Charlemagne. Restauré avec esprit et désormais membre Relais & Châteaux, le moulin se déploie autour de trois bâtisses historiques, lesquelles abritent 20 chambres chaleureuses et contemporaines. La cuisine, pilotée par le talentueux Frédéric Murati, affole les gourmets de la région, et les deux bistrots périgourdins complètent idéalement l'offre de cette adresse magique.

Le Moulin du Roc - *5 étoiles*

1 Promenade des Lavandières - Champagnac de Belair - T. +33 (0) 5-53-02-86-00
À partir de 211 €
Les amoureux du terroir périgourdin ne jurent que par cette adresse, où Alain Gardillou régale ses hôtes d'une cuisine locale remarquablement interprétée. Pour prolonger leur visite, beaucoup choisissent de poser leurs valises dans ce moulin à huile du XVIIe sis sur les rives de la Dronne et reconverti en un hôtel chaleureux et raffiné. Réparties dans trois bâtiments, les 15 chambres et suites sont reliées par de petites passerelles ou des escaliers secrets. Le tout est décoré de meubles d'époque et de tapisseries fleuries, de salles de bains esprit années 1950 et, pour certaines, de délicieuses terrasses à fleur d'eau. Tout ici est fait pour le plaisir et la sérénité des hôtes, qui profiteront également des courts de tennis et de la piscine avant de partir à la découverte des environs : Brantôme, les fresques des grottes de Lascaux ou la vieille ville de Périgueux.

CHAMPS-ROMAIN 24470

PRODUCTEUR

Le Safranier

Le moulin de la Valade
Le safran, cet or rouge qui jaunit les sauces, est devenu un enjeu de reconversion pour de nombreux cultivateurs. Pierre Oudot propose les stigmates en sachet de 0,5 et 1 g, mais aussi des préparations spéciales, sirops et confitures, aides culinaires. Le sens de la transmission le pousse également à partager son expérience lors de journées d'initiation à la culture de cette épice.

COLOMBIER 24560

VIGNERON

Domaine de l'Ancienne Cure

3920 Route des Pyrénées - T. +33 (0) 5-53-58-27-90
Cinquième génération, Christian Roche hérite d'une partie de la propriété en 1984, et défend aujourd'hui depuis 2012, une approche en agriculture biologique. Les cinquante

hectares du domaine sont principalement plantés en blanc, pour des vins secs ou doux, en sémillon, sauvignon blanc ou encore chenin et ondenc. Pour les rouges et les rosés, merlot, cabernet franc et cabernet sauvignon, ou encore malbec.

EYVIRAT 24460

ÉLEVEUR

Ferme Labrue

Lieu-dit Puychautu - T. +33 (0) 5-53-46-33-10

Entre Agonac et Brantôme, une ferme familiale où l'on produit du foie gras dans la meilleure tradition depuis plus d'un siècle. Aujourd'hui, Isabelle, Pierre et Brice Labrue perpétuent l'histoire sur les 140 ha de l'exploitation. Agriculture raisonnée, alimentation de céréales issues du domaine. Foies gras, mais aussi confits, cous farcis, magrets confits, rillettes...

ISSIGEAC 24560

La Brucelière 12/20

Place de la Capelle - T. +33 (0) 5-53-73-89-61 - Menu(s) 38-50 €

Une charmante maison en pierre dans un village pittoresque au sud de Bergerac, où l'on pourra découvrir la cuisine de David Douet. Le chef a autant le goût du Périgord que de la mer, proposant aussi bien les produits locaux que ceux de la côte. La formule à 38 € constitue une bonne introduction, avec le maquereau cuit à la flamme et céleri bio mariné, la pêche du moment, patates douces de chez René et sauce hollandaise, le filet de cannette rôtie sur la peau, carottes glacées, le chou à la crème à la noisette de Boisse. Et pour les envies plus chics, la formule à 50 € aligne foie gras mi-cuit au Monbazillac et dos de cerf. L'établissement propose également ses chambres d'hôte.

LA ROQUE-GAGEAC 24250

O'Plaisir des Sens 13/20

D709 - Sous la Grande Vigne - T. +33 (0) 5-53-29-58-53 - Menu(s) 39-110 €

Ici, le chien de la maison va lui-même caver les truffes, et c'est déjà dire beaucoup de cette adresse qui se veut un hommage fidèle aux trésors du Périgord Noir. Le contrat est rempli par cette adorable maison à deux cents mètres de la Dordogne, sa splendide terrasse où trône en son centre une grande fontaine, sa cuisine célébrant le terroir, l'accueil souriant faisant la démonstration de l'hospitalité périgourdine. Bruno et Lydie Marien tiennent cette table bourgeoise avec une expérience perceptible, aussi à l'aise dans l'exécution que dans le service. Le chef maîtrise ses cuissons et ses textures, connaît ses partitions, la maîtresse de maison sait recevoir, et aussi bien conseiller vin. Au menu ce jour-là, un joli trio d'œuf parfait, potimarron et émulsion de truffe, un paleron de veau fondant avec un arancini à la truffe et des légumes de saison, jus bien équilibré, un biscuit chocolat noisette comme un rocher, particulièrement roboratif, avec un sorbet mandarine pour la bonne conscience. Bonne sélection en cave, plutôt généraliste.

LALINDE 24150

Côté Rivage 11/20

Badefols-sur-Dordogne - T. +33 (0) 5-53-23-65-00 - Carte 45 € - Menu(s) 22,90-38 € Ⓟ
Un véritable havre de paix installé juste au bord de la Dordogne, pour profiter du soleil et des charmes du Périgord. La table de cet hôtel 3* remplit sa mission comme il faut, proposant des assiettes équilibrées et accessibles, un sauté d'escargots à la provençale et feuilleté, un pavé de saumon, émulsion citronnée, fenouil et artichauts à la coriandre, un curry d'agneau, mangue fraîche en croustade et tagliatelles, un parfait glacé au café et meringue croquante. Formules de 22,50 € à 42 €.

MONBAZILLAC 24240

La Tour des Vents 13/20

Moulin de Malfourat - T. +33 (0) 5-53-58-30-10 - Menu(s) 65-110 € ♿ Ⓟ
Perché sur la crête de Monbazillac, au milieu des vignes, le restaurant du domaine de la Tour des vents offre une vue exceptionnelle sur le pays bergeracois. En face de ce panorama de verdure, le chef sert une cuisine de produits nobles, sachant promouvoir la gastronomie française, une brouillade à la truffe de M. Bonnetti, royal truffé, écume de lard et tartine au beurre de truffe, un cannelloni de tourteau et langoustines, céleri à la crème de kéfir, œufs de poisson volant et royal de crustacés, un ris de veau grillé maïs cajou, jus de carotte acidulé et choux farcis, un soufflé chaud au Grand Marnier. Les vins de la région sont bien mis en avant.

MONESTIER 24240

Le Bistrot des Vigiers 12/20

Lieu dit Le Vigier - T. +33 (0) 5-53-61-50-00 - Carte 54 € - Menu(s) 30-39 €
Installé dans l'ancien chai, le bistrot vient épauler la table gastronomique du relais 4*, en proposant une cuisine de tous les jours, accessible et bien pensée pour accueillir les golfeurs. Le chef Didier Casaguana y propose des bons classiques du Périgord, la terrine de foie gras, le poisson de la criée sauce bonne femme, le magret de canard poêlé et jus périgourdin, un croquant aux deux chocolats. Bon service.

Le Relais de Monestier 10/20

Le Bourg - T. +33 (0) 5-53-58-13-90 - Menu(s) 19-30 € ♿
Une charmante auberge de village, tenue par Stéphane et Jean-François. La maison a le style familial, avec un petit mobilier en bois, une cheminée l'hiver et une belle terrasse l'été. Le chef y réalise une cuisine de bistrot avec quelques spécialités régionales, à la carte ou en menu, de 19 à 30 €. Petite cave avec bonne dominante locale (Bergerac, Pécharmant, Gaillac, Montravel etc.).

Tables Gourmandes – 11/20 à 12,5/20

MONPAZIER 24540

Le Bistrot 2 10,5/20

Foirail Nord - T. +33 (0) 5-53-22-60-64 - Menu(s) 24-33 € ♿ Ⓟ
Au seuil d'une des plus jolies bastides du Sud-Ouest, lieu de tournage très apprécié pour des scènes médiévales, ce Bistrot est une chance pour les visiteurs. La maison est jolie, bien tenue et bien décorée, et si la carte fait un peu de manières (on n'évite pas le tataki de thon, ni le poulet au saté, ni le burger), l'ambiance est bon enfant et l'on peut trouver son contentement avec le charolais au poivre et la tarte aux noix. Menus bien constitués, bon accueil.

LES 7 PRINCIPES DE GAULT&MILLAU

1

L'indépendance totale vis-à-vis des établissements.

2

Le recrutement d'enquêteurs exigeants, gourmets et gourmands.

3

L'anonymat des enquêteurs lors des évaluations.

4

La visite dans des conditions normales de fréquentation.

5

Le règlement des additions.

6

La mise à jour régulière par des évaluations continues.

7

La vérification de nos informations.

Boulangerie Jolibert

GOURMANDISES PÉRIGOURDINES

Tourte du chasseur au levain de seigle ou pain aux noix du Périgord, chocopoire avec sa crème d'amande aux poires, croustade aux pommes du sud-ouest, tarte aux noix et caramel…, la Dordogne regorge de très beaux produits qu'Isabelle et Damien Jolibert poétisent dans leurs créations. Les recettes de snacking revisitées avec des mets locaux comme les sandwichs à l'émincé de canard et à la tomme de brebis ou au jambon de pays, noix et cabécou… satisferont avec joie vos petits creux !

32, rue Saint-Jacques, 24540 MONPAZIER – Tél. : 09-50-42-63-42
www.boulangerie-jolibert.fr

> « L'âme du gourmand est toute dans son palais. »
>
> Jean-Jacques Rousseau (1712-1778)

Le Bureau des Saveurs

ARTISANAL ET MODERNE À LA FOIS

Pour Florian Desnoyers, c'est important de travailler uniquement avec des produits locaux et de saison. Car, pour ce pâtissier passionné, la qualité prime sur le reste. Ainsi, ses viennoiseries, snackings, glaces, gâteaux, burgers, plats préparés, plateaux traiteurs... sont 100 % artisanaux. Vous ne trouverez aucun produit de revente dans cet établissement labellisé « Artisan gourmand ». Ce qui n'empêche pas Florian Desnoyers et son équipe de faire preuve d'innovation avec régulièrement des nouveautés proposées, des vitrines qui changent souvent, des ingrédients originaux tels que les fleurs comestibles, et la possibilité de choisir son pain et sa garniture pour des sandwiches personnalisés.

79, avenue Georges Pompidou, 24700 MONTPON-MÉNESTÉROL
Tél. : 05-53-81-74-81 – Facebook : Le Bureau des saveurs

Maison Payre

LE BONHEUR DE DÉGUSTER VINS* ET FROMAGES

.e goût et les productions fermières sont les premiers critères de sélection de Germinal Payre dans sa romagerie du centre historique de Montignac-Lascaux, au cœur de la Dordogne. Ses spécialités sont le aint Ô noix au lait cru de vache de la vallée, le Brie aux truffes ou à l'ail des ours, le fromage à raclette l'ail des ours et les délices au chèvre des fermes voisines. À la demande, Germinal et son équipe vous répareront des plateaux de fromages et/ou de charcuterie et vous prêtera même un appareil à raclette. .e fromager a aussi sélectionné une belle cave de vins français et de spiritueux. Il a spécialement créé un space dégustation sur sa mezzanine pour des soirées cheese and wine conviviales, au cours desquelles ont privilégiés les accords vins-fromages pour de divines associations !

27 bis, rue du Quatre Septembre, 24290 MONTIGNAC-LASCAUX
Tél. : 06-10-11-01-45

Boucherie Neuviçoise

UNE VIANDE DE QUALITÉ À BON PRIX

i vous souhaitez vous procurer de la viande de qualité à un prix abordable, la Boucherie Neuviçoise est ncontestablement celle qu'il vous faut. Grâce à sa propre production de porcs, mais aussi aux animaux rovenant de fermes situées à proximité, cet établissement garantit des viandes à la fraîcheur optimale t travaillées à l'ancienne. En plus de la boucherie, vous trouverez également ici des plats à emporter onfectionnés par un cuisinier sur place. Du mercredi au vendredi, dégustez un plat à base d'esturgeon t de sauce au beurre safranée, une spécialité de la maison, tout comme les boudins et andouillettes. Pour ous servir au mieux, l'établissement vous accueille du mardi au dimanche.

6, place Eugène Leroy, 24190 NEUVIC
Tél. : 05-53-81-50-06

*L'ABUS D'ALCOOL EST DANGEREUX POUR LA SANTÉ

MONTAZEAU 24230

MAISON D'HÔTES

Côté Verger

Le Malpas Cazal - T. +33 (0) 6-49-57-70-70

Non loin de Bergerac, cette maison d'hôtes est le refuge idéal pour retrouver optimisme et énergie. Imaginée par le couple néerlandais Alexander et Esther Hendriksen, la demeure évoque une maison de famille, joyeuse et pleine de vie. On adore l'accueil chaleureux des hôtes, l'élégance et les couleurs toniques des 5 chambres (une mention pour «L'Orientale», avec ses jaunes paille et ses bleus intenses) et, surtout, la vue époustouflante sur les vergers alentour. Les passionnés de nature et les enfants en quête d'aventure rejoindront d'ailleurs l'une des deux tentes aménagées dans l'espace minicamping au milieu des cerisiers. Et tout le monde se retrouve pour dîner sur la grande table d'hôtes, où l'on savoure une délicieuse cuisine maison préparée avec les produits locaux.

MONTIGNAC 24290

HÔTEL

Hôtel de Bouilhac - *4 étoiles*

6 avenue Professeur Faurel - T. +33 (0) 5-53-51-21-46 - À partir de 190 €

Classée monument historique, cette demeure XVIIe a repris vie sous l'impulsion de Karine et Christophe Maury, qui l'ont largement restaurée tout en conservant l'esprit des lieux. Parquets anciens, boiseries d'époque, mobilier chiné et murs de pierre infusent à l'ensemble un côté intemporel et chaleureux. Une atmosphère que l'on retrouve à l'identique dans les 18 chambres et suites aux noms poétiques («Rosée du matin», «Le Chant des oiseaux»...), qui déclinent un parfait mix de pièces anciennes et de confort contemporain. Remarquable cuisinier, Christophe Maury concocte pour ses hôtes des recettes périgourdines habilement revisitées, que l'on déguste dans la belle salle voûtée ou, dès les premiers beaux jours, sur une vaste terrasse ombragée. Ajoutez une piscine intérieure qui vient compléter un espace bien-être high-tech (drainage, warterbike, supra-sculpt...). Un refuge parfait, membre des Collectionneurs, pour partir à la découverte du Périgord noir, non loin de Sarlat et des grottes de Lascaux.

PÉRIGUEUX 24000

L'Essentiel 15/20

8 rue de la Clarté - T. +33 (0) 5-53-35-15-15 - Menu(s) 72-110 €

CHEF: ÉRIC VIDAL

Sobriété et efficacité chez Eric Vidal, qui mène sa belle affaire dans cette jolie rue pavée à l'entrée de la vieille ville, avec son épouse Magali. Des produits de haute tenue, peu de place à l'improvisation, c'est toute l'expérience qui porte le sceau du travail bien fait à travers des assiettes riches en saveurs et technicité : chou farci de cèpes et pied de cochon aux escargots jus de champignon, dos de biche caramélisée aux dragées panais ail noir et betterave sauce civet grand veneur, soufflé chaud passion dans cette belle séquence à 72 € aménageable en quatre étapes pour 92 €. Service sans faute, menu truffe en saison, cave aux belles références en toutes régions.

L'Atelier 14,5/20

2 rue Voltaire - T. +33 (0) 5-53-04-56-71 - Menu(s) 35-87 €

La sûreté nationale à Périgueux? Elle est chez Cyril Haberland, heureux et épanoui dans cette maison de confort au seuil du quartier ancien. En affaires ou en amoureux, les connaisseurs affluent. Ils savent qu'ils vont trouver du produit, un chef, et la sensation rassurante d'être entre les mains d'un pro. Et franchement, ils ne regrettent jamais la centaine d'euros (le soir, les menus sont à 65 et 87 €) investis pour passer la meilleure soirée du mois. L'ancien chef des Reynats, qui a suffisamment usé de casseroles pour savoir exactement ce qu'il veut aujourd'hui, distille une carte ciselée au cordeau, avec le foie gras excellent (qui pourrait presque se passer de betterave), les saint-jacques de Port en Bessin topinambour condiment citron chorizo et jus des barbes en émulsion, le dessert truffe chocolat bien imaginé, jouant sur un remarquable sorbet truffe, savoureux et pas trop sucré. Cave de bons amis de prestige (Foreau, Agrappart, Rayas...) et de connaisseurs en toutes régions, sans véritable révélation mais assez solide partout, accueil tout en douceur feutrée d'Anne Haberland.

Le Clos Saint-Front 14/20

5-7 rue de la Vertu - T. +33 (0) 5-53-46-78-58 - Menu(s) 36-80 €

Fidèle au poste et toujours en tête de liste de la restauration locale, Patrick Feuga ne se lasse pas d'inventer et de surprendre son public fidèle par ses dernières créations. Les lieux, superbes, une bâtisse XVIe avec un jardin bien abrité, se prêtent à l'exercice d'une gastronomie assumée et le menu à 58 € fait toujours plaisir, associant le terroir aux idées personnelles du chef: galette de pieds et joue de cochon aux petits gris sauce butternut cardamome, pigeon et caille en deux cuissons, cuisses confites panées cacahuètes, suprêmes à la goutte de sang coulis myrtille et betterave, poire pochée au vin de framboise financier huile d'olive et combava. Cave complète, bien pourvue en bergeracs et cahors.

Le Pétrocore 12,5/20

15 rue Eguillerie - T. +33 (0) 7-60-25-38-47 - Menu(s) 20-74 €

Il leur a fallu bien des efforts et deux ans de chantier, mais cette jolie salle en L, dont l'une des branches donne sur la cuisine ouverte, est déjà la nouveauté incontournable, au cœur de la vieille ville. Morgane et Malo ont (presque) tout fait eux-mêmes, et tout, de la déco à la mise de table, est réussi, à l'image de ce lancement depuis quelques mois, elle seule en salle, lui seul au piano, pour offrir ce qui relève déjà de la vraie cuisine: la truite en carpaccio cresson de fontaine acidulée de jus de citron et adoucie de miel iodée, comme la volaille, suprême rôti cuisse en effilochée, un jus au vin de noix pour la cohérence régionale, scorsonère et chou, méritent déjà la toque. Certes, le menu imposé, mais pas caché, limité à 5 ou 7 plats, permet au chef d'assurer sans l'aide de personne jusqu'au gentil dessert millassou butternut, mais l'expérience procurée pour ces quelques mois de pratique est déjà bien séduisante. Cave pas énorme, mais déjà bien variée, avec quelques régionaux et un honnête choix au verre, très bon service de Morgane, tout à fait à son aise et naturelle pour chouchouter la quinzaine de couverts.

Capélo 12/20

1 place Louis Magne - T. +33 (0) 5-47-45-80-96 - Menu(s) 24-35 €

La belle aventure d'Angel Morales se poursuit, en lisière du centre-ville, dans cette maison à la fourche au coin de la place. Le thème canardier est plus que jamais d'actualité, décliné en un menu «tout canard» à 35 € (et même un menu «Coin coin» pour les enfants) et une carte suggestive où le joyeux palmipède n'est absent d'aucun plat proposé, hormis les desserts. On compose ainsi joliment, avec kes saint-jacques velouté de panais chips de magret, les aiguillettes de canard sauce gastrique et bigarade, le chou craquant crémeux chocolat et café crémeux sarrasin. Le bon pâté Capélo au foie gras est à emporter.

L'Épicurien 11,5/20

1 rue du Conseil - T. +33 (0) 5-53-09-88-04 - Carte 63 €

Une jolie maison ancienne pour succomber aux joies de l'épicurisme. La carte, simple et traditionnelle, s'y prête et Gilles Labbé est un jeune chef adroit qui connaît ses classiques en les actualisant avec soin : foie gras mi-cuit fruits de saison, langoustines rôties, agneau de sept heures aux noix, pintade et cuisses de pigeon aux fruits secs, tournedos façon Rossini... Des produits nobles, respectés dans la confection et la présentation, un bon menu complet à 44 €, en terminant par un délice cacahuète et chocolat. Bergerac et pécharmant en cave, et bien sûr les bordeaux.

Le Seizième 11/20

16 rue des Farges - T. +33 (0) 5-53-53-12-54 - Menu(s) 19-29 €

La ruelle aux belles maisons anciennes s'échappe d'une placette centrale pour offrir cette maison secrète qui porte en son nom passé et tradition. La cuisine de Denis Laforest se montre néanmoins actuelle, en phase avec son terroir, avec le croustillant de cabécou chutney de châtaignes et oignons rouges, le foie gras mi-cuit aux pruneaux, le confit de canard et les côtes d'agneau à la crème d'ail rose. Desserts soignés (soufflé fruits rouges, feuilleté pomme mascarpone), bon menu à 29 €.

BOUCHER

Boucherie Valade Frédéric

Place du Coderc - T. +33 (0) 5-53-08-33-70

Cette maison septuagénaire, installée au cœur des halles, soigne la tradition par des provenances référencées : agneau du Périgord, bœuf du Limousin, veau sous la mère. À goûter aussi, la terrine de campagne, le boudin noir et le saucisson.

BOULANGER

Boulangerie Limogeanne

31 rue Limogeanne - T. +33 (0) 5-53-09-40-48

Pour savourer la viennoiserie du matin en flânant dans la vieille ville : une boutique accueillante qui fabrique sa «Pétrisane» sur place et propose aussi un snacking salé à l'heure du déjeuner.

CHOCOLATIER

Joseph Chocolatier

13 rue des Chaines - T. +33 (0) 5-53-53-42-30

Jolie boutique en voie semi-piétonne pour cet artisan chocolatier, pâtissier et glacier, héritier de trois générations dans cet art gourmand. Assortiments en coffrets, citronnettes et crousti-noix, nougatines et mendiants. Belles pâtisseries individuelles, comme le Royal, le Trouvile (chocolat poire, beurre salé) ou l'excellente tarte au chocolat, ganache sur fond praliné.

ÉPICIER

Café Louise

10 place de l'Ancien Hôtel de Ville - T. +33 (0) 5-53-08-93-85
Moderne et accueillant, ce comptoir gourmand qui offre de quoi se requinquer sur place ou à emporter. En épicerie fine, de bons produits d'un peu partout, des conserves, des sauces tomates et des pâtes italiennes, de la crème de pistache ; des biscuits, et des plats chauds changeant régulièrement, quiche, risotto, lasagnes et gaufres bien garnies. Les desserts à 5 € sont bien agréables, moelleux aux noisettes, crémeux orange-mandarine, banoffee...

Maison Requier

8 rue de la Sagesse - T. +33 (0) 5-53-08-75-10
L'univers périgourdin dans une boutique de bonne bouche : foie gras, truffe et volailles de grande qualité rassemblés dans cette maison typique. Éric Requier produit lui-même son foie gras, décliné en différentes versions, et offre quelques belles spécialités, comme son pâté de Périgueux en croûte, mais aussi des plats cuisinés, la choucroute (les jours de marché), les conserves, l'épicerie fine et, bien sûr, le meilleur de la charcuterie.

FROMAGER

La Ferme Périgourdine

9 rue Limogeanne - T. +33 (0) 5-53-08-41-22
La boutique n'est pas énorme, mais le parfum du bon fromage est intense et le choix de qualité. Une jolie présentation soignée pour des produits de toutes régions, des plateaux sur mesure, et des accompagnements idoines, comme les confitures bien mariées.

GLACIER

Le Glacier de Périgueux

4 rue Salinière - T. +33 (0) 9-52-98-45-13
Plus de 50 parfums de glaces et sorbets par ce spécialiste bien placé en centre-ville. Cornets et petits pots, crèmes glacées, glace au yaourt, sur place et à emporter ; également des gaufres si, par hasard, le soleil ne vient pas...

PÂTISSIER

Antoine Girard

41 Bis boulevard de Stalingrad - T. +33 (0) 5-53-53-41-04
Dans le quartier Saint-Georges, Antoine Girard fournit un excellent pain aux connaisseurs sur la rive gauche de l'Isle. Baguette Label Rouge, pain à la farine de meule, tourte de seigle et pain « Ancêtre » issu de blés anciens. Mais le boulanger est aussi un très bon chef pâtissier et ses créations sont très demandées, de beaux entremets, et des classiques comme la forêt-noire, la tropézienne ou la pavlova.

Maison Montaigne

12 place de l'Ancien-Hôtel-de-Ville - T. +33 (0) 5-53-53-52-30
Presque un emblème de la ville que cette belle boulangerie à la devanture vert amande et aux lettres dorées sur fond micacé. Du pain d'artisan de belle qualité, issu de farines de blés anciens et donnant nombre de produits savoureux, dont le Rustique à la farine de meule ou le très bon seigle. De quoi faire de bons sandwichs pour le snacking du midi, sans oublier la pâtisserie et la viennoiserie pur beurre.

Pâtisserie François - République

19 rue de la République - T. +33 (0) 5-53-03-73-78
Au coin de la place centrale et gourmande, la référence chocolatière sur la ville. Avec les bonbons en coffrets variés, mais aussi de très bonnes pâtisseries (goûtez ce pavé « Intense » ou même la délicieuse tarte citron yuzu). Egalement de la confiserie, des pâtes de fruits, les orangettes, les « choconoix » du Périgord. Autres boutiques à Bergerac.

LES PRODUITS AOP, IGP ET AOC DE LA RÉGION NOUVELLE-AQUITAINE

Agneau de lait des Pyrénées, asperges du Blayais, armagnac, beurre de Charentes-Poitou, bœuf de Chalosse, canard à foie gras du Sud-Ouest, cassis de Saintonge, chabichou du Poitou, fleur de sel de l'île de Ré, jambon de Bayonne, jambon noir de Bigorre, kiwi de l'Adour, noix du Périgord, ossau-iraty, porc du Sud-Ouest, porc noir de Bigorre, poularde du Périgord, pruneaux d'Agen, tomme des Pyrénées, volailles de Gascogne, volailles des Landes, volailles du Gers...

Carte

Addition moyenne d'un prix à la carte englobant le prix d'une entrée + plat + dessert

Le Rituel

SPÉCIALITÉS DE POISSONS SAUVAGES

Pavé de bar au foie gras poêlé et son jus de viande corsé, lotte et gambas au chorizo ibérique, veau aux gambas et son beurre de homard, Dylan Vera se passionne depuis 17 ans pour les associations originales terre et mer. Aidé par son épouse Laura, en salle, ils ont eu un coup de cœur pour ce restaurant traditionnel aux pierres apparentes près de la cathédrale Saint-Front. La rue piétonne, calme et pittoresque, abrite leur agréable terrasse dès le printemps.

12, rue Éguillerie, 24000 PÉRIGUEUX – Tél. : 09-81-79-25-44
www.lerituel24.fr

« Tout homme qui aime le poisson a l'esprit délicat.

Edmond de Goncourt (1822-1896) »

POMPORT 24240

VIGNERON

Château les Hauts de Caillevel

Caillevel Est - T. +33 (0) 6-67-47-75-56

Après une carrière dans l'aéronautique et la gestion, Pierre-Étienne et Charlotte Serey ont décidé de changer de vie et de reprendre ce vieux domaine du sud bergeracois. L'élégant vignoble de vingt-trois hectares est cultivé en agriculture biologique depuis 2010, produisant une dizaine de cépages sur des pentes argilo-calcaires. On y découvrira onze cuvées, comme par exemple « le chenin de Compostelle » ou encore « Fruissance », en merlot et malbec.

SAINT-ASTIER 24110

Les Singuliers 14,5/20

6 rue Montaigne - T. +33 (0) 5-53-45-72-07 - Menu(s) 35-65 €

A peine après un an d'exercice, la Dotation et les honneurs (le 109, Jeune Talent), Louis Festa est déjà en évolution, dans la maîtrise et dans la diversité de sa cuisine. Certes, il est encore prudent avec ses menus imposés en divers services qui limitent les risques, mais ce qui est proposé est réellement personnel et intéressant, s'approchant désormais de la troisième toque, dans ce cadre chaud et engageant, aux murs de pierre et à la grande cheminée, animé avec brio par Cerise, la compagne du chef. Du végétal bien contrôlé avec la déclinaison sur le chou, un bouillon dashi et un accord sur le pain, puis sur la lentille, en trois textures (glace, croustillantes, risotto), l'exotisme pourtant bien local de la truite blanche de l'aquaponie de Saint-Astier en croûte de tapioca et le filet d'autruche périgourdine au barbecue... Agréable dessert sur la noisette et la cannelle, cave régionale visitant les vignobles du département.

SAINT-GENIÈS 24590

MAISON D'HÔTES

Bel Estiu

Le Méjat - T. +33 (0) 6-50-69-44-04

Non loin de Sarlat et de la grotte de Lascaux, cette adresse est nichée dans une ancienne ferme du XVIe siècle qui abrite désormais 3 chambres et une grange indépendante aménagée en gîte (avec salon et cuisine équipée), le tout décoré d'un mix d'éléments historiques (tomettes et parquets de chêne anciens, épais murs de pierre) et de pièces plus contemporaines. Pensée comme une vraie maison de famille, Bel Estiu abrite un salon avec un coin bibliothèque et des jeux de société, idéal pour paresser après un bain dans la piscine ou une balade dans le parc, avec ses grands arbres et sa prairie fleurie. Dernier atout, une restauration aussi simple que délicieuse : planches de charcuteries ou de fromages locaux, et de solides petits déjeuners avec confitures et pâtisseries maison.

SAINT-MARTIAL-DE-NABIRAT 24250

Le Saint-Martial 13/20

Le Bourg - T. +33 (0) 5-53-29-18-34 - Carte 75 € - Menu(s) 45-70 €

Plus de vingt ans d'existence et une vitalité toujours éclatante, pour la table de Valérie et Jean-Marc Réal, un pont de gourmandise entre la Bretagne et le Périgord. Installé dans ce très beau village éponyme, l'établissement fait vivre une gastronomie inspirée, une tradition revisitée avec toujours le goût des textures et des contrastes, comme la tête de veau croustillante et les escargots, aux pickles de radis, pousse de moutarde et crème de cresson ou encore l'intéressant foie gras de canard au haddock fumé, nori, chutney de coings et groseille, salade de chou rave. On poursuit avec le demi-pigeon de Carlux, cuisse croustillante, raviole de béatilles au foie gras, tronçons de salsifis aux noisettes et mini-betteraves, un lièvre à la royale, un cube de chocolat et glace ivoire. La cave a aussi ses mérites (Julien Auroux, Vincent Delaporte, château Jonc Blanc, château d'Aiguilhe...).

SAINT-NEXANS 24520

HÔTEL

Hôtel La Chartreuse du Bignac - *4 étoiles*

Le Bignac - T. +33 (0) 5-53-22-12-80 - À partir de 137 €

À quelques kilomètres de Bergerac et au cœur du Périgord pourpre, cette ancienne chartreuse XVIIe est désormais la propriété de Brigitte et Jean-Louis Viargues, qui l'ont largement restaurée pour en faire une halte chaleureuse et sereine. Les 12 chambres et suites seulement, aménagées dans l'ancien chai ou le bâtiment des oies, déclinent un bel esprit rustique-chic avec poutres apparentes, murs de pierre et fauteuils bien profonds. La plupart donnent sur les 12 ha du domaine émaillés de buis centenaires, de jardins d'eau et de vergers croulant sous les fruits. Un vrai jardin d'Eden, avec ses sentiers pour la promenade et une belle piscine pour se rafraîchir, le tout dévoilant une vue imprenable sur les collines et les villages voisins. Dernier atout de cette adresse, membre des Collectionneurs, une table gastronomique menée par la cheffe Indy Verbruggen.

SAINT-SAUD-LACOUSSIÈRE 24470

ÉLEVEUR

Ferme Belardia

Les Peycheres - T. +33 (0) 6-02-19-33-14

Producteurs de fromage blanc et de yaourt, Murielle et Philippe Garat proposent leurs laitages sur place toute la semaine l'après-midi. La production est certifiée en agriculture biologique sous le label Lait de foin.

SARLAT-LA-CANÉDA 24200

Restaurant le Meysset 11/20

62 route d'Argentouleau - T. +33 (0) 5-53-59-08-29 - Carte 73 € - Menu(s) 27-70 €

Cet hôtel 3* caché dans les hauteurs de Sarlat a l'avantage de la discrétion et du calme, le confort d'une jolie maison périgourdine, avec piscine, parc arboré et terrasse avec tonnelle. Le chef Ludovic Charrieras accompagne bien le mouvement, avec une cuisine locale des plus honnêtes, un foie gras de canard infusé au Noilly Prat, compotée de coing à l'étoile anisée, réduction de cidre fermier et toast de pain aux céréales, un pavé de saumon, risotto de quinoa vert, condiment amande et sauce au gingembre, un dessert de poire et pâte à tartiner en mille-feuille. Bonne formule déjeuner à 27 €.

Membres de l'Académie Gault&Millau

Tables Exceptionnelles – 19/20 à 19,5/20

Tables de Prestige – 17/20 à 18,5/20

Tables Remarquables – 15/20 à 16,5/20

Tables de Chef – 13/20 à 14,5/20

Tables Gourmandes – 11/20 à 12,5/20

Tables Originales – 10/20 à 10,5/20

Aux 3 sens

LA DORDOGNE RÉINVENTÉE

Le Chef, Christian Borini, vous propose une cuisine raffinée, un voyage aux saveurs multiples à travers une carte évolutive. Il revisite les produits du terroir avec des influences d'Asie et d'Amérique du Sud, en privilégiant la viande de bœuf de race Aberdeen Angus qu'il importe directement d'Argentine. Vous apprécierez les viandes grillées au barbecue, le foie gras sous toutes ses facettes, les poissons et fruits de mer du moment et les fruits et légumes de saison selon les cultures des agriculteurs locaux. Près du marché, en centre-ville de Sarlat, vous pourrez déguster l'inventive cuisine de Christian en salle, en terrasse dans cette petite rue piétonne ou à la « Table du Chef », une cave de dégustation pour découvrir – sur rendez-vous – les accords mets-vins*. Un accueil dépaysant et savoureux à souhait !

15, rue Fénelon, 24200 SARLAT-LA-CANÉDA – Tél. : 05-53-30-19-59
Facebook : Aux3Sens – Instagram : @r.aux3sens

« La vraie cuisine est une forme d'art. Un cadeau à partager. »
Oprah Winfrey (1954-)

Lou Camillou

« TRADISNACK »

C'est une jolie gamme de burgers qu'a imaginé Aurore dans son restaurant de centre bourg, un des plus beaux villages de France, à 10 km des grottes de Lascaux. Que ce soit dans le patio abrité d'un platane mûrier ou dans celui doté d'un grand parasol, la cheffe vous proposera son incontournable Rossini, un burger composé d'un pain artisanal multigraines, d'un steak façon bouchère, caramel beurre salé maison, foie gras poêlé, noix, salade, tomates servi sur une assiette chinée. Un régal ! Sodas et boissons fabriqués localement.

826, route 66, 24290 SAINT-LÉON-SUR-VÉZÈRE – Tél. : 06-58-53-92-57
Facebook : LouCamillou

*L'ABUS D'ALCOOL EST DANGEREUX POUR LA SANTÉ

SIGOULÈS 24240

VIGNERON

Château Lestignac

4 route de Sigoules - T. +33 (0) 6-83-71-13-48
Installés au sud de Bergerac, Camille et Mathias Marquet gèrent le domaine familial depuis maintenant quinze ans, promouvant une approche plus naturelle de la vigne et travaillant biodynamie. Les neufs hectares du domaine sont plantés en une dizaine de cépages, dont merlot, cabernet franc, sémillon ou encore sauvignon blanc.

LES 7 PRINCIPES DE GAULT&MILLAU

1

L'indépendance totale vis-à-vis des établissements.

2

Le recrutement d'enquêteurs exigeants, gourmets et gourmands.

3

L'anonymat des enquêteurs lors des évaluations.

4

La visite dans des conditions normales de fréquentation.

5

Le règlement des additions.

6

La mise à jour régulière par des évaluations continues.

7

La vérification de nos informations.

L'Assiette Troglodyte

UNE CUISINE SEMI-GASTRONOMIQUE DANS UN LIEU ATYPIQUE

Saint-jacques coraillées, foie gras au poivre de Madagascar, risotto aux petits légumes et au parmesan… C'est une cuisine française traditionnelle revisitée et semi-gastronomique que Jean-Jacques Guittet, inventif et toujours à la recherche de nouveautés à expérimenter, propose dans son restaurant troglodyte. Dans ce lieu atypique bordé d'une fontaine pétrifiante et d'une terrasse, la carte est renouvelée régulièrement et élaborée à partir de produits locaux essentiellement. Des menus à thème sont également servis les vendredis et les jours de fête. Pour accompagner les plats, des vins* issus du sud-ouest majoritairement. **Le + :** Une salle de jeux est mise à disposition des enfants.

2370, Le Bourg - RD 6089, 24400 SOURZAC – Tél. : 05-53-82-45-23
l-assiette-troglodyte-restaurant-sourzac.eatbu.com

“Cuisiner. C'est l'art le plus beau et le plus complet. Il engage nos cinq sens, plus un : le besoin de donner le meilleur de nous-mêmes”

Paulo Coelho (1947-)

*L'ABUS D'ALCOOL EST DANGEREUX POUR LA SANTÉ

THONAC 24290

Le Boïdicou 12/20

Le Bourg - T. +33 (0) 6-48-03-57-05 - Menu(s) 23-48 €

Dans un petit village lové dans les méandres de la Dordogne, au cœur du Périgord noir, Julie Buquet et Benjamin Gourdon animent cet authentique bistrot de village, un lieu de convivialité tourné vers la cuisine durable. Ici, tout est local, engagement pris de ne pas aller au-delà de cinquante kilomètres, et les formules s'en ressentent, un semainier en rotation constante et des menus à l'aveugle pour le soir, pour une fraîcheur garantie. À 23 € au déjeuner, on trouvera le poireau vinaigrette, l'aumônière de poisson aux légumes croquants, un coquelet façon couscous, ou encore un chausson aux pommes. Service aimable.

TRÉMOLAT 24510

Le Vieux Logis 15,5/20

Le Bourg - T. +33 (0) 5-53-22-80-06 - Carte 117 € - Menu(s) 65-140 €

Chef : Vincent Arnould

Membre historique de la chaîne Relais & Châteaux, ce Vieux Logis diffuse un charme rare, bénéficiant à la fois d'une situation enviable, à la campagne, et d'une architecture pleine d'élégance, mêlant caractère, luxe et discrétion. Au restaurant, le MOF Vincent Arnould propose une cuisine en parfaite adéquation avec l'atmosphère des lieux, dans un registre classique et périgourdin : émietté de tourteau, fenouil et pomme verte, médaillon de lotte rôti, coco frais et pied de cochon, suprême de pintade en fine chapelure, écrevisse et pâtes farcies pour terminer par un beau dessert autour de la fraise, du citron et du basilic. On peut également fréquenter l'annexe, un peu plus loin dans le village (Bistrot de la Place), ainsi que Les Tartines, fast food périgourdin associant snack et boutique de produits régionaux.

HÔTEL

Le Vieux Logis - *4 étoiles*

Le Bourg - T. +33 (0) 5-53-22-80-06 - À partir de 225 €

On ne présente plus le romancier américain Henry Miller, auteur des mythiques «Tropique du Cancer» et «Tropique du Capricorne». En revanche, on sait moins que l'écrivain avait une passion pour la France, et notamment pour le Périgord, où il venait régulièrement puiser calme et inspiration. Venu passer une semaine dans cet ancien prieuré transformé en hôtel, il y séjourna un mois entier, séduit par le charme du site : jardins à la française rafraîchis d'un ruisseau, piscine naturelle et ancien séchoir à tabac transformé en salle à manger où l'on déguste une cuisine gastronomique signée Vincent Arnould. 25 chambres avec meubles patinés, enduits à l'ancienne et cheminée viennent compléter l'offre de cette belle adresse, membre Relais & Châteaux.

VALOJOULX 24290

MAISON D'HÔTES

Les Grands Chênes

226 route de Poularie - T. +33 (0) 6-24-10-61-06
Amateurs de vraie nature, cette adresse est pour vous! Posée au cœur de la forêt de la vallée de la Vézère (site inscrit au patrimoine mondial de l'Unesco), cette maison d'hôtes familiale est une ode à la détente et au ressourcement. Vastes et lumineuses, les 4 chambres ont été aménagées en rez-de-jardin avec de larges baies vitrées pour profiter de la vue sur les grands arbres. On vient ici pour faire le plein d'oxygène, nager dans la belle piscine, savourer les délices des soins relaxants proposés au spa ou rejoindre un cours de yoga (sur demande). Une mention aussi pour les petits déjeuners, délicieux, et la formule de location de vélos qui permet de partir à la découverte des sentiers de randonnée qui traversent ces paysages magiques.

VÉLINES 24230

VIGNERON

Château Jonc-Blanc

Le Jonc Blanc - T. +33 (0) 5-53-74-18-97
À la tête du domaine depuis maintenant vingt-cinq ans, Isabelles Carles et Franck Pascal gèrent leurs dix-sept hectares suivant une approche respectueuse et biodynamique, avec des cultures inter-rang, pas de rognage et taille physiologique de la vigne. Le domaine propose quatre cuvées régulières, et quatre sélections parcellaires.

VITRAC 24200

HÔTEL

Domaine de Rochebois - *5 étoiles*

Route du Chateau de Montfort - T. +33 (0) 5-53-31-52-52 - À partir de 171 € ♿ Ⓟ
À 6 km de Sarlat, le village de Vitrac recèle une vraie pépite avec cette luxueuse adresse nichée dans une demeure du XIXe siècle flanquée de deux villas. Le tout ouvre sur un grand parc, avec les collines du Périgord noir en toile de fond. Propriété de la famille Pruneyrac, le domaine abrite 40 chambres et suites au design épuré, certaines prolongées de ravissantes terrasses. Après avoir posé ses valises, on rejoindra l'un des trois restaurants emmenés par le chef Jean-Philippe Vecco (table gastronomique, brasserie et petite restauration au bord de la piscine) avant de partir pour une après-midi de golf ou une séance de soins au spa griffé Nuxe. Un lieu aussi luxueux que chaleureux, idéal pour un week-end mêlant gastronomie et ressourcement.

33

GIRONDE

ANDERNOS-LES-BAINS 33510

L'Esquirey 11,5/20

9 avenue du Commandant David Allègre - T. +33 (0) 5-56-82-22-15

Une adresse coutumière qui réunit autant les locaux que les touristes. À l'usage, elle se distingue des autres cabanes alentour par une vraie volonté de cuisiner les produits sélectionnés en direct de la criée. Une table de copains où l'on pourra commencer par partager une assiette de couteaux (succulents !) ou de coquillages farcis. On pourra ensuite se laisser tenter par les plats proposés à l'ardoise, comme la poêlée de seiches en persillade et ses frites maison, ou encore la sole grillée à la plancha accompagnée de son beurre blanc. Pour terminer, des desserts «de bistrot», tous faits maison, par exemple le tiramisu ou encore le pain perdu glace vanille caramel au beurre salé. La cave est restreinte, mais est suffisamment variée pour y trouver son bonheur, et à un tarif abordable.

ARCACHON 33120

Thierry Renou le Patio 15/20

10 boulevard de la Plage - T. +33 (0) 5-56-83-02-72 - Carte 128 € - Menu(s) 60-140 €

Chef : Thierry Renou

Il est la valeur sûre de la station, le défenseur infatigable d'une belle restauration à la française, celle où le client est chouchouté, choyé, bien servi, celle où il peut choisir et surtout où il se régale. Tout cela en un seul lieu, accueillant, au service appliqué et pro. Les menus sont bien composés, chaque assiette porte la signature de l'artisanat de haut niveau : poulpe yaourt yuzu et caviar Diva de Biganos, crumble parmesan, gingembre confit, fenouil croquant et crème sésame noir, poitrine et cuisse croustillante de pigeon de Mios, sablé pistache et abricot jus de carcasse, fromages de la maison Servat et bon dessert tout chocolat dans une séquence à 85 € qui ne fait que du bien. Cave très large sur tout le Bordelais et au-delà.

HÔTEL

Hôtel Ville d'Hiver - *4 étoiles*

20 avenue Victor Hugo - T. +33 (0) 5-56-66-10-36 - À partir de 154 €

En plein cœur du quartier historique et à 10 minutes à pied de la plage, l'ancienne usine des eaux d'Arcachon a été reconvertie en un refuge intime avec 18 chambres réparties entre le bâtiment principal et l'annexe «Lilas Blanc», à 100 m. Espaces mansardés et meubles anciens d'inspiration British, les lieux dégagent une atmosphère raffinée et chaleureuse, à l'image de la salle à manger et de ses fines boiseries où locaux et voyageurs se pressent pour savourer une cuisine bistronomique signée Xavier Béarnais et Mathieu Acot-Mirande. L'hôtel accueille également un spa, une belle terrasse, et même une scène suspendue au-dessus de la piscine, où sont régulièrement organisés des concerts. Et le meilleur reste à venir avec la découverte de la plage Pereire, où l'établissement installe une grande cabane pour ses hôtes dès les premiers beaux jours, parfait pour déguster un verre en admirant le coucher du soleil sur l'océan.

GLACIER

La Maison du Glacier

226 boulevard de la Côte d'Argent - T. +33 (0) 5-24-19-60-76

Pour savourer une délicieuse glace le long de la jetée, voici la deuxième boutique de ce glacier bordelais, qui propose des glaces et sorbets 100% biologiques de la marque ardéchoise Terre Adélice dans un écrin blanc et chic. Il ne reste plus qu'à faire son choix parmi le large éventail de goûts (86 parfums, dont 40 végans !) classiques ou plus originaux (sésame noire, cannelle, ananas, cannelé, açaï...)

PÂTISSIER

Dunes Blanches

21 avenue Gambetta - T. +33 (0) 5-56-22-87-11

La «dune blanche», savoureux chou croquant garni de crème, est une création de Pascal Lucas, boulanger du Bassin. Fort de son succès, il a ouvert des boutiques à Bordeaux, Biarritz, Saint-Jean-de-Luz et Paris. On les déguste bouchée par bouchée, par pur plaisir et on peut bien sûr les emporter conditionnées, par 6,12,36...

LES PRODUITS AOP, IGP ET AOC DE LA RÉGION NOUVELLE-AQUITAINE

Agneau de lait des Pyrénées, asperges du Blayais, armagnac, beurre de Charentes-Poitou, bœuf de Chalosse, canard à foie gras du Sud-Ouest, cassis de Saintonge, chabichou du Poitou, fleur de sel de l'île de Ré, jambon de Bayonne, jambon noir de Bigorre, kiwi de l'Adour, noix du Périgord, ossau-iraty, porc du Sud-Ouest, porc noir de Bigorre, poularde du Périgord, pruneaux d'Agen, tomme des Pyrénées, volailles de Gascogne, volailles des Landes, volailles du Gers...

Le jardin

UNE AMBIANCE ROMANTIQUE

Dans un cadre intimiste en intérieur, en terrasse sur la rue piétonne ou au cœur d'un jardin exotique à l'ombre d'arbres centenaires, Marion Machat et Igor Bourdhaudhui vous invitent à déguster une cuisine traditionnelle française aux notes méditerranéennes concoctées par Mathieu, le Chef. La carte est enrichie de suggestions à l'ardoise, renouvelées chaque semaine, avec des plats Signature tels que les tartares de poissons et de viandes. Au gré de son inspiration, de son humeur et de la météo, Mathieu sublime avec élégance et finesse les délices de saison. La clientèle apprécie l'atmosphère zen, à l'écart du tumulte du quartier du Moulleau, très vivant aux beaux jours, et plébiscitent en été la fraîcheur ombragée du jardin au charme poétique.

23, avenue Notre-Dame des Passes, Le Moulleau, 33120 ARCACHON
Tél. : 05-56-54-23-61 – www.restaurantlejardin.com

Gamins des Sables

VOS PAPILLES N'ONT PAS FINI DE S'AMUSER !

Igor et Jérémy, propriétaires du Pestacle à la Teste-de-Buch, ont inauguré en 2023 un nouveau concept de restaurant et beach bar baptisé Gamins des Sables. Deux espaces, deux cartes différentes où on retrouve des produits frais, de saison et une touche d'originalité qu'il s'agisse de sublimer un poisson ou un tapas. La Cheffe, Kathleen, excelle aussi dans l'art de travailler les légumes dans leur globalité. Mathilde, œnologue passionnée, a créé une carte de plus de 150 références de vins*, pour un accord mets-vins garanti. Clara vous accueille avec un sourire radieux. Et avec un nouveau pâtissier talentueux, les clients risquent de succomber au péché de gourmandise ! S'accouder au bar (en *terrazzo* de coquilles d'huîtres) est une expérience magique comme le brunch du week-end au *beach bar*.

2, rue du Débarcadère, 33120 ARCACHON - Tél. : 05-56-54-57-45
Instagram : @gaminsdessables

*L'ABUS D'ALCOOL EST DANGEREUX POUR LA SANTÉ

ARÈS 33740

Nacre 13,5/20

3 bis rue Sophie et Paul Wallerstein - T. +33 (0) 5-57-05-48-99 - Menu(s) 75-95 €

Pour remplacer l'Ona de Claire Vallée et créer un nouvel événement, il fallait une pointure. C'est chose faite avec Marc-Antoine Lepage, bardé de références avec ses passages chez Mauro Colagreco, au Chabichou, à la Bastide Saint-Antoine et plus récemment aux Foudres à Cognac. L'objectif est évidemment clair : créer à la fois curiosité et plaisir nouveau dans cette partie du bassin d'Arcachon. Sa compagne Adeline et lui-même montrent que les bonnes idées fourmillent et que les premières sensations sont prometteuses. Avec l'araignée de mer d'une délicatesse absolue ou encore le pigeon de la ferme de Tauziet qui est travaillé avec justesse et précision, mais aussi dans une variation adroite sur le topinambour ou le merlan de ligne en basse température à la cuisson parfaite avec une tartelette curcuma butternut. Deux toques d'emblée et une belle tenue de salle grâce à un directeur passé chez Pic et Guérard. Une cave bien équilibrée à prix justes.

BOMMES 33210

Lalique - Château Lafaurie-Peyraguey 17/20

1707 route des Gourgues - T. +33 (0) 5-24-22-80-11 - Menu(s) 205-260 €

*CHEF : **JÉRÔME SCHILLING** - CHEFFE PÂTISSIÈRE : **JADE FRANCESCHINO***

Tant d'efforts pour séduire la belle clientèle de ce château du Sauternais mené par Lalique et son président Silvio Denz, et correspondre aux canons des guides traditionnels, méritent sans doute récompense. À titre individuel, Jérôme Schilling, dont on sent l'engagement passionné, la volonté perfectionniste plus encore que l'ambition – le titre de MOF 2023 le prouve – est sur le bon chemin. Il lui manquait parfois d'être un peu culotté, ou un peu déculotté. Mais il montre aujourd'hui, imprégné de son environnement, jouant sur les caractéristiques des millésimes de ce grand liquoreux de Lafaurie-Peyraguey, une personnalité qui s'affirme. Dans le maigre comme un ceviche, remarquablement soutenu en acidité par l'agrume et le vinaigre comme dans le merlu confit dans le pépin de raisin des premières tries et sel, d'une douceur très subtile avec une sauce bergamote et les premières asperges blanches, on sent autant de haute maîtrise qu'une inspiration convaincante. Il lui reste désormais à élargir encore la palette (les temps sont durs, certes, mais deux menus sans choix, dont un végétarien, c'est tout de même un peu court), en proposant par exemple davantage de plats d'apparence simples mais très bien travaillés comme son bœuf maturé petit pois et un amour de légumes printaniers taillés en cubes façon mirepoix. Cave énorme et sérieuse, suffisamment étagée et finalement assez modérée en tarifs pour se faire plaisir à tous budgets, y compris les plus fous, avec des bouteilles qui font rêver de tous vignobles et de tous pays (Pingus, Penfolds, Screaming Eagle...) et bien sûr une immense représentation bordelaise. Excellent service, coordonné, fluide, bilingue, calme et efficace.

HÔTEL

Château Lafaurie-Peyraguey - *5 étoiles*

Lieu-dit Peyraguey - T. +33 (0) 5-24-22-80-11 - À partir de 430 €

On connaît le célèbre premier grand cru classé sauternes, mais on sait moins que ce domaine abrite également un luxueux hôtel, désormais sous la houlette du groupe Lalique. Restauré par les architectes Lady Tina Green et Pietro Mingarelli, le château du

XVIIe siècle – posé au milieu des vignes – réunit 3 suites et 10 chambres réparties sur deux étages et décorées de belles poutres apparentes, de murs aux tons rose et rouge qui font écho à l'univers du vin. Sans oublier de somptueuses pièces de la Maison Lalique (robinets en cristal, appliques en forme de feuille de vigne) qui ponctuent l'ensemble d'un ultime raffinement. Le petit salon est un passage obligé, le temps de déguster un verre de vin du domaine, avant de découvrir le restaurant gastronomique mené par le chef Jérôme Schilling qui réunit une salle historique et son extension contemporaine, imaginée par l'architecte Mario Botta et aménagée sous une somptueuse verrière. Un lieu rare, membre du groupe Relais & Châteaux.

BORDEAUX 33000

Maison Nouvelle 17/20

11 rue Rode - T. +33 (0) 5-33-09-46-90 - Menu(s) 220 €
CHEF: ***PHILIPPE ETCHEBEST***

Philippe Etchebest a la maison qu'il voulait, aux Chartrons, dans sa ville. Il en a dessiné le concept, il en a tracé les contours, l'architecture, avec son épouse Dominique, et même les éléments de langage pour les très nombreuses interviews qui ne manquent pas de le solliciter. Tout est donc sous contrôle «étchebestien», ce qui ravit grandement les fans de réseaux et de reality show. Heureusement, le chef reste un grand professionnel à tous niveaux, même pour recevoir des anonymes et simplement des mangeurs curieux. Dans cet espace sur plusieurs niveaux, qui tient de la maison d'hôtes, il donne de lui-même, paie de sa personne pour que ses équipes sortent les tripes à chaque service et collent autant à la fiction qu'à la réalité. Cela ne définit pas forcément une cuisine, mais la liturgie fonctionne et les assiettes s'enchaînent, avec le «vitaminé» kiwi céleri, la signature de la fameuse raviole de champignon au foie gras, gourmand, fin et rassurant, la saint-jacques snackée chou pointu brûlé et pamplemousse, le ris de veau excellent (mais une portion si chétive qu'on le regrette dès la première et dernière bouchée) avec la blette, et la lamproie bordelaise revisitée sous un nom d'emprunt («migration en eau douce»), marinée soja et cuite au BBQ japonais. Un très bon dessert chocolat («Fumer tue, mangez-le, chocolat cognac tabac et mucilage») un autre moins étonnant («céréale killer»), mais une recherche constante de cette fameuse ligne éditoriale qui définit un chef curieux et engagé, désormais très célèbre et qui ne peut pas se louper, mettant tous les ingrédients appris au fil des décennies de son côté. Très bon directeur de salle formé entre autres chez Ledoyen (période Christian Le Squer, puis Yannick Alléno), carte de vins pléthorique et logiquement coûteuse, la sommelière sachant s'adapter pour les possibilités au verre.

La Table d'Hôtes 16,5/20

2 place de la Comédie - T. +33 (0) 5-56-02-49-70 - Menu(s) 180 €
CHEF: ***PHILIPPE ETCHEBEST***

Prêt pour l'expérience immersive en compagnie de Philippe Etchebest ? Qu'il soit présent physiquement ou en direct vidéo pour vous saluer, vous serez logiquement un peu impressionné par cet accueil, cette mise en scène dans la belle salle intime, en sous-sol où les convives se rassemblent en table d'hôtes et où les cuisiniers s'activent devant vous, derrière la baie vitrée. Cette soirée, c'est un itinéraire gastronomique à l'image de son créateur, deux ex machina bienfaisant qui transmet la passion, le sens du devoir et du travail bien fait, pour le plaisir de tous. Bien sûr, vous ne sauriez rien du contenu des assiettes avant de les rencontrer, sept services pour un tarif équitable à ce niveau (180 €), hors les vins que vous choisirez dans une vaste cave fêtant aussi la région.

Le Pressoir d'Argent Gordon Ramsay 15,5/20

2-5 place de la Comédie - T. +33 (0) 5-57-30-43-04 - Carte 232 €

CHEF: GORDON RAMSAY - CHEF: ALEXANDRE KOA

L'argenterie est logiquement de sortie pour correspondre aux fastes du Grand Hôtel et de son emblématique chef Gordon Ramsay. On nage dans le protocole distingué et l'entente cordiale qui lient Bordeaux et la couronne d'Angleterre depuis des siècles, et la prestation, tout en flegme, professionnalisme et belles manières, est évidemment sans fautes. À l'image d'un menu lui-même royal à 195 € qui ne peut que séduire lords et ladies : huître et andouille du Béarn (un peu de canaillerie ne messied point) avec une béarnaise, langoustine agastache et taloa, merlu façon chaudrée asperges et celtuce, bœuf champignons poivre timiz et sauce bordelaise... Un sans-faute sans extravagance et qui correspond parfaitement à ce que l'on attend d'un tel lieu, jusqu'au baba armagnac et fruits exotiques. Cave énorme sur tous les grands châteaux, avec leurs verticales qui permettent de remonter le temps en augmentant le nombre de zéros.

Cent33 15/20

133 rue du Jardin Public - T. +33 (0) 5-56-15-90-40 - Menu(s) 49-720 €

CHEF: FABIEN BEAUFOUR

La troisième toque pour Fabien Beaufour ? Ce sera donc mérité pour cette année, après une hausse régulière depuis deux ans. De la technique, des textures, du goût, de la gourmandise, c'est tout ça que l'on aime et cette table distinguée trouve ici une juste récompense. Le produit est en vedette dans cet univers proche du terroir, où tout est bien contrôlé, dès le mémorable chawanmushi d'œufs bio, ailerons grillés jus truffé, d'une perfection toute japonaise. La morue charbonnière laquée mogettes coquillages chèvre montre l'inventivité et la souris d'agneau la maîtrise, dans la qualité de la cuisson (chair fondante et goûteuse) comme du jus menthe et ail noir. Les desserts restent dans la continuité, bien construits et équilibrés et la cave ne cesse de progresser. Service bien rythmé, courtois sans être pesant.

L'Observatoire du Gabriel 15/20

10 place de la Bourse - T. +33 (0) 5-56-30-00-80 - Menu(s) 170-195 €

CHEF: BERTRAND NOEUREUIL

À vrai dire, on ne se faisait guère de souci pour la pérennité des trois toques du Gabriel. Après l'excellent Alexandre Baumard, parti vivre l'aventure personnelle dans son Amicis, l'arrivée de Bertrand Noeureuil avait de quoi rassurer. Nous connaissons bien celui qui fut le chef d'Arnaud Donckele à Plénitude, remarquable technicien, très bonne vision de l'assiette dans toutes ses dimensions. Il devait faire ses preuves en responsabilité, et notamment en écrivant sa propre carte et donc sa propre histoire. Premiers tests réussis avec une très belle formule en menu-carte à 175 € : belle et savoureuse, l'assiette de sardines sur une soupe en escabèche, comme le mimosa de merlu morilles et kokotxa sur un bouillon envoûtant, et agneau en aiguillettes, moins classique qu'il n'y paraît avec sa « vague marine » en condiment. S'il y a encore et logiquement, un peu de Donckèle dans ces couleurs, parfums, saveurs et toute cette délicatesse, nul doute que le jeune chef va progressivement s'affirmer. Desserts de saison, pas encore aussi spectaculaires, mais très bien faits (rhubarbe confite miel de romarin), service Gabriel, chic, élégant et moderne, cave pléthorique où l'on peut se noyer, mais aussi trouver de bien beaux flacons à budget adapté.

L'Oiseau Bleu 15/20

127 avenue Thiers - T. +33 (0) 5-56-81-09-39 - Menu(s) 50-110 €
*CHEF: **FRANÇOIS SAUVÊTRE***

La cuisine précise et solide de François Sauvêtre, chef discret et plein de sensibilité, montre une belle évolution. Désormais propriétaire des lieux, il excelle désormais en totale liberté, au service des épicuriens bordelais qui connaissent bien l'adresse. Des saveurs franches, de la précision et de la gourmandise, des jus à saucer jusqu'à la dernière goutte (ormeau de plongée, panais, ail noir, pollen et caviar Sturia, jus de volaille infusé aux bardes d'ormeau, saint-pierre héliantis mangue, cresson de fontaine, pigeon de de Jean-Christophe Dulau, macadamia et truffe). Et le dessert régale tout autant, en parfaite continuité et adéquation. Cave bien fournie, service fluide et élégant.

Soléna 15/20

5 rue Chauffour - T. +33 (0) 5-57-53-28-06 - Menu(s) 42-115 €
*CHEF: **VICTOR OSTRONZEC***

En haut de la rue Judaïque, on respire, on se laisse aller, on fait confiance... Victor Ostronzec mise sur cette clientèle qui aime les surprises d'un soir, s'abandonnant sans réfléchir à la volonté d'un chef. Quatre plats au déjeuner, cinq ou six le soir pour un niveau incontestable de qualité à trois toques, et de 68 à 135 €. Selon l'expression consacrée, les habitués viennent ici les yeux fermés. Belle cave, service attentif et souriant.

Bô-tannique 14,5/20

2 rue Tustal - T. +33 (0) 5-56-81-34-92 - Menu(s) 21-45 €
Au cœur des vieux quartiers, sur la jolie place Saint-Projet, une table qui compte dans le paysage, qui rassemble les amis des amis pour une bistronomie bien enlevée, pleine d'idées, et pas seulement issus de la mode: saumon sour sauce et portobellos grillés, haddock au calamansi mousseline de pomme de terre noisette et poutargue, volaille rôtie achards de chou et haricots verts sauce poulette. À la fois inventive et pas trop chère (comptez environ 60 e la séquence complète à la carte), jusqu'au dessert inspiré (poire crémeux gingembre granité au vin rouge myrtilles...), cette cuisine n'est rien de moins que séduisante et bien actuelle. Service dans le tempo, bon menu d'approche à 45 €.

Sens 14,5/20

93 rue de Soissons - T. +33 (0) 9-83-45-52-29 - Menu(s) 24-65 €
Cette table pleine de Sens mérite que l'on sorte un peu du centre-ville. Alexandre Bru est un chef à la sensibilité évidente, qui offre à ses visiteurs une créativité qui mérite d'être éveillé et attentif, en s'affirmant un peu plus chaque année. Assiettes lisibles, produits sourcés, accueil charmant, le moment est bien agréable pour savourer le foie gras frais des Landes rôti au sautoir, fricassée de girolles du Médoc au vin jaune, praliné de noisettes, truffe d'été et consommé de champignons, un beau plat du terroir, moderne et bien exécuté, le grondin de Méditerranée, textures de poivrons, pâte de piment fermenté et bouillabaisse parfumée au citron noir ou l'excellent pigeon de Madame Le Guen en deux cuissons, variations autour du pois chiche, pignons de pin, condiment abricot acidulé et jus de pigeon au zaatar. Bon dessert de cuisinier autour de la framboise, carte de vins éclectique rassemblant toutes les régions.

Le 1544 14/20

10 place de la Bourse - T. +33 (0) 5-56-30-00-30

Nouvelle donne et nouveau chef pour le Gabriel, sans changer la qualité de l'annexe bistrot, qui reçoit la belle société bordelaise dans un lieu fétiche sur les bords du fleuve. La terrasse est pleine de charme et de chic, le menu du Marché est une affaire à 34 €, les produits sont bien choisis, en direct de la ferme 1544 à Saint-Loubès qui assure une partie de la production du groupe (Château Angelus). Belle carte de saison, avec la bonite juste saisie, fenouil et escabèche, la poitrine de volaille sauce diable, le vacherin aux marrons et nage d'agrumes. Service de haut niveau, carte bordelaise très complète, avec bien sûr les saint-émilion maison.

Au Bonheur du Palais 14/20

72-74 rue Paul-Louis Lande - T. +33 (0) 5-56-94-38-63 - Carte 44 € - Menu(s) 48 €

De l'authentique dans cette cuisine chinoise personnalisée qui fait le bonheur des amateurs depuis près de trente ans avec les frères Shan. Qui ont perdu un peu de cheveux, mais pas le coup de main ni le sens du plat juste, avec des plats qui reviennent et dont on ne se lasse pas: poulet bang bang à la crème de sésame, poulet Tsasui caramélisé, canard rôti siou maï à la sauce prune, bœuf braisé aux épices à la sichuanaise. Le plaisir de ces saveurs vraies renouvelées avec toujours le même talent se répète à chaque visite. Desserts anecdotiques, menu dégustation très tentant à 48 €.

Le Pavillon des Boulevards 14/20

120 rue Croix-de-Seguey - T. +33 (0) 5-56-81-51-02 - Menu(s) 60-155 €

Thomas Morel a beaucoup appris au temps de Denis Franc, mais aujourd'hui, c'est autant ce glorieux Pavillon qui lui doit le maintien de sa réputation que l'inverse. Dans une belle veine classique, le chef fait durer le plaisir et maintient ses toques avec des plats nets, aux produits de prestige choisis avec connaissance: langoustines nacrée et caviar Pétrossian sauce pil-pil, cœur de ris de veau huîtres grillées et pommes soufflées, lièvre à la royale façon Couteaux, citron en sucre soufflé biscuit joconde tartare d'agrumes espuma yaourt sorbet estragon. Menu huit services à 120 €, formule déjeuner avantageuse en quatre étapes pour 60 €., grande cave bordelaise.

Quanjude 14/20

42-44 allées de Tourny - T. +33 (0) 5-57-14-91-35 - Menu(s) 38-110 €

Le meilleur et le plus fidèle des canards laqués de Bordeaux? Pas d'hésitation, direction les Allées pour découvrir à l'étage cette salle élégante d'un bel immeuble haussmannien. Du chic, de la délicatesse et de l'authentique dans cette cuisine chinoise de haut vol, que l'on peut néanmoins saisir en low cost au déjeuner avec la formule à 45 €, avec le fameux canard laqué (en quart) après les méduses d'entrée et avant la crème de mangue en dessert. Ce qui incite à revenir le soir pour les grands menus, déployés avec raffinement pour 90 ou 115 € selon le nombre de services.

Ressources 14/20

126 rue Fondaudège - T. +33 (0) 9-70-66-72-32

Plein de ressources et de succès, le restaurant de Tanguy Laviale (qui se partage désormais avec son deuxième établissement, Vivants) rénove le paysage avec talent. Le style est à la fois convivial, très pro et gourmand, dans un lieu contemporain en deux salles aux ambiances distinctes, avec cuisine visible par la verrière. Ici, on aime le beau travail sur des produits de qualité, notamment marins, pour offrir des assiettes recherchées, précises et affûtées (certaines comme le merlu de ligne beurre fumé coquillages frisent les trois toques), et les subtiles touches donnent du relief aux plats tels les laquages, fermentations ou fumage (asperges poutargue jus estragon, saint-jacques zist ail confit levure, truite marinée cresson sauce poivre...). Desserts aussi convaincants (cédrat sarriette, chocolat lierre terrestre), cave bien pensée et attractive en tarifs.

Son' Restaurant 14/20

14 rue Paul Louis Lande - T. +33 (0) 5-57-67-10-46 - Menu(s) 28-75 €

Voilà un jeune chef sensible, un grand brun souriant qui aime son métier. Avec ses deux adresses à Bordeaux Sylvain Renzetti est un touche-à-tout qui parvient à nous émouvoir, et surtout à nous raconter son histoire. D'ailleurs la crème de «petit billy» ce fromage de chèvre adoré par les enfants, ou ce petit risotto «huitre-saucisse» sont sans doute l'expression de ces souvenirs intimes, et gourmands. L'esprit Son' c'est avant tout cela ! Une balade proposée à 65 € en cinq services, entre terre et mer. Les entrées sont de haut niveau (pois et verveine givrée) malgré quelques redites comme sur la julienne basse température (sauce une nouvelle fois verveine citron) mais le foie de lotte râpé et l'écume de tamarin nous ont catapulté à la dernière minute vers une autre destination. Avant de partir, le chef veut vous faire son «red kiss» : un baiser fougueux au cœur coulant à la groseille. C'est mode... mais très graphique, d'ailleurs le dôme a été tagué à l'aérographeur, comme un pare-choc d'une belle américaine. La carte des vins est bien construite, le service avenant dans ce décor élégant noir et blanc.

Tentazioni 14/20

59 rue du Palais Gallien - T. +33 (0) 5-56-52-62-11 - Menu(s) 35-125 €

Après quelques visites en demi-teinte, nous avons trouvé en pleine forme ce très digne représentant de la cuisine italienne à Bordeaux, l'authentique bien sûr, et pas celles des pizzérias. Avec notamment un très performant menu complet au déjeuner pour 45 €, les épicuriens connaissent forcément cette belle adresse au cœur de Bordeaux, la générosité et le très beau travail de Giovanni Pireddu un amoureux fou des produits de grande qualité et de son pays (en particulier la Sardaigne). Des assiettes bien dressées, élégantes et aux saveurs justes, avec le carpaccio de mulet de Méditerranée, poutargue et livèche, la lotte rôtie, beurre blanc au safran et seiches, salsifis confits, sauce pilpil ou les gnocchi émulsion de jaune d'œuf et truffe noire du Périgord. Bon millefeuille poire à l'amaretto (qui pourrait être un brin renforcé), cave très riche de 700 références avec le meilleur de la Botte, menus du soir de six à huit plats à partir de 100 € ; excellent accueil de Johanna, l'épouse du chef.

Zéphirine 14/20

62 rue Abbé de l'Épée - T. +33 (0) 9-72-45-55-36 - Menu(s) 36-65 €

Naguère en ébullition, la maison est tout simplement une valeur sûre de cette rue calme, un repaire pour bons mangeurs à deux toques. L'intérieur respire la franchise et l'épicurisme, à travers ce comptoir gourmand qui n'aime rien tant que les bonnes choses, à boire et à manger, de l'apéro au dessert. On poursuit la conversation à «l'auberge» où le sens du partage est aussi exacerbé, à travers le discours désormais classique de «cuisiner le moment sans artifice» pour s'affranchir d'une carte réfléchie et travaillée. Menus selon le marché, donc, à 36 € en semaine et 65 € le week-end.

Le Chapon Fin 13,5/20

5 rue Montesquieu - T. +33 (0) 5-56-79-10-10 - Carte 99 € - Menu(s) 40-89 €

Les chefs se succèdent, le Chapon Fin demeure l'un des restaurants emblématiques de la ville, véritable monument que l'on visite dans cette salle assez extraordinaire dans son chaos rocheux des années 20 (comprenez au siècle dernier). C'est donc Younesse Bouakkaoui qui a relevé le gant fin 2023, après le départ de Cédric Bobinet. Ce très bon chef, n'est pas un inconnu : formé chez Marx et Rocha à Cordeillan Bages, il a hissé la Table de Montaigne à deux toques et les récupère d'emblée ici, offrant déjà aux habitués une patte et un style, comme le prouve le menu Sarah Bernhardt (le nom a bien sûr été conservé) : crème de chou-fleur et caviar d'Aquitaine (un duo gagnant inventé jadis par Joël Robuchon), tarte au foie gras crème sauternes et noix, bar aux agrumes agastache et salsifis, pamplemousse et crémeux à la vanille de Madagascar. Bon menu déjeuner à 40 €, service bien en ordre de marche et cave bordelaise riche.

Lauza 13,5/20

5 rue du Hâ - T. +33 (0) 5-56-52-76-59 - Carte 48 € - Menu(s) 26-72 €

Certes, la carte est un peu courte, avec deux entrées et deux plats, mais Romain Schlumberger est un chef consciencieux et avisé qui préfère fignoler que s'éparpiller. Une bonne technique, le sens de l'harmonie des saveurs, tout fonctionne dans cet espace bien tenu, bien arrangé, façon bistrot chic, avec une petite terrasse sur la rue : carbonara de céleri coques mesclun émulsion marinière, filet de lieu jaune purée de brocolis au citron endives persil tubéreux, tartelette chocolat glace yaourt. Le soir, la séquence complète à 49 €, et 60 € avec un plat de plus.

Mets Mots 13,5/20

98 rue Fondaudège - T. +33 (0) 5-57-83-38-24 - Menu(s) 25-62 €

C'est une bonne idée, que de sortir du centre-ville pour trouver ce quartier accessible où l'on respire et où l'on peut prendre son temps d'un bon déjeuner (très bonne formule à 29 € changée chaque semaine) avant de revenir pour le dîner goûter de vrais plats de chef signés par Léo Forget : tartelettes de bulots coques couteaux mayo au kimchi crème de chou-fleur, gravlax de truite pommes dauphine aux amandes jus vert de cresson, saint-jacques rôties pleurotes crème de topinambour et poire réduction de cidre, biscuit moelleux sarrasin crémeux de fenouil poire pochée à l'anis caramel au sarrasin et fenouil confit pour une belle séquence toquée à 56 €. Cave étendue, service précis et de bonne humeur.

Pavillon Yuasa 13,5/20

9 rue Camille Godard - T. +33 (0) 5-40-05-45-82 - Menu(s) 27-54 €

Il manquait à Bordeaux une belle gastronomie japonaise digne d'un kaiseki. Au comptoir comme dans la salle boisée, les codes sont respectés, les sushis et sashimis exécutés par un maître. Après un passage à Monaco, Jun Yamano, que l'on a connu au Moshi Moshi, a décidé de revenir sur Bordeaux et d'ouvrir son propre restaurant. Il offre ainsi une expérience juste de la cuisine nippone, aux assiettes raffinées, avec le maki de saumon en tempura, le magret de canard grillé «moromi zukeyaki», sauce soja, miso sucré, ciboule et aubergine japonaise, avant un dessert clin d'œil, nem au chocolat et mochi glacé vanille, moins convaincant, mais très correct. Cave courte, bière japonaise, saké en shot, quelques vins.

Le Quatrième Mur 13,5/20

2 place de la Comédie - T. +33 (0) 5-56-02-49-70 - Menu(s) 39-57 €

La grande brasserie menée par Philippe Etchebest dans les murs du Grand Théâtre est une réussite. On y goûte une cuisine bien menée, bien servie, avec entrain et professionnalisme. Les normes voulues par le maître à la barbe fleurie sont respectées, et le tarif pour une telle prestation - emplacement, cadre, service, qualité de l'assiette, se justifie : raviole de champignons foie gras poêlé crémeux de champignon, poitrine de cochon 36 h variation de butternut condiment kiwi noisette jus épicé, excellent saint-honoré en dessert avec une chiboust vanille, la séquence complète à 57 € fait un bon moment.

Symbiose 13,5/20

4 quai des Chartrons - T. +33 (0) 5-56-23-67-15 - Carte 37 €

Haut lieu des soirées bordelaises, l'adresse est autant une table bistronomique qu'un bar à cocktails, où l'on vient découvrir des créations poétiques et conviviales. À table ou au comptoir, on profite d'une atmosphère dynamique, avec lumière tamisée et musique, d'assiettes créatives soumises à des exigences écologiques, en partie sourcées du jardin du restaurant, situé au cœur des Landes. À la carte, noix de saint-jacques en croûte d'herbes, crème de céleri boule et pickles, huile au chorizo, émulsion aux bardes et salade de cresson, crudo de bar fumé mariné aux cacahuètes, fumet émulsionné, radis noir et artichauts confits, une cuisse de volaille grillée au binchotan, condiment citron noir, avocat rôti aux épices cajun, sauce au vin rouge, marmelade de shiitakés, guacamole aux capucines, une tarte chocolat-whisky, caramel beurre salé et chantilly. Cave bien élaborée.

La Table de Montaigne - Le Palais Gallien 13,5/20

144 rue Abbé de l'Epée - T. +33 (0) 5-57-08-01-27 - Menu(s) 55-125 €

Du nouveau dans ce bel hôtel intimiste au centre de Bordeaux avec l'arrivée du chef britannique Oli Williamson. Après trois années passées comme chef de cuisine du Fat Duck d'Heston Blumenthal et deux ans comme chef pâtissier du Green House londonien, il propose à La Table de Montaigne son interprétation personnelle des classiques de la gastronomie française. Nous avons apprécié les cuissons précises, la maitrise des produits et des associations, les assiettes soignées, en regrettant juste un petit manque de pertinence des plats proposés au cœur de l'hiver (on a plus envie de plats réconfortants que de bar cru ou tartelette aux herbes...). Il n'empêche que les toques sont assurées avec brio, par exemple avec le pigeon farci, potimarron aux épices, umeboshi, shiitakés et une belle sauce au parfum de cannelle, également grâce à un service sans reproche et une superbe cave de grands crus.

585 13/20

7 rue Paulin - T. +33 (0) 5-56-52-13-70 - Carte 55 € - Menu(s) 24-29 €

Lauréat de la Dotation Jeunes Talents Gault & Millau 2022, Adrien Pinot s'est installé à Bordeaux l'été dernier, après avoir compté les kilomètres depuis son point de départ de Paris, soit 585 km. Formé aux côtés de Yannick Alléno dans les cuisines du Meurice, il a ensuite passé quelques années dans de belles brigades avant de se lancer dans l'aventure, magnifiant le produit avec un talent très prometteur : dès l'entrée à base de champignons, avec un bon parfum de sous-bois, avant un étonnant plat végétarien, fegola façon risotto, châtaignes torréfiées, mousseline de potimarron et crème de fourme d'Ambert... Aussi généreux et savoureux que la volaille jaune en ballottine chou vert et panais au grué de cacao. Sympathique chou façon paris-brest à la fleur d'oranger et praliné, courte liste de vins, performant menu à 29 € au déjeuner, carte un peu plus développée le soir.

Arcada 13/20

13 rue de la Rousselle - T. +33 (0) 5-56-23-08-61 - Menu(s) 20-45 € ♿
Non loin du fleuve et de la porte Cailhau, une enseigne discrète où s'épanouit Sofiane Bouhabib, plébiscitée par les Bordelais avisés autant pour le cadre de pierre blonde d'Aquitaine et d'arcades, avec un beau bar en bois massif, que pour la cuisine juste et intéressante servie avec sourire et attention. L'excellent rapport prix-plaisir est un argument de poids pour le menu déjeuner à 27 €, mais aussi pour le soir, à 47 €, sur des produits locaux et d'arrivage bien travaillés: lieu façon maki aux agrumes chou-fleur velours de cresson, carré de porc basque fumé au foin asperge blanche mousseline de céleri jus court tonka, crémeux ananas coco gel rhum vanille semi-pris ananas hibiscus. Carte de vins assez courte mais bien représentative, avec quelques vins du monde.

C'Yusha 13/20

12 rue Ausone - T. +33 (0) 5-56-69-89-70 - Menu(s) 40-70 €
La cuisine se réinvente chaque jour chez Karine et Pierrick Célibert. Depuis dix ans, l'ancien chef de la Table Calvet mène l'affaire à son gré et à celui des saisons, qui lui apporte de quoi nourrir une carte toujours fourmillante de bonnes inspirations sur des thèmes familiers et maîtrisés: velouté de chou-fleur à l'huile de truffe rillette de poulet au zaatar, risotto vénéré aux noix de pétoncles beurre battu au yuzu, parmentier de confit de canard des Landes à l'orange sanguine dans une formule à 40 € bien menée jusqu'au kouglof clémentine et crème glacée brocciu. Menu surprise à 50 € pour les amateurs.

La Fine Bouche 13/20

30 rue du Hâ - T. +33 (0) 5-56-38-75-23 - Menu(s) 28-80 €
Des beaux produits de saison travaillés dans un esprit moderne et naturel, voilà les bonnes bases sur lesquelles Mathieu Goguet peut capitaliser. Les assiettes sont toutes intéressantes, avec du goût et de la recherche: pâté en croûte échine de porc et boudin noir, merlu en viennoise au ras el hanout piment d'Espelette, navet confit au dashi coulis cresson sichuan, diplomate kalamansi biscuit Joconde au pollen glace gingembre dans ce menu déjeuner à 33 €. Le soir, on saute d'un cran, avec des menus à 70 ou 85 € sur des produits nobles

Ishikawa 13/20

22 rue du Hâ - T. +33 (0) 5-57-99-71-69 ♿
Il est, depuis plus de quinze ans, l'un des tout meilleurs cuisiniers japonais en exercice à Bordeaux. Désormais chez lui rue du Hâ, il dispense sa grande science des classiques dans ses formules bien adaptées autour d'un plat le midi (sashimi, tonkatsu, tempura crevette, magret mariné au miso...), et en liberté le soir avec un peu plus de variété sur des thèmes semblables. Bonne carte de saké, choix de vins corrects, et bien sûr le thé en accompagnement idéal.

Lume 13/20

3 rue des Faussets - T. +33 (0) 5-47-79-47-56 - Menu(s) 73 €

Une jolie table italienne dans le quartier ancien, tout près de la Bourse. Après avoir bâti leur réputation, Alice et Riccardo peuvent capitaliser sur leurs talents. Cédant à la mode (pratique) du menu unique, ils limitent désormais l'accès à une clientèle de découverte, qui adhère à la formule imposée d'un menu cinq plats pour 73 €. On prend naturellement, et seulement en soirée, beaucoup de plaisir avec l'inspiration du moment avec les bouchées apéritives (cichetti), les canaderli (gnocchis du Haut-Adige) au haddock, le crudo de saint-jacques et spiralotti, le poisson à la vapeur douce noisette du Piémont et guanciale. Cave italienne bien développée.

Le M 13/20

53 rue Lafaurie Monbadon - T. +33 (0) 5-56-79-01-64 - Menu(s) 20-48 €

On se sent toujours bien et détendu chez Arno Busquet et David Personnaz. Dans cette salle claire et bien aménagée façon brasserie chic. Le menu déjeuner réunit d'ailleurs les affairés du coin, séduits par une formule efficace à 25 € : vitello tonnato, onglet de bœuf frites et beurre maître d'hôtel, tarte pommes glace vanille. Le soir, on prend le temps de savourer les compositions des deux chefs, dans une expérience au tarif bien placé de 56 e pour cinq services.

Ma Maison 13/20

515 avenue du Maréchal de Lattre de Tassigny
T. +33 (0) 5-56-28-93-84 - Carte 64 € - Menu(s) 30-65 €

Les années passent, Philippe Gauffre garde cette passion et ce feu qui l'animent, pour une cuisine sans esbroufe et pleine de générosité, sans doute un peu plus convenue aujourd'hui, mais toujours d'une excellente technique. Derrière la façade discrète du côté de Caudéran, les habitués se reconnaissent et partagent un bon moment d'assiettes voyageuses, contemporaines (fraîcheur de lait de coco aux parfums thaïs, crevettes roses, blanc de volaille caramélisé, petits piments doux farcis de merlu demi-sel et condiments, jus de crustacé, un plat simple et bien fait) ou plus canailles, comme la tête de veau tranchée finement, façon gribiche, pomme charlotte ou le croustillant de hure du Pays basque. Le service mené par Nicole, l'épouse du chef, est fluide et convivial, et les tarifs sont particulièrement accessibles avec des menus à 30 € le midi et le soir à 55 € ou 65 € (en 5 services). Cave bien structurée à tarifs très attractifs.

Memes'tra 13/20

249 cours de la Somme - T. +33 (0) 5-56-75-55-72 - Menu(s) 20-50 €

Un peu au bout du monde pour un touriste en centre-ville, mais pourtant bien placé dans ce chaleureux quartier Nansouty, Maxime Le Lay, breton pure souche, propose une cuisine bien délurée à travers ses formules à 26 € le soir et 55 € en menu caché le soir. On apprécie la modération au déjeuner pour des assiettes dans l'air du temps, bien ficelées et bien servies : rillettes de volaille rôtie asperges et légumes croquants, cabillaud laqué au miso petits pois risotto, dessert agrumes aneth concombre yaourt. Les beaux plats à partager comme le gigotin d'agneau, mais aussi l'échine de cochon Ibaïama façon tonkatsu montrent une belle maîtrise des cuissons et des assaisonnements, confirmant les 2 toques. Bonne cave variée.

Porte Quinze 13/20

15 rue Émile Duployé - T. +33 (0) 9-61-65-60-19 - Menu(s) 32-80 €
Dans un bel immeuble du quartier ancien, une salle claire et accueillante où Gilbert Okoin dévoile ses réalisations au dernier moment, dans des menus cachés à 59 et 80 €, auxquels s'ajoutent un menu déjeuner à 32 €. La cave est classique, sillonnant toutes les régions à des tarifs bien étagés et aux valeurs sûres.

Satine & Bodandy 13/20

245 rue Turenne - T. +33 (0) 5-56-81-97-86 - Carte 52 € ♿
Comme on change le papier peint de temps à autre, Julien Cruège modifie le nom de son restaurant, ce qui éveille légitimement la curiosité des locaux. Heureusement, même adresse, même chef dans un nouveau concept et une nouvelle déco. La salle a été repensée pour accueillir les convives dès l'apéritif, à prolonger en dîner, tandis que la «Bibliothèque» offre une ambiance contemporaine et chic, et que la cuisine s'oriente davantage vers le partage façon mezzés. Avec de jolis équilibres de saveurs et le plein de bonnes idées: tarte petits pois à la brousse, menthe et citron, de belles saint-jacques snackées aux asperges, morillons et jus de viande à l'aillet, belle cuisson et très bon goût, sablé cacao crème citron ganache plus simple et bien fait. Les toques se maintiennent, le menu déjeuner à 31 € est d'un très bon rendement, la carte des vins est assez courte, l'accueil souriant et convivial.

Vivants 13/20

13 rue des Bahutiers - T. +33 (0) 9-78-81-13-55 - Menu(s) 45-75 €
Et de deux! Le très vivant Tanguy Laviale (ex Garopapilles) ouvre une deuxième adresse, après son Ressources, paru dans le 109 l'an passé, dans le quartier ancien, en lieu et place du Davoli. Cinq services seulement (du lundi au vendredi, le soir), des menus cachés de 45 à 75 € selon le nombre de plats, de jolies assiettes dans un engagement éthique et naturel: saint-jacques kaki crème aigrelette, sardines héliantis sauce miso, merlu de ligne sauce blanquette tartare d'algues, végétal et céréales rassemblées avec élégance (tortelli patate douce trompettes de la mort ricotta...). Vins et bières choisies avec soin, joli cadre aux tables nues, bois et pierre, service dans le ton, en salle et au comptoir.

Akashi 12,5/20

45 rue du Loup - T. +33 (0) 5-57-99-95-09 - Carte 68 € - Menu(s) 26-68 € ♿
L'esprit de discrétion raffinée, à la japonaise, règne dans ce coin du quartier ancien, non loin du boulevard. La maison a retrouvé une partie de son allant et de sa netteté en cuisine, grâce à son chef Akashi Kaneko, toujours précis et méticuleux pour associer les bons produits de la région à sa culture pour produire une délicate cuisine française inspirée par l'Extrême-Orient: saint-jacques et amandes de mer edamame condiment shiso, sériole et galette de gambas émulsion sauce crustacé, magret et cœur de canard grillés pommes grenailles... Beau menu, et plutôt avantageux, en dégustation à 38 €, menu du Marché à 26 €.

L'Atelier des Faures 12,5/20

15 rue des Frères Bonie - T. +33 (0) 5-57-60-23-56 - Menu(s) 24-54 €
Le bel immeuble de pierre ancienne accueille cet Atelier bleu outremer où Roman Winicki développe sa cuisine du moment, bien pensée et bien réalisée sur des produits sélectionnés, la saison, l'arrivage, le bon élevage. Les associations sont percutantes, et tout fait envie sur cette ardoise du moment. Les asperges, les artichauts, ou encore le tartare de veau

anguille fumée et main de bouddha pour une entrée très gourmande, le maigre de ligne grenobloise patate douce et pak-choï ou encore le filet de cerf condiment vin rouge et une brioche maison (le choix de desserts est limité) cédrat orange pomelo. Cave bien triée, accueil pro et agréable.

Le Bordeaux 12,5/20

2-5 place de la Comédie - T. +33 (0) 5-57-30-43-46 - Carte 61 € - Menu(s) 40 €

La brasserie du Grand Hôtel pratique le chic du genre dans un cadre d'exception. L'annexe est pilotée par des cadres souriants qui managent leurs équipes avec doigté et efficacité. La carte est classique, adaptée, aux saveurs familières de standards exécutés sans fausses notes : pâté en croûte, maquereaux au vin blanc, saucisse purée, tartare, burger de porc, gigot d'agneau au thym et au citron, cuisse de canard confite...

Bouchon Bordelais 12,5/20

2 rue Courbin - T. +33 (0) 5-56-44-33-00 - Menu(s) 43-60 €

Un bel immeuble ancien dans le cœur de ville, une ruelle assez peu fréquentée pour une table qui vaut bien quelques mètres à l'écart de la foule. Car il y a bien un chef en exercice, qui vaut sa toque et le prouve à chaque service. Notamment sur cette ardoise bien menée, conjuguant au présent des produits d'arrivage ou de bon élevage : mulet cru mariné confit de carotte chou blanc au yaourt, poulpe rôti sarrasin grillé au chou-fleur crème de panais, chakchouka d'agneau au sumac aligot de brebis... Menu quatre services à 43 €.

Le Chien de Pavlov 12,5/20

45-47 rue de la Devise - T. +33 (0) 5-56-48-26-71 - Carte 52 € - Menu(s) 49 €

Les clients habitués ont certains réflexes pavloviens : conditionnés par la certitude d'être bien reçus, bien nourris et bien abreuvés, ils ont tendance à revenir souvent dans cette accueillante cambuse de la bien animée rue de la Devise. Pas d'immense complication, mais que du bon, dans l'air du temps, servi avec sourire et entrain : tartare de veau mayo wasabi et mimolette, carré de cochon au bbq maïs pop-corn curcuma, pomme crème brûlée fleur de sel. Comptez environ 60 € la séquence complète et piochez dans la carte des vins, correctement pourvue.

Luna 12,5/20

15 rue Albert Pitres - T. +33 (0) 5-56-52-13-69 - Carte 49 € - Menu(s) 20-24 €

Il faut la dénicher cette petite adresse conviviale derrière la place Paul Doumer. Aujourd'hui, les habitués ne manquent pas pour fêter un bon moment avec la carte du chef Micael Tanavon, toujours sur de bonnes bases, fréquemment renouvelée : maquereau poireau gribiche, paleron de veau carottes olives féta dukkah, kiwi coco shiso, les assemblages fonctionnent bien, la réalisation est soignée. Formule déjeuner à 26 €, accueil comme entre amis.

Le Petit Atelier des Faures 12,5/20

48 rue des Faures - T. +33 (0) 9-86-42-45-45 - Carte 36 €

Les mêmes bons principes sont restés dans ce «Petit Atelier» de Roman Winicki, tout près de la basilique Saint-Michel. Une cuisine toujours aussi enlevée, inventive, légère et plaisante. Avec les gyozas de pastrami – un petit délice –, le merlu rôti haricots chou chinois, la généreuse poitrine de porc et boudin noir pomme et poire brûlées pomme de terre cheyenne. Les desserts sont dans la même veine actuelle, comme le crémeux chocolat dulce de leche et shortbread. Bonne cave, jeune service bien en jambes.

Racines 12,5/20

59 rue Georges Bonnac - T. +33 (0) 5-56-98-43-08 - Menu(s) 28-58 € ♿
La bonne et fine cuisine de Daniel Gallacher, exigeante sur le produit, rigoureuse dans la réalisation. Et des tarifs toujours sages pour apprécier un menu de saison toujours bien composé, la pomme de terre fumée ail morilles et condiment charcutier, le merlu laqué au kalamansi fenouil oignon estragon, ou l'agneau en deux façons anchois asperges sauce paloise, la tartelette chocolat lait infusé au foin glace cardamome et grué de cacao... Cette maison respire le professionnalisme et la qualité française.

Soif 12,5/20

35 rue du Cancera - T. +33 (0) 9-86-10-42-40 - Carte 43 €
Certes, la cave sait répondre à toutes les soifs dans ce bar à vins bien placé du quartier ancien, mais vous pouvez aussi pousser la porte avec faim. L'accueil est souriant, le cadre engageant (parquet au sol, murs en pierres apparentes, verrière qui abrite de jolis flacons, tables en bois et formica...) et le grignotage est réjouissant, avec les bons conseils de Nicolas, maître des lieux. On va nettement au-delà du répertoire avec la bouchée à la reine au ris de veau, truffe noire du Périgord, topinambour, shiitakés, la queue de lotte de Capreton, pomme de terre grenaille, beurre noisette à la cuisson nette, en finissant par l'indéboulonnable brioche perdue, caramel au vinaigre de vieux banyuls, compotée de pomme. Belle cave à prédilection nature, bien pourvue en toutes régions.

La Tupina 12,5/20

6 rue Porte de la Monnaie - T. +33 (0) 5-56-91-56-37 - Menu(s) 18-64 €
Nous y avons passé tant de bons moments qu'une nouvelle expérience prête forcément à la bienveillance. Même si l'atmosphère, toujours conviviale, se prête encore davantage au tourisme et aux réunions de famille, les mangeurs se concentrent sur l'essentiel, des produits bien choisis et honnêtement travaillés. On opte donc pour les traditionnels de la cuisine de la région, avec la sanguette ou la lamproie à la bordelaise, et toujours les viandes généreuses, un bon foie gras, la copieuse macaronade et le gros canelé pour terminer. Les accompagnements sont en supplément, le service bien dans le ton et la cave régionale.

La Zoologie 12,5/20

151 cours de la Marne - T. +33 (0) 5-33-06-99-17 - Menu(s) 25-38 € ♿
Le très bel hôtel particulier qui abrita l'Institut zoologique offre des espaces superbes, pour l'hôtellerie comme pour cette restauration de bonne composition, faisant passerelle entre tradition et actualité dans une carte variée, équilibrée, simple et avenante : goujonnette de sole sauce tartare, risotto de butternut lait de soja pousses d'épinards, queue de lotte à l'armoricaine mais aussi un bon confit de canard pommes sarladaises pour la gourmandise régionale. Menus bien composés, service agréable.

La Brasserie Bordelaise 12/20

50 rue Saint-Rémi - T. +33 (0) 5-57-87-11-91 - Carte 59 € ♿
Équitable et fidèle, cette brasserie ne déçoit pas et les visiteurs, d'un jour ou de toujours, de ce quartier animé ne s'en plaignent pas. Tout est net et pro, les huîtres dont de chez

David Hervé ou Bart Bosredon, la charcuterie de chez Ospital, le caviar de Sturia, le pâté en croûte de chez Faber Lascombes. Cette association de bienfaiteurs se complète d'un honnête travail en cuisine, pour la truite marinée de Saint-Etienne de Baïgorry, le cordon bleu de veau du Périgord ou le bon poulet rôti. Belles viandes à griller, cave classique avec un choix au verre.

Breizh Café - Chartrons 12/20

19 rue Sicard - T. +33 (0) 9-53-93-36-99
L'expérience de la bonne galette fonctionne aussi bien à Bordeaux qu'à Rennes ou à Paris. Un lieu bien choisi au cœur de l'animation des Chartrons. La vaste carte laisse l'accès à tous les plaisirs dans les garnitures, dont les classiques maison, au pastrami, à l'andouille de Guéméné ou au saumon bio, ajoutant les présentations à la mode, dans les rolls notamment. Huîtres et arrivage du jour en complément, le cidre s'ajoute aux verres de bordeaux, à 7 € en blanc comme en rouge.

Le Chicoula 12/20

22 rue de Cursol - T. +33 (0) 6-52-40-64-54 - Menu(s) 65 €
C'est une petite adresse discrète proche du Palais de Justice. Le chef Guénaël Avy y dirige cette table intimiste d'une quinzaine de couverts depuis maintenant 5 ans. La formule est rodée, un menu unique déclinable en 3 ou 5 temps et qui change tous les mois, des plats savoureux servis dans un mix d'assiettes vintage et contemporaines. Et si l'ambiance certains soirs tombe un peu, l'assiette garde un bon niveau, et d'un bon rapport qualité-prix : raviole de crabe, bouillon safrané et chantilly acidulée, pièce de bœuf, crémeux de topinambour et chips, duxelles des sous-bois, oignons rouges confits et jus de viande, bon dessert autour du chocolat, marron et whisky. Cave correcte, très petit choix au verre.

Déméter 12/20

9 rue Ausone - T. +33 (0) 5-56-30-43-20 - Carte 38 €
Un bel immeuble de pierre, un lieu ouvert et accueillant, sous les bons auspices de Déméter, déesse des moissons fertiles. Le végétal est donc bien présent, dans une carte aux multiples idées et influences : salade de lentilles orange amandes navets confits tadka, fregola sarda, poitrine de cochon à la coréenne, kimchi riz ail gingembre, crémeux chocolat gel mandarine. Ambiance complice d'habitués et d'adeptes de Slow Food.

Ganache 12/20

43 rue Saint-Rémi - T. +33 (0) 5-57-83-99-02 - Carte 44 €
Elle est bien jolie et bien décorée, cette table à la devanture qui attire l'œil par son chic et son raffinement. Le ton est donné par la carte de tapas, qui fait de beaux apéritifs, avant de passer à une carte également prodigue et prolixe, le foie gras basse température au grué de cacao gelée de pamplemousse chutney de courges, le filet mignon de veau et saint-jacques de Dieppe jus réduit au sumac, le pithiviers de sanglier jus porto. Desserts variés et bien faits comme sur la noix avec un crémeux chocolat au lait, service bien inspiré, complice et prévenant. Cave de maturation pour des viandes remarquables, la bazadaise ou la blonde de Galice, par exemple.

Mama Shelter Bordeaux 12/20

19 rue Poquelin Molière - T. +33 (0) 5-57-30-45-45 - Carte 44 €

Une grande salle moderne façon new-yorkaise et la patte Mama Shelter pour une cuisine délurée qui fait plaisir à tous, rassemblant classiques français et italo-américains, poireaux vinaigrette et arancini, pizzas, burrata, mezzes, les traditionnelles coquillettes Mama, salade César, et les desserts créés avec Patrice Ibarboure. Service tonique et souriant.

Mazal 12/20

4 rue du Puits Descujols - T. +33 (0) 5-57-83-45-32 - Carte 70 € - Menu(s) 55 €

Une adresse un peu planquée et qui progresse, attirant un public plutôt jeune et avisé, attiré par la cuisine à la fois pointue, ouverte et réfléchie du chef Guillaume Allary. Du végétal à foison (très bon, le chou-fleur et le pecorino aux amandes fumées), le sens du produit bien mis en avant par des épices choisies (tartare de veau aux épices du Levant tahina coriandre chimichurri harissa), langoustines flambées à l'anis marinade aux épices... On ajuste facilement son budget (entre 40 et 60 € la séquence complète), le barman sait mixer avec imagination ses cocktails et la cave ne manque pas d'arguments.

Mina 12/20

4 rue du Hâ - T. +33 (0) 5-57-99-84-78 - Carte 49 €

Et une table de plus rue du Hâ, qui va bientôt compter la plus grande concentration de la ville en sélection Gault&Millau ! Autodidacte passionné, Marc-Antoine Chabaut a ouvert son restaurant au printemps 2023 après s'être formé chez ses confrères bistronomiques et même chez un pâtissier bordelais. Cet ancien barman privilégie le partage et la convivialité autour du bbq avec des notes de grillé et de fumé, et quelques évocations sudistes bien marquées. Sa cuisine est joyeuse et elle a du goût, la soupe à l'oignon, avec un très bon bouillon, la pizzetta à la truffe et crème de parmesan, le cabillaud très bien cuit avec une crème légère de panais à la népéta, la volaille fermière cuite sur la braise, raviole ouverte de chou blanc au beurre noisette, coing confit, sauce au vin jaune du Jura. Rien de banal, que du bon, et une première toque prometteuse, d'autant que les desserts sont aussi travaillés, comme le chou croustillant, crème légère à la vanille de Madagascar, amandes caramélisées, glace au lait d'amande et huile d'argan, dans un beau montage minute. Cave déjà bien constituée, avec 200 références et un petit choix au verre. Bon service de Joséphine, agréable et efficace.

Le Nama 12/20

24 rue Lafaurie Monbadon - T. +33 (0) 5-56-44-88-54 - Menu(s) 46-74 €

Discrète échoppe à la mode japonaise qui prône une fusion réussie, zen et joliment présentée entre les deux cultures, produits d'ici travaillés à l'orientale, mixés avec des produits de là-bas pour des saveurs à la fois familières et originales. La fameuse formule «omakase» permet de tout proposer à l'aveugle, au déjeuner comme au dîner, de 46 à 74 €.

OST 12/20

8 rue Ausone - T. +33 (0) 5-56-01-05-01 - Carte 81 €

Ils sont jeunes et volontaires, passés par quelques grandes maisons et notamment dans le groupe Ducasse : Quentin Le Borgne et Sophie Lours ont repris en début d'année ce lieu porteur (l'ancien Plat dans l'assiette) et bien situé dans le vieux quartier. Avec leur chef Killian Holin, ils ont inventé un curieux concept, peut-être temporaire, de ne proposer que des plats à partager (si vous venez seul, il faut manger pour deux); surtout étonnant dans la mesure où il ne s'agit pas de grosses pièces, mais de deux portions servies dans un grand plat... Il n'empêche que le résultat est assez plaisant: petites entrées bien fraîches (carpaccio de dorade, maquereau algues et cresson, tataki de veau), avant un suprême de volaille fermière cromesquis des cuisses au curry (un peu sec) riz infusé au gingembre sauce poulette, bon chou praliné aux fruits secs caramélisés. Cave en construction avec quelques bonnes références, service attentif et pédagogique de Quentin, addition autour de 50 € par personne.

Le Petit Commerce 12/20

22 rue du Parlement Saint-Pierre - T. +33 (0) 5-56-79-76-58 - Menu(s) 16 €

De chaque côté de la rue, on fait la fête, et depuis longtemps, avec ce Petit Commerce qui est toujours d'un commerce agréable. Avec une carte bistrotière allègre et alléchante, qui ne fait pas de fioritures, annonce la couleur par des intitulés simples et tient ses promesses: huîtres et plateaux de fruits de mer, couteaux, palourdes, seiches ou langoustines plancha, filet de dorade, cuisse de poulet farcie aux champignons, et les poissons du moment, retour de la criée.

La Saint Georges 12/20

51 rue Saint-Rémi - T. +33 (0) 5-56-30-55-59

Et voilà Saint Georges à Bordeaux. Après Rennes et Lille, voici la troisième unité métropolitaine de cette enseigne, qui s'affirme avec ses qualités et sa modernité. Même principe qu'ailleurs ici, quartier historique, jolie maison, carte inventive et bien fournie, aux habituels références amusantes par des galettes aux noms de Georges (ou George) célèbres: Clooney, Harrison, Bizet, Michael... La même imagination, et la même bonne confection sur les froments. Cidre et vin bien choisis, service bien dans le rythme.

L'Univerre 12/20

40 rue Lecocq - T. +33 (0) 5-56-23-01-53 - Carte 38 €

La discrète maison d'angle est maintenant bien connue des amateurs. La carte des vins est excitante, et les amateurs s'y retrouvent pour déboucher ensemble un beau flacon et trouver dans l'assiette des réalisations qui ont du répondant, dans une certaine simplicité actuelle: cappuccino de champignons de Paris et lait infusé, paleron de bœuf carottes crémeuses et cébettes, kiwi des Landes crumble et granité orange sanguine. Patron connaisseur qui peut orienter les indécis sur tous les vignobles et plus de 1000 références.

A Cantina 11,5/20

14 rue des Bahutiers - T. +33 (0) 7-87-04-28-97 - Carte 41 € - Menu(s) 19-35 €

Si l'adresse rue Maby a fermé, cette unité de la très animée rue des Bahutiers est bien active, réunissant les amoureux de la Corse et les autres, séduits, par ce comptoir accueillant où l'on respire un peu les parfums du maquis avec la charcuterie de porc nustrale, les fromages avec la confiture de figues, les beignets de courgettes à la menthe, les cannellonis au brocciu et bien sûr le fameux veau tigre de Jacques Abbatucci... On termine par le fiadone, on déguste le vin et la bière du cru.

Comptoir Cuisine 11,5/20

2 place de la Comédie - T. +33 (0) 5-56-56-22-33 - Menu(s) 20,40-42 €

En position idéale, jouxtant le Grand Hôtel, ce bel immeuble d'angle profite naturellement du flot touristique de la place. La carte est large, avec un grignotage chic proposé en continu sur toute la journée (club sandwich, salade de homard, bœuf Wellington; saumon, foie gras, risotto à la truffe…) et une carte déjeuner et dîner plus structurée offrant un choix plus court et de bon ton: saint-jacques poêlées mousseline de panais, poitrine de veau confite purée de patate douce, brioche perdue marmelade d'orange sanguine, justifiant la toque pour une cinquantaine d'euros.

Joki 11,5/20

33 rue des Bahutiers - T. +33 (0) 5-57-83-23-94 - Menu(s) 45-65 €

Un démarrage réussi pour Jodie et Killian (Jo et Ki) qui ont trouvé, dans l'ancien local de CRU, comment installer leu concept de bar à cocktails gourmands. L'intérieur est festif, se prêtant naturellement davantage à la soirée et les idées ne manquent pas dans les verres de Jodie (en cocktails, mocktails ou mixte) pour accompagner les plats de Killian, en trois ou six services: huîtres pochées siphon de jambon et pickles de salicorne, que Jodie propose d'accompagner d'un whisky tourbé bellota angostura, magret de canard duo de panais sauce vanille (possible avec une cachaça et saint-germain), chou crémeux praliné sésame noir…

Le Regallien 11,5/20

77 rue du Palais Gallien - T. +33 (0) 5-56-44-70-93 - Menu(s) 18-21 €

Dans cette rue gourmande, cette table plutôt classique apporte son point, d'un bon rapport qualité-prix et d'un travail sérieux qui sécurise le moment. Un menu déjeuner performant et une offre incitative le soir, dans le confort et le calme, pour une formule à 45 € bien variée: cromesquis de bœuf et salade de papaye «retour de Thaïlande», quasi de veau pomme amandine brocoletti crème d'anchois hollandaise, clémentine en trois façons ganache châtaigne…

Baston 11/20

50 rue du Hâ - T. +33 (0) 5-57-83-77-10

La gourmande rue du Hâ possède avec ce Baston autant de sincérité que d'originalité. Le concept du restaurant boulangerie attire, avec les bons pains au levain naturel s'accompagnant de grignotages adéquats: oreilles de cochon grillées mayonnaise à la coriandre, poisson du jour snacké pak choï cresson coques agrumes, cane Kriaxera rôtie sur coffre croquette de cuisse confite jus noisette et sésame. Quelques tables, la bonne odeur, l'esprit simple et naturel.

Baud et Millet 11/20

19 rue Huguerie - T. +33 (0) 5-56-79-05-77 - Menu(s) 35 €

La formule gagnante de la cuisine au fromage accompagnée de bon vin trouve ici la voie de la modernité, avec une ardoise évocatrice qui garde quelques bons principes maison, comme le Tour de France en 10 fromages, que l'on peut placer e début de repas à partager, comme un tour de chauffe, avant d'attaquer le croque-monsieur au brillat-savarin et foie gras ou le creuset d'Echourgnac, un peu comme une raclette, fromage fondu charcuterie et pomme de terre; la pannacotta à la vanille ou le tiramisu en dessert.

Le Comptoir de Sèze 11/20

23 allée de Tourny - T. +33 (0) 5-56-14-16-12 - Menu(s) 24-33 €
Ce comptoir accueillant avec sa terrasse très prisée aux beaux jours est un rendez-vous coutumier du déjeuner et des apéros de bon ton. On se salue d'une table à l'autre et l'on se restaure agréablement avec une carte éclectique (huîtres, œuf mayo truffée, risotto, tartare, côte de bœuf...) et un menu du Jour toujours bien pensé : crumble de légumes espuma parmesan, saint-pierre mousseline de panais à la vanille beurre blanc, pannacotta mangue passion pour un déjeuner tout en légèreté.

Hortus 11/20

114 cours de Verdun - T. +33 (0) 5-57-59-90-63 - Carte 36 € - Menu(s) 32-90 €
Une grande salle donne sur le cours de Verdun à la façon des brasseries parisiennes, où Nicolas Nadau défend une bistronomie solide, entre tradition et modernité. La façade en moulures annonce un classicisme de départ, formant de bonnes bases, qui servent une carte engageante et accessible. Au menu, poêlée de coques au curry jaune, risotto d'asperges à l'ail noir et comté, pavé de morue fraîche, grenailles et piquillos, un demi-pigeonneau en deux cuissons, petits pois au jus, une crème brûlée au miel. Cave adaptée.

L'Originel 11/20

35 rue du Loup - T. +33 (0) 5-56-44-21-19 - Menu(s) 24-46 €
Un sage bistrot d'angle (l'ancien Croc Loup) qui évolue dans la simplicité d'une cuisine française à base traditionnelle et régionale : garbure, bœuf braisé au vin rouge, tarte citron et meringue au piment d'Espelette, on fait le tour de la question avec plaisir et sans surprise, visitant la carte à son gré dans la formule à 46 €. Les habitués apprécient aussi le menu déjeuner à 24 €.

Le Confidentiel 10,5/20

80 quai des Chartrons - T. +33 (0) 5-57-87-67-72 - Menu(s) 16 €
Un look rustique avec cette belle pierre bordelaise et ce mobilier vintage du meilleur effet pour ce Confidentiel également présent à Arcachon. La cuisine est bien d'aujourd'hui, plutôt maligne et bien variée, avec la tomate farcie végane, les huîtres de chez Dupuch, les makis de bœuf en tataki, les indispensables wok et burgers, le poulpe à la méditerranéenne ou le quasi de veau à la crème de haddock et riz noir au grana. Une toque cette année, aussi pour le jeune service efficace et souriant.

Echo 10,5/20

18 Rue de la Cour des Aides - T. +33 (0) 5-56-81-69-95
L'immeuble de pierre est bien joli, à l'angle de la place, et ce bistrot tranquille n'a d'autre ambition que de remplir correctement le cahier des charges : une cuisine d'aujourd'hui, servie avec simplicité et amabilité, à un tarif sans méchanceté : crudo de poisson sauce romanesco sésame noir et kaki, bœuf braisé blette cajou agrume jus corsé, pommes caramélisées miso meringue agrumes.

Athénée 10/20

67 cours de Verdun - T. +33 (0) 6-86-91-67-27 - Carte 39 €
Succédant à l'éphémère Yi, une table de cuisine française ouverte en mai 2023. Le propos est simple, sans fioritures, avec la principale ambition de nourrir avec un plaisir partagé.

Objectif atteint avec un simple menu déjeuner à 25,50 €, le velouté de châtaignes, le filet de poulet mousseline de patate douce et le carrot cake valant une petite mention. L'ardoise est plus étoffée le soir, dans le même esprit familier.

Au Bistrot 10/20

61 place des Capucins - T. +33 (0) 6-63-54-21-14

Pour un mâchon pratique en sortant du marché des Capucins. À l'angle de la place, un bistrot accueillant au catalogue avenant et sans équivoque, fait pour les bons mangeurs tradi : harengs marinés, grenier médocain, boudin noir plancha pour débuter copieusement, rognon de veau, mijoté de lapin ou paleron de bœuf braisé pour suivre, parmi tant d'autres (nous nous sommes laissé dire que le navarin d'agneau n'était pas mal non plus). Du Haut Moulin au verre, mais aussi Fondrèche ou le sauvignon de Chidaine.

Le Bistro du Musée 10/20

37 place Pey Berland - T. +33 (0) 5-56-52-99-69 - Carte 45 € - Menu(s) 23,90-34,90 €

Une brasserie bien animée et bien fréquentée, que l'on soit artiste ou non. La cuisine est simple, mais pas basique, avec un effort constant sur les sauces et les accompagnements, y compris dans les menus du jour, avec le filet de cabillaud crème de saint-jacques l'autre jour, à côté des plats du moment, comme le filet de daurade crème au basilic ou l'émincé de magret sauce poivre. Service diligent et aimable, formule carte bien étoffée à 34,90 €, le bon blaye des Tourtes à 5,60 € le verre.

Café Français 10/20

5 place Pey Berland - T. +33 (0) 5-56-52-96-69 - Menu(s) 22,50-27,80 €

Une emblématique enseigne sur l'une des places les plus fréquentées de la ville, brasserie qui brasse beaucoup et offre une large carte comme on l'attend : du choix dans les huîtres aux noms connus (Gillardeau, Dupuch...), des salades et l'œuf mimosa «du Café Français», que l'on fera suivre de l'entrecôte, de la cuisse de canard confite ou des rognons sauce Lillet, de l'omelette norvégienne ou des profiteroles maison. Tout fonctionne bien, le service est efficace, il y a des crêpes pour les enfants et la cave suit bien avec le vignoble local.

Café Maritime 10/20

1 quai Armand Lalande - T. +33 (0) 5-57-10-20-40

Au bas d'un immeuble récent sur les quais, une table moderne qui ne manque pas d'une certaine ambition, à travers les intitulés, la déco d'assiette, le dressage soigné. Après les huîtres de David Hervé, un finger de foie gras et gelée de mangue, un dos de cabillaud (bon poisson de ligne) curry vert de céleri au kéfir, la poitrine de veau confite au ponzu risotto mimolette vieille et la poire pochée au miel d'acacia gelée passion... Brunch le dimanche à 37 €, tea time avec les crêpes et les glaces, mais aussi du salé, de la charcuterie, du boudin noir, du fromage...

Le Clemenceau 10/20

46 place Gambetta - T. +33 (0) 5-33-89-11-49 - Carte 65 € - Menu(s) 25-40 €

Pratique et centrale, cette grande brasserie occupe un coin stratégique de la place, offrant un large catalogue pour des passants affamés. Selon la saison et l'envie, la carte a la bonne réponse, avec les fruits de mer, les huîtres, les pâtes, le risotto, el tartare, le saumon polenta ou le faux-filet et conchiglioni céleri ricotta et sauge jus au foie gras... Pièces à partager, desserts classiques, menu du Jour à 25 €.

El Nacional 10/20

23 bis rue Rode - T. +33 (0) 5-56-79-22-76 - Carte 50 € - Menu(s) 19-24 €

Un rendez-vous coutumier des Chartrons, viandard et populaire, jouant un peu sur tous les tableaux de la mode avec une réussite certaine : salade César et fettuccini gorgonzola, à l'appui des viandes «à la parrilla», onglet, côtelettes d'agneau de lait de Patagonie, bife de chorizo argentin, côte de bœuf à partager... Et une vaste carte grignotage, tapas à partager pour l'apéro qui fait aussi monter l'ambiance.

L'Entrecôte 10/20

4 cours du 30 Juillet - T. +33 (0) 5-56-81-76-10 - Menu(s) 21 € ♿

Pas de réservation possible, obligation d'attendre debout sur le trottoir qu'une table se libère... C'est le principe marketing et la base du succès de L'Entrecôte. Arrivé à 12h05 (le restaurant ouvre à midi), notre enquêteur est entré à 13h15. Si le temps est maussade, il vaut donc mieux s'équiper, et prévoir une occupation. Ensuite, la liturgie de l'entrecôte elle-même, bonne viande, sauce «secrète» qui ne vous fera pas tomber de votre chaise, et le vin estampillé «Entrecôte» pour accompagner. Il faut le faire une fois dans sa vie, comme une expérience utile.

Hanzō 10/20

33 rue du Cancera - T. +33 (0) 9-88-43-59-24 - Carte 42 € - Menu(s) 28 €

L'inspiration japonaise suggérée par l'enseigne est bien là, dans la composition des cocktails, toujours inventive (goûtez Mashiro au vinaigre de riz, sirop de ris maison saké et vodka) mais aussi, en partie, dans les petites assiettes très dépaysantes qui peuvent les accompagner : poulet croustillant mariné au whisky Nikka sauce soja, saumon en gravlax estragon cardamome, ribs de cochon laqués à la japonaise. Belle animation, permanente, à table ou au comptoir très prisé, dans ce quartier qui bouge.

L'Hédonique 10/20

12 rue Sicard - T. +33 (0) 5-54-51-13-46 - Menu(s) 25 €

Un bistrot utile et bien de son époque pour trouver une ardoise alléchante qui correspond aux envies d'aujourd'hui : tartare de thon à la thaïe, arancini parmesan, linguine aux palourdes ou chuck flap d'angus, avec un bon magret pour rappeler la région. Cadre et ambiance agréables dans l'animation du quartier, desserts classiques, menu du jour à 25 €.

Mimosa 10/20

7 rue des Faures - T. +33 (0) 5-56-94-62-86

Sur la jolie place de la basilique Saint-Michel, une petite adresse modeste et souriante pour une étape simple et pratique. Les assiettes sont bien actuelles, composées avec effort : tataki de bœuf sésame cébette yuzu, brocoli labneh mélasse de grenade agrume, croque-monsieur jambon truffe pickles d'oignon rouge. On termine aussi gentiment avec la poire pochée crème caramel amandes en déboursant moins de 30 €. La Saint-Omer à la pression est à 6 € la pinte, et la cave propose un petit choix au verre.

Orta 10/20

3 bis rue du Hâ - T. +33 (0) 9-83-62-20-62
Une vision large et moderne de la cuisine de bistrot d'aujourd'hui. On mêle les ingrédients à la mode (pak choï, stracciatella) pour inventer des associations qui font mouche sur une ardoise toujours attrayante, partagée en deux camps, veggie ou non : vitello tonnato citron confit sarrasin torréfié, maquereau grillé purée de betterave fumée, pak choï snacké sauce ciboulette amandes cédrat pâte de citron...

La Table du Parlement 10/20

20 rue du Parlement Saint-Pierre - T. +33 (0) 5-57-83-23-31 - Menu(s) 23 €
La place ne désemplit guère, allant jusqu'à faire monter la température extérieure. La jeunesse s'y rassemble, et emplit aussi cette terrasse et cette salle accueillantes. Des planches, des huîtres, des salades et les viandes attendues, burger, tartare, souris d'agneau braisée et confit de canard sauce vin rouge. Desserts classiques, un bon menu du moment à 23 €.

Vins Urbains 10/20

27 Rue des Bahutiers - T. +33 (0) 9-52-19-09-37 ♿
Dans le quartier ancien et très animé, un bar à vins à connaître, qui possède les vertus cardinales : un patron passionné, Janek, et qui connaît le vin, proposant une très vaste carte rassemblant les vignerons qui font bien et propre, bio, mais pas que, et une petite carte de grignotages bien trouvée, avec une bonne charcuterie, les petits burgers basques, les croque-monsieur, le carpaccio de bresaola, les fromages. On peut facilement passer la soirée en visitant la cave, l'offre au verre étant, elle aussi, bien large.

HÔTEL

Hôtel Le Palais Gallien - *5 étoiles*

144 rue Abbé de l'Épée - T. +33 (0) 5-57-08-01-27 - À partir de 298 €
Inauguré en 2019 et propriété du groupe Boutique Hôtels Collection, ce 5-étoiles recueille déjà tous les suffrages. Niché dans l'hôtel particulier d'un armateur bordelais de la fin du XIXe, le lieu a conservé ses charmes d'antan : ravissante cour où se niche une belle piscine (en plein cœur de la ville), salons intimistes et admirable restaurant gastronomique (La Table de Montaigne) qui ouvre un nouveau chapitre de son histoire en 2024 avec l'arrivée du talentueux chef Oli Williamson. Les 28 chambres et suites ont été décorées avec une élégance discrète : belles boiseries, tapisseries contemporaines et salles de bains en marbre, le tout ouvrant sur de petites terrasses, dont certaines avec jacuzzi. Dernier atout de ce havre de paix : un spa Nuxe qui offre une large palette de soins et massages, dont le «Ressourçant Nuxe Bio», idéal pour retrouver son énergie.

InterContinental Bordeaux Le Grand Hôtel - *5 étoiles*

2-5 place de la Comédie - T. +33 (0) 5-57-30-44-44 - À partir de 297 € ♿
L'une des grandes adresses de la ville, et sans doute la plus luxueuse, formée par un ensemble de trois hôtels particuliers du XVIIIe. On vient ici profiter d'un raffinement hors du temps, avec de majestueux salons et une imposante verrière. Le tout a été décoré par Jacques Garcia, qui distille ici un esprit Second Empire, tempéré par des gris lumineux et plus contemporains. Les 130 chambres et suites déclinent cette élégance intemporelle avec un mobilier épuré, de luxueuses literies et de belles surprises, comme ces tissus en

trompe-l'œil façon drapé Empire, le tout ouvrant sur les toits de la ville et, pour les plus chanceux, sur le Grand Théâtre de Bordeaux. Le spa Guerlain réunit le meilleur du bien-être : piscine intérieure, soins et massages mais aussi manucure, coiffeuse et maquilleuse. Idéal pour se préparer au dîner, servi au Pressoir d'Argent Gordon Ramsay et au Bordeaux, ou bien rejoindre le rooftop pour boire un verre sur l'une des plus belles terrasses de la ville, qui offre une vue à couper le souffle.

Marty Hôtel, Tapestry Collection by Hilton - *4 étoiles*

153 rue Georges Bonnac - T. +33 (0) 5-64-37-64-00 - À partir de 147 €
Inauguré ce printemps, ce nouveau 4-étoiles bordelais rallie déjà tous les suffrages avec ses 61 vastes chambres à la déco années 1950, prolongées pour certaines de balcons et de petites terrasses. Au rez-de-chaussée, les espaces communs se veulent aussi chaleureux que contemporains, avec un grand bar qui fait déjà le plein à l'heure de l'afterwork et des salons où s'invite régulièrement une galerie d'art éphémère, proposant des expositions d'art contemporain et de photographie. Un savoureux restaurant et des espaces de coworking viennent compléter l'offre de ce nouveau refuge, membre du groupe Hilton. Situé dans le quartier de Mériadeck, non loin de la vieille ville et de la gare Saint-Jean, une nouvelle adresse bienvenue pour mêler naturellement clientèle d'affaires et de loisirs.

Renaissance Bordeaux - *4 étoiles*

16 rue de Gironde - T. +33 (0) 5-19-80-02-00 - À partir de 150 €
Aménagé sur le site des Bassins à Flot, le quartier industriel qui monte de Bordeaux, le Renaissance a été inauguré en 2021 sur les rives de la Garonne, à deux pas de la Cité du vin. Devenu l'une des adresses les plus prisées de la ville, le lieu ravit tous les amoureux d'architecture pour son design, aussi avant-gardiste qu'élégant. Dès l'arrivée, le ton est donné avec deux anciens silos à grains, magnifiquement préservés, qui veillent sur l'entrée de l'hôtel. Du grand spectacle qui se prolonge à l'intérieur avec le rooftop du 9e étage et sa vue à couper le souffle sur la ville, que l'on admire en faisant ses longueurs dans la piscine avant de boire un verre ou de déguster l'exquise cuisine du restaurant italien, le Gina. Les 149 chambres sont à l'unisson de cette pépite contemporaine, membre du groupe Marriott. Espaces généreux, mobilier design et toujours un panorama à 180° sur la ville, à contempler derrière de larges baies vitrées.

Villas Foch - *5 étoiles*

25 cours du Maréchal Foch - T. +33 (0) 5-64-31-22-50 - À partir de 304 €
Au cœur de la ville et à quelques pas du musée d'art contemporain, ce luxueux refuge a été aménagé dans un ancien manoir XIX qui a conservé intacts ses volumes, ses moulures et son majestueux escalier qui conduit à quelque 20 chambres et suites. Décorées avec esprit, toutes mêlent de façon naturelle les témoignages du passé - parquets anciens, larges fenêtres haussmanniennes - et un confort très contemporain avec des literies XXL et de luxueuses salles de bain. L'atmosphère confidentielle et raffinée qui infuse l'ensemble des lieux se retrouve également au spa logé en sous-sol, sous de très belles voûtes de pierre qui se reflètent dans l'eau claire de la belle piscine. Dernier atout, le Ferdinand, bar chic et intimiste, invite notamment ses hôtes à découvrir une remarquable sélection de vins de Bordeaux, accompagnée de délicieux tapas.

YNDŌ - *5 étoiles*

108 rue Abbé de l'Épée - T. +33 (0) 5-56-23-88-88 - À partir de 254 €

Une adresse encore secrète que l'on ne chuchote qu'entre initiés. À l'écart de l'agitation du centre de Bordeaux, cet ancien hôtel particulier a été transformé en un 5-étoiles atypique composé de seulement 12 chambres et suites, où les meubles chinés se mêlent à des pièces design et à des objets d'art, sans compter de luxueux canapés et luminaires (Tom Dixon), de majestueux tapis fleuris et d'imposantes cheminées. Un lieu rare qui témoigne d'un vrai univers, celui de la maîtresse des lieux Agnès Guiot du Doignon, passionnée de design et d'architecture. Exclusivement réservé aux hôtes, le restaurant est emmené par Agnès, qui concocte à la demande des menus de saison, gourmands, raffinés et servis à la demande dans la chambre ou la salle à manger. Une mention aussi pour les petits déjeuners, où tout est fait maison, confiture, yaourt et chocolat chaud ! «Last but not least», Yndō, c'est aussi une cabane de pêcheur pour deux sur le bassin d'Arcachon, où se conjugue la même élégance de propos.

MAISON D'HÔTES

Maison La Course

69 rue de la Course - T. +33 (0) 5-56-52-28-07

Au cœur du quartier des Chartrons et face au beau jardin public (10 ha) de la ville, cette maison d'hôtes fait partie de ces adresses encore confidentielles que l'on ne dévoile qu'à ses meilleurs amis. Elle déploie un luxe intime qui se décline au fil de ses 5 chambres et suites décorées avec raffinement. Notre préférée ? La suite «Seiros», au dernier étage, avec sa grande verrière et sa terrasse privée, qui abrite une piscine chauffée. Ancré dans le patrimoine bordelais, l'établissement propose des dégustations au sein de la cave privée, avec la découverte des meilleurs crus locaux. Une cuisine à disposition pour les hôtes, un espace sérénité avec hammam et massages et une boutique de décoration complètent l'offre de cette maison élégante et atypique.

BOUCHER

Boucherie Campet

23 place des Capucins - T. +33 (0) 5-56-92-66-69

C'est le boucher à connaître face au marché des Capucins. Spécialiste de l'agneau de lait, mais aussi des canards pour offrir le meilleur foie gras de la ville, des magrets et confits de haute tenue. Pour accompagner, un peu de saumon fumé et des desserts de bon goût régional, pastis et tourtière.

La Ferme d'Enjacquet

Place des Capucins - T. +33 (0) 5-56-64-38-37

Le meilleur du canard chez Patrick et Maguy Becoye, pâtés et rillettes, foie gras sous toutes ses formes et préparations en conserves. Également des poulets, entiers ou à la découpe, nature ou en marinade prêts à griller. Un rayon charcuterie bien pourvu, avec une bonne terrine de campagne maison.

Wilfried Bardet - Artisan boucher

39 rue Judaïque - T. +33 (0) 5-56-23-09-44

Des viandes d'exception en vitrine pour vos soirées festives de côte de bœuf maturée, et un rayon plats préparés qui facilitent aussi la cuisine du soir. Ouvert depuis un an et demi, et déjà présent à Gradignan, cette nouvelle unité dans un quartier porteur permet aux locaux de trouver les plus belles provenances affinées par un pro. Rayon traiteur étendu et épicerie fine.

BOULANGER

Au Pétrin Moissagais

72 cours de la Martinique - T. +33 (0) 5-57-87-54-57
Le pain qui sort tout chaud du four, la bonne odeur de pâte fraîche, mais aussi les tartes salées, les quiches, pizzas, pissaladières, la bonne viennoiserie et une pâtisserie en mode familial, le gâteau basque et la tarte aux pommes, tout ici sent l'artisanat soigné. En évidence, le pain de meule, l'épeautre, le Nordique, le Gascon ou encore la bonne brioche que l'on achète à la part.

Baston

50 rue du Hâ - T. +33 (0) 5-57-83-77-10
Outre le restaurant, il convient de mentionner, à la même adresse, la très bonne boulangerie de Pauline Celle, qui propose un excellent pain au levain (que vous retrouverez bien sûr à table), à partir de farines bio locales. Et toujours de belles idées pour des créations avec les pains du moment.

La Boulangerie

49-51 rue des Faures - T. +33 (0) 6-99-41-00-44
Près de Saint-Michel, un vaste espace moderne qui progresse en réputation, autant pour les pains baguettes que pour les spéciaux, la tourte de seigle, la boule aux fruits secs et les viennoiseries, avec en prime la brioche, le pain d'épice et les cakes.

Chez Cristina

Place des Capucins - T. +33 (0) 6-51-57-74-73
Au milieu des halles, la boulangerie bio qu'il vous faut, pour un bon pain au levain et sa belle tourte de campagne, du sarrasin, du pain pour burger et les spéciaux, l'épeautre intégral, le rustique, le céréales, le «pain des anges». Et aussi la viennoiserie, la brioche nature ou chocolat.

La Fabrique, Pains et Bricoles

47 rue du Pas-Saint-Georges - T. +33 (0) 5-56-44-84-26
Une boulangerie artisanale toujours appétissante. On lèche la vitrine aux viennoiseries et tartes salées du jour, on choisit son pain comme une gourmandise, la tourte de seigle, le « Poulard » au levain, le pain aux noix ou aux raisins, on goûte les madeleines et les financiers, mais aussi la tarte aux mirabelles ou aux abricots.

Maison Hermelin

18 rue Edmond Costedoat - T. +33 (0) 5-56-91-35-33
C'est le rendez-vous du matin dans le quartier : du bon pain frais, des viennoiseries craquantes, et une pâtisserie de bon niveau pour prévoir les gâteaux du soir. Mention spéciale pour les macarons, le cake citron et tous les chocolatés.

Maison Lamour

157 rue Judaïque - T. +33 (0) 5-56-24-90-93
Un petit rafraîchissement cet hiver a encore embelli, s'il en était besoin, cette jolie boulangerie dans sa présentation à l'ancienne. Le pain de Lamour est toujours en vedette, avec sa baguette tradition et ses pains spéciaux au levain, petit épeautre, Jadis, khorasan... La viennoiserie est aussi réputée (goûtez la chocolatine, mais aussi le kouignamann) et la pâtisserie est aussi à mentionner, avec ses éclairs, tartes, fingers... La maison est également présente à Caudéran.

La P'tite Boulangerie Notre-Dame

62 rue Notre Dame - T. +33 (0) 5-57-99-65-76
L'œil est forcément attiré par cette façade végétale et toute de noir, au nom en lettres d'or. La P'tite Boulangerie est une aventure qui marche bien, avec une demi-dizaine d'adresses lancées par Pascal Rigo, après une première expérience aux États-Unis. Le boulanger mise sur une gamme bio et traditionnelle, avec de beaux pains de campagne et des spéciaux dans un esprit artisanal et authentique. Bonnes viennoiseries et recettes régionales.

Qu4tre-Qu4rts

6 allées de Tourny - T. +33 (0) 6-82-59-90-70
Produits frais et confection maison, les habitués se pressent désormais sur les allées pour découvrir cette troisième unité (également à La Bastide et à Ambarès), ses pains, viennoiseries et douceurs authentiques. Sur place, pain bio (baguette Tradition, pain des Gaults, tourte de meule...), brioche, pain d'épice, quatre-quarts, cakes, gâteaux de voyage, un peu de pâtisserie et même les confitures pour accompagner.

CAVISTE

La Cave de l'Univerre

40 rue Lecocq - T. +33 (0) 5-56-23-01-53
Le très bon bar à vin de l'Univerre, doté d'une cave considérable, se dédouble avec son épicerie fine attenante, permettant aux amateurs de trouver des bouteilles rares et surtout celles qui leur font envie, avec une sélection pointue sur toutes les régions. Pour ne pas repartir à vide de solide, de la charcuterie italienne et espagnole, des condiments, des sauces, de l'huile d'olive dans une gamme choisie de produits italiens. Et des verres Zalto pour magnifier votre dégustation.

Caves Badie

62 allée de Tourny - T. +33 (0) 5-56-52-23-72
Une grande signature au coin des allées de Tourny, dans un très beau bâtiment XVIIIe. Tous les grands crus et les champagnes renommés, mais aussi une gamme de spiritueux assez inégalable, avec les conseils avisés pour cheminer dans le monde des alcools. 3500 références, parmi lesquels les fleurons classiques de la viticulture française.

Caves Saint Genès

8 bis rue Edmond Costedoat - T. +33 (0) 5-56-91-31-81
Une cave classique qui fait ses choix, sélectionne ses domaines, aime le nature et le bio sans parti pris, donne sa vision pour chaque région à travers des vignerons amis. Si on

trouve Binner et Courtois en rayon, c'est aussi le lieu pour de nouveaux domaines, tout comme pour les whiskys et les gins français. Une bonne part étrangère avec des vins de Géorgie, du Portugal...

Emile & Marguerite

13 rue Parlement Saint-Pierre - T. +33 (0) 9-53-59-78-99

Un concept et une cave remarquables, colligeant le meilleur de la production d'alcools français, eaux-de-vie, gins, vodkas, whiskys, rhums grâce aux ultramarins, sakés, cognacs, armagnacs, calvados, sans oublier les apéritifs et les liqueurs. Essayez le gin aux coquilles d'huîtres du Cap Ferret, pour donner un petit ton iodé à votre dégustation, et profitez de ces trouvailles pointues pour découvrir des univers rarement aussi bien explorés.

L'Intendant

2 allée de Tourny - T. +33 (0) 5-56-48-01-29

Dans le même groupe que Badie, un peu plus loin sur les allées, l'Intendant est une réplique de même niveau que la grande sœur, avec plus de 1500 références.

La Maison Gabin

37 cours Portal - T. +33 (0) 5-56-01-09-77

Un bel immeuble, une devanture attrayante et une vaste boutique où l'on sent l'implication et même la passion. Des rayons bien rangés, un accès facile et de nombreux grands flacons bien protégées derrière les grilles, en bordeaux comme en bourgogne. Également des bouteilles accessibles, avec les conseils utiles pour choisi un bourgeois, un second, ou une appellation moins cotée et d'un bon rapport.

Max Bordeaux

14 cours de l'Intendance - T. +33 (0) 5-57-29-23-81

Passez sous le porche, sur le cours, pour découvrir ce caviste particulier qui propose un choix considérable de bons crus bordelais, à découvrir notamment dans une dégustation à l'offre large et en dose minime de 2,5 cl permettant l'accès à de belles bouteilles à petits prix, notamment des seconds de châteaux prestigieux. Idem pour les vins au verre, en 7,5 cl et 10 cl, pour déguster Fourtet ou Troplong Mondot, Margaux ou Yquem.

La Vinothèque de Bordeaux

8 cours du 30 Juillet - T. +33 (0) 5-56-52-32-05

Tous les grands crus de la place de Bordeaux (1800 références) rassemblés dans cette célébrissime institution. Aujourd'hui, on achète autant en ligne qu'en boutique, et en toute confiance avec ce négociant qui a accès à tous les grands châteaux. Toutes les régions sont par ailleurs représentées, les vins du monde, les spiritueux, et pour tous les budgets.

CHARCUTIER

La Maison des Délices

37 rue Judaïque - T. +33 (0) 5-56-48-07-40

Un charcutier traiteur fréquenté par la meilleure société, à la longue réputation. En particulier pour sa carte traiteur qui permet de commander tout le repas pour des réceptions bien organisées. Belle charcuterie classique, basque, italienne, et quelques spécialités maison et locales, comme le grenier médocain ou la lamproie à la bordelaise.

La Manufacture Le Bayon

23 rue des Frères Bonie - T. +33 (0) 6-74-47-98-90

Le Bayon, c'est une des bonnes façons de préparer un apéro festif qui se prolongera bien. La promesse en fronton « charcuteries fines et gourmandise » est tenue, avec le saucisson, le foie gras, le pâté en croûte, les tourtes et, pour suivre, les plats traiteur et la pâtisserie, les beignets fourrés, le moelleux au chocolat et caramel, la brioche. Plateaux préparés, vins, bières, dégustation sur place.

CHOCOLATIER

Chocolaterie Saunion

56 cours Georges Clemenceau - T. +33 (0) 5-56-48-05-75

Une chocolaterie distinguée, depuis plus d'un siècle, un joli décor comme dans un film de Jacques Demy, où tout est bien rangé, à sa place, dans une harmonie des formes et des couleurs. On n'en oublie pas le goût pour autant, des bonbons chocolatés dans leur joli coffret, mais aussi des bouchées, marrons glacés, pâtes d'amande, oursons à la guimauve et autres confiseries classiques.

Maison Darricau

7 bis rue de la Vieille Tour - T. +33 (0) 5-56-44-21-49

Dans un renfoncement de la place Gambetta, une maison centenaire, connue et reconnue pour la qualité de ses chocolats et le raffinement dans les présentations. De quoi se faire plaisir et faire plaisir à son entourage en ramenant un joli coffret ou un souvenir, comme les « Grains de sable » ou les « truffes Tonka ».

ÉPICIER

Julo

11 rue des Faures - T. +33 (0) 6-59-02-44-90

Du vin, de la charcuterie, une place animée, une terrasse facilement pleine... on comprend pourquoi : le caviste est bon, avec plus de 700 références sur toutes les régions, les produits bien sélectionnés, charcuteries et fromages avec un peu d'épicerie fine, pour passer un moment agréable et ramener des souvenirs à grignoter.

Racines L'Épicerie

8 rue Edmond Costedoat - T. +33 (0) 5-56-94-02-25

Double adresse depuis l'acquisition de la poissonnerie juste en face, la maison est un tout-en-un où l'on peut faire ses courses pour quasiment toute la soirée, de l'apéritif au dessert. On y profite de sélections intéressantes de fruits et légumes, mais encore de fromages, de conserves, de produits traiteur, de bocaux, de sauce, d'épices, de chocolat... et de quelques vins.

L'Épicerie 56

56 rue du Palais Gallien - T. +33 (0) 6-44-27-82-19

Une belle maison d'angle, appétissante et bien agencée, qui s'appuie sur une sélection rigoureuse en produits de qualité : charcuterie et fromages, fruits et légumes bio et locaux, volailles fermières, l'artisanat et la production durable sont à l'honneur pour offrir les plus belles saveurs. Vins et alcools également bien choisis, plats traiteur à emporter, cafés et thés, soupes, conserves...

FROMAGER

La Fromagerie de Pierre

43 cours Portal - T. +33 (0) 5-56-51-04-08
Jolie boutique à l'ancienne extérieurement, très affûtée à l'intérieur, avec une profusion rare et avisée en toutes catégories de fromages. Jetez un œil aux chèvres pour découvrir des variétés peu connues, le Frauduleux, le Touret du Lot-et-Garonne, le Carré blanc du Viornay, la Bûchette blanche de Cocumont. Même bon travail, y compris dans l'affinage, sur les pâtes molles de vache, les bleus (Bonneval, Montbrison...), les montagnards d'Auvergne ou des Alpes (abondance, vacherin fribourgeois, saint-nectaire tout foin...).

Fromagerie Deruelle

66 rue du Pas Saint-Georges - T. +33 (0) 5-57-83-04-15
L'enseigne est connue de tous les gourmands, fournissant aussi quelques tables renommées. Un bel affinage pour des fromages de partout à maturité. Le reblochon juste coulant comme il faut côtoie l'époisses et le langres, le vieux Lille et le bethmale artisanal, très majoritairement des fromages fermiers au lait cru. Quelques raretés, comme l'occelli aux feuilles de châtaignier ou la tomme au whisky, ou encore un superbe comté 40 mois. Des laitages, un peu de charcuterie et de vin.

Karine Fromages Fins

Place des Capucins - Marché des Capucins - Allée Centrale - T. +33 (0) 6-22-61-08-70
Dans l'allée centrale, une sélection des meilleurs fromages de France, affinés pour certains dans les caves de quelques grands noms MOF, comme Rodolphe Le Meunier. Des plateaux sur mesure, éventuellement complétés de charcuterie pour toutes vos envies et réceptions.

Madame Fromage

3 quai Deschamps - T. +33 (0) 9-86-07-09-06
Jeune adresse ouverte sur les quais en 2019, on y retrouve Louis et Sylvette Salbreux, qui ont dédié leur espace aux fromages du Sud-Ouest. Les sélections sont assez vastes et rigoureuses et permettent un bel horizon du terroir régional, les fromages de brebis des Pyrénées ou encore les chèvres.

PÂTISSIER

Baillardran

55 cours de l'Intendance - T. +33 (0) 5-56-52-92-64
On ne peut bien sûr pas proposer une visite de Bordeaux sans passer un moment chez l'inventeur du Canelé, dont les nombreuses boutiques fleurissent dans tout le département et au-delà. Emblématique et centrale, cette unité à la belle couleur rouge maison, attire logiquement l'œil et la gourmandise. Un petit coin salon de thé pour la dégustation.

La Toque Cuivrée

82-84 rue Sainte-Catherine - T. +33 (0) 5-57-83-61-67
La célèbre maison de canelés « de Bordeaux » offre ses trésors sous de multiples formes et tailles (les petits, en format bouchée sont à 0,45 €, les gros à 0,75 €). Vous trouverez aussi les produits dérivés (pâte à tartiner, « Canelait »...) ainsi que d'autres réalisations du moment (« bordelais » au chocolat, fondant, tourtière...).

POISSONNIER

Poissonnerie Océan Atlantique

Place des Capucins - T. +33 (0) 6-47-41-74-23

Un superbe étalage de fraîcheur, un grand savoir-faire et une liaison directe avec la pêche atlantique pour garantir le meilleur en crustacés, fruits de mer et poissons de ligne, qui ont l'ouïe si brillante qu'on s'offrirait bien un sashimi en direct, avec la barbue ou le merlu. En confiance aussi sur les préparations, comme la brandade de morue.

TORRÉFACTEUR

L'Alchimiste

87 quai des Queyries - T. +33 (0) 7-64-83-76-68

Nouvel atelier de torréfaction ouvert en 2014 par Arthur Audibert, cette belle maison du centre-ville défend un beau café artisanal et durable, issu de petits producteurs. On y retrouve une gamme de sept cafés, disponibles en grains ou pour la machine filtre ou espresso, ainsi que des machines et accessoires.

Cafés Régus

8 cours Portal - T. +33 (0) 5-56-52-97-91

Une enseigne reconnue, des cafés préparés par un torréfacteur de longue renommée, des mélanges maisons et des provenances choisies (Colombie, Brésil, moka d'Ethiopie...). L'atelier sur place permet de tout savoir grandeur nature et les conseils sont personnalisés. Également des capsules compatibles.

La Grange aux Cafés

23 rue Judaïque - T. +33 (0) 5-56-44-01-19

Salon de thé et de café, un torréfacteur reconnu pour la qualité de son approvisionnement, cafés d'origines, thés Dammann, accompagnés de douceurs et gourmandises diverses, biscuits et petits gâteaux. Le vaste rayon accessoire donne presque l'impression d'être dans un magasin de déco

VerdeNero

24 rue des Ayres - T. +33 (0) 5-57-34-46-41

Torréfacteur mais pas que : Verde Nero, c'est un lieu de rendez-vous animé tout au long de la journée, dès le breakfast avec les petits grignotages qui accompagnent les cafés de spécialités, puis au déjeuner avec les tartes salées, quiche, plat du jour. Un bon choix, avec des options végétariennes et veggies, et toujours un très bon café.

Carte

Addition moyenne d'un prix à la carte englobant le prix d'une entrée + plat + dessert

Grain

À LA GLOIRE DES BONS PRODUITS

Ouverte fin 2021 dans le quartier Saint-Seurin, à Bordeaux, cette boulangerie-pâtisserie a vite connu le succès en se classant, l'an passé, seconde du concours de la Meilleure boulangerie de France organisé par M6. Du pain aux viennoiseries et des gâteaux au snacking, l'ensemble des produits sont fabriqués et cuits sur place, à partir d'ingrédients uniquement frais et de saison. Le tout sous l'œil attentif du pâtissier Jean-Philippe Battesti et de Nicolas Gruel, champion de France et d'Europe de boulangerie 2019. Le pain – dont une douzaine de spéciaux – y est exclusivement au levain et à base de farines Label Rouge ou bio. Seul du beurre AOP est employé pour les viennoiseries, tandis que le rayon pâtisserie se renouvelle régulièrement afin de respecter le rythme des saisons.

43, rue Capdeville, 33000 BORDEAUX
Tél. : 05-57-99-44-35
grain-bordeaux.fr

Boucherie Sainte-Augustine

VIANDES DE QUALITÉ EXCELLENTE

Spécialiste de la préparation bouchère crue, cette Maison vous met l'eau à la bouche avec ses compositions gourmandes magnifiquement présentées. La rosace de magret marinée au miel et à l'abricot, les boulettes d'agneau et de mouton à la menthe fraîche panées au curry et poivron séché, ses brochettes réputées qui font le plaisir de tous l'été ne sont qu'un aperçu de l'offre, tout autant créative que qualitative, de cette incontournable boucherie bordelaise.

32, rue Jenny Lépreux, 33000 BORDEAUX – Tél : 05-47-47-79-81
Instagram : @la_sainte_augustine

Monsieur Papilles

TAPAS REVISITÉES

L'établissement est un bel ambassadeur des spécialités françaises et propose de nombreux plats revisités et à partager sous forme d'étonnantes tapas : la bouchée à la reine, la poêlée de champignons à la Bordelaise ou encore les coquillettes à la truffe. La clientèle appréciera l'équipe chaleureuse et souriante. Elle saura suggérer des vins* pour accompagner au mieux les choix de plats. La cave met en valeur de manière formidable le terroir national avec des pépites soigneusement sélectionnées. Le petit plus : les cocktails Signature qui honorent les plus grandes villes de notre pays. Le « Nice » (à la violette) » et le « Toulouse » (couleur rose) sont des valeurs sûres. 100% fait maison, des plats au dessert. Savoureux !

10, rue Parlement Sainte-Catherine, 33000 BORDEAUX – Tél. : 07-86-96-69-57
www.monsieurpapilles.fr

BIG Bistrot Girondin

LE BIEN MANGER ENSEMBLE

Appelez-le « BIG » ! Comme on appelle par son diminutif un ami que l'on apprécie pour ses qualités. Le Bistrot Girondin – ou BIG – est situé en plein cœur de Bordeaux, entre le Grand Théâtre et la place de la Bourse. Plein de charme, ce bel établissement propose une carte séduisante avec des plats qui changent à chaque saison. Des plaisirs gourmands parmi lesquels la croquette de cochon, les chipirons, les cuisses de cailles ou le dos de bar et le magret du sud-ouest aux céleris et aux champignons. Autre atout : sa carte des vins* est fabuleuse. La Maison suggère également plusieurs desserts à partager. Cela tombe bien : c'est justement entre amis, collègues ou en famille que cette adresse prend tout son sens. Un bel ambassadeur du vivre et du manger ensemble. *Ouvert tous les jours, midi et soir.*

64, rue Saint-Rémi, 33000 BORDEAUX - Tél. : 05-56-06-10-20 – Facebook : bigbistrotgirondin

*L'ABUS D'ALCOOL EST DANGEREUX POUR LA SANTÉ

Les Tables Vatel

RÉSOLUMENT VERTUEUX

Situé au cœur des Chartrons en bord de Garonne, le restaurant « Les Tables Vatel » signe une cuisine française moderne et épurée, orchestrée par le Chef, Alexandre Fourquet, qui ne s'interdit pas des voyages vers l'Asie. Résolument engagées dans le développement durable, Les Tables Vatel défendent également le fait maison et leur attachement à travailler chaque produit dans son intégralité. Renouvelés chaque semaine au fil des saisons et de leurs couleurs, les menus mettent en avant des produits approvisionnés en circuit court. Les multiples espaces – incluant un patio végétalisé – offrent autant d'ambiances propices à un déjeuner néo-bistronomique. Côté salle, une équipe dynamique fait virevolter les papilles avec des accords mets et vins* explosifs mais abordables.

114-115, quai des Chartrons, 33000 BORDEAUX – Tél. : 05-56-11-58-88
www.restaurantvatel.fr/fr/bordeaux/tables-vatel

Athénée

CRÉATIVITÉ ET CONVIVIALITÉ

C'est dans cet écrin cosy-chic rénové avec goût (banquettes velours, esprit industriel) que Berengère et Thibaut, cuisinier inventif, ont créé ce lieu gourmand. En salle, elle partage sa bonne humeur ; en cuisine, Adam, Chef passionné à qui ils ont laissé les manettes, cultive son amour des produits frais de qualité, sublimés avec créativité et inspirations d'ailleurs. La petite carte varie, mais certains classiques faisant le bonheur des fidèles demeurent : Pintxos boudin, Gnocchi maison... Vins bio, biodynamiques vino Vista, raisonnés pour accompagner. *Ouvert du mardi au samedi.* **Le + :** Privatisation possible.

67, cours de Verdun, 33000 BORDEAUX – Tél. : 06-86-91-67-27 – www.atheneebordeaux.fr

*L'ABUS D'ALCOOL EST DANGEREUX POUR LA SANTÉ

Le P'tit 18

GOURMAND ET CONVIVIAL

Parcours atypique du Chef et cuisine familiale : voici la recette du P'tit 18. Située en plein centre de Bordeaux, cette cantine gourmande propose chaque jour un plat différent à déguster sur place ou à emporter. Aux commandes, l'ancien pompier de Paris reconverti à la cuisine a choisi de miser sur une gamme de prix bas et des plats réconfortants pour séduire jour après jour une clientèle fidèle. Le lieu intimiste peut être privatisé pour des événements. Durant l'après-midi, le restaurant laisse place à un salon de thé à l'ambiance chaleureuse.

36, rue du Maréchal Joffre, 33000 BORDEAUX
Tél. : 09-81-88-43-05

Le Bunami

LE FAST-FOOD DE L'EFFILOCHÉ À LA FRANÇAISE

Amoureuses du *pulled pork* américain, Manon Debarle et Audrey Claudin, formées à l'Institut Paul Bocuse, ont eu l'idée de revisiter cette spécialité à la française. Elles font mijoter la viande – bœuf, porc, poulet, agneau – pendant de longues heures à la cocotte à basse température et la servent, dans un bun artisanal ou en format bowl (option poisson et végétarienne disponible). L'offre est également disponible en format traiteur pour vos événements privés ou professionnels. Au cours de l'été 2024, Manon et Audrey ouvriront une deuxième boutique à Toulouse à et visent la franchise d'ici à 2025.

13, rue des Trois-Conils, 33000 BORDEAUX - Tél. : 05-56-52-88-37
www.bunami.fr

La Table de l'Épicier

LE RESTAURANT TRADITIONNEL FRANÇAIS À LA CAVE COSMOPOLITE

Après une carrière aux quatre coins du globe, le Chef Vincent Delesalle a posé ses valises à Bordeaux en 2020. Il y ouvre La Table de l'Épicier, un restaurant traditionnel français et cave à vin* dans lequel il place toute son exigence. Il ne travaille qu'à l'ardoise, avec les meilleurs produits : des fruits et légumes glanés sur les marchés, du gibier, du veau et des pigeons français, mais aussi du bœuf argentin, de l'agneau de Nouvelle-Zélande et une carte des vins du monde entier. Réservation plus que conseillée !

4, rue Castelnau d'Auros, 33000 BORDEAUX – Tél. : 06-67-08-92-56
la-table-de-lepicier-bordeaux.fr

---

*L'ABUS D'ALCOOL EST DANGEREUX POUR LA SANTÉ

Poulettes

LA RÔTISSERIE GOURMANDE DE QUARTIER

La volaille déclinée sous toutes ses formes : voilà le concept initié par Ariane Mairal et Inès Chollet dans les Halles de Bacalan. À emporter ou à partager sur place dans les Halles ou en terrasse aux beaux jours, les Poulettes vous concoctent chaque jour un nouveau menu : l'authentique quart de poulet fermier accompagné de pommes de terre grenailles, le cordon bleu et ses coquillettes le mercredi, les *crispy* poulet ou le wrap gourmand… Le dimanche, la rôtisserie est à l'honneur avec le fameux poulet fermier des Frères Poulet, élevé au grand air des Landes, à déguster en famille ou entre amis.

Ouvert du mardi au dimanche.

Le + : Bientôt, une autre boutique dans le centre historique de Bordeaux.

Halles de Bacalan, 10, esplanade de Pontac, 33300 BORDEAUX – Tél. : 06-37-57-62-76
Instagram : @poulettesrotisserie
18, place Fernand Lafargue, 33000 BORDEAUX

Casamama FoodTruck

AU TOP !

Ces trucks, dont un Tub vintage, animent à merveille vos événements (mariage, festival, séminaire…). Pâtissière labellisée Artisans Gourmands, Myriam y propose des créations 100% maison qui suivent les saisons et son inspiration. Sa signature : les Bubble waffles comme le sublime Sud-Ouest au foie gras et magret fumé. Les déclinaisons véganes ou sucrées sont aussi à tomber ! De plus, Myriam crée selon vos souhaits de délicieux gâteaux pyrénéens à la broche, des financiers et des cup cakes raffinés…

33000 BORDEAUX et environs
casamama.bordeaux@gmail.com

Le Furtado

CUISINE À LA FRANÇAISE

Cette adresse est une halte idéale, à seulement cinq minutes à pied des quais de la gare de Bordeaux-Saint-Jean. Le Furtado est un bistrot familial, un repère chaleureux où il fait bon se réunir entre amis ou en famille. L'endroit est doté d'une belle terrasse pour profiter toute l'année de la douceur du sud-ouest. Ici, l'équipe fait preuve de générosité : à commencer par l'assiette avec des portions appréciables et aussi dans la façon de savoir recevoir. Sourires et délicatesses sont les atouts de ce collectif soudé. Le Chef propose une belle cuisine à la française avec un plat du jour à chaque fois différent, de bons burgers, un croque-monsieur maison ou encore un risotto de gambas savoureux. Adresse à partager !
Ouvert du lundi au samedi.

34, rue Furtado, 33800 BORDEAUX - Tél. : 07-82-84-77-67 - www.le-furtado-bordeaux.eatbu.com

Le Café de Minuit

LIEU VIVANT ET GOURMAND

Au cœur du Triangle d'Or, ce café, restaurant, bar, ouvert à tous, clients fidèles, voisins de quartier, curieux…, dévoile les ingrédients d'un moment gourmand : on s'attable dans la salle chic et cosy aux couleurs délicates et mobilier sur-mesure, ou sur la terrasse ensoleillée autour d'une cuisine maison inspirée des produits frais du moment. À midi, plat du jour, suggestions et carte café (salade Caesar, burger, faux-filet…) ; le soir, tapas (camembert rôti au thym et miel, saumon gravelax, croque-madame à la foccacia, jambon truffé et comté…) à partager. Vins et cocktails* maison accompagnent vos choix. À la tête de l'établissement, Romain a créé ce lieu de vie gourmand et vient de racheter le Bistrot des Grands Hommes voisin, là où il a commencé il y a 20 ans. Un nouveau spot arrive sur cette place chaleureuse !
Ouvert 7j/7 de 8h à minuit.

12, place des Grands Hommes, 33000 BORDEAUX – Tél. : 05-56-48-50-51
Instagram : @cafedeminuit_bordeaux

*L'ABUS D'ALCOOL EST DANGEREUX POUR LA SANTÉ

Le Re

S'EST RÉINVENTÉ AVEC SUCCÈS !

Cette brasserie bercée par les clapotis de la Garonne propose de délicieux instants servis par des équipes aux petits soins. Alexandre Girodeau, aidé de sa compagne Inès, directrice de salle à qui il rend un fervent hommage, ainsi que des Chefs dont il salue la créativité et des équipes engagées à vous offrir de doux moments, a fait de son restaurant Le Re, une adresse gourmande.

Pour incontournable, la formule du jour – entrée, plat, dessert, à seulement 21 € – qui change tous les deux jours ! Aujourd'hui, on se régale avec un tataki de thon suivi d'un agneau de 7 heures. Demain, on craque pour un œuf mimosa avant le bœuf bourguignon. *« Nous sommes ravis de faire plaisir aux palais du quartier notamment de ceux qui travaillent dans les entreprises alentours. Nous leur devons de varier les plaisirs »*, affirme Alexandre.

Il faut dire que Le Re a une carte qui s'adapte elle aussi aux arrivages de produits frais de saison. Et le choix est loin d'être aisé tant les propositions sont tentantes : tartare de bœuf, pièces grillées du boucher selon arrivage (bavette, onglet, faux-filet…) et des burgers composés de pains artisanaux. *« Les recettes évoluent avec les saisons. En hiver, ils incorporeront du fromage à raclette ; à d'autres instants de l'année, nous mettons du cheddar. Il en est de même des compositions au bacon ou encore au chorizo… »*, explique-t-il.

Et parce qu'Alexandre ne veut que vous offrir de bons moments, Le Re qui signifie aussi bien « l'heureux » que « le re ! de revenir », propose aussi des cocktails* création à siroter accompagnés de tapas et des desserts maison délicieux comme la tarte fine aux pommes ou la Pavlova aux fruits exotiques. On réserve ! On y revient !

Hangar 18 - Lot 20 - Quai de Bacalan, 33300 BORDEAUX – Tél. : 09-83-24-50-30
Facebook : Le-Re Bordeaux

FirstName – Le Bada BISTROT URBAIN

Bar à cocktail* et restaurant nichés au cœur de la métropole bordelaise, le Bada est un lieu privilégié à l'ambiance sereine, propice à vivre des expériences tout au long de la journée autour d'une cuisine de saison. Élaborée à base de produits locaux, la carte est signée par le Chef étoilé Cédric Béchade, garant d'excellence.

C.C. Mériadeck - 14, rue Claude Bonnier, 33000 BORDEAUX
Tél. : 05-40-13-12-34
www.firstname.com/fr/hotels/bordeaux/notre-bar-restaurant

Cairn

LA CONVIVIALITÉ SUR UN PLATEAU

Entre brasserie et table bistronomique, Cairn vous invite à un bon moment de convivialité, de l'entrée au dessert. Les assiettes sont gourmandes et généreuses, à l'image du gérant ! Les viandes cuites à la braise, spécialité du restaurant, ajoutent un esprit barbecue bien apprécié des clients. La carte est également riche en poissons et plats végétariens. Les desserts sont une ode à la douceur comme la carte des vins* qui permet de tester quelques pépites. Privatisation possible pour vos événements privés et repas d'affaires.

47, rue Fondaudège, 33000 BORDEAUX – Tél. : 05-56-81-83-23
Instagram : @cairn_restaurant

> Le vrai gourmet est celui qui se délecte d'une tartine de beurre comme d'un homard grillé, si le beurre est fin et le pain bien pétri...
>
> Sidonie-Gabrielle Colette (1873-1954)

BOULIAC 33270

Le Saint-James 16/20

3 place Camille Hostein - T. +33 (0) 5-57-97-06-00 - Carte 168 € - Menu(s) 95-180 €
CHEF: MATHIEU MARTIN

Que de plaisir à cette belle table mythique du Saint-James! Mathieu Martin continue à faire merveille dans les assiettes avec des menus bien pensés, des produits nobles, mais aussi bon marché. Des ingrédients ultra-sourcés, des cuissons hautement maîtrisées, des touches d'audace, de la précision et un bon goût de «vraie cuisine», avec des jus gourmands et des clins d'œil à la région: foie gras en «vapeur de cigare» butternut, graines de courge, jus de jambon, saint-pierre blette oignon tricandilles, splendide ris de veau artichaut noix du Périgord et sabayon végétal, avec une tête de veau retravaillée et un intense jus de veau. On n'oublie pas les desserts de Sébastien Bertin, notamment sur les agrumes. Les prix accessibles et le joli choix des menus sont des atouts supplémentaires, comme le service sans faute et de beaux flacons en harmonie tout au long du repas. Le restaurant ferme ses portes en novembre 2023 pour une campagne de travaux prévue jusqu'au 3 octobre 2024.

CADILLAC 33410

AGA 13/20

7 rue Porte de la Mer - T. +33 (0) 5-56-27-47-63 - Menu(s) 24-60 €

À deux pas de la porte médiévale de ce très joli village, Alexandre Goniak et Gerie Jenner offrent une restauration distinguée déclinée sur les produits de saison. le menu déjeuner, toujours vissé à 28 €, est franchement une bonne affaire, les deux menus du soir, tout aussi cachés que le premier, ayant légèrement augmenté (50 € en 4 services, 60 € en 6 services): au printemps, tourte végétale, lieu jaune avec artichauts en textures (purée et barigoule), petits pois du Gers au wasabi, ou pigeon mariné à la cerise rôti et servi avec purée d'oignons brulés, cannelloni de cuisses de pigeon confites et tombée de chou, fraises et rhubarbe crème diplomate verveine en dessert. Cave bordelaise importante (pairing à 8 € le verre), service compétent et agréable. Parmi les petites attentions bien sympas, l'eau filtrée servie (pétillante ou plate) est offerte gracieusement et à volonté.

Menu(s)

Fourchette de prix mentionnant le menu le moins cher et le menu le plus cher proposant à la fois entrée, plat et dessert sans les boissons, qui n'exclut pas les prix intermédiaires

Boulangerie K3

FAÇONNAGE À L'ANCIENNE

À Canéjan, entre Gradignan et Cestas, à 10 kilomètres de Bordeaux, Nathalie et Philippe Musemaque on créé une boulangerie-pâtisserie et se sont associés au chef boulanger-pâtissier Axel Cocheteux. Les deux hommes travaillent les blés spécifiques du meunier Gers Farine afin d'offrir le meilleur à leur clientèle Parmi les spécialités boulangères phare de la Maison, on citera la baguette Kanéjane, confectionnée grâce à une farine de blé tendre et de blé dur promettant un fabuleux croustillant, et le Rustique, un pain de campagne que l'on peut conserver plusieurs jours. Les pains spéciaux, vendus à l'unité et à la coupe respectent une fabrication en fermentation longue, plus hydratée, plus légère et plus digeste.
Le + : Des mange-debout sont installés en terrasse pour une petite pause.

Centre Commercial La House, 33610 CANÉJAN – Tél. : 05-56-21-50-52

Boulangerie-pâtisserie Troël

L'EXCELLENCE BOULANGÈRE

Tout près de Saint-Émilion entre Bordeaux et Bergerac, Christelle et Jean-François Troël, Compagnons du Devoir, déclinent la magnifique farine du moulin du Courneau dans leurs spécialités boulangères et pâtissières. Goûtez la Paysanne, une baguette au malt torréfié et découvrez la délicieuse gamme de pains spéciaux comme le Saint-Pathique, farine d'épeautre, seigle et graines, le Noix-noisettes-raisins, la tourte de seigle ou encore la tourte d'antan à la coupe : tous ces pains sont élevés en fermentation longue sur levain naturel. Dégustez également les différentes et savoureuses brioches du moment à partager, ainsi que le kouglof et les viennoiseries maison. Le Gallieni avec son fond feuilleté praliné et sa bavaroise au chocolat noir est l'une promesse enivrante de la Maison.

4, place du 14 Juillet, 33350 CASTILLON-LA-BATAILLE
Tél. : 05-57-40-05-88

Padoca

100 % FAIT-MAISON

Le crédo d'Elaine et Paul, derrière la boulangerie artisanale Padoca, est tout simple : *« C'est nous qui nous adaptons aux matières premières et pas l'inverse ».* Dans une démarche durable, ils transforment leur blé ancien et bio, comme le Rouge de Bordeaux ou l'Engrain, et leur levain naturel directement sur place grâce à leur moulin en pierre (oui ! oui, ils possèdent leur propre moulin), situé dans leur bâtiment historique : l'ancienne mairie de la ville. Toujours sur place, la cuisson des pains se fait ensuite dans leur four à bois (parce qu'ils ont aussi un four à bois). Leurs pâtisseries, leurs biscuits et même leurs pâtes, des Mafaldines, des Ricciolis, des Conchiglie sont 100 % maison. Le lieu est chaleureux et convivial. Et on vous a dit pour la terrasse ombragée et le salon de thé ?

67, avenue de la Libération, 33320 EYSINES – Tél. : 05-56-24-25-16
Faceboook : Padoca Boulangerie – Instagram : @padoca_boulangerie

Le Salon de la Glace

DU PUR PLAISIR GOURMAND

Aujourd'hui entre les mains de Julien Feuillet, petit-fils du fondateur de l'enseigne, en 1967, cette institution revendique un excellent rapport qualité/prix. La fabrication de ses crèmes glacées et ses sorbets plein fruits est une affaire de savoir-faire et d'ingrédients de premier choix, entre lait entier, fruits de saison, chocolat Valrhona®, etc. Le résultat est à la hauteur des attentes de tous les gourmands.
Ouvert de février à novembre le mercredi et le week-end, et 7j7 de mai à septembre.

142, avenue de Maubuisson, 33121 CARCANS – Tél. : 05-56-03-30-80
Facebook : La Salon de La Glace

La Petite Auberge

UN BILLET POUR LE PORTUGAL

La Petite Auberge est un établissement qui fait la part belle à la cuisine portugaise, dans toute sa diversité : *bacalhau*, poulpe, cochon de lait, *posta mirandesa* (entrecote portugaise), carne alentejana (sauté de porc aux coques), le bitoque, ou encore la *Francesinha*, un sandwich typique de Porto composé d'un steak de bœuf, de saucisse fumée et de fromage entre deux tranches de pain grillées. Autant de plats populaires, réalisés avec soin, à déguster dans une atmosphère conviviale et familiale. Des suggestions sont proposées tous les samedi et dimanche, l'occasion de belles découvertes gustatives pour les uns et de plaisirs renouvelés pour les habitués. Le tout à deux pas du pont Chaban-Delmas à Bordeaux : une bien agréable façon de voyager sans quitter sa table... *Ouvert tous les jours, midi et soir.*

39, rue Jules Guesde, 33150 CENON - Tél. : 05-56-86-63-19
Facebook : La Petite Auberge Eric & Eliane

O'Délices du Médoc

LE RENDEZ-VOUS DES GOURMANDS !

La créativité, la passion du métier et le savoir-faire artisanal : Sophie, pâtissière d'expérience, cultive dans sa boutique, le plaisir de vous régaler autour de macarons, cup cakes et entremets aussi audacieux que savoureux et d'accompagner également vos célébrations et évènements ! Laissez-vous séduire par la large gamme de macarons, spécialité de la maison (une trentaine, des grands classiques à ceux aux parfums originaux), les cup cakes et entremets, équilibrés et peu sucrés pour laisser toutes les saveurs se révéler. Savoir-faire artisanal et attachement aux valeurs du métier ont permis à cette passionnée d'être intronisée à la Confrérie Gourmande de la Chocolatière. Il n'est pas rare de la croiser partout en France dans les salons du chocolat. Ouvrez l'œil ! *Ouvert mardi et jeudi (9h-17h30), mercredi et vendredi (9h-18h), samedi (10h-12h30 ; 15h-18h) et dimanche matin.*

3, place des Commerces, 33460 CUSSAC-FORT-MÉDOC – Tél. : 05-57-87-13-10
www.odelicesdumedoc.com

Le Fournil de l'Hippodrome

PLUSIEURS FOIS PRIMÉ

Depuis 2014, Fouzia et Emmanuel Eclancher ainsi que leurs équipes reçoivent des pluies de récompenses ! Pour leur baguette de tradition, d'abord, puis pour leur croissant et leur brioche qui eux-aussi ont été récemment primés. Passionnés par leur métier, ils confectionnent des pains spéciaux sur levain comme le Campagne aux six céréales ou encore celui aux graines de courges et cranberries. Une très belle gamme d'éclairs, aux parfums de citron, vanille, caramel, pistache, framboise et chantilly ou plus classiques au café ou au chocolat, stimulent les sens des plus gourmands. Côté snacking, les boulangers ont élaboré une belle offre de quiches, pizzas, sandwichs, pains bagnats et autres succulents sandwichs au pain viennois. Amoureux de l'excellence, vous vous régalerez !

65, avenue de l'Hippodrome, 33320 EYSINES – Tél. : 05-56-28-76-13
Facebook : lefournildelhippodrome

Maison Dorée

UNE BOULANGERIE-PÂTISSERIE RUSTIQUE-CHIC

La boulangerie-pâtisserie Maison Dorée est connue pour une spécialité à nulle autre pareille : le Cache-museau : Un chou à la crème si imposant qu'il dissimule le visage de celui qui s'en régale ! *« De la gourmandise pure »*, pour Adrien Ardouin, quatrième détenteur de la recette en 80 ans. Depuis 2021, ce trentenaire perpétue cette tradition *« rustique »* tout en proposant des pâtisseries plus contemporaines et raffinées, ainsi qu'une gamme de pains bio. Une manière de moderniser cette institution grignolaise et de dynamiser le village.

17, allée Saint-Michel, 33690 GRIGNOLS – Tél. : 05-56-25-51-19

Mini port pirate

POUR GOÛTER AU BORD DU BASSIN D'ARCACHON

Ce snack-bar doit son nom aux petits bateaux et pédalos qu'il loue pour voguer au milieu des canards et des oies qui peuplent le lac de la Magdeleine. Gaufres, glaces et boissons chaudes ou froides en font un lieu très couru des familles. La cabane en bois qui tient lieu de snack n'est d'ailleurs ouverte qu'en dehors des jours d'école, des vacances de février à celle de la Toussaint.

Route du Lac-de-Magdeleine, 33470 GUJAN-MESTRAS
Tél. : 06-50-99-72-48

Vitelli

DOLCE VITA À LA FRANÇAISE !

Les propriétaires, Maude et François, passionnés par la gastronomie italienne, ont repris cette ancienne pizzeria, conservé le matériel mais changé l'esprit : une carte simple aux recettes authentiques, agrémentée de suggestions de saison ! En cuisine, François et Laëtitia concoctent des plats avec peu d'ingrédients, sélectionnés pour leur haute qualité et leur goût marqué : carbonara au guanciale, salade César, escalope milanaise, pizzas valorisant les terroirs, mousse mascarpone aux deux citrons…En salle, Maude et Aurélie combinent accueil chaleureux et conseils personnalisés pour vous faire passer un moment gourmand. Vitelli s'engage aussi pour la planète : fournisseurs locaux, fruits et légumes bio, récup' pour la déco… Ici, le bon se vit à tous les niveaux.
Ouvert midi et soir du mercredi au dimanche.

16, avenue du Maréchal de Lattre de Tassigny, 33470 GUJAN-MESTRAS - Tél. : 05-56-66-49-46
www.vitelli.restoitalien.gujan-mestras.fr

La Féria

FAITES-VOUS PLAISIR !

Le label Maître Restaurateur est la garantie que les suggestions sont réalisées 100% maison. *« Même si notre carte accorde une grande place aux foies gras, magrets et confits, si nos éleveurs sont victimes de la grippe aviaire, nous ne nous fournissons pas ailleurs »*, affirment Clémence et Stephan Pey, les patrons. Ici, toute l'année, midi et soir, on aime les délices concoctés par le Chef Thomas Marques-Fernandes dont les incontournables paëlla, parrillada, burger coin-coin, salade landaise, mousse chocolat, profiteroles… On adore l'emplacement en forêt aux abords du lac, l'ambiance décontractée, le menu enfant fait maison, le service de jeunes souriants et le choix des vins* au verre. En plus de la salle de 60 couverts, La Féria c'est une belle terrasse de 100 places et un cabanon bar tapas.

Chemin du Loup - Lac de la Magdeleine, 33470 GUJAN-MESTRAS - Tél. : 05-57-52-48-41
www.alaferia.fr

*L'ABUS D'ALCOOL EST DANGEREUX POUR LA SANTÉ

Le Cercle

ATMOSPHÈRE FAMILIALE

Située tout près du château de La Brède, Le Cercle est une institution. C'est aujourd'hui le restaurant de Jessica et Charles, le Chef, qui n'ont qu'une envie : ravir les papilles de leurs clients avec une cuisine traditionnelle qui leur ressemble. Ils proposent de belles de pièces de viande grillées sur leur barbecue intérieur mais aussi des spécialités comme le chaud/froid de thon aux épices et les fameuses pâtisseries du Chef (pain perdu, macaron aux framboises…). Dans un patio plein de charme ou dans l'une des trois salles privatisables, les clients se font servir par une sympathique équipe qui vous réserve d'autres surprises. Leurs prestations traiteur, également élaborées à partir de produits locaux et de qualité, sont en effet de plus en plus demandées. *Ouvert à midi du mardi au samedi et, le soir, du vendredi et samedi.*

11, place Montesquieu, 33650 LA BRÈDE – Tél. : 05-56-88-62-14
Facebook : Le cercle La Brède

La vraie cuisine est une forme d'art. Un cadeau à partager.
Oprah Winfrey (1954-)

LANGON 33210

Maison Claude Darroze 13/20

95 cours du Général Leclerc - T. +33 (0) 5-56-63-00-48 - Menu(s) 45-145 €
Qui peut résister au charme de cette institution dont la simple évocation du nom Darroze permet de saliver? Dès les beaux jours, on se retrouve avec le même plaisir sur la terrasse ombragée et la salle a reçu dernièrement un look plus contemporain avec la baie vitrée apportant une grande luminosité. Murs en pierre, tables contemporaines en bois clair, assises confortables, l'espace est agréable et laisse présager un bon moment. Mathis Jonquet, en place depuis un an, donne le tempo, saisons respectées, bons produits, et assiettes agréables, gnocchis coulis d'aillet et voile de bellota, truite de Banka, blinis au beurre maître d'hôtel, radis, avec un très bon sabayon aux graines de moutarde, dans un ensemble tout de même un peu juste pour un menu à 90 €. Le soufflé final heureusement ne retombe pas et permet de maintenir les deux toques. En salle, le directeur Pierre Couturier règle avec aisance le protocole d'un service un brin rigide et la cave bordelaise est imposante, méritant sans doute une mise en valeur plus affirmée.

L'Atelier FV 12/20

62 cours des Fossés - T. +33 (0) 5-56-76-25-66 - Menu(s) 22-49 €
Flavien Valère, passé chez Philippe Etchebest et Philippe Gauffre, est revenu dans sa ville natale pour faire apprécier une belle technique et une vision moderne des associations sur des produits locaux de qualité: asperges blanches et soubressade mayonnaise orange au siphon et cacahuète, dos de cabillaud rôti à l'olive noire risotto de fregola sarda crème d'épinard, échine de porc confite et laquée chou-fleur et échalote fondante jus de carotte réduit. Un bon menu à 39 € couvre la carte, en terminant par un agréable dessert rhubarbe sur un financier pistache. Cave bien étendue, menu déjeuner attractif à 24 €.

Tables Remarquables – 15/20 à 16,5/20

Tables de Chef – 13/20 à 14,5/20

Tables Gourmandes – 11/20 à 12,5/20

Tables Originales – 10/20 à 10,5/20

Chez Thomas

CRÉATEUR DE SAVEURS

oulangerie, pâtisserie, snacking, glaces et sorbets en été : Mélanie et Thomas Carré, entourés de leurs quipes, savent combler toutes les envies de leurs clients. Outre les baguettes de tradition Label Rouge u la baguette au levain maison, réalisées dans la pure tradition boulangère, Thomas propose une ingtaine de pains spéciaux comme la tourte de seigle ou le noix-noisettes-raisins. Côté plaisirs sucrés, l'équipe travaille les grands classiques, elle crée de nouvelles gourmandises au fil des saisons à l'image u magnifique Gianduja avec un fond de cacahuètes, caramel beurre salé et mousse de gianduja. L'offre nacking, quant à elle, séduit avec les sandwichs classiques ou le plat du jour chaud en semaine. En été, ous pourrez savourer une dizaine de sorbets et glaces sur la terrasse ombragée.

13, avenue de la République, 33138 LANTON – Tél. : 05-57-17-92-54
www.boulangerie-patisserie-lanton.fr

La Cambuse Du Bassin

ÔDE AU TERROIR

Entre son nom, en hommage au bassin d'Arcachon, ses mets et sa sélection de vins* qui privilégie le terroir local, le restaurant la Cambuse apporte du renouveau dans le paysage de La Teste. Élaborée avec le Chef, Jonathan, la carte de style « bistro marché » associe les viandes grillées au feu de bois et les spécialités de poisson, le tout fait maison absolument. Réservation conseillée et privatisation possible pour profiter de cette ambiance moderne et chaleureuse.
Ouvert du lundi au samedi, midi et soir.

1, impasse du Bosquet, 33260 LA TESTE-DE-BUCH – Tél. : 05-57-15-20-03
Facebook : La Cambuse du Bassin

*L'ABUS D'ALCOOL EST DANGEREUX POUR LA SANTÉ

La Gloutonne

BONNE CHÈRE ET GOURMANDISE

Bœuf bourguignon, pot-au-feu à la royale, fricassée d'encornets à la basque, Octavie Lagueyte et Sébastie Dematraz transmettent une cuisine réconfortante comme elle se concoctait autrefois. Le Chef, imprégn des recettes de son grand-père, choisit les meilleurs ingrédients en circuits courts pour mijoter ses peti plats aux effluves de souvenirs olfactifs. Le restaurant, avec son look vintage et ses meubles chinés, vou accueille à table ou au salon pour partager des planches « gloutonneries » de charcuterie espagnol (jambon Serrano affiné 24 mois) et/ou italienne (Bellota, Villani à la truffe) autour d'un fin nectar françai espagnol ou chilien*. Une jolie terrasse ombragée, mais atypique offre trois ambiances : à table sur de chaises colorées, au salon ou en format mange-debout sur des tonneaux.

22 bis, rue Lagrua, 33260 LA TESTE-DE-BUCH – Tél. : 09-82-50-00-80

Athema

UN ÉCRIN DE DOUCEURS

Du petit-déjeuner au goûter, profitez de l'ambiance du salon de thé de Marie Bénard dans un déco chaleureux aux influences grecques. La Cheffe pâtissière sélectionne avec soin ses matières premièr pour renouveler la carte tous les deux mois. Le Soleil Levant, une tarte au citron meringuée parfaitemen équilibrée, fait partie de ses best-sellers, comme la barre façon Snickers composée d'un sablé breto de caramel onctueux, de noix de pécan torréfiées, le tout enrobé de chocolat. Pour accompagner ce délices, laissez-vous tenter par un café du Mexique, un thé de la maison Tea & Cie, chaud ou glacé, d'un citronnade ou bien une boisson glacée maison. Marie imagine et conçoit des pâtisseries fines et des gâteau de voyage originaux avec un visuel raffiné. Un savoir-faire artisanal, à découvrir !

9, place Gambetta, 33110 LE BOUSCAT – Tél. : 06-68-04-74-86 – www.athema-lebouscat.fr

*L'ABUS D'ALCOOL EST DANGEREUX POUR LA SANTÉ

LE BOUSCAT 33110

Ro'cha 14,5/20

165 avenue d'Eysines - T. +33 (0) 5-57-65-15-29 - Menu(s) 35-75 €

Il en avait tellement envie. Jean-Luc Rocha a enfin ouvert son propre restaurant aux portes du Parc bordelais, côté Le Bouscat. Dans cette déco contemporaine joliment refaite aux touches orangées, avec une petite terrasse pour les beaux jours, on se sent bien à l'aise. Le chef MOF, que l'on connut au Château Cordeillan-Bages, peut y pratiquer la cuisine qu'il aime et qui lui ressemble, généreuse, goûteuse, dans un esprit de convivialité et de partage. La technique, il la maîtrise, le talent et le savoir-faire sont là, c'est incontestable, et même prouvé scientifiquement par des assiettes à tempérament : soupe glacée de pommes de terre, anchois mariné (des merveilles de Cantabrie), servi avec un croque croustillant et gourmand, magnifique cuisson du cabillaud concise au chorizo, risotto de légumes lié au parmesan et mascarpone, sauce émulsionnée légèrement crémée au bouillon de coques, riz soufflé, noble rusticité du bœuf angus, galette de pommes de terre au lard paysan, légumes verts, jus au gras de bœuf, avec ces «épluchures» de pommes de terre à grignoter du bout des doigts... Une version «cuisinier» du paris-brest en dessert revu en «bordeaux-bouscat», avec une crème montée au gianduja et abricots grillés. À la direction de salle, un habitué de belles maisons, Guillaume Carpel, que l'on a croisé à Château Troplong Mondot et Les Sources de Caudalie. Carte de vins en construction, majoritairement régionale.

HÔTEL

Maison Pavlov - *5 étoiles*

199 avenue de la Libération Charles de Gaulle - T. +33 (0) 5-56-01-05-00 - À partir de 310 €

Au cœur du Bouscat, bucolique à souhait avec ses grands arbres et ses jardins, cette adresse inaugurée en 2021 est la propriété de Maxime et Mary Rousselin, couple de restaurateurs bien connu des Bordelais, notamment pour leur délicieuse table Le Chien de Pavlov. Décidés à se lancer dans l'aventure de l'hôtellerie, Maxime et Mary ont aménagé cette chartreuse XVIIe pour accueillir leurs hôtes dans l'une des 8 chambres décorées dans un esprit très british contemporain. Murs aux couleurs acidulées, mix graphiques de tissus et de papiers peints... Le charme opère à coup sûr et les fidèles, déjà nombreux, ne jurent que par cette adresse, riche également d'une table gastronomique, d'un spa griffé Nohèm et d'un jardin à la française orné d'une belle piscine.

LÈGE-CAP-FERRET 33950

L'Auberge du Bassin 13,5/20

5 rue des Pionniers - T. +33 (0) 5-56-60-70-22 - Carte 21 €

Avec une vue époustouflante sur le bassin d'Arcachon, l'Auberge du même nom a rouvert ses portes fin juin avec un changement de propriétaire pour une saison éphémère avant travaux. Mélanie Serre, Grande de Demain l'an passé pour Elsa à Monaco, était très attendue. Pour ce redémarrage, elle a décliné deux concepts : une formule d'assiettes en petites portions à partager, avec des propositions sympathiques et originales le soir, et un menu unique et sans choix le midi, renouvelé chaque jour, plus une formule table d'hôte pour 6 à 8 convives. Aucun doute, la jeune femme a beaucoup de talent pour offrir une cuisine délurée, actuelle, savoureuse, sur des ingrédients familiers : le très bon maki de poireaux au nori, émulsion au citron et gingembre confit, l'excellent et frais ceviche de daurade, nectarines, oignons rouges et lait de coco aux herbes fraîches, le lobster roll dans une brioche moelleuse, avec une mayonnaise au curcuma, et la tarte snickers cacahuète et caramel beurre salé. Cave complète, variée sur toutes les régions, tarifs d'ensemble naturellement assez élevés, jeune service dévoué et efficace, sous la supervision de Bertrand Guillou-Valentin, le compagnon de Mélanie, que nous avions déjà connu au Louis Vins.

HÔTEL

Hôtel Côté Sable - *4 étoiles*

37 boulevard de la Plage - T. +33 (0) 5-57-17-07-27 - À partir de 279 €

Posé sur la côte Sud de la presqu'île (et donc préservé des vents de l'Atlantique), ce refuge habillé de bois offre une immersion assez unique dans l'art de vivre du Cap Ferret. Décorées par la (très) talentueuse décoratrice Adra Bataille, les 15 chambres et suites déclinent toutes une ambiance bien particulière, avec des meubles chinés dans les brocantes locales ou revenus d'Inde ou d'Asie. Toutes possèdent balcon, jardin ou terrasse avec vue sur le bassin ou la pinède et, à deux pas, le restaurant-bar où on s'installe au fil de la journée pour boire son café le matin, déguster une planche de fromages et charcuteries à midi, ou une pâtisserie à l'heure du thé. Une mention enfin pour le remarquable spa avec ses cabines de massages et de soins griffés Clarins.

Hôtel des Pins

23 rue des Fauvettes - T. +33 (0) 5-56-60-60-11 - À partir de 70 €

Cet ancien théâtre, bâti dans les années 1930 et transformé en hôtel, a su préserver ses charmes, avec sa façade de type colonial, sa grande verrière et son escalier extérieur débordant d'hortensias. À l'intérieur, 13 chambres donnent à l'établissement un côté intime et cosy avec leurs tonalités douces et leurs murs lambrissés, sans oublier la chambre roulotte installée dans le jardin. Le petit déjeuner, délicieux, est servi sous la véranda ou dans le patio à l'ambiance très végétale, le tout à l'extrémité est de la presqu'île du cap Ferret, bordée par l'océan et les eaux calmes du bassin.

Carte

Addition moyenne d'un prix à la carte englobant le prix d'une entrée + plat + dessert

Menu(s)

Fourchette de prix mentionnant le menu le moins cher et le menu le plus cher proposant à la fois entrée, plat et dessert sans les boissons, qui n'exclut pas les prix intermédiaires

La Cabane 57

LA MER SUR UN PLATEAU

Avec sa vue imprenable sur l'île aux Oiseaux et la dune du Pilat, la cabane ostréicole de Sylvie Latrille et de son fils, Louis, est une perle rare bien connue des amateurs d'huîtres. Dans une ambiance familiale et décontractée, se côtoie une clientèle éclectique de baroudeurs au long cours, touristes élégants et trentenaires... Tous unis par leur amour du célèbre coquillage avec l'huître creuse du bassin en guest-star. Des huîtres charnues à l'équilibre parfait, choyées par ces producteurs passionnés et récompensées lors du Concours général agricole.

Port de Piraillan - 40, rue du Littoral, 33950 LÈGE-CAP-FERRET – Tél. : 06-13-29-87-60
latrille.sylvie@neuf.fr

« Nourriture des bergers depuis la plus haute antiquité, le fromage est, grâce au génie inventif des hommes, devenu un des fleurons de la gastronomie.

Prosper Montagné (1865-1948) »

Laiterie Gilbert Cap-Ferret

ODE AUX FROMAGES

Proposant essentiellement des fromages au lait cru et fermiers, Aude est fromagère indépendante au sein du réseau de la Laiterie Gilbert. Attachée au travail avec les petites exploitations et les producteurs locaux, elle offre à ses clients un voyage gourmand au fil des saisons et des découvertes.
Ouvert du mardi au samedi de 9h à 13h et de 16h à19h, le dimanche de 9h à 13h.

45, route du Cap Ferret, Grand Piquey, 33950 LÈGE-CAP FERRET
Tél. : 06-07-86-88-71 – Instagram : @laiterie_gilbert_capferret

LÉOGNAN 33850

HÔTEL

Château Léognan - *5 étoiles*

88 chemin du Barp - T. +33 (0) 5-35-56-96-70 - À partir de 300 €

L'une des demeures les plus élégantes du Bordelais, symbole d'un art de vivre à la française qui s'attache à préserver son patrimoine en le tournant vers demain. Dès l'arrivée, on se laisse séduire par le raffinement de cette bâtisse XIX qui fut la propriété des moines de Saint-Jean puis d'un riche armateur et surtout, l'inspiratrice de François Mauriac qui en fit le décor de son roman Les Chemins de la Mer. Désormais membre du groupe Millésime, le lieu abrite une vingtaine de chambres et suites qui mixent avec art, passé et modernité - lustres à pampilles et parquets en point de Hongrie, lignes pures et salles de bain design. À deux pas, le chef Gaël Derrien invite ses hôtes dans l'ancien manège de chevaux qui abrite aujourd'hui le restaurant le Manège, le temps d'y déguster une cuisine de haut vol qui magnifie les recettes du Sud-Ouest avant de partir à la découverte des vignobles alentour. À moins d'opter pour une pause dans le spa logé dans deux vastes yourtes, avec des cabines de soin largement ouvertes sur le parc. Et pour une totale immersion dans la nature, on préférera les quatre lodges disséminés dans les jardins ou encore les trois luxueuses cabanes dans les arbres, paradis des plus petits.

MAISON D'HÔTES

Château Le Pape

25 chemin Le Thil - T. +33 (0) 5-56-64-75-11

Aux portes de Bordeaux, le Château Le Pape est posé au cœur d'un vignoble de neuf hectares, propriété de Robert Wilmers qui préside également aux destinées du château Haut-Bailly tout proche. Bâtie au XVIII siècle et désormais transformée en maison d'hôtes, cette élégante chartreuse réunit cinq luxueuses chambres et suites seulement, décorées de meubles anciens et prolongées par de très belles salles de bain - le tout donnant, pour certaines, sur de grandes terrasses avec une vue à 180° sur les vignes et la piscine. Ici, pas de restaurant, mais une belle salle à manger où l'on déguste de savoureux petits déjeuners et, le soir, une "Assiette du chef", préparée sur commande. Que les gourmets se rassurent, ils seront les bienvenus à la Table Privée du château du Haut-Bailly tout proche, pour un dîner sur réservation (quatre personnes).

LIBOURNE 33500

Chez Rémi 11/20

6 rue Fonneuve - T. +33 (0) 5-57-51-27-71 - Carte 36 € - Menu(s) 13 €

Près des bords de la Dordogne, le bistrot utile qui ne déçoit pas. Par son accueil, son ambiance et sa large ardoise de petits plats du moment qui réchauffent le cœur : entrées canailles à partager, os à moelle, pied de cochon, cœurs de canard grillés plancha, grandes salades (tricandilles, aïoli de morue...), et plats solides pour travailleurs méritants : rognons de veau sauce moutarde, axoa de veau, joue de bœuf confite sauce vin rouge, épaule de porcelet farcie. On mange bien pour 50 € avec un café gourmand, et cette régalade vaut bien une petite toque.

CHARCUTIER

Benoist Fils et Fille

7 place Abel Surchamp - T. +33 (0) 5-57-51-00-84

Sous les arcades de la place, un charcutier traiteur réputé qui anime la place avec sa rôtisserie et ses bons poulets, , ses burgers à emporter, toute la charcuterie et les plats préparés du moment (crêpes jambon béchamel, gratin de poisson, ratatouille...).

PÂTISSIER

Pâtisserie Lopez

18 rue Gambetta - T. +33 (0) 5-57-51-15-76

Les bons gâteaux classiques et toujours les spécialités qui plaisent aux locaux comme aux touristes, le Saint-Bernard ou le Bouchon du vigneron ; Du bon travail au quotidien et des réalisations gourmandes pour tous les moments de fête. Goûtez aussi les chocolats et confiseries.

LORMONT 33310

Le Prince Noir 16/20

1 rue du Prince Noir - T. +33 (0) 5-56-06-12-52 - Menu(s) 66-145 €

CHEF : VIVIEN DURAND

Dans les écuries du château où se trouve cette superbe salle aux éléments contemporains dans un cadre historique, le Prince s'appelle Vivien Durand, maitre du feu, des horloges, du temps qui passe si doucement et si agréablement pour les habitués comme pour les Singapouriens en visite. Le maître mot pourrait être l'harmonie, qui règne dans la salle comme dans les assiettes. Avec la tortilla à la morue, coco, topinambour foie gras grille bouillon de langoustine, le très remarquable maigre de ligne de ligne maturé 10 jours, rôti au four à charbon, pil pil basque, panisse, sauce grenobloise pois chiche frits, hure de poisson bouillon courge huile d'harissa ou encore le ris de veau rôti a la graisse de bœuf croustillant condiment ail noir, sauce blanquette, ris de veau frit, macédoine, jus de veau... De la maîtrise et de l'imagination jusqu'au dessert chocolat câpres tout aussi inventif, un service prévenant, proche et habile, également pour conseiller la grande carte des vins sur toute la façade atlantique, mais aussi des accords sans alcool qui vont dans le sens de l'Histoire.

MARTILLAC 33650

La Table du Lavoir 13/20

Chemin de Smith Haut Lafitte - T. +33 (0) 5-57-83-83-83 - Carte 66 € - Menu(s) 45 €

Dans le cadre prestigieux des Sources de Caudalie, le deuxième point de restauration, en mode table à la ferme et superbe déco de reconstitution, gagne encore un galon avec cette deuxième toque, grâce à tous les efforts déployés par les équipes de Nicolas Masse. Le parti pris d'excellence de notre 4-toques girondin déteint dans le lavoir, pour le plus grand bonheur des convives qui savourent leur plaisir à un tarif bien moindre. Avec notamment un menu du jour idéal à 45 €, aux assiettes parfois simples mais toujours bien faites. Pour les amateurs du terroir classique, foie gras, pâté en croûte, joue de bœuf carottes glacées et citron confit, ou encore magret à la crème de cassis attirent logiquement les foules au pays des graves.

Rouge - Les Sources de Caudalie 11,5/20

Chemin de Smith Haut Lafitte - T. +33 (0) 5-57-83-83-83 - Carte 48 €

Dans le prestigieux cadre des Sources de Caudalie, ce troisième point de restauration offre un plaisir supplémentaire certain. Dans un esprit cave à manger, ce lieu convivial et détendu, qui ne limite pas ses horaires, offre un large choix de vins au verre, mais aussi et surtout de belles assiettes gourmandes et variées : houmous tomates et citron confits par exemple, ou un os à moelle, estragon et ail confit... ou encore une assiette d'huitres de Joël Dupuch, des planches de fromages ou charcuteries...

HÔTEL

Hôtel Les Sources de Caudalie - *5 étoiles*

Chemin de Smith Haut Lafitte - T. +33 (0) 5-57-83-83-83 - À partir de 350 €

Au cœur des vignes du château Smith Haut Lafitte, Les Sources de Caudalie ont joué les pionniers en posant, dès 1999, les bases de l'œnotourisme de luxe dans le Bordelais, obtenant en 2016 la récompense la plus convoitée, à savoir le label «Palace», venu saluer un lieu aussi somptueux qu'atypique. Nichées dans un décor bucolique et toutes différentes, les 40 chambres et 21 suites sont réparties dans six maisons, tour à tour décorées de meubles locaux chinés ou déclinant un esprit colonial. Non loin de là, le célébrissime spa, spécialisé en vinothérapie, offre une palette de soins alliant les bénéfices d'une eau de source chaude, riche en minéraux et oligo-éléments, aux découvertes scientifiques sur la vigne et le raisin. On vient ici pour ces cures d'exception et, sur place, on savoure les délices de La Grand'Vigne, remarquable table gastronomique riche d'une cave de 16000 bouteilles. Le symbole parfait du luxe et de l'art de vivre.

PAUILLAC 33250

HÔTEL

Hôtel Château Cordeillan-Bages - *5 étoiles*

Route des Châteaux - T. +33 (0) 5-56-59-24-24 - À partir de 306 €

Située entre l'estuaire et les plages de l'Atlantique, cette chartreuse girondine a été transformée en hôtel sous l'impulsion de son propriétaire Jean-Michel Cazes, qui a imaginé là un refuge pour tous les amateurs de grands crus du Bordelais, dont le célèbre Château Lynch-Bages, qui appartient à la famille depuis 1939. On se laisse prendre par le charme de cette demeure plongée au cœur des vignes, dont les 28 chambres et suites sont décorées de meubles anciens et de luminaires de designers (Gae Aulenti, Andrée Putman), le tout ouvrant sur le parc avec ses terrasses ombragées de pins et sa piscine chauffée de 25 m. Un refuge chaleureux et raffiné, membre du groupe Relais & Châteaux.

Des Vignes et Des Anges - *4 étoiles*

3 quai Albert Pichon - À partir de 147 €

Ses fidèles se souviendront qu'il s'appelait autrefois l'Hôtel de France et d'Angleterre. Entièrement restaurée et rebaptisée Des Vignes et des Anges, cette adresse a conservé le meilleur : la noblesse de son architecture XVIIIe et sa parfaite localisation, face au port de Pauillac et à la Gironde. Pour le reste, elle a fait peau neuve et accueille désormais ses hôtes dans 44 chambres qui offrent le meilleur du confort contemporain : literies haut de gamme, meubles épurés et salles de bains élégantes, mais également un spa avec salle de fitness et piscine ou encore une belle salle de restaurant prolongée d'une terrasse dominant l'estuaire. Dernier atout, des salles de coworking et de séminaires qui font du lieu une halte aussi plaisante pour un voyage d'affaires ou de loisirs.

POMEROL 33500

La Table de Catusseau 13/20

86 rue de Catusseau - T. +33 (0) 5-57-84-40-40 - Carte 62 € - Menu(s) 45-69 €

Une table de village - et quel village ! - bien tenue, dans un bel immeuble de pierre du pays. Cela donne quelques lettres de noblesse et quelques envies au chef de sortir de la routine avec des ingrédients nobles et des préparations à deux toques : mi-cuit de bar mariné salicornes poudre d'algues hollandaise au kalamansi, pigeonneau comme une pastilla lard paysan chou vert et foie gras sauce civet, tarte sablée soufflée au chocolat fruits secs caramélisés pour une jolie séquence sans faute autour de 60 €. Atmosphère agréable, tranquille, service appliqué, bon menu à 45 €.

PUISSEGUIN 33570

VIGNERON

Closerie Saint Roc

1 route de Gasquerie - T. +33 (0) 5-57-40-61-82

Reprise en 2012 par la famille Amoreau, propriétaires de le Puy, la Closerie Saint Roc est un petit domaine de 16ha, dontla grande diversité de terroirs a donné naissance à trois vins parcellaires à l'identité singulière. Pionnière de l'agro-biologie en France, la famille Amoreau y développe une philosophie et une démarche ancestrales, en l'absence de tout intrant chimique, afin d'offrir une nouvelle voie vers toujours plus de finesse et de précision.

PYLA SUR MER 33115

Skiff Club de l'Hôtel Ha(a)ïtza 15,5/20

1 avenue Louis Gaume - T. +33 (0) 5-56-22-06-06 - Menu(s) 150-240 €

*CHEF : **STÉPHANE CARRADE***

Stéphane Carrade est un grand pro, que l'on peut immerger à peu près sous toutes les latitudes et en tous milieux avec la même réussite. Mais il n'est jamais tant à l'aise que dans son cher Sud-Ouest et ce grand complexe du Pyla est un terrain de jeu évidemment excitant. Il y dessine sa géométrie variable et gourmande en respectant les codes de la gastronomie pour des tradi qui ne veulent pas forcément se poser trop de questions : on enchaîne avec aisance le caviar de Gironde et les encornets avant un joli cri terre-mer, entrelacs de daurade et fenouil dans une fraîcheur absolue, comme l'étonnant corps à corps de l'huître et rougail avec le porc noir de Bigorre chou et truffe noire. Du très beau travail, servi par une équipe jeune et précise, l'expertise en bandoulière, qui délivre en cadence l'océan et le fermier jusqu'au beau dessert vanille, vacherin fenouil kumquat et kalamansi. Vaste cave régionale où les grands crus sont bien rangés.

HÔTEL

Hôtel La Co(o)rniche - *5 étoiles*

46 avenue Louis Gaume - T. +33 (0) 5-56-22-72-11 - À partir de 275 €

Sans conteste la plus belle adresse du bassin d'Arcachon. Imaginez un ancien relais de chasse bâti dans les années 1930 avec une vue exceptionnelle qui embrasse à la fois la dune du Pilat (la plus haute d'Europe), le cap Ferret et le banc d'Arguin. Entièrement repensé par Philippe Starck en 2009, l'établissement se veut à la hauteur de sa géographie avec 11 chambres ultra-chics situées dans le bâtiment principal et 18 nichées dans des bungalows façon chai ostréicole. Elles sont toutes décorées de matières brutes et de tonalités chaudes, avec de beaux meubles en rotin, des carrelages orientaux et des terrasses qui ouvrent sur l'océan... L'océan, justement, que l'on admire surtout depuis la terrasse perchée à 50 m de hauteur, où l'on vient siroter un cocktail maison ou déguster un plateau de fruits de mer en admirant le coucher de soleil, hypnotique, dorer les eaux de l'Atlantique.

Hôtel Ha(a)ïtza - *5 étoiles*

1 avenue Louis Gaume - T. +33 (0) 5-56-22-06-06 - À partir de 195 €

Rendez-vous chic de la Côte d'Argent dans les années 1930, le lieu reçut autrefois Jeanne Lanvin, puis Yves Montand. Entièrement repensée en 2016 par Philippe Starck, à la demande de William et Sophie Techoueyres (à qui l'on doit aussi la Co(o)rniche), cette adresse mythique a retrouvé tous ses charmes. Derrière la façade de style néo-basque soigneusement préservée, l'hôtel prend désormais des airs de galerie d'art, avec les vitraux contemporains d'Ara Starck et ses 38 chambres, suites et appartements au design chic et épuré fait de marbre gris et de bois clair. Pensé comme un village à part entière, le site réunit une grande piscine, un spa avec une salle de fitness, un salon de coiffure, une boulangerie-pâtisserie et un restaurant gastronomique, Le Skiff Club, où l'on savoure une cuisine à base de produits locaux, pensée dans une vision durable de la gastronomie.

SAINT-ANDRÉ-DU-BOIS 33490

Les Abeilles du Château Toulouse Lautrec 12/20

Lieu-dit Malromé - T. +33 (0) 5-56-62-27-92 - Menu(s) 26-46 €

Un château vraiment magnifique au milieu des vignes, restauré avec goût et conservant son patrimoine, et rebaptisé en hommage à Toulouse-Lautrec. Le restaurant Les Abeilles, avec son chef Gilles Demaure, propose une cuisine simple et saine à base de local : asperges et saint-jacques aux agrumes, vinaigrette exotique, huile d'estragon, bonne cuisson des asperges et entrée sans malice mais agréable, pièce de bœuf de Bazas poêlée, jus à la truffe, pomme de terre écrasée à la ciboulette et purée de truffe, shiitakés, carottes dorées, avec une viande tendre et savoureuse, déclinaisons de fraises, glace yaourt à la vanille. Les produits sont sélectionnés avec soin, la cave plutôt réduite, vins au verre de la propriété.

Tables de Prestige – 17/20 à 18,5/20

Tables Remarquables – 15/20 à 16,5/20

SAINT-CIBARD 33570

VIGNERON

Château Le Puy

Lieu-dit - T. +33 (0) 5-57-40-61-82

Dirigée par la famille Amoreau, dont la 14ème génération est aujourd'hui à la tête du domaine, cette propriété développe son propre écosystème depuis plus de quatre siècles. Pionniers d'une viticulture sans aucun intrant depuis toujours, les Amoreau s'attèlent à proposer des flacons précis, profonds et qui démontrent une grande capacité de garde. Le style infusé propre à le Puy est tout à fait unique pour la région.

SAINT-ÉMILION 33330

La Table de Pavie - Hôtel de Pavie 17,5/20

5 place du Clocher - T. +33 (0) 5-57-55-07-55 - Menu(s) 95-230 €

*CHEF : **SÉBASTIEN FARAMOND** - CHEF PÂTISSIER : **SÉBASTIEN NABAILE** - SOMMELIER : **BENOÎT GELIN***

Les écoliers d'antan apprenaient dans leurs livres d'histoire une date, 1525, associée à une déculottée infligée par Charles Quint à François Ier appelée le «désastre de Pavie». Les siècles ont passé, et les gourmets du XXIe siècle ne connaissent plus que le bonheur de Pavie, la victoire de Pavie, le triomphe de Pavie à Saint-Émilion. Car c'est réellement un bonheur que de prendre place sur la magnifique terrasse de La Table de Pavie avant de rejoindre la salle chic et de bon goût de cette belle maison de la famille Perse. Une bonne nouvelle, la carte laisse la liberté au client de choisir ses plats en plus des deux menus proposés (180 et 230 €, ou 85 et 115 € le midi). On est vite plongés dans l'univers Alléno avec des extractions, des jus et des sauces qui sont les marqueurs de cette cuisine d'excellence. Brillant, le chef exécutif Sébastien Faramond démarre par un clin d'œil au Sud-Ouest avec ce tourin à l'ail qui éblouit par sa précision avant de poursuivre avec cet œuf contisé au caviar qui laisse un souvenir émerveillé. Le végétal et ses saveurs poussées à l'extrême trouvent une place avec des tomates travaillées de la chair aux pépins, morceaux de pêches juteuses et gelée de riz à l'huile de basilic, jeunes poireaux et beignets de shiso, une nouveauté d'une finesse troublante et totalement maîtrisée. La partition sucrée est tout autant explosive. Sébastien Nabaile pousse les saveurs dans des concentrations bien ajustées, audacieuses, en assurant sa prise de risque. Pour parfaire l'ensemble, la cave est du même niveau d'exception tout en gardant des flacons abordables avec Benoît Gelin en parfait sommelier.

Les Belles Perdrix de Troplong Mondot 15,5/20

Château Troplong Mondot - T. +33 (0) 5-57-55-38-28 - Menu(s) 48-145 €

*CHEF : **DAVID CHARRIER***

Du beau et du bon, le slogan est tout trouvé pour conjuguer le charme de cette maison posée au milieu des vignes à quelques minutes de Saint-Émilion. La grâce d'une salle lumineuse au style chic épuré ouvrant sur les précieuses grappes et le travail au petit point d'un duo performant, le chef David Charrier, parfaitement taillé pour l'exercice et son chef pâtissier Adrien Salavert. L'ensemble donne une forte impression d'harmonie et de sérénité pour les heureux œnophiles passant quelques moments au château. Pour profiter des lieux à petit prix, le menu déjeuner à 50 €.

Logis de la Cadène 15,5/20

3 place du Marché au Bois - T. +33 (0) 5-57-24-71-40 - Menu(s) 55-160 €
CHEF: THIBAUT GAMBA

Après plusieurs années à Lille au Clarance, Thibault Gamba s'est rapidement acclimaté à son nouvel outil aquitain. Bénéficiant d'une structure bien développée avec son prédécesseur Alexandre Baumard, il a trouvé des jardins abondants, une carrière de champignons et bien sûr des vignes dans un terroir superbe qu'il a rapidement apprivoisé. Ses mises en bouches sont bluffantes (bœuf de Bazas et tartare d'huître, coussin de sardine et encre de seiche...), ses compositions toujours aussi pointues (on sait son haut niveau technique, en particulier saucier) semblant encore mieux adaptées sous cette latitude, jouant avec l'acidulé sur les encornets sauce orange sanguine langues d'oursins condimentés aux pistaches de Bronte avant de rappeler avec bonheur la pêche de Boulogne qu'il connaît si bien, par ses superbes saint-jacques topinambours oxalis et une sauce noix et sauternes. On peut regretter le manque de carte dans une maison de cette envergure, l'offre se limitant à six plats et un dessert répartis dans les différents menus, mais ce qui est fait est assurément dans la lignée voulue par le propriétaire (Château l'Angélus), ici comme au Gabriel bordelais. La tartelette champignons de culture (shiitakés, pleurotes) est présentée comme «plat emblématique», pourtant assez largement surpassée par la langoustine de la Cotinière, sa superbe bisque xo et la légère amertume de la carmine, avant le rouget en pêche du jour fenouil confit sauce façon pilpil émulsion d'arêtes et têtes en réduction, tranchée à l'agastache. Bon soufflé noisettes et rhum, cave évidemment cossue, avec tous les grands locaux, dont le château maison, des grosses étiquettes à foison (trois Silex, deux Astéroïde par exemple), mais sans extravagance et avec des partis pris, service bien fluide, souriant et précis, employant à profusion les qualificatifs «jolie» et «belle», sachant mettre à l'aise la clientèle internationale.

L'Huitrier Pie 15/20

11 rue de la Porte Bouqueyre - T. +33 (0) 5-57-24-69-71 - Menu(s) 66-95 €
CHEF: SOUFIANE ASSARAR - CHEFFE: CAMILLE BROUILLARD

Il y a tellement d'enthousiasme, d'allant, de bonne volonté, dans le travail conjoint de Camille et Soufiane qu'il faut être bien ronchon pour y être insensible. Dans cette belle maison de pierre typique, l'ambiance échappe aux oukases châtelains des grands domaines. On vit, on respire, on profite ! Et le menu Émotion à 66 € n'a pas augmenté depuis l'an passé, un bon signe pour le visiteur gourmand qui profitera à son aise des oignons doux en texture, bouillon parfumé à la sauge émulsion iraty, des saint-jacques cresson foie gras et boudin noir ou du chevreuil de chasse, des oranges riz au lait, miso de pois blond et beurre noisette ; le petit coup de pouce pour atteindre les trois toques est aussi dans la relation client, les attentions, le souci du bien-être et les tarifs justes qui touchent aussi une carte des vins bien travaillée, vaste, avec un bon choix au verre (Fanny Sabre, Germain l'Insolite, Lescours...).

Le Tertre 13/20

5 rue du Tertre de la Tente - T. +33 (0) 5-57-74-46-33 - Menu(s) 33-61 €

Dans la petite descente caillouteuse, tenez-vous bien à la rampe et lâchez prise devant cette table distinguée qui trouve aujourd'hui sa vitesse de croisière et sa régularité sur une cuisine à base tradi améliorée des idées et ingrédients du moment, ceux qui conviennent à des touristes d'expérience : pied de cochon endive confite guanciale et poutargue, poisson du jour embeurrée de chou vert citron confit beurre blanc d'algues espuma pomme de terre curry noir, brioche en pain perdu sauce Suzette Grand Marnier glace vanille confit abricot pruneau raisin dans une formule à 48 € qui ne bouge pas trop et compte un plat végétarien. Cadre et ambiance agréables dans ce décor voûté de pierre aux beaux matériaux.

L'Envers du Décor 11,5/20

11 rue du Clocher - T. +33 (0) 5-57-74-48-31 - Carte 57 €

Ce fut longtemps le bon côté des choses, que cet Envers, un chaleureux bistrot où se réunissaient les vignerons. Au fil du temps, l'esprit brasserie, avec la réputation de bon plan, prévaut sans en avoir vraiment toutes les qualités. L'assiette reste de bon niveau, mais l'ensemble de la prestation manque un peu d'implication pour une cuisine qui cherche avant tout le consensus (la pêche du jour, par exemple, c'est du cabillaud) : encornets farcis d'un appareil très mixé, craquant de jambon et jus corsé, foie de veau au vinaigre de Xérès, ail et persil, une belle tranche, ferme et fondante à la fois, bien cuite rosée, avant la profiterole XXL qui ne subjugue que par sa dimension. Cave bordelaise majoritairement, avec quelques bonnes références ailleurs.

Au Lard et Bouchon 11/20

22 rue Guadet - T. +33 (0) 5-57-24-28-53 - Carte 50 € - Menu(s) 29 €

L'expression est imagée, mais précise. Et tout est plutôt bon ici, et pas seulement dans le cochon. Du classique réjouissant, des escargots, du foie gras, des huîtres, que l'on fait suivre du tartare, des pieds de cochon et foie gras ou des ris de veau. Desserts classiques, Virginie de Valandraud 2015 au verre à 19 €.

Le 7 10/20

7 rue des Girondins - T. +33 (0) 5-57-51-32-72

L'occasion est trop belle - au cœur de Saint-Emilion, chez le propriétaire d'un des plus fameux châteaux, Valandraud - de mettre la coupe aux lèvres. Un large choix au verre, des domaines maison et d'ailleurs pour accompagner un chic grignotage qui ira forcément bien avec les vins. En 12,5 cl, Valandraud (le château, mais aussi Virginie ou Origine by Thunevin), Trotanoy, Giscours ou Pavie pour accompagner les rillettes de langoustines, le caviar de Neuvic, le saumon Pétrossian ou le foie gras...

HÔTEL

Château Hôtel Spa Grand-Barrail - *5 étoiles*

Route de Libourne - T. +33 (0) 5-57-55-37-00 - À partir de 441 €

Édifié sur la base d'une ancienne chartreuse, ce château centenaire fut longtemps la propriété de René Bouchart, industriel et grand voyageur qui restitua avec art l'atmosphère de ses destinations préférées, comme en témoigne encore le très beau salon mauresque. Transformé en hôtel en 1993 et désormais sous la houlette du groupe familial CHG Participations, le lieu vient de faire peau neuve sous l'impulsion de l'architecte d'intérieur Jean-Philippe Nuel, qui livre ici un parfait dialogue entre héritage patrimonial et esprit contemporain. Dès l'arrivée, le ton est donné avec une réception aux allures de salon privé, un bar niché dans l'ancienne rotonde désormais décorée de mobilier contemporain ou encore la splendide verrière qui fait le lien entre le château et les nouveaux bâtiments. Les 10 chambres logées dans l'édifice XIXe siècle déclinent un esprit historique (lit à baldaquin...) tandis que les 37 situées dans les annexes s'inspirent davantage de la nature, avec des harmonies de vert et de jaune et de beaux tapis aux imprimés floraux. Une élégance qui infuse également la majestueuse salle de restaurant et le spa d'inspiration orientale, faisant de cette adresse l'un des refuges les plus attractifs de Saint-Émilion.

Château Troplong Mondot - *5 étoiles*

Château Troplong Mondot - T. +33 (0) 5-57-55-32-05 - À partir de 250 €
Idéalement posé au sommet de la colline de Saint-Émilion, ce domaine – célèbre pour son premier grand cru classé – propose à ses hôtes le charme de trois refuges prêts à répondre aux désirs de chacun. Le château du XVIIIe abrite 5 chambres à l'étage, tandis que le rez-de-chaussée se déploie autour de salons et d'une somptueuse salle à manger, le tout privatisable pour un dîner ou un événement. À deux pas, une splendide bâtisse de pierres blondes réunit 2 chambres ainsi qu'une suite à l'étage aux allures plus arty. La Maison des Vignes, en contrebas, abrite 2 chambres de part et d'autre d'un salon avec tomettes anciennes, meubles de campagne et gros canapés pour paresser devant la cheminée. Quel que soit votre choix, vous profiterez des délices de la grande piscine, de l'immense parc ou encore du restaurant emmené par le très inspiré David Charrier. Et le meilleur est encore à venir, avec la découverte en 4x4 du vignoble et la visite des chais, l'un des plus spectaculaires de Gironde.

BOULANGER

Mie Et Merlot

6 Place Bouqueyre - T. +33 (0) 5-57-24-56-69
Cette boulangerie réputée sert une clientèle régulière et plusieurs tables de la région. De bons pains spéciaux.

CAVISTE

Terres Millésimées

22 rue de la Porte Bouqueyre - T. +33 (0) 5-57-74-98-27
Une cave reconnue portant la signature de Stéphane Derenoncourt, offrant une sélection pointue qui va bien au-delà de bordeaux. De Thierry Germain ou Albert Mann jusqu'aux vins grecs de Gaïa Wines, des affaires et du choix, et bien sûr une liste conséquente sur le vignoble et l'accès à quelques cuvées de grands domaines.

Thunevin Girondins

7 rue des Girondins - T. +33 (0) 5-57-51-32-72
Une cave chic, un beau comptoir d'épicerie fine et un coin dégustation pour découvrir quelques crus renommés, tels ceux de la maison Thunevin qui possède, entre autres, le Château Valandraud. Une vaste gamme terre et mer s'ajoute au choix des vins de la maison.

Vignobles et Châteaux

4 rue du Clocher - T. +33 (0) 5-57-24-61-01
L'offre est vaste sur la cité viticole. Celle de Vignobles et Châteaux cherchent le consensuel avec des références mondialement connues, ajoutant une dégustation de grands crus intéressante, et pas réduite au bordelais, avec par exemple champagne Jacquesson 745, Ducru Beaucaillou 98 ou le châteauneuf d'Henri Bonneau en 2016.

Le Numéro 33

DÉLICES BORDELAIS

Le numéro 33, c'est une histoire familiale et régionale. L'histoire d'une mère et son fils, Martine et Jonathan, qui proposent des plats typiques de la région ; du foie gras, du tournedos de canard façon Rossini ou encore du risotto de poulet à la crème de truffe. Ça c'est pour le côté salé. Côté sucré, on se tourne sans hésiter sur l'originalissime cake de pain perdu aux fèves de tonka flambé au rhum* et sa glace caramel et sa Chantilly. Le tout, fait-maison et parfaitement exécuté avec des produits locaux et des fruits et légumes de saison. Rien que ça !
À noter également, à partir du 1er mai, Le numéro 33 est ouvert midi et soir du lundi au samedi.
Le + : la terrasse semi-couverte avec vue sur l'estuaire de la Gironde.

19, rue du Littoral, 33180 SAINT-ESTÈPHE – Tél. : 05-57-75-10-28 – lenumero33.fr

La Pergola,

LES INGRÉDIENTS D'UN MOMENT GOURMAND

Au cœur du village, ce restaurant de cuisine traditionnelle cultive tous les ingrédients pour vous offrir un moment gourmand : convivialité et décoration chaleureuse d'inspiration brasserie avec banquettes confortables et poutres apparentes, et accueil autour de plats traditionnels préparés sur place qui mettent à l'honneur des produits du marché, frais et de saison. Entre France et Italie – une belle gamme de pizzas, lasagnes, pâtes au saumon, magret de canard, entrecôtes, poissons selon arrivage –, le voyage est gourmand, guidé par Yannick qui prend plaisir à vous recevoir comme des amis. Le week-end, les suggestions osent de nouvelles associations de saveurs d'inspiration bistronomique, en conservant un rapport qualité-prix maîtrisé pour des instants authentiques et accessibles. *Fermé le samedi midi, dimanche midi et lundi.* **Le + :** Carte des vins* du coin.

3, rue du Général de Gaulle, 33112 SAINT-LAURENT-MÉDOC – Tél. : 05-56-59-46-96

*L'ABUS D'ALCOOL EST DANGEREUX POUR LA SANTÉ

SAINT-MACAIRE 33490

L'Abricotier 12,5/20

2 rue Bergoieng - T. +33 (0) 5-56-76-83-63 - Menu(s) 26-40 €

Une tradition de longue réputation dans ce restaurant tranquille à l'écart du bourg, doté d'un jardin pour les beaux jours. Un savoir-faire certain en cuisine, pour des menus bien conçus et étagés, la formule à 26 € (29 € le week-end) constituant un bon choix : pâté de campagne aux foies de volaille condiment melon, jambonneau de porc mijoté aux pruneaux et vin de Bordeaux, entremets semoule aux agrumes. De belles volailles à la carte, pigeon, pintade fermière... cave naturellement régionale, avec les moelleux tout proches.

Le Pampaillet 10,5/20

5 rue de l'Église - T. +33 (0) 5-56-62-33-75 - Carte 35 €

Un lieu d'animation important au seuil du quartier ancien. Restaurant, cave à manger, épicerie, on s'imprègne de la région avec les produits locaux, et on profite d'une cuisine simple et bien appliquée : pâté chaud de canard au foie gras, pérail de brebis rôti au zaatar, médaillon de porc noir mariné, burger gascon au canard et foie gras, Lillet glacé à la mandarine...

BOULANGER

Le Pain du Pian

6 place du Général de Gaulle - T. +33 (0) 5-56-63-26-95

Nicolas Patricio et son épouse ont repris la boulangerie en 2018 pour faire profiter les locaux de leur savoir-faire déjà bien établi au Pian. Un pain au levain de qualité, mais aussi la viennoiserie et les pâtisseries. La baguette est primée, les pains spéciaux savoureux. La boutique mère se trouve 31 Grande Rue au Pian-sur-Garonne.

SAUTERNES 33210

Le Cercle Guiraud 13,5/20

14 rue Principale - T. +33 (0) 5-56-76-60-87 - Menu(s) 35-59 €

Au cœur du village de Sauternes, offrant une superbe vue sur le château Guiraud, le Cercle Guiraud a pris la place du restaurant Le Saprien racheté par l'homme d'affaires bordelais Matthieu Gufflet en même temps que le château. Yoann Amado (ancien d'Éric Frechon et de la Maison Darroze à Langon) a mis en place une carte courte mais laissant une totale liberté au client (un seul plat s'il a envie). Avec une philosophie de partage et de convivialité, il aime mettre au goût du jour les grands classiques de la cuisine française et créer des alliances originales. La jeune pâtissière Juliette Bonnard s'occupe de la partition sucrée et la sélection de vins est établie par Denis Verneau, MOF sommelier sachant mettre le Bordelais en valeur à tarifs très honnêtes. Service cool et décontracté, mais efficace et bienveillant, qui garde cet esprit d'auberge contemporaine à la fois bucolique et chic.

Tables de Chef – 13/20 à 14,5/20

Les Cinq Sens
À L'HONNEUR

Ici, comme son nom le laisse présager, l'adresse bouscule nos sens. D'abord il y a le plaisir des yeux avec des présentations alléchantes, épurées et gourmandes, puis le goût : celui original de leurs recettes novatrices et travaillées avec amour. Il y a l'odeur aussi, des 12 essences de bois avec lesquelles David et Natasha, propriétaires du lieu, fument certains aliments, le saumon ou le comté. Enfin, il y a leur accueil chaleureux et… plein de bon sens.

31, avenue de l'Océan, 33930 VENDAYS-MONTALIVET
Tél. : 09-67-46-02-60
Facebook : lescinqsensmontalivet

Le Médiéval
TERROIR ET CONVIVIALITÉ

Installé à 200 mètres du château de Villandraut, le restaurant Le Médiéval vous accueille dans une ambiance conviviale et joyeuse. Ici, la cuisine faite maison prend des accents régionaux et méditerranéens à travers des recettes de brasserie, mais aussi des tapas à déguster en famille ou entre amis, en salle ou confortablement installé sur la vaste terrasse. Pied de cochon pané, jambon bellota, assiette de charcuteries, mais aussi tarte tatin et pêche melba : la carte met à l'honneur les produits du terroir.

8, place Gambetta, 33730 VILLANDRAUT – Tél. : 05-56-25-81-05
urestaurant-lemedieval.fr

« La bonne cuisine est honnête, sincère et simple.
Elisabeth David (1913-1992) »

40

LANDES

AMOU 40330

Chez Darracq - Le Commerce 12/20

2 place de la Poste - T. +33 (0) 5-58-89-02-28 - Menu(s) 19-52 €

Une institution depuis 1850, tenue depuis six générations par la famille Darracq. L'hôtel propose également sa table, où le chef propose aussi bien des plats traditionnels du pays, qu'un menu du jour plus abordable, à moins de vingt euros. Ce jour-là, une entrée tortilla, des côtelettes d'agneau et haricots verts, enfin un riz au lait. Bon service.

CAPBRETON 40130

M.B. Restaurant 13,5/20

17 avenue Georges Pompidou - T. +33 (0) 5-58-72-12-02 - Menu(s) 25-65 €

Marc Buffet ne s'éloigne guère d'une ligne de conduite équitable, qui favorise le beau produit tout en gardant des tarifs accessibles. Il ne s'en écarte que pour proposer, dans cet intérieur bourgeois, quelques digressions de son cru, toujours bienvenues, toujours adroites. Le foie de canard est poché au vin rouge et au poivre de Timut, servi froid, brioche toastée, compotée de prunes aux zestes de combava ; la crépinette de lapin fermier confit à l'ail, aux champignons de Paris et aux épinards, est à la fois rustique et inventive, avec sa galette de pommes de terre à la fleur de thym, jus de moutarde à l'ancienne et aux myrtilles. Nathalie, l'épouse du chef, gère la salle avec talent, conseillant les vins d'une carte variée rangée par tranches de prix. On clôture agréablement sur le fruit, avec la fine tarte aux figues, caramel au beurre salé, cacahuètes grillées, glace à la lavande.

Goustut 13/20

Quai de la Pêcherie - T. +33 (0) 5-58-42-18-38 - Menu(s) 54 €

Que voilà une adresse gourmande et chaleureuse. «Goûtue», comme on dit dans les «Bronzés» et sur certains réseaux populaires. Les nourritures franches, la justesse de la confection, la bonne idée des mezzés en deux tailles, de 28 à 62 €, apportent une grande convivialité à cette table rassembleuse, augmentée par un service joyeux et dynamique. Comme d'habitude, la fête a été de tous les instants, dès le petit bouillon, bien parfumé, de tourteau en mise en bouche, plus présent que dans l'entrée «comme un tourteau mayo» maïs et parmesan, la belle rascasse au barbecue avant un dessert poire noisette sablé. Bonne cave éclectique, bien triée, entre noms connus (Jobard, Lagrézette, Couly-Dutheil) et découvertes.

Le Regalty 13/20

Port de Plaisance des Mille-Sabords - T. +33 (0) 5-58-72-22-80 - Menu(s) 25-75 €

Une valeureuse maison de bord de mer, avec son décor de brasserie chic, tout en bois verni, parquet, nappes blanches, vue sur la mer et ventilateur de plafond en bois et acier plaqué or. Les cuisines produisent une cuisine bourgeoise de la côte, des spécialités reconnues et intemporelles, à l'image de la bisque de homard aux copeaux de truffe, la soupe de poisson, la sole brune du Pays basque, le homard entier grillé. Le menu homard à 75 € est aussi recommandé.

La Cuisine 12,5/20

26 rue du Général de Gaulle - T. +33 (0) 5-58-43-66-58 - Carte 52 € - Menu(s) 55 €

Un espace frais et moderne où le bois domine, une carte claire et courte, une carte de chef. Voilà une restauration d'aujourd'hui qui ne fait pas de manières, celle d'Isabelle et Johann Dubernet qui montrent chacun dans leur partie enthousiasme et savoir-faire. Le chef compose sur des produits de première fraîcheur, en soulignant avec adresse un carpaccio de bar, par la rhubarbe, fraise, avocat et oignon nouveau, se montre respectueux autant que généreux sur l'épaule d'agneau de lait des Pyrénées et ris poêlés au vieux vinaigre de pomme et asperges rôties, avant un bon dessert chocolat en namelaka cookie aux cacahuètes de Soustons confiture yuzu kumquat. Les tarifs sont justes, la cave classique, avec une bonne représentation de jurançons et irouléguys.

La Petite Table 12/20

7 quai de la Pêcherie - T. +33 (0) 5-58-72-36-72 - Carte 52 €

Petite mais pas si modeste, cette table bien tournée en mode bistrot «plus plus» où chaque assiette est travaillée, a du sens, sur des produits de saison bien triés. La carte ne propose aucune banalité, et tout fait envie: les saint-jacques plancha tartare et chips d'algues citron Meyer panais salicornes jus de barbe fumé, le skrei à basse température sauce matelote et betterave confite à l'hibiscus, la meringue et sorbet au cassis de Bourgogne caillé de brebis basque en dessert pour une addition qui reste sage (autour de 50 €) et un plaisir renouvelé à chaque visite dans ce cadre frais aux airs marins.

Bonamour 10,5/20

Quai de la Pêcherie - T. +33 (0) 5-58-72-61-71 - Carte 43 €

Dans le quartier de Mille Sabords, une agréable brasserie, un personnel bien formé, souriant et efficace, un joli décor avec un beau comptoir carrelé et une carte ciblée qui permet d'échapper à la marée des pizzas et woks de tous genres, en assumant son régionalisme: un très bon pâté, un serrano à grignoter en apéro, des plats un peu moins convaincants, mais travaillés (carbonara d'asperges, merlu riz vénéré) et une bonne échine de cochon patate douce oignons frits avant la fraise crème citron basilic. Cave bien pourvue en régionaux, Laballe notamment, pour le vin comme pour les armagnacs.

Monsieur Mouette 10/20

Quai du Bourret Avenue Notre Dame - T. +33 (0) 5-58-73-62-02 - Carte 45 €

L'emplacement avec la grande terrasse donnant sur le port, de l'autre côté de l'agitation, le bar et ses cocktails, l'atmosphère hype conviennent à un tourisme festif qui apprécie cet endroit à la cuisine basique et efficace pour goûter le farniente sur des fondements familiers: un peu de pâtes, un peu d'Asie, des assiettes à partager, des viandes solides, le tout enrobé dans beaucoup de convivialité.

Tables Gourmandes – 11/20 à 12,5/20

Tables Originales – 10/20 à 10,5/20

Le Bon Cap

LE RESPECT DE L'OCÉAN

Depuis 2021, Jérôme et Delphine Le Bruchec, en collaboration avec le Chef Olivier Leray, font goûter des poissons que les clients ne connaissent pas : *« L'objectif, c'est de respecter l'Océan. La formule de midi permet de proposer un jeu de découverte dans cette optique. »* Ici, tous les produits sont du coin, les huîtres viennent d'Hossegor et les poissons directement du port. Les plateaux de fruits de mer sont à déguster dès 29 €. Une adresse vraiment incontournable !

Le + : Terrasse l'été.

77, avenue Georges Pompidou, 40130 CAPBRETON – Tél. : 05-58-41-00-42
restoleboncap.fr

L'Esquirou

LE TERROIR LANDAIS SUBLIMÉ

Chez Émilie Cristofari et Lucas Drancourt, les légumes sont au centre de l'assiette : celerisotto ou Tatin de légumes, mais aussi parpaillettes (bajoue) de merlus, tendres à souhait, sont présentés dans des assiettes à partager. Chaque mets est sélectionné à 10 min à la ronde, à la criée pour le poisson ou directement au marché. Des vins* du sud-ouest et d'ailleurs accompagneront chacun de vos plats cuisinés maison. Profitez de la terrasse baignée en soirée par les dernières lumières du soleil.

13, place de l'Hôtel-de-Ville, 40130 CAPBRETON
Tél. : 05-58-47-27-89 – www.lesquirou.fr

Maison Izots

OBLIGÉE !

Face mer, cette institution propose de délicieuses gourmandises. Océane réalise tout maison à partir de matières premières de qualité. Il en est ainsi des sorbets et crèmes glacées. En plus des parfums classiques, elle crée des saveurs inédites : gingembre, yuzu, réglisse, Snickers, Oréo... On craque aussi pour ses churros, de même que ses crêpes et gaufres faites minute. Nous les avons adorées nappées de crème de Bueno ou encore de son caramel maison. On s'offre aussi un smoothie ou un milkshake (2 boules de glaces) faits à la demande.

7, boulevard Mitterrand, 40130 CAPBRETON
Tél. : 06-87-75-95-02

---

*L'ABUS D'ALCOOL EST DANGEREUX POUR LA SANTÉ

Au Fil des Saisons

INOUBLIABLE

Élu meilleur traiteur de Nouvelle Aquitaine, cette adresse est celle de Romain Marion, un chef renommé qui a œuvré chez Alain Ducasse. Fort de toute sa maîtrise technique, il crée pour sublimer les produits du terroir. En service traiteur pour tous vos événements privés ou professionnels, sur place ou ailleurs, avec ou sans service, ses délices, joliment dressés, élaborés sur-mesure selon vos goûts et réalisés à partir de produits de saison frais et locaux, font chavirer les papilles. Ce bonheur est également proposé dans son restaurant sur réservation pour des groupes d'au moins 25 personnes. L'ancienne bâtisse, composée de salles aux ambiances différentes, une classique et une boisée cosy, est parfaite pour découvrir en toute convivialité sa cuisine bistronomique raffinée, mêlant tradition et innovation !

3170, route du Moulin à Vent, 40300 BÉLUS - Tél. : 05-58-73-14-26
www.au-fil-des-saisons-restaurant-belus.fr

L'Échassier

SAVEURS ET DÉCONTRACTION

Au-delà d'un simple restaurant, l'Échassier est un véritable lieu de vie. Seul commerce du village, l'établissement se distingue en deux espaces : une salle de restaurant et un bar qui fait également office de tabac-presse. Côté bar, l'ambiance est à la décontraction avec une décoration inspirée de l'univers des routes américaines. En salle, les convives apprécient la cuisine pleine de goût servie chaque midi à travers le menu du jour unique. En complément de ce menu, le steak & sauce, un plat dont la sauce demeurée secrète jusqu'à présent, régale les papilles des amateurs de viande. À l'Échassier, petits et grands sont les bienvenus. Le restaurant propose également des menus de groupes le week-end.

40, avenue du Marsan, 40090 CAMPET-ET-LAMOLÈRE – Tél. : 06-46-49-65-56
Facebook : snc.lechassier.1

DAX 40140

Le Bistrot des Vignes 11/20

40 rue Neuve - T. +33 (0) 5-58-58-45-39 - Menu(s) 16 €
Lieu polyvalent combinant à la fois cave à vins et à thés, bar à vins et bistrot, l'adresse se fait l'une des plus populaires de la ville, aussi bien pour prendre un verre en fin de journée, ou partager une assiette fusion, entre Landes et Asie. On pourra aussi bien découvrir les nems de bœuf sauce thaïe que la poêlée de chipirons au piment d'Espelette et piperade, le cabillaud au bouillon thaï, riz aux champignons et fèves, le pot-au-feu de canard des Landes de la ferme Jeansarthe, une tatin revisitée à l'ananas. Bonne sélection en cave.

AFFINEUR FROMAGER

Chez Baptiste

Place Roger Ducos - T. +33 (0) 6-43-43-07-75
Un bel étalage de fromages toutes régions affinés par un spécialiste, pâtes molles, pâtes cuites, une belle sélection régionale avec des fromages sourcés, l'ossau iraty «de Jean-Jacques», le brebis d'estive «de Marion», le brebis «de Roger», la tomme de chèvre, le crémeux des Pyrénées, des chèvres locaux au lait cru, des Landes et des Pyrénées, et toutes les autres provenances, avec même des étrangers, comme le taleggio. Des charcuteries et des confitures (dont la cerise noire pour le brebis) pour compléter.

BISCUITIER

Les Madeleines de Dax

6 rue de la Fontaine Chaude - T. +33 (0) 5-58-74-26-25
C'est une des spécialités incontournables de la ville, qui fait le bonheur des petits et des plus grands depuis 1906. La recette est jalousement gardée par la famille Cazelle, qui la transmet prudemment depuis cinq générations. Les coffrets de madeleines jouent sur la nostalgie, avec un packaging à l'ancienne des plus élégants, disponibles en 12, 18 ou 24 pièces.

PÂTISSIER

Un bain au chocolat

4 rue Saint-Vincent - T. +33 (0) 5-58-74-25-40
Une histoire qui dure depuis maintenant quinze avec un succès bien défendu, des chocolats de saison et des belles tablettes. Le labo-boutique d'Hugues Gaudet est bien l'occasion de faire le plein de douceur que de découvrir la pâtisserie par les ateliers ; on recommandera également la spécialité de la maison, le p'tit landais à la cacahuète.

POISSONNIER

Le Grand Bleu

Les Halles - T. +33 (0) 5-58-56-11-00
Un poissonnier traiteur au centre des halles, bel étalage, complet, avec les poissons en direct, du choix dans les petits prix (tacauds, grondins...), de beaux coquillages et des plats préparés, comme une paella fruits de mer bien appétissante, des saint-jacques à la normande, gambas à l'ail...

TORRÉFACTEUR

Cafés Noiro

52 rue Neuve - T. +33 (0) 5-58-74-10-74

Dans le quartier commerçant juste en face de la place Roger Ducos, la torréfaction Noiro produit son café depuis plus d'un demi-siècle, maintenant une fabrication artisanale et une bonne réputation. On retrouvera un peu plus d'une douzaine de cafés pure origine (Éthiopie, Honduras, Rwanda, Papouasie Nouvelle-Guinée, Vietnam...), ainsi que des assemblages. De nombreux thés en vrac ainsi que des infusions sont aussi à la vente.

LES 7 PRINCIPES DE GAULT&MILLAU

1

L'indépendance totale vis-à-vis des établissements.

2

Le recrutement d'enquêteurs exigeants, gourmets et gourmands.

3

L'anonymat des enquêteurs lors des évaluations.

4

La visite dans des conditions normales de fréquentation.

5

Le règlement des additions.

6

La mise à jour régulière par des évaluations continues.

7

La vérification de nos informations.

O' bistrot Baignot

UNE BELLE CUISINE DE SAISON

Dans le quartier des Baignots, à Dax, à deux pas du casino, Virginie et Grégory Boyer ont créé un endroit cosy et romantique, paré de rose poudré et de fleurs. Elle officie en salle tandis que lui, au piano, fait tout maison. Un menu du jour, à midi en semaine, côtoie une carte composée de 3 entrées, 2 viandes, 1 poisson et 3 desserts que le Chef renouvelle au fil des délices de saison et de son inspiration. Dès le printemps, vous pourrez profiter de la terrasse ombragée devant le restaurant.

29, avenue Eugène Millies Lacroix, 40100 DAX
Tél. : 05-58-74-90-90
Facebook : O'Bistrot Baignot – Instagram : @obistrot_baignot

Hôtel et Spa Le Splendid

UN VOYAGE GASTRONOMIQUE ENTRE ICI ET AILLEURS

Le restaurant bistronomique de l'hôtel et Spa 4 étoiles Le Splendid, classé Art Déco, propose une cuisine locale, de saison, savoureuse, gourmande et équilibrée, réalisée par le Chef Thomas Defachel. La carte change tous les mois. Le bar Hemingway de cet hôtel de 1929 propose, quant à lui, une sélection de cocktails, whiskies, vieux armagnacs et rhums* dans un cadre intimiste.

2, cours de Verdun, 40100 DAX
Tél. : 05-58-35-20-10
www.splendid-hotel-spa.com

Le Fumoir de l'Adour

DES PRODUITS D'EXCELLENCE

Après plus de 20 ans passés dans les métiers de bouche, Luc Loustaunau est devenu saurisseur en 2023 par passion pour le poisson fumé. Selon des méthodes traditionnelles, il travaille des truites des Pyrénées et du saumon d'excellence venu de Bømlo. *« La découpe scandinave permet que cela soit très fondant, très gourmand. »* Tout est fait à la main, avec un grand souci de l'environnement, entre éco-responsabilité et durabilité. Un savoir-faire rare !

Fumoir : 289, boulevard des Pyrénées, 40290 HABAS (pas de vente sur place)
Points de vente sur : www.le-fumoir-de-ladour.fr - Tél. : 06-35-36-19-87

---

*L'ABUS D'ALCOOL EST DANGEREUX POUR LA SANTÉ

ESCOURCE 40210

La Table d'Escource 10,5/20

Route d'Escource - ZA Cap de Pin - T. +33 (0) 5-58-04-31-15 - Menu(s) 14 €

À quelques centaines de mètres de la sortie d'autoroute, dans une jolie bâtisse, on peut goûter à la cuisine basco-landaise d'une maison stable à la prestation efficace : chipirons, ris de veau, tripes, confit de canard. L'approche est standard, mais les assiettes sont bien garnies, dans cette ambiance familiale et sous l'œil attentif de la patronne qui n'hésitera pas à vous dire que vous n'avez pas mangé toute la viande autour de l'os... et que c'est dommage. Cave régionale d'appoint.

EUGÉNIE-LES-BAINS 40320

Les Prés d'Eugénie - Michel Guérard

Place de l'Impératrice - T. +33 (0) 5-58-05-06-07 - Menu(s) 275-310 €

*Chef : **Michel Guérard** - Chef : **Hugo Souchet** - Chef Pâtissier : **Sébastien Perbost***
*Sommelière : **Laetitia Andrews***

L'occasion est fréquente de vérifier la renommée de Michel Guérard auprès de la France qui mange. La preuve, par exemple, par l'un de nos enquêteurs qui déjeunait l'autre jour près d'Asniérois fiers de leur histoire : « C'est ici, à Asnières, qu'il a commencé, Michel Guérard ! Cela s'appelait le Pot-au-Feu ! » Eh oui ! Les plus anciens se souviennent de cette décennie magique (en gros de 1965 à 1975) où Michel devient Guérard, attirant le Tout-Paris dans ce bistrot en lisière de Gennevilliers. Un demi-siècle a passé. Les heureux élus prennent aujourd'hui la route d'Eugénie-les-Bains pour découvrir cette merveilleuse bastide au charme colonial, où Michel Guérard, tout jeune nonagénaire, continue d'être une image idéale du savoir-recevoir et de la cuisine gourmande et passionnée. Les temps ont changé, l'agencement aussi, dans les salons de l'impératrice si joliment mis en valeur, et la cuisine s'adapte aux nouvelles modes, avec de grands menus et davantage de cartes. Le chef Hugo Souchet et sa brigade garantissent bien sûr la parfaite exécution des grands plats d'inspiration guérardienne : les asperges aux girolles et foie gras, le pannequet de crabe concombre et curry vert, le homard « tourne-feu » bouillon de crevettes au lait de coco et le ris de veau au sautoir et « mahonnaise » aux amandes. Les desserts sont brillants, l'atmosphère féerique et l'on tire une nouvelle fois le chapeau très bas devant les prouesses présidées par le doyen de nos académiciens Gault&Millau.

La Ferme aux Grives 16/20

Lieu-dit Les Charmilles - T. +33 (0) 5-58-05-05-06 - Menu(s) 55 €

*Chef : **Michel Guérard** - Chef : **Hugo Souchet***

Quelle fête ! Quel spectacle ! Quelle joie ! C'est un moment béni que l'on vit dans ce cadre unique de paysan landais raffiné. Comme le dit notre jeune Académicien Michel Guérard, qui vient de fêter ses 90 printemps, « Cette ferme, c'était un rêve que j'ai pu réaliser. » C'est le rêve de tout le monde, de trouver ici autant d'authenticité, de grâce rustique, de bonheur simple dans cette grande salle à l'immense cheminée avec sa rôtisserie, où chaque détail est pensé pour en faire un décor aussi vrai que théâtral. L'ambiance idéale pour goûter une cuisine d'une grande générosité, mais aussi d'une grande qualité à la finition parfaite : le meilleur foie gras du monde, le duo de saumon, le chou farci au veau de lait annoncent des monuments, l'indéboulonnable cochon de lait rôti à l'âtre « farci comme en Castille », le monumental poulet de ferme à la broche ou le petit dernier de l'année, un vol-au-vent comme on en rêve «façon grand duc», ris et tête de veau, volaille et pied de cochon... Les délices s'enchaînent aux desserts, moelleux et tendres, la brioche aux amandes et vanille de Tahiti, la crème au chocolat «de la Reine d'Espagne», le «baba poule» raisin et armagnac... Le service adorable d'une grande maison qui sait s'adapter, bienveillant et disponible, s'allie à la cave bien pensée qui peut s'enrichir de quelques belles bouteilles du «grand» restaurant.

HÔTEL

Les Prés d'Eugénie - *5 étoiles*

Place de l'Impératrice - T. +33 (0) 5-58-05-06-07 - À partir de 330 €

Au cœur de la station thermale d'Eugénie-les-Bains (dont le nom est un hommage à l'impératrice Eugénie, épouse de Napoléon III et marraine de la ville), ce palace décline l'esprit des lieux avec une élégance subtile, mêlant raffinement et inspiration champêtre. Imaginez un hameau composé de 5 demeures XVIIIe et XIXe, posées au beau milieu d'un jardin empli de fleurs et ombragé de palmiers, de bananiers et d'orangers. Le ton est donné. Les 45 chambres et suites en reprennent le caractère, décorées de mobilier anglais, de tomettes anciennes et de tonalités lumineuses. Cadre ultime de l'art de vivre, Les Prés d'Eugénie s'impose aussi comme LA destination bien-être avec sa «ferme thermale» griffée Sisley, qui propose un programme unique de cures botaniques et détox, le tout adossé au restaurant L'Orangerie et son menu minceur signé Michel Guérard, qui a fait le succès de l'adresse depuis les années 1970. Idéal pour les amateurs de remise en forme, le palace réunit néanmoins les charmes qui fédèrent tous les voyageurs: belle piscine entourée de verdure, cours de yoga, de tennis, golf 9 trous à deux pas de l'hôtel... Et, bien sûr, des restaurants aussi gourmands que prestigieux, de la Ferme aux Grives et sa généreuse cuisine gasconne à la très chic table gastronomique de renommée internationale. Un lieu rare, membre du groupe Relais & Châteaux.

HAGETMAU 40700

Les Lacs d'Halco 13/20

1066 route de Cazalis - T. +33 (0) 5-58-79-30-79 - Carte 54 € - Menu(s) 26-66 €

C'est un petit jardin d'Eden au cœur de la Chalosse, un hôtel 4* installé le long du lac, entouré d'un grand parc arboré qui respire de tranquillité. La bâtisse contemporaine a des formes de bateau à vapeur, allongeant ses grandes vitres au bord de l'eau. En cuisine, la cheffe Annie Demen réalise des assiettes qui font toujours autant de bien, des recettes allégées et locales, qu'on peut notamment découvrir dans un menu-carte à 52 €. Là, le cannelloni aux deux saumons et julienne de poireaux, les médaillons de veau à l'estragon, la souris d'agneau laquée au miel d'épices, une poire pochée façon belle-Hélène. Les plats signatures sont également conseillés, le croustillant de sésame au foie gras de Chalosse poêlé et parfum de jurançon moelleux, ou encore la palombe rôtie à l'armagnac. Cave bien constituée.

Restaurant Jambon 11/20

245 avenue Carnot - T. +33 (0) 5-58-79-32-02 - Menu(s) 30 €

Une telle enseigne, au cœur de la Chalosse, on s'en lèche les babines à l'avance. Pour la générosité, la gentillesse du patron, qui parle avec tout le monde et connaît ses clients un par un, on est bien dans le ton. Dans l'assiette, un chouïa moins d'enthousiasme que d'habitude pour cette régalade programmée dans cette maison de longue tradition:

l'assiette gourmande mêle magret fumé, foie gras et saumon, le steak de thon piperade est classique mais pas emballant, la crème brûlée pourrait se passer de la déco exotique et de la demi-fraise du mois de janvier. On garde la toque pour l'effort suivi de mettre en avant la région.

HOSSEGOR 40150

Le Jean des Sables 14,5/20

121 boulevard de la Dune - T. +33 (0) 5-58-72-29-82 - Carte 92 € - Menu(s) 58-78 €
Le lieu est superbe, face à la grande plage et l'océan. La salle claire, avec cette grande véranda baignée de cette lumière atlantique, prépare aux plaisirs marins de cette belle table voulue par la famille Coussau et désormais propriété de Clément Pichard depuis fin 2023. Les formules sont bien étagées, notre préférence allant au menu à 58 €, bien placé en tarifs, et offrant le choix, avec la louvine cuite au sel marmelade de pomme crème crue, cidre et sarrasin, le porc noir gascon purée truffée ail des ours asperges, et le beau soufflé chocolat armagnac avec une glace guanaja.

Les Hortensias du Lac 13/20

1578 avenue du Tour du Lac - T. +33 (0) 5-58-43-99-00 - Menu(s) 88 €
La prestation classique de cet hôtel où tous les efforts semblent porter sur une certaine image nous a moins convaincus cette année, bien que les atouts de cette salle chaleureuse, en contrebas de l'hôtel sur les rives du lac, soient intacts. Des goûts simples et justes avec le cabillaud cuit dans une feuille de pak-choï, seiche tomate basilic chorizo un peu dominée par la sauce, une belle lotte, bien cuite sur l'os, beau produit, avec un jus là encore très puissant, champignons crème et jus de bœuf et une tarte au chocolat de bonne composition. Service dévoué, un peu crispé, cave de noms connus, avec une offre au verre bien banale.

HÔTEL

Les Hortensias du Lac - *4 étoiles*

1578 avenue du Tour du Lac - T. +33 (0) 5-58-43-99-00 - À partir de 247 €
Face au lac marin d'Hossegor, cet établissement, né en 2020, recueille déjà tous les suffrages. L'ancienne maison basco-landaise a été largement restaurée sous l'impulsion de Frédéric Biousse et Guillaume Foucher, qui développent avec succès leur collection Domaines de Fontenille. La demeure abrite désormais 25 chambres et suites inspirées des surf hotels des Hamptons avec murs blancs lambrissés, fauteuils en osier et meubles vintage. On vient ici pour paresser au bord de la piscine, profiter des soins de la marque L:A Bruket et des massages prodigués dans le spa minéral de 450 m2 ou encore s'essayer au paddle sur le lac, sous la houlette du coach privé de l'hôtel. Côté restauration, le lieu déploie une palette de propositions toutes aussi séduisantes, emmenées par le chef Philippe Moreno. Fish and chips sur la plage des Estagnots, où a été installée une cabane, bistronomie maritime au Beach House et cuisine gastronomique de haut vol au restaurant Les Hortensias, le tout en admirant le coucher du soleil sur les eaux turquoise du lac.

Tables de Chef – 13/20 à 14,5/20

Kahwa Café

COFFEE GOURMAND

À Hossegor, Mélanie donne du grain à moudre aux amateurs de pause-café et plus si affinités. Un coffee shop à la française, façon loft industriel, où les produits locaux sont à l'honneur avec un café de spécialité et une carte pleine de peps. À l'ardoise renouvelée selon l'humeur de la Cheffe : des cookies, Saint-Honoré, sablés bretons ganache montée à la lavande, petits choux crémeux pulpe de pêche blanche. Côté salé, du réconfort de haute voltige comme ce bagel jambon truffé, asperges et burrata. En salle, une clientèle conquise et heureuse…

77, avenue des Forgerons, 40150 SOORTS-HOSSEGOR – Tél. : 06-83-19-22-12
Instagram : @kahwa_cafe

Alexandre Charpentier Huîtres

AU CŒUR DE LA NATURE, ENTRE LAC ET MONTAGNES

Enclavée entre les pins, la dune et le lac d'Hossegor, cette cabane de dégustation offre une vue à couper le souffle depuis sa terrasse. C'est l'endroit idéal pour savourer les huîtres locales creuses, issues de la plus petite exploitation de France. Spécialisée dans la culture d'huîtres d'Hossegor, cette entreprise tire profit d'un environnement unique. Connue pour sa saveur corsée et salée qui la distingue des variétés bretonnes et normandes, l'huître d'Hossegor séduit par son caractère moins iodé mais tout aussi délicieux.

3079, avenue du Touring Club, 40150 SOORTS-HOSSEGOR
Tél. : 06-70-73-44-68

« Je vais, dans mon ardeur poétique et divine
Mettre au rang des beaux arts
celui de la cuisine.

Joseph Berchoux (1760-1838) »

MAGESCQ 40140

Relais de la Poste 15/20

24 avenue de Maremne - T. +33 (0) 5-58-47-70-25 - Menu(s) 122-162 €
Chef : Jean Coussau

Il règne dans cette maison un esprit Vieille France qui peut cliver, entre ceux qui en souligneront le charme et la noblesse, et ceux qui s'agaceront d'une nostalgie trop éloignée des temps modernes. Mais on ne peut que souligner le travail vrai et sincère de Jean Coussau, la maîtrise et l'expérience, la force du produit noble et l'excellence du service. L'organisation millimétrée de ce ballet gastronomique vaut au moins pour ce qu'il témoigne d'un art unique et typiquement national, dont on a poussé la pratique au sommet. Ainsi, on applaudit sans retenue cette cuisine d'anthologie, dans un cadre luxueux, avec parquet, argenterie et personnel en habit. On retrouvera le homard en salade et corail, pommes bleues et salicornes, l'étuvée de coquilles saint-jacques, truffes noires fraîches et mousseline de céleri truffée, l'agneau de lait rôti à l'ail rose, pommes confites et glace à la bière ambrée, orge en trois textures. La cave est exceptionnelle avec plusieurs centaines de références et de nombreuses verticales de grands crus, Pétrus, Haut-Brion, Yquem, DRC, La Tâche, Corton...

Côté Quillier 11/20

26 avenue de Maremne - T. +33 (0) 5-58-47-70-25 - Carte 41 € - Menu(s) 39 €
Une cuisine simple, dans laquelle on retrouve les ancrages du terroir landais. Des assiettes copieuses, comme on les aime dans la région, animent les repas d'amis qui se retrouvent en toute convivialité dans cette salle à l'esprit familial qui se prolonge en terrasse entourée de verdure. Service rapide et efficace pour le snacké de gambas coco citronnelle, le poulpe en croûte d'herbes riz blanc et piperade, blanc-manger un peu fade, réveillé par la nage de fruits rouges et basilic.

HÔTEL

Relais de la Poste - *4 étoiles*

24 avenue de Maremne - T. +33 (0) 5-58-47-70-25 - À partir de 200 €
De génération en génération, les épicuriens plébiscitent la célèbre table du chef Jean Coussau, qui rend hommage au terroir landais et à ses produits d'exception, comme l'ont fait ses ancêtres depuis près d'un siècle. En revanche, beaucoup ignorent encore que ce restaurant historique se double d'un hôtel confortable et ultra-chaleureux, idéal pour prolonger l'expérience. Aménagées dans ce relais de poste, 15 chambres et suites déclinent une décoration lumineuse avec des camaïeux de beige et de gris qui viennent souligner le mobilier et les planchers de bois blond. Toutes ouvrent sur le parc de 7 ha, empli de fleurs et de vignes. À ne pas manquer également, le spa avec sa piscine et ses salles de soin et, surtout, les multiples activités proposées par la famille Coussau qui adore réunir ses hôtes autour de cours de cuisine ou de dégustation. Membre Relais & Châteaux, un lieu aussi généreux que raffiné.

Tables Remarquables – 15/20 à 16,5/20

Au Relais Gascon L'ARMAGNAC À L'HONNEUR

Ouvert en juillet 2023 par Dominique Junca et Cyrille Lafon (cuisinier depuis 35 ans) cet hôtel, bar et restaurant propose une cuisine traditionnelle, simple, régionale, campagnarde et généreuse, autour du canard et de l'Armagnac. Formule à midi (de 10 à 15.50€), menu (24,50€) et carte. Cadre agréable et calme, terrasse privative. Ambiance cosy et très conviviable.

25, cours Maubec, 40240 LABASTIDE-D'ARMAGNAC
Tél. : 05-58-71-30-66
Facebook : Au-Relais-Gascon

Château Garreau L'EXPÉRIENCE ARMAGNAC

Au cœur du triangle d'or de l'Armagnac, se trouvent un domaine, une distillerie et un chai souterrain unique : là, sont élaborés des armagnacs de renommée internationale, depuis plus de 100 ans par la famille Garreau. L'Ecomusée de l'Armagnac et la dégustation offrent une expérience captivante reconnue par les trophées 2023 de l'œnotourisme. Un voyage authentique pour découvrir l'histoire de la plus ancienne eau-de-vie de France.

3 800, route d'Estang, 40240 LABASTIDE D'ARMAGNAC
Tél. : 05-58-44-84-35 – www.chateau-garreau.fr/fr

Pâtisserie Cédric Leveau

ON AIME TOUTE SES CRÉATIONS

Amoureux de son métier qu'il exerce dans les règles de l'art et au gré des saisons, Cédric Leveau a convaincu les gourmets du village de Magescq avec ses créations inspirées de la gastronomie française. Son citron en trompe-l'œil en est un bel exemple. Pour la boulangerie, c'est l'authenticité qui prime avec une gamme de pains au levain naturel comme le Campagnard ou la Tourte au levain. À cela viennent s'ajouter des sandwiches élaborés, des bonbons et tablettes en chocolat sans cesse renouvelés, des gâteaux personnalisés et des pièces montées qui sont le reflet de la créativité de Cédric Leveau.
D'avril à octobre : ouvert du mardi au samedi de 7h à 19h et le dimanche de 7h à 12h.
De novembre à mars : ouvert du mardi au jeudi de 7h à 14h et de 15h à 19h, le vendredi et samedi de 7h à 19h et le dimanche de 7h à 12h.

19, avenue de Maremne, 40140 MAGESCQ – Tél. : 09-86-67-15-03
Instagram : @leveaucedric

La Maison de Mezos
CONVIVIALITÉ ET SAVOIR-FAIRE

Ouvert depuis trois ans, le restaurant de La Maison de Mezos est venu compléter l'offre de cet hôtel de 14 chambres, situé dans un petit village non loin de l'océan, à proximité d'un lac. Le Chef, Johan Laval, et sa compagne, Charline Goga, ont redonné vie à l'ancienne maison Michel Boucau, un Chef réputé dans les années 1980. En cuisine, l'expérience des maisons étoilées et palaces, dans lesquels a travaillé Johan, se ressent à travers des recettes aux assaisonnements soignés et des produits de qualité. La belle carte de vins*, qui compte presque une centaine de références, met en valeur les plats. Une attention particulière est apportée aux clients végétariens ou intolérants, qui sont les bienvenus dans cet établissement de charme.

557, avenue de l'océan, 40170 MÉZOS - Tél. : 05-58-42-61-38 - www.hotel-mezos.com

La Kbane VOYAGES GOURMANDS

La Kbane propose une cuisine où les produits locaux et de saison se marient avec les idées et les couleurs ramenées des voyages d'Alice et Hugo. L'ambiance *« comme à la maison »* n'empêche pas le Chef d'apporter recherche et raffinement dans l'assiette et de proposer une carte renouvelée tous les mois. Avec sa terrasse très cosy, la Kbane nous invite à la découverte et à la gourmandise, à deux pas du bord de mer. Horaires : voir site web

Place de la Bastide, 40660 MOLIETS-ET-MAÂ
Tél. : 05-58-74-02-77 - www.lakbanemoliets.com

Chez Lili
LA PART BELLE À LA CUISINE LOCALE ET DE SAISON

Dans une atmosphère cosy et intimiste, Chez Lili accueille petits et grands du mardi au dimanche midi. Situé en centre-ville, ce restaurant propose une cuisine traditionnelle française, ainsi que des plats végétariens. Ici, tout est fait maison, les ingrédients et boissons proviennent essentiellement des circuits courts. Réservation conseillée.

12 bis, rue du Maréchal Bosquet, 40000 MONT-DE-MARSAN
Tél. : 05-58-52-66-21 – chezlili.fr

*L'ABUS D'ALCOOL EST DANGEREUX POUR LA SANTÉ

Chicken & Bro

VOLAILLE, RÔTISSERIE ET CONVIVIALITÉ

Volailler, rôtisserie et traiteur événementiel : Chicken & Bro c'est tout ça à la fois et c'est la recherche de qualité qui motivent Damien et Julia. Du jeudi au dimanche, retrouvez ce couple d'artisans exigeants sur les marchés locaux, pour des viandes crues ou cuites (poulets, pintades, dindes, canettes, lapins, canards...). Ils se déplacent aussi avec leur camion-rôtisserie ou leur brasero pour animer un événement spécial, familial ou professionnel, dans une ambiance conviviale. À vous d'en profiter !

40200 MIMIZAN – Tél. : 06-78-03-88-65
Instagram : @chickenandbro – Facebook : Chicken & Bro'

La Table de l'Open

LES LANDES PAR NATURE

Installés sur la place historique de la Bastide, Camille Ponsetis et ses équipes officient dans un lieu à la décoration naturelle, à 5 min à pied de la dune. De l'entrée au dessert, le Chef sélectionne en circuits courts tous les mets de qualité qu'il sublime délicatement. Par respect pour les produits, il restitue avec brio et créativité toutes les saveurs de ceux-ci. De la très grande terrasse en bois, vous pourrez admirer les constructions typiques du sud-ouest.

Résidence Altaïr Place de la Bastide, 40660 MOLIETS-ET-MAÂ
Tél. : 06-60-70-66-55
www.lopen-cafe-bar.eatbu.com

Gascuna

LE MEILLEUR DE LA GASCOGNE

Fondé en 2023, Gascuna, est le fruit d'une amitié née à l'école hôtelière entre Vincent Couralet, Quentin Lanet et Gaëtan Sous. À la fois traiteur, soir et week-end, et lieu de restauration à midi en semaine, Gascuna est un clin d'œil à la région dans laquelle le trio puise à la fois son inspiration et ses produits s'assurant ainsi de leurs fraîcheur et qualité gustative. Créatifs, leurs suggestions traiteur sur-mesure promettent la réussite de vos événements privés et professionnels. Une jolie adresse !
Le + : Salle et terrasse privatisables.

45, rue Léon Gambetta, 40000 MONT-DE-MARSAN
Tél. : 07-89-57-69-14 – www.gascuna.fr

MONT-DE-MARSAN 40000

Mirasol 14/20

2 boulevard Ferdinand de Candau - T. +33 (0) 5-58-44-14-14 - Menu(s) 85-95 €

La plus belle maison de Mont-de-Marsan a été l'occasion pour Philippe Lagraula de revenir au cœur des Landes, au départ de sa passion. Celui qu'on avait connu à Dax puis à Bordeaux, trouve ici un lieu d'exception et un vrai terrain d'expression, une grande maison Belle Époque, tenant aussi bien de l'hôtel 4* que du musée. Au milieu des collections et des raretés architecturales, le chef poursuit un égal esprit d'art et de technique, faisant preuve d'une rigueur méritante. Le menu à 85 € convoque le terroir avec beaucoup d'élégance, des saint-jacques, carioca et piment jaune, une truite de Geloux, orange sanguine et hierba luisa, un cochon noir aux chanterelles jaunes et betterave, un ananas coco et noisettes. Cave bien pourvue.

Les Clefs d'Argent 13/20

333 avenue des Martyrs de la Résistance - T. +33 (0) 5-58-06-16-45 - Menu(s) 25-92 €

On sent les ambitions du chef, qui ne craint ni la complexité, ni le goût du risque, laissant son imagination aux commandes et la destination libre. La belle maison, à la façade droite et bien rangée, introduit à un monde coloré et ouvert, des impressions de baobab et d'éléphant, du bois laissé au naturel et la vieille pierre en brut, une grande cave vitrée, comme une passerelle entre deux continents. C'est au moins l'histoire de Christophe et Eugénie Dupouy, qui se sont rencontrés chez Michel Sarran, l'un venu des Landes et l'autre du Bénin, et qui ont construit ensemble leur vision personnelle de la cuisine. Il en résulte un menu recherché, méritant peut-être un peu plus de simplicité, mais démontrant néanmoins la passion et la sincérité : une vichyssoise poireau-topinambour et une brioche toastée au jus de poulet, copeaux de jambon espagnol et jaune confit à la truffe, un houmous de pois chiche et anguille fumée, sucrine blanchie et taboulé libanais, condiment mayonnaise à la laitue et œufs de truite, gel carotte-gingembre, une ballotine de poularde, sauce à la royale, pressé de panais à la truffe, condiment cresson et foie de volaille, une dame blanche revisitée au chocolat de Sao Tomé-et-Principe, une tartelette praliné noisette et agrumes, toute en légèreté. Très belle cave, avec plus de cinq cents références.

Bistrot 1912 12/20

2 boulevard Ferdinand de Candau - T. +33 (0) 5-58-44-14-14 - Menu(s) 39-49 €

Annexe bistrotière de la villa Mirasol, le bistrot rend hommage à la date de construction, se faisant aussi bien l'endroit d'un retour aux origines, qu'une porte d'entrée plus accessible sur la cuisine de Philippe Lagraula. Les produits locaux sont mis à profit dans des relectures de plats traditionnels, un marbré de canard au foie gras, croustilles et vinaigrette au gingembre, des coquilles saint-jacques, linguine à la crème de langoustines, poireaux de Nonères, un magret de canard au petit épeautre et carottes colorées, un cheesecake aux marrons, chocolat blanc et fruits exotiques. Formules de 27 à 52 €.

Le Richelieu 11/20

Rue Wlérick - T. +33 (0) 5-58-06-10-20 - Menu(s) 34-48 €

Ce grand hôtel 3 étoiles est une bonne option du centre-ville, autant pour les chambres que pour la table. Entre collègues ou en famille, l'endroit est adapté aussi bien aux déjeuners sur le pouce que les retrouvailles d'un soir, autour d'une cuisine classique et régionale. À la carte, le chef propose par exemple une salade de cabillaud, asperge et tourteau, du confit de canard, ou encore un macaron aux framboises. Formule du déjeuner à 34 €.

Bistrot de Marcel 10/20

1 rue du Pont du Commerce - T. +33 (0) 5-58-75-09-71 - Menu(s) 13,90-36 €
L'adresse est une solution de repli par excellence, un bistrot plein d'entrain, disposant d'une terrasse de compétition au bord de la Midouze, parfaite en été, et une jolie salle sous les poutres, ne manquant jamais d'animation. Les cuisines déroulent des plats bistrot efficaces, une salade landaise au foie gras, rillettes et gésiers et magret fumé, des saint-jacques flambées et fondue de poireaux, un petit magret de canard et frites, un millefeuille au caramel beurre salé. Prix contenus.

POUILLON 40350

Auberge du Pas de Vent 12/20

281 avenue Pas de Vent - T. +33 (0) 5-58-98-34-65 - Menu(s) 14-28 €
C'est une cuisine de terroir généreuse et bien arrangée que propose Aurélien Bellocq autour des plats traditionnels de cette région. Des plus rustiques, comme le pied de cochon au boudin noir, aux plus classiques, comme le foie gras à l'Armagnac, mais aussi de la pêche locale abordée de manière simple mais efficace et gourmande. Parmi les incontournables, le bon ris de veau au jurançon moelleux et camajo de serrano, champignons frais. Un dessert très correct (sablé grand-mère, soupçon de pain d'épices, ganache chocolat pralin et ses fruits caramélisés), une cave régionale un peu restreinte.

ROQUEFORT 40120

Le Saint Vincent 12/20

76 rue Laubaner - T. +33 (0) 5-58-45-75-36 - Carte 41 € Ⓟ
Un bel hôtel 3* dans les Landes d'Armagnac, situé sur le chemin de Saint-Jacques-de-Compostelle, et proposant, outre ses chambres, une cuisine traditionnelle du sud-ouest. Le manoir du XIXe siècle respire d'un charme historique et plutôt bourgeois, pour un moment sage et décontracté. La carte aligne les bons classiques, le foie gras mi-cuit IGP Landes et gelée à l'armagnac, la cassolette de truite fumée, riz pilaf et duxelles de champignons, sauce beurre blanc au gingembre, les aiguillettes de canard aux deux purées, sauce au floc, miel et baies roses, sauté de champignons. Desserts classiques.

Menu(s)

Fourchette de prix mentionnant le menu le moins cher et le menu le plus cher proposant à la fois entrée, plat et dessert sans les boissons, qui n'exclut pas les prix intermédiaires

SAINT-JUSTIN 40240

Les Allées 11,5/20

17 allée Gaston Phoebus - T. +33 (0) 6-65-18-49-69

Coralie Gauvrit et Antoine Latry ont choisi de s'installer dans ce coin accueillant des Landes d'Armagnac, pour y développer la cuisine simple et franche qu'ils ont si bien apprise auprès de la famille Coussau, à Magescq. Le résultat, après quelques mois, est probant, et cette nouvelle auberge est une bénédiction pour le canton. Une agréable séquence lors de notre passage, avec l'œuf mollet, pané, entouré de lard de Colonnata, siphon de patates douces, pleurotes, le bon merlu snacké, crème de lard fumé, huile perlée et épinards, le chocolat croque-maïs, gelée au piment d'Espelette et mousse grué, un dessert appliqué et qui donne envie. Courte carte des vins en construction, accueil et service efficaces et souriants de Coralie.

LES PRODUITS AOP, IGP ET AOC DE LA RÉGION NOUVELLE-AQUITAINE

Agneau de lait des Pyrénées, asperges du Blayais, armagnac, beurre de Charentes-Poitou, bœuf de Chalosse, canard à foie gras du Sud-Ouest, cassis de Saintonge, chabichou du Poitou, fleur de sel de l'île de Ré, jambon de Bayonne, jambon noir de Bigorre, kiwi de l'Adour, noix du Périgord, ossau-iraty, porc du Sud-Ouest, porc noir de Bigorre, poularde du Périgord, pruneaux d'Agen, tomme des Pyrénées, volailles de Gascogne, volailles des Landes, volailles du Gers...

Bienvenue à Bord

L'ATOUT DE VOS ÉVÉNEMENTS

En plus de proposer des poissons sauvages et des fruits de mer des côtes françaises, Nathalie et Jérôme ont développé des prestations traiteur qui font merveille. En effet, au-delà des classiques plateaux de fruits de mer, ils en créent sur-mesure selon vos préférences et concoctent, sur certains marchés, en fonction des saisons et des approvisionnements, des plats cuisinés gourmands telles la paëlla et la lotte à l'armoricaine. Et pour animer vos événements, ils installent sur le lieu de réception leur adorable bateau qu'ils agrémentent de plateaux festifs composés de coquillages et crustacés d'une fraîcheur remarquable. Selon la demande, ils proposent aussi un bar à huîtres et cuisinent sur les lieux leurs plats Signature. De quoi régaler vos convives tout en profitant de leur présence !

40240 SAINT-JUSTIN – Tél. : 06-61-80-87-70
jeromeboueilh@gmail.com

Le Cacaoyer Bleu

L'ORIGINALITÉ LANDAISE

Cacaos d'Amérique du Sud et d'Afrique sans lécithine, cacahuètes des Landes et caramels, Amélie et Philippe ne cessent d'innover. Outre les bonbons de chocolat, les tablettes et pâtes à tartiner, ils ont imaginé des spécialités telles que les rochers du Seignanx, les Grignottines landaises et les Cannelés chocolat. Des plaisirs sucrés pour tous les palais !

2115, avenue du Quartier Neuf, 40390 SAINT-MARTIN-DE-SEIGNANX
Tél. : 06-02-53-38-09 - www.lecacaoyerbleu.fr

« Qu'est-ce que la santé ?
C'est du chocolat !

Anthelme Brillat-Savarin (1755-1826) »

Lou Touping

UNE CUISINE DE QUALITÉ ACCESSIBLE À TOUS

Installé dans un établissement thermal à 20 kilomètres du littoral, le restaurant Lou Touping accueille les clients curistes et non curistes. Cet établissement à l'ambiance cosy garantit le confort de tous en toutes saisons grâce à sa salle climatisée et sa terrasse couverte. Côté cuisine, c'est la générosité qui prime avec des recettes du terroir, gourmandes et réalisées à partir de produits frais, bien souvent locaux. Les amateurs de saveurs du terroir à la recherche d'un excellent rapport qualité/prix apprécieront à coup sûr le menu du jour servi 7 jours sur 7 et différent midi et soir, proposé au prix de 17 euros. Pour vos événements, le restaurant peut être privatisé pour des groupes allant jusqu'à 50 personnes. Facilement accessible aux personnes à mobilité réduite.

150, avenue des Bains, 40180 SAUBUSSE – Tél. : 05-58-57-40-00
www.saubusse-thermes.com/restaurant

> Cuisiner. C'est l'art le plus beau et le plus complet. Il engage nos cinq sens, plus un : le besoin de donner le meilleur de nous-mêmes
>
> Paulo Coelho (1947-)

SAINT-PAUL-LÈS-DAX 40990

Moulin de Poustagnacq 13/20

Chemin de Poustagnacq - T. +33 (0) 5-58-91-31-03 - Menu(s) 55-115 €

L'adresse d'Anne-Marie et Thierry Berthelier coche toutes les cases : une table bourgeoise installée dans l'ancienne minoterie du moulin à grains de Dax, une grande maison au bord d'un étang, bordée par la forêt landaise ; en bref un décor de carte postale, où règne le calme et la politesse. L'établissement est naturellement fréquenté par une clientèle fidèle, qui se retrouve entre de bonnes mains, avec un service impeccable et une mise de table soignée, sous une élégante charpente apparente. Le chef manie le produit noble dans des menus bien déclinés, de 55 à 115 €, où l'on pourra découvrir l'œuf de poule croustillant et petits légumes de saison, gésiers de canard confits, lichette de foie gras mi-cuit, la cuisse de canard confite, pommes de terre rissolées à la graisse d'oie et champignons, un soufflé au Grand Marnier et sorbet mandarine. Cave adéquate.

SAINT-SEVER 40500

L'Art des Mets 12/20

1 chemin du Prouyan - T. +33 (0) 5-47-87-90-41 - Carte 39 € - Menu(s) 15-34 €

L'ancien chai au cœur du village accueille une table chaleureuse, dans une salle en pierre et poutres. Le chef Nicolas Fort décline ses talents en deux formules, avec un menu journalier et une carte pour le week-end, revisitant les classiques du sud-ouest dans une veine actuelle. Le poulet fermier des Landes s'incarne dans un ramen, la lotte est grillée à la ventrèche, avec une mousseline de patates douces et une bisque de crustacés, la blonde d'Aquitaine est présentée en tataki avec des frites à la graisse de canard. On retrouvera ensuite le mont blanc aux kiwis de l'Adour, ou encore un gâteau basco-landais et crème anglaise.

SAINT-VINCENT-DE-TYROSSE 40230

Le Hittau 13/20

1 rue du Nouaou - T. +33 (0) 5-58-77-11-85 - Carte 78 € - Menu(s) 36-92 €

Cette maison solide au grand fond traditionnel ne se contente pas de ronronner. La cuisine de Yannick Duc s'appuie sur des produits locaux ou nobles, le chef sachant apporter légèreté et modernité à des recettes bien rodées : saint-jacques châtaignes, dattes, épeautre torréfié, bellota, huile d'olive fumée pour un terre-mer bien séduisant, homard déshabillé, raviolis curry vert, émulsion de pressé de carapaces pour un beau plat de prestige, chocolat noir de Saint-Domingue, pralin, feuille de caramel, fève de tonka, caramel glacé pour la douceur finale d'un repas chic à l'addition costaude (autour de 80 à 90 € à la carte), maintenant les toques à bon niveau. Cave riche et classique, jeune service appliqué sous l'œil discret de Nathalie Duc.

Tables Gourmandes – 11/20 à 12,5/20

SAUBION 40230

HÔTEL

Les Échasses - Eco Lodge - *4 étoiles*

701 route la Bruyère - T. +33 (0) 6-51-96-55-54 - À partir de 327 €

Non loin des mythiques plages d'Hossegor, Seignosse ou Capbreton, cet hôtel, très engagé dans le développement durable, a imaginé, au cœur de la forêt landaise, une suite familiale et 8 «modges» sur l'eau. Ces somptueuses cabanes contemporaines sont bâties sur pilotis dans un esprit minimaliste et japonisant, et un gîte familial peut même accueillir jusqu'à 6 personnes. Labellisé Relais du Silence, l'établissement est une invitation au lâcher-prise et au ressourcement. On lit son roman installé dans le hamac face aux étangs en écoutant le chant des oiseaux et le coassement des grenouilles. On se détend dans la piscine, le bain norvégien chauffé au bois, le sauna ou la salle de massage, on découvre le verger et le potager en permaculture... Le tout avant de rejoindre le restaurant, où l'on déguste de délicieux petits déjeuners, mais aussi un snacking chic avec des produits locaux, jambons et fromages du Pays basque, faisselle parfumée au miel des Échasses. Un lieu atypique, paradis de tous les amoureux de sérénité et de nature préservée.

SEIGNOSSE 40510

Villa de l'Étang Blanc 15/20

2265 route de l'Étang Blanc - D432 - T. +33 (0) 5-58-72-80-15 - Menu(s) 60-85 €

CHEF : DAVID SULPICE

La sérénité qui se dégage des lieux, la vue sur le parc et le lac sont propices à une belle dégustation. David Sulpice continue à chercher, surprendre dans sa cuisine autour des produits du terroir. Sa cuisine toujours aussi bien pensée garde toute sa finesse et s'appuie sur des saveurs bien associées et justes. L'élégance est autour et dans l'assiette, avec de multiples attentions tout au long du repas, très bien orchestrée par Magali, l'épouse du chef. Belle entame avec la tartelette petits pois de chez Thomas Mathio, crème fermière, haddock fumé du fumoir d'Angresse, un merlu nacré, frotté au piment d'Espelette et citron vert, servi sur une sauce pilpil, asperges vertes, yaourt fumé réduction miel citron, le foie gras aux sarments de vignes, fraises, pois chiche ; les asperges à nouveau, en version sucrée pour un dessert original, chocolat blanc et citron. Belle carte de vins, avec une bonne présence des bio, bien étendue en champagnes.

HÔTEL

70 Hectares... & l'Océan - *4 étoiles*

901 avenue du Belvédère - T. +33 (0) 5-58-45-76-16 - À partir de 175 €

Après Les Hortensias du Lac, la collection Domaines de Fontenille s'invite une fois de plus dans les Landes en redonnant vie à l'ancien hôtel du golf à Seignosse. Entre vallons et pinèdes émaillés de chênes verts, la demeure repeinte en vert sombre rappelle les lodges des grandes forêts américaines. Elle réunit 32 chambres et suites agrémentées de beaux aplats de couleurs, de suspensions design, de photographies et de lithographies de l'artiste Supakitch, le tout éclairé de larges baies vitrées qui ouvrent sur la canopée. Au rez-de-chaussée, les salons déclinent ce même esprit mixant golf et surf avec une déco vintage et joyeuse, tout près du bar et du restaurant, qui se prolonge par une terrasse et régale ses hôtes d'une cuisine mêlant produits de la mer et spécialités du Sud-Ouest. Derniers atouts de ce lieu (qui n'en manque pas), une vaste piscine et un accès préférentiel au Golf de Seignosse.

Villa de l'Étang Blanc

2265 route de l'Étang Blanc - T. +33 (0) 5-58-72-80-15 - À partir de 110 €
Les amoureux de cuisine locale ne jurent que par la table de David Sulpice, qui réinvente avec talent le terroir landais. Sur place, ils se laissent aussi séduire par le charme de cette belle demeure gasconne, avec son toit pyramidal et ses vues magiques sur les étangs et le parc, paradis des écureuils, des grenouilles et des oiseaux. Pour les inviter à prolonger leur séjour, David et son épouse Magali ont imaginé 6 chambres et suites seulement, parfaites odes à la nature avec des tapisseries aux motifs de hérons ou de libellules, de beaux meubles en rotin et des œuvres d'artistes de la région. L'atmosphère y est sereine et douce, avec de belles surprises à la clé, comme cette délicieuse cabane posée au bord de l'étang, où l'on vient déguster une sélection de champagne au crépuscule. Une halte parfaite également pour partir à la découverte des plages d'Hossegor et Capbreton, ou rejoindre le Golf de Seignosse tout proche.

SOUSTONS 40140

La Part des Anges 12/20

1 place du Commerce - T. +33 (0) 5-58-47-92-98 - Carte 39 € - Menu(s) 15-25 €
Christophe Marécaut suit sa ligne directrice : servir une cuisine bistronomique en s'appuyant sur les produits de saison, bien travaillés et avec beaucoup d'honnêteté. Les belles asperges blanches de la ferme Darrigade en velouté au lard fumé, le suprême de pintade fermière embeurrée de chou rouge baies de goji et genièvre fait un sucré salé intéressant, et la demi-sphère tout chocolat pralines aux cacahuètes de Soustons, caramel laitier ferme la marche avec gourmandise. Petits prix, jusque sur les verres de vin local.

UZA 40170

La Table du Marensin 12/20

115 rue de Castets - T. +33 (0) 9-70-22-90-21
Une expérience satisfaisante cette année sur ce domaine ambitieux au cœur des Landes, dont nous mentionnons déjà l'autre table, La Forge. Dans cette belle maison typique restaurée, une jeune équipe nouvelle, un nouveau chef et quelques bonnes impressions, avec les tomates landaises lentement confites, lait au vieux parmesan, basilic du jardin, l'agneau de lait du Pays basque, texture de pois chiche, saté, menthe, coriandre, jus d'agneau aux épices douces (une viande tendre, juteuse, parfumée et servie en effilochée) et un bon dessert abricot olive et romarin. Une première toque cette année.

Tables Remarquables – 15/20 à 16,5/20

La Forge

11,5/20

36 rue du Lac - T. +33 (0) 5-35-37-14-00 - Carte 26 € - Menu(s) 15 €

Le concept a légèrement changé, faisant la part belle aux cassolettes à partager et au poulet du dimanche. C'est toujours aussi convivial, les plats sont soignés et les familles trouvent leur compte dans cette ambiance pleine de gaieté : ceviche mulet oignon persil, empanadas landais au confit de canard, crevettes flambées à l'armagnac, tarte citron au basilic... Courte cave orientée sud.

LES 7 PRINCIPES DE GAULT&MILLAU

1

L'indépendance totale vis-à-vis des établissements.

2

Le recrutement d'enquêteurs exigeants, gourmets et gourmands.

3

L'anonymat des enquêteurs lors des évaluations.

4

La visite dans des conditions normales de fréquentation.

5

Le règlement des additions.

6

La mise à jour régulière par des évaluations continues.

7

La vérification de nos informations.

Sam Pâtisserie-Glacier

UN LIEU DÉTONNANT !

Plongez dans l'univers unique de Sam et Alexandre Lenfant. Toute l'année, Sam œuvre dans sa boutique pour vous proposer des pâtisseries fines, des glaces artisanales et des chocolats. Avec son frère, ils ont créé dans le jardin attenant « Frangins, Frangines by SAM », un bar lounge qui vous accueille en saison dès la fin de l'après-midi. Des concerts y sont organisés et des foodtrucks partenaires viennent vous régaler de leurs délices salés. Dans une ambiance festive, les frangins vous font vivre une expérience !

43, rue Cante-Coucut, 40560 VIELLE-SAINT-GIRONS – Tél. : 05-58-89-11-16
www.sam-franginsfrangines.fr

Pâtisserie Giannelli

L'ALLIÉ DE VOS ÉVÉNEMENTS FESTIFS

Pastis landais, tourtière : vous trouverez ici les incontournables spécialités de la région. Pour aller plus loin dans la gourmandise, le couple de pâtissiers à la tête de cet établissement propose une belle palette d'entremets réalisés à partir d'ingrédients de qualité : on retient entre autres le Maïsadore, une création composée d'un duo de mousses vanille et framboise rehaussé d'un croustillant au maïs. Pour tous vos événements, passez commande !

3, avenue de l'Armagnac, 40190 VILLENEUVE-DE-MARSAN
Tél. : 05-58-45-28-57
Instagram : @patisserie.giannelli

> L'âme du gourmand est toute dans son palais.
>
> Jean-Jacques Rousseau (1712-1778)

47

LOT-ET-GARONNE

AGEN 47000

La Table de Michel Dussau 14/20

1350 avenue du Midi - T. +33 (0) 5-53-96-15-15 - Carte 66 € - Menu(s) 28-66 €

C'est avec plaisir que nous avons retrouvé Michel Dussau, au meilleur de sa forme. Après un petit passage à vide qui ne lui ressemblait guère, mais bien excusable, cet amoureux, ce chantre du terroir qu'il sait si bien sublimer et qu'il sillonne en permanence, toujours à la recherche du produit dans son excellence, a su rebondir pour nous enchanter à nouveau avec les dernières saint-jacques en ravioles, shiitake bio, pousses de coriandre, bouillon de bœuf au gingembre - une entrée fraîche, pleine de saveurs, avec les pluches discrètes de coriandre alliées au gingembre. Un pavé de saint-pierre rôti au beurre demi-sel, fenouil bio du pays mijoté aux agrumes des Landes, jus d'une bouillabaisse à l'huile d'olive, pousses de fenouil, offre une cuisson remarquable, comme sur la trilogie d'agneau - agneau fermier du Quercy, légumes du printemps al dente, ail des ours, quelques feuilles de cresson, jus de carcasses servi à table - un plat aussi beau que généreux. On termine en douceur avec la pavlova, framboises, sorbet citron, sur lit de gariguettes. La cave, assez éclectique, est présentée en vitrine, de 30 à 400 € environ.

Margoton 12/20

52 rue Richard Cœur de Lion - T. +33 (0) 5-53-48-11-55 - Menu(s) 28-37 €

Une petite table sincère et classique dans une rue peu animée proche du musée. Frédéric Fabre y tresse depuis un quart de siècle une cuisine valeureuse et classique à travers une carte variée et représentative d'un style pro et sans risque : foie gras mi-cuit marmelade poire et pruneaux, joue de lotte au curry, magret de canard caramel aux figues, soufflé Grand Marnier, à prix justes. Bon menu Plaisir à 37 €, accueil pro de Véronique, l'épouse du chef.

La Part des Anges 10,5/20

14 rue Émile Santini - T. +33 (0) 5-53-68-31-00 - Menu(s) 22 €

Sur voie piétonne, une table agréable au calme avec sa terrasse sur l'arrière. Céline Marty y pratique une cuisine du quotidien qui devient festive par moments. Les habitués apprécient la petite ardoise du jour à bas prix (22 € l'autre fois pour le potage parmentier, le dos de lieu façon sud-ouest et le tiramisu poire) et reviennent pour d'autres agapes, avec les idées du moment et quelques parfums de la Corse dont est native la cheffe.

BOUCHER

Chez Sylvie

1 place Jean-Baptiste Durand - T. +33 (0) 5-53-48-02-43

Volaille et triperie, le programme est large chez Sylvie, où les habitués viennent prendre poulets et canards, entiers ou par morceaux, mais aussi les cailles et les pintades, les sot l'y laisse de dinde, les coquelets fermiers et les préparations prêtes à cuire.

Maison Pineau

Place Jean-Baptiste Durand - T. +33 (0) 5-53-47-39-56

Une boucherie sérieuse dans les halles, belle qualité de viande et découpes impeccables pour les côtes de gigot d'agneau, le carré, la selle et l'épaule... Même soin pour le bœuf, avec de superbes côtes à faire à la cheminée, le pavé agenais, les émincés, et les charcuteries maison, saucisse agenaise ou saucisse de veau, ainsi que de nombreuses préparations, comme les bonnes boulettes, qui mijotent devant vous dans une sauce onctueuse.

BOULANGER

Maison Malaterre

Marché couvert - T. +33 (0) 5-53-96-60-59

Après avoir fermé leur magasin du boulevard de la Liberté, les Malaterre ont pu profiter de ce bel espace, depuis six ans, au marché couvert. Le linéaire est important, les pains bien exposés, et les viennoiseries réjouissent ceux qui font leurs courses du matin. A goûter, la baguette aveyronnaise, le petit épeautre à la farine bio comme le pain complet.

CHOCOLATIER

Michel Labat

63 rue de la Grande Horloge - T. +33 (0) 5-53-95-93-38

L'une des figures agenaises les plus connues, un chocolatier réputé pour son travail artisanal et classique, et particulièrement pour ses macarons déclinés à tous les parfums. Les chocolats font de jolis cadeaux en ballotins, et les dérivés, rochers, mendiants, sont aussi à déguster.

COFFEE SHOP

Chez BB

40 rue Molinier - T. +33 (0) 9-83-55-20-91

Un charmant et cosy salon de thé ouvert l'an passé sur voie piétonne. On y déguste ou on emporte les bonnes pâtisseries de Clara, et on profite de son « bar à chocolat », chaud ou glacé pour ajouter de la douceur au plaisir. Service comme le cadre, très agréable.

FROMAGER

L'Epicurium

76 rue Montesquieu - T. +33 (0) 5-53-67-85-67

Une boutique bien fournie en centre-ville, qui s'intéresse à toutes les régions, et met en avant les produits de saison (brocciu et mont d'or en hiver par exemple). Les fromages au lait cru sont privilégiés, le service est de qualité pour vous conseiller les douceurs puissantes et lointaines, le langres et le maroilles, l'époisses et le bleu de Gex... Une bonne sélection de vins pour accompagner, des confitures, conserves, accessoires...

Fromagerie des Halles

Marché couvert - T. +33 (0) 5-53-66-24-21

Un étalage important et bien rangé, avec une belle représentation des bleus (Gex, Queyras, Roquefort...), les chèvres de la vallée de la Loire mais aussi de la région, les tommes de montagne, le laguiole, le vacherin fribourgeois ou l'appenzeller et bien sûr le beurre, les yaourts, les œufs...

L'Épi du Roy

UNE BOULANGERIE-PÂTISSERIE DE CHARME

Installés dans l'aile nord du château du Duc d'Aiguillon, Dobrila et Victorien travaillent des farines Label Rouge et utilisent des produits locaux et de saison pour leurs créations boulangères et pâtissières. Baguettes et pains spéciaux, viennoiseries et pâtisseries maison, côtoient une proposition originale de snacking mais aussi des cakes à la coupe et des chocolats Varlhona®. Contemplez le cadre en prenant une collation gourmande au salon de thé ou en terrasse.

4, place Pierre Espiau, 47190 AIGUILLON – Tél. : 06-28-92-13-62
Facebook : Boulangerie-pâtisserie-épi-du-roy – Instagram : @epi_du_roy

« L'âme du gourmand est toute dans son palais. »

Jean-Jacques Rousseau (1712-1778)

Le Quinze EN TERRITOIRE LOT-ET-GARONNAIS

Une déco rétro, une ambiance familiale et joyeuse, Sandra Labeau et son oncle, Frédéric Fraté, ont créé cette jolie table tout près du site archéologique Villascopia. La salade gourmande aux gésiers, foie gras et confit de canard ainsi que l'assiette du Quinze, salade, jambon de pays, fromage basque, aiguillettes de canard, œuf basquaise et frites maison sont les délices de la Maison. Terrasse ombragée sur cour.

5, avenue de l'Occitanie, 47240 CASTELCULIER
Tél. : 05-53-47-53-16

Le Cass'

UNE AFFAIRE DE FAMILLE

Dans la famille depuis 37 ans, le Cass' est aujourd'hui tenu par Yoann et Amandine, la seconde génération. Fort d'une dizaine d'années au pays basque, le couple de restaurateurs propose des recettes inspirées par la région, avec notamment les chipirons grillés servis avec une sauce sakari. Le restaurant, situé en plein centre-ville, accueille des groupes jusqu'à 30 personnes.

15, place Jean Jaurès, 47700 CASTELJALOUX – Tél. : 05-24-30-41-13
Instagram : @restaurantlecass

COCUMONT 47250

VIGNERON

Domaine Elian Da Ros

Laclotte - T. +33 (0) 5-53-20-75-22

Depuis plus de vingt ans, Elian Da Ros est la référence en côtes-du-marmandais et il a largement contribué à la renommée de cette appellation. Ses cuvées phares, «Chante Coucou» et «Clos Baquey», nous enchantent à chaque millésime, la première pour sa friandise, sa rondeur, son velouté et sa justesse, la seconde, davantage de garde, pour sa profondeur et sa structure. Les connaisseurs dégustent avec ferveur «Coucou Blanc» (sauvignon, sémillon), «Abouriou», à partir du cépage du même nom, et se régalent au quotidien avec «Le Vin est une fête». Un passage quasi obligatoire dans le séjour en Marmandais.

Sandrine Farrugia

Laclotte

Il faut mutualiser les plaisirs : en allant rendre visite à Elian da Ros, vous prendrez également rendez-vous avec Sandrine, sa compagne, qui est aussi une vigneronne accomplie, aux cuvées personnelles et magiques. 52 ares en blanc, «La Vague» et «Epiphyte» en rouge, un plaisir immédiat qui se prolonge en vins de garde. Nous avons goûté récemment «La Vague» 2018, dense, chaud et très voluptueux, une pure merveille.

Domaine Emilien Jean

Lieu-dit - T. +33 (0) 6-71-76-35-32

Non loin du domaine d'Elian Da Ros, Emilien Jean est un jeune vigneron qui commence à se faire un nom sur l'appellation. Installé sur quelques hectares paternels depuis 2016, il travaille en bio des vieilles vignes de malbec, abouriou, cabernet franc, merlot et sauvignon. Ses cuvées commencent à faire parler d'elles et se retrouver à table, notamment son «Be Api» à base de merlot majoritaire et son «Anthophila» en 100% sauvignon.

DURAS 47120

Hostellerie des Ducs 12/20

Boulevard Jean Brisseau - T. +33 (0) 5-53-83-74-58 - Menu(s) 16 €

Une fière bâtisse en lisière du bourg, propriété familiale qui se porte bien, menée avec entrain par la famille Blanchet. Confort et tradition dans l'hôtellerie comme au restaurant, où la cuisine fait bon ménage avec le terroir, dans une certaine noblesse, choix des produits, qualité d'exécution. Jean-François, Maître Restaurateur, dirige la manœuvre avec Vincent, Marcel est à la pâtisserie : terrine de foie gras de canard, nage de homard, saint-jacques rôties marron et chorizo, pavé de charolais jus corsé, profiteroles maison...

Tables Gourmandes – 11/20 à 12,5/20

FOURQUES-SUR-GARONNE 47200

Ja'Ayl 11,5/20

116 allée de Pont des Sables - T. +33 (0) 9-80-86-80-69 - Menu(s) 26 €

Il leur a fallu bien de la patience, mais ils ont enfin pu ouvrir leur maison. François Szpala, qui avait reçu la Dotation Gault&Millau en 2021, a concrétisé le projet d'une vie, dans cette imposante demeure d'architecture locale au bord du canal, acquise par ses parents il y a vingt ans, et qu'il a mis deux ans, avec son épouse Meshair, à aménager à leur idée. Le résultat est à hauteur des espérances : non seulement le couple ouvre une fenêtre sur le monde, issue de leurs nombreux voyages (le menu du soir est en huit escales pour parcourir la planète), mais le décor moderne, au bois prédominant, comme l'ambiance zen et reposante, plongent les convives dans une nouvelle dimension. Premières impressions favorables avec le lathke, galette de pomme de terre et yaourt sumac, très bonne truite confite avec une crème d'épinards, gâteau noix de coco sirop à la fleur d'oranger dans une formule à 26 € largement plébiscitée par les locaux.

LES PRODUITS AOP, IGP ET AOC DE LA RÉGION NOUVELLE-AQUITAINE

Agneau de lait des Pyrénées, asperges du Blayais, armagnac, beurre de Charentes-Poitou, bœuf de Chalosse, canard à foie gras du Sud-Ouest, cassis de Saintonge, chabichou du Poitou, fleur de sel de l'île de Ré, jambon de Bayonne, jambon noir de Bigorre, kiwi de l'Adour, noix du Périgord, ossau-iraty, porc du Sud-Ouest, porc noir de Bigorre, poularde du Périgord, pruneaux d'Agen, tomme des Pyrénées, volailles de Gascogne, volailles des Landes, volailles du Gers...

La Table Gourmande

LA BONNE FORMULE DE MIDI

Ex-chef de la brasserie La Palmeraie, Julien Roques est resté en périphérie d'Agen pour y ouvrir son restaurant début 2022. Dans une zone commerciale, La Table gourmande propose une carte bistronomique qui change tous les quinze jours. À midi, la formule à 16,90 € associe buffet de hors d'œuvre à volonté, un plat du jour à choisir entre viande et poisson, ainsi que le choix entre deux desserts. La viande est quasi-exclusivement française tandis que la toute proche Ferme Bisetto fournit fruits et légumes.

ZAC Le Rouge, 47510 FOULAYRONNES
Tél. : 07-50-06-38-71

Le Relais de Gouneau

UNE DÉLICIEUSE PAUSE

Sur la route de Bordeaux, c'est un relais routier emblématique du Temple-sur-Lot qu'a repris Laure Longhi. Anita Banaszack, la Cheffe, compose une cuisine familiale maison issue majoritairement de produits locaux. Le menu du jour est réinventé quotidiennement avec un magnifique buffet d'entrées, un plat généreux, un fromage ou un dessert maison (sauf glaces) et un quart de vin*, options végétariennes et halals. Aux beaux jours, optez pour un repas au calme sur la terrasse ombragée.

56, route de Montpezat, 47110 LE TEMPLE-SUR-LOT – Tél. : 09-81-42-92-75
www.lerelaisdegouneau.fr

Au 47

À CHAQUE HEURE SON ENVIE !

Poussez les portes du pub-brasserie Au 47 où chacun pourra trouver assiette ou verre à son goût ! Le matin, attardez-vous au comptoir pour boire un café. À midi, découvrez la belle carte des vins*, puis dégustez la suggestion du jour concoctée avec des produits locaux et de saison. À 16h, installez-vous sur la terrasse couverte et dégustez une pâtisserie maison. Pour terminer votre journée, détendez-vous avec un cocktail, un burger, une brochette…

63-65, boulevard Gambetta, 47200 MARMANDE – Tél. : 09-83-97-43-84
au47.marmande@gmail.com – www.restaurant-au47.fr

*L'ABUS D'ALCOOL EST DANGEREUX POUR LA SANTÉ

MARMANDE 47200

L'Ô à La Bouche 10/20

8 rue Clavetière - T. +33 (0) 5-53-84-75-20
Tout près des rives du Trec, un grand bâtiment contemporain en centre-ville qui accueille une restauration d'aujourd'hui, en mode brasserie sud-ouest. Accueil pro et assiette au carré, la large ardoise donne un choix régional et plutôt viandard avec quelques variantes : grattons de canard, tartare de magret, bavette de veau sauce vin rouge, mais aussi calamars au piment d'Espelette et bar rôti. Parmi nos préférences, l'andouillette de chez Marassé et bien sûr le magret, avec les frites maison, ou en Rossini.

APICULTEUR
Loïc Saint-Marc

Lieu-dit - T. +33 (0) 5-53-64-33-71
Un apiculteur récoltant qui propose d'excellents miels élaborés sur place sous la marque Les Ruchers du Moulin à vent. Le miel en pots de 500 g, mais aussi les produits dérivés, propolis, pollen, savons, hydromel, liqueurs...

BOULANGER
Fournil Helios

60 avenue du Maréchal Joffre - T. +33 (0) 9-79-13-12-08
Depuis deux ans, la boulangerie face au cinéma Plaza a été reprise par Damien et Loïc, qui ont insufflé un esprit nouveau et attiré une belle clientèle. Le pain est réellement excellent. À goûter, la vedette de la maison, la baguette «Hélios», avec ou sans graines, l'épeautre «Volcan», le «Tabatière» mais aussi la viennoiserie et le russe, souvenir de leur vie précédente du côté du Béarn.

ÉLEVEUR
La Ferme de Ladevèze

Halle du marché - T. +33 (0) 6-61-09-86-39
En direct de la ferme située à Gontaud de Nogaret, tout près de Marmande, l'occasion de goûter des volailles bien élevées et bien préparées. Elevage en plein air, chairs savoureuses et préparations maison : rôti de canard, pintade farcie, saucisses et merguez de volaille, magrets, cuisse de lapin et bien sûr poulet à la rôtissoire.

MOIRAX 47310

Auberge du Prieuré 16/20

Le Bourg - T. +33 (0) 5-53-47-59-55 - Menu(s) 35-95 €
CHEF : BENJAMIN TOURSEL

Voilà bien une maison de cocagne qui fait l'unanimité. On peut penser que Benjamin Toursel, en s'installant dans ce petit village à un quart d'heure d'Agen, il y a une vingtaine d'années, a fait vœu de discrétion dans cet ancien prieuré en forme d'ermitage, mais l'histoire et le paysage d'aujourd'hui lui donnent raison. Ce petit chez-soi est devenu grand tout seul, en gardant sa dimension familiale et en développant sa personnalité pour tracer son propre chemin. Agathe et Benjamin ont sans doute quelques soirées d'hiver tranquilles, mais l'âme est toujours présente dans les assiettes et dans ce qui les entoure. Le style du chef est dans la justesse, la sobriété, se débarrassant du superflu: cœur de filet de thon rose et rhubarbe, géranium rosat comme un wasabi, carré de veau de Galice carotte crue et cuite, béarnaise capucine, abricot fenouil aneth au hasard des dégustations de saison. Cave pas énorme mais bien ciblée sur les meilleurs de la région (Cosse, Da Ros...) et quelques très bonnes références ailleurs.

MONFLANQUIN 47150

Effet Maison 12,5/20

25 place des arcades - T. +33 (0) 9-52-13-07-73 - Carte 45 €

Si le hasard faisait que vous ne rencontriez pas, au coin d'une rue, Janouille la Fripouille, figure emblématique de cette bastide du XIIIe siècle, nous vous conseillons en revanche de faire connaissance avec Estelle et Gilles Nardy, ces ménestrels de la cuisine. Gilles est au piano, Estelle à l'accordéon entre la cuisine et la salle, toujours le sourire, le mot agréable, une petite pointe d'humour égayant l'explication des assiettes. La saisonnalité, le produit bio local, tout est expliqué, il ne reste plus qu'à se régaler d'une cuisine envolée, pleine de fraîcheur dans laquelle Gilles récite ses gammes. Il ne peut en être autrement, avec deux entrées, deux plats, deux desserts, un gage de fraicheur! Aujourd'hui en entrée, œuf parfait, siphon de pommes de terre bio alliance, crème de bleu Carré D'Aurillac et son crumble de pain, originalité d'un plat à la mode suivi, en plat principal, d'un cabillaud skrei, risotto au riz IGP de Camargue, asperges bio al dente, belle réalisation avant la meringue émulsion Tulakalum amandes torréfiées et sorbet chocolat, un dessert de qualité et gourmand.

PUYMIROL 47270

Michel Trama

52 rue Royale - T. +33 (0) 5-53-95-31-46 - Carte 173 € - Menu(s) 90-160 €

Chef: ***Michel Trama*** *- Chef:* ***Christopher Trama*** *- Chef Pâtissier:* ***Corentin Courtillat*** *- Sommelière:* ***Louise Peyramaure***

On ne peut évidemment réduire l'immense œuvre de Michel Trama à quelques plats, mais il est clair que le hamburger de foie gras, la larme de chocolat aux griottines ou la cristalline de pomme resteront comme des emblèmes. De quoi au fait? De ce que ce cuisinier autodidacte, plongeur sous-marin et aventurier du goût, s'est un jour fixé, pour l'amour de sa belle Maryse, quelques objectifs en restant un homme libre. C'est ainsi que Michel est devenu Trama, un type hors du commun qui n'a pas suivi de modes et les a faites lui-même. Aujourd'hui, la superbe maison épiscopale dans ce calme village possède toujours un charme indéfinissable, comme est intangible cette flamme créatrice qui continue d'agiter l'esprit de la maison. C'est Trama fils qui a pris le relais en cuisine, sous l'œil exigeant du père. Mais la maison tout entière continue à respirer du Trama, avec l'éternelle pomme de terre à la truffe, le homard au citron caviar et polenta dorée, le pigeonneau aux épices ou le paleron de bœuf au vin rouge et foie gras chaud poêlé, sans bien sûr oublier les blockbusters susmentionnés. De toutes les façons, ce qui subsistera, d'une façon prégnante après votre passage à Puymirol, c'est l'âme ineffable d'une table à taille aussi humaine que surhumaine: on dirait bien que l'Académie Gault&Millau, qui sanctuarise les maisons et les chefs qui ont fait l'histoire, a été bâtie pour Michel Trama. L'histoire continue et elle est éternelle.

La Poule d'Or — 14/20

52 rue Royale - T. +33 (0) 5-53-95-31-46 - Menu(s) 47 €
La Poule, c'est l'occasion pour tout le canton de se régaler d'une tradition gastronomique à prix de brasserie. C'est bénéficier du cadre extraordinaire de L'Aubergade, la maison mère, et d'une cuisine inspirée par Michel Trama à travers un menu implacable pour 47 €. Que du bon, du gourmand, du réjouissant, avec l'œuf à l'ivrogne selon Pierre Perret, le velouté de crustacés et quenelles de poisson, la poitrine de cochon laquée et ses frites (les meilleures de l'année), la tête de veau sauce poulette et le gros chou à la crème. On en sort repu et heureux, et les 47 € de ce festin sont comme une douceur. Bonne cave régionale et nationale, avec tout ce qu'il faut pour un épicurien.

HÔTEL

L'Aubergade - *5 étoiles*

52 rue Royale - T. +33 (0) 5-53-95-31-46 - À partir de 320 €
On ne présente plus la table de Michel Trama, exceptionnelle et multirécompensée. En revanche, on sait moins que ce chef humaniste a aménagé dans sa demeure XIIIe un hôtel raffiné, pensé comme une maison de famille idéale. Le lieu a conservé ses poutres et ses cheminées d'époque, des escaliers en chêne et ses tomettes anciennes. Le tout sublimé par la décoration du designer Jacques Garcia, qui a enrichi les salons de grandes tapisseries murales, de lustres fastueux et de canapés à pattes de lion... Les 9 chambres et suites déclinent ce luxe flamboyant avec tentures de velours, lits à baldaquin et tapis bien épais, prolongées pour certaines de petites terrasses. Quelques appartements meublés et une piscine extérieure viennent compléter l'offre de ce refuge 5 étoiles, membre du groupe Relais & Châteaux.

SAINT-ÉTIENNE-DE-FOUGÈRES — 47380

Mémé Cocotte — 10/20

10 Grand Rue - T. +33 (0) 5-47-01-17-37
En fait, il s'agit plutôt de deux mémés cocottes, Émilie et Lydie, deux belles-sœurs qui ont décidé de nous offrir, chaque jour à midi, un menu différent cuisiné comme à la maison. Ne soyez pas étonnés, des tables aux couverts, en passant par les plats de service, tout est dépareillé. Nous avons mangé sur une table d'école, nous sommes régalé d'un excellent velouté de courgettes et petits croûtons, d'une terrine aux cranberries sur un lit de salade de chou blanc à l'assaisonnement parfait et de deux belles courgettes jaunes et rondes farcies. Les 4 ou 5 desserts et le café sont servis en libre-service, à volonté. Un petit moment simple de bonheur d'antan.

Membres de l'Académie Gault&Millau

Tables Exceptionnelles – 19/20 à 19,5/20

Le Bombecul UN GOÛT DE TERROIR

Ici, vous dégusterez des produits locaux de saison délicatement choisis sur le marché, puis associés et cuisinés avec authenticité par le Chef, Sacha. Ici, vous mangerez uniquement les mets qui lui mettent l'eau à la bouche ! Bienvenue au Bombecul, restaurant aux saveurs du terroir situé sur la place du village dans une vieille bâtisse en pierre typique du Lot-et-Garonne.

10, place Paul Froment, 47140 PENNE-D'AGENAIS
Tél. : 05-53-71-11-76 – lebombecul.com

L'Express
POUR MANGER VITE ET BIEN

Envie d'un bon déjeuner rapide ? L'Express saura satisfaire toutes vos envies gourmandes. En plus du plat du jour et des grillades, cette cafétéria propose un buffet de légumes chauds à volonté. Le dimanche, profitez d'un brunch, lui aussi à volonté, pour seulement 15€ par personne.

D911, ZAC du Mayne Rocade, 47500 SAINT-VITE
Tél. : 05-53-49-20-49
Facebook : LExpress-Bar-Grill-Saint-Vite

Au Petit cochon CHARCUTERIE D'EXCELLENCE

Eric Jayant produit la quasi-totalité des charcuteries et plats préparés qu'il propose dans sa boutique de Villeneuve-sur-Lot. Depuis 2005, l'artisan cumule les distinctions et l'on vient de loin pour acheter ses fabrications à base de porc local élevé en plein air. À commencer par son jambon blanc – « sans sel nitrité ! » et son boudin noir. Sans oublier jambon sec, chorizo, saucissons et saucisses, dont la soubressade.

28, rue Georges-Clémenceau, 47300 VILLENEUVE-SUR-LOT
Tél. : 05-53-70-08-31 – aupetitcochon.fr

Boulangerie-pâtisserie Denizart Lardeau
LE SAVOIR-FAIRE ARTISANAL

Au cœur d'un des plus beaux villages de France, Corinne Lardeau et Philippe Denizart ont repris cette emblématique institution. Le P'tit Bidou, un pain rustique aux farines de blé, seigle et orge maltais, la brioche pur beurre AOP et le merveilleux flan aux œufs frais sont façonnés maison avec des matières premières au maximum lotoises. Large choix de snacking, chocolats en saison.

256, avenue du Général de Gaulle, 47300 VILLENEUVE-SUR-LOT
Tél. : 05-53-70-14-02

La Table Du Marché
L'ÉLÉGANCE CULINAIRE

L'emplacement de ce bâtiment classé, avec vue sur le Lot, est le plus joli de la ville ! Louisa et Francis ont recréé ici l'ambiance chic d'une brasserie parisienne du début du 20e siècle en sublimant les délices de saison comme le duo de foie gras maison truffé ou la fameuse cassolette de calamars en persillade. Les producteurs lotois sont valorisés dans chacune des créations du chef. Terrasse panoramique surplombant le Lot, très agréable aux beaux jours.

12, rue Lakanal, 47300 VILLENEUVE-SUR-LOT – Tél. : 05-53-36-21-79 – Tél. : 06-41-06-04-09
Facebook : La Table du Marché – Instagram : @latabledumarche

La Cale
À L'ABORDAGE !

Échoué sur «L'île de la Liberté» de Villeréal, le Navire des Pirates vous accueille tels que vous êtes et vous propose un moment de partage et de restauration. Qu'ils soient au canard, au boeuf black Angus ou au thon rouge, les burgers de La Cale ne sont pas un simple assemblage d'ingrédients. Tout y est cuisiné sur place avec « Amour & Aventure ». Venez vous caler, déguster de bons produits artisanaux et locaux comme notre pain, nos bières et, parmi les rhums* des quatre coins du monde, un qui vient du notre !

1, place de la Libération, 47210 VILLERÉAL
Tél. : 06-80-03-14-27

« Un repas, aussi frugal soit-il, est un instant de rencontre. Il peut être une occasion de joie et de communion, unissant profondément les gens.

Elise Boulding (1920-2010) »

*L'ABUS D'ALCOOL EST DANGEREUX POUR LA SANTÉ

SAINTE-LIVRADE-SUR-LOT 47110

Domaine de Bugatel 14/20

Allée de Bugatel - T. +33 (0) 5-53-71-37-12 - Menu(s) 29,50 €

Alina et Philippe ont voulu faire de ce domaine de Bugatel le prolongement de leurs souvenirs d'enfance. Après un incendie, plutôt que de pleurer, ils ont su retrousser les manches afin de nous offrir aujourd'hui un petit coin magique en bordure du Lot. La salle étonne avec sa haute charpente, sa cave voûtée où l'on va choisir son vin, ses terrasses en bordure du Lot, sa péniche où l'on peut se détendre en buvant l'apéritif. Un concept « à partager «, tant dans les menus qu'à la carte, tels les rillettes de poulet rôtis au sel fumé, un crémeux du Jura, rôti à l'ail et au miel, la planche du Bugatel (charcuteries, fromages), une côte de bœuf au poids et à choisir sur une viande maturée ou non, un dessert tel le Saintt Bugatel. Ou encore, pour des envies marines, la daurade royale, une petite merveille, servie sur une grande brique de sel de l'Himalaya, tout l'océan dans votre assiette. La plus grande cloche à fromage jamais vue sera, nous dit-on, proposée dans quelques semaines.

VILLERÉAL 47210

La Table de l'Europe 12,5/20

1 place Jean Moulin - T. +33 (0) 5-53-36-00-35 - Menu(s) 19-72 €

Si de nombreuses bastides occupent les points stratégiques de cette terre de Lot-et-Garonne où débuta la Guerre de Cent ans, il en est une particulière, nommée la Ville Royale, aujourd'hui Villeréal, qu'il faut fréquenter fourchette à la main : c'est ici qu'Anaïs Teynié, Nicolas Vaillant et Julien Auroux ont décidé de régner en réhabilitant une vieille institution, la Table de l'Europe. Depuis 2018 Anaïs trône aux fourneaux, Julien en pâtisserie, Nicolas joue le maître de maison et ce trio nous régale de propositions intéressantes comme l'œuf parfait tombée de poireaux, crème de truffe, fromage de brebis, excellente entrée pleine de saveurs mélangées gardant toute leur identité, mais température limite, un filet de cabillaud asperges vertes, coulis ail des ours, rhubarbe, mousseline de pommes de terre, de belle cuisson, sur une portion un peu chiche, les asperges craquantes à souhait, coulis servi à tables, avant un bon dessert citron, ganache ananas flambé. La carte des vins est attrayante, et la deuxième toque pas loin.

Menu(s)

Fourchette de prix mentionnant le menu le moins cher et le menu le plus cher proposant à la fois entrée, plat et dessert sans les boissons, qui n'exclut pas les prix intermédiaires

64

PYRÉNÉES-ATLANTIQUES

AHETZE 64210

La Ferme Ostalapia 11/20

Chemin d'Ostalapea - T. +33 (0) 5-59-54-73-79 - Carte 49 €

Une sympathique ferme au cœur du Pays Basque, pour un week-end champêtre dans un paysage de verdure. La ferme pousse l'authenticité jusqu'au bout, avec ses adorables chambres d'hôte et sa décoration paysanne, petit mobilier, cadres au mur et grande cheminée. Dans l'assiette, la famille Duplaissy déroule une cuisine de produits, des compositions qui vont à l'essentiel : ravioles de txangurro, taloa aux pieds de cochon caramélisés, jus de viande et salade d'herbes, des langoustines et risotto à la bisque, une ballotine de pintade aux blettes, farce, châtaignes et champignons, un baba au rhum et raisins confits.

AINCILLE 64220

Pecoitz 11,5/20

Route d'Iraty - T. +33 (0) 5-59-37-11-88

Au cœur du Pays basque, c'est en famille que se déroule l'histoire de Pecoitz. Dans cette maison authentique que l'on aime trouver dans les campagnes, la cuisine proposée déclinera, selon les saisons, les recettes du terroir de manière sincère et simple. Quelques notes contemporaines qui remettent des plats paysans au goût du jour comme le pied de cochon. Toujours de la générosité dans l'assiette et tout autour, avec l'asperge rôtie à la ventrèche et foie gras, le copieux merlu doré à l'espagnole, moules et chorizo, l'île flottante aux speculoos. Cave Sud-Ouest correctement pourvue et pas bien chère.

AINHOA 64250

Ithurria 15/20

Place du Fronton - T. +33 (0) 5-59-29-92-11 - Carte 89 € - Menu(s) 49-94 €

CHEF : XAVIER ISABAL

Difficile de faire plus basque, tant tout est fièrement basque et beau dans cette maison typique d'Ainhoa. La façade blanc et rouge de l'hôtel-restaurant, sur la place de ce village au milieu des paysages verts, annonce un lieu absolument authentique, où la famille Isabal cultive depuis des générations le goût du vrai et du régional. La salle semble n'avoir pas changé depuis cinquante ans, comme une reconstitution d'un salon basque d'époque, avec l'horloge, la cheminée, le charmant vaisselier, les poutres et le sol en dalles. Dans l'assiette, Xavier Isabal, troisième génération, poursuit une transmission respectueuse et personnelle de la cuisine familiale, où le produit du pays est mis en avant avec esthétisme. On retrouve un beau foie gras du Sud-Ouest avec une gelée de nèfles, rhubarbe du jardin, éclats de céleri branche et brioche tiède aux graines de fenouil, les asperges de Maxime aux cacahuètes de Soustons, croustillant de jaune d'œuf, cédrat confit et mousseline au poivre Kampot, un merlu de Saint-Jean-de-Luz à l'ail des ours, petits pois, fèves, ail noir et voile de lard de Colonnata, un agneau de lait des Pyrénées, pois chiches torréfiés, ragoût de gnocchi aux piquillos et caillettes d'épaule confite, jus d'agneau xipister, enfin un dessert aux fraises gariguette, riz au lait à la vanille de Tahiti et crème glacée à l'amande. Très belle cave, dont une belle collection de bas-armagnac.

La Maison Oppoca 11/20

Le Bourg - T. +33 (0) 5-59-29-90-72

Fermé pour travaux, l'hôtel 4 étoiles a enfin rouvert ses portes, avec des chambres rénovées et une nouvelle offre à table. Le format est plus simple, tout en conservant le charme de l'expérience basque, un point de départ pour découvrir les paysages, depuis une maison traditionnelle du XVIe siècle, au cœur d'un des plus beaux villages de France. Pour manger, brasserie le midi et restaurant le soir, avec des recettes régionales : chipirons au beurre persillé, ttoro, axoa de veau du Pays basque, gâteau basque...

HÔTEL

Hôtel Ithurria - *4 étoiles*

Place du Fronton - T. +33 (0) 5-59-29-92-11 - À partir de 130 €

Au cœur du village, une maison basque de carte postale (ancien relais sur la route de Compostelle), propriété de la famille Isabal depuis plusieurs générations et rendez-vous privilégié d'une communauté grandissante de fidèles, avides de nature et d'authenticité. Loin de l'agitation de la côte, on vient ici pour goûter la cuisine de Xavier Isabal, qui réinvente avec brio le terroir basco-béarnais. On cède ensuite au charme de cette demeure, membre des Collectionneurs, où les hôtes, accueillis dans les 26 chambres et suites aux lignes pures, qui déclinent meubles anciens et tonalités lumineuses, sont reçus en amis. Le ravissant jardin et son potager abrite une piscine avec une salle de fitness attenante et un sauna pour une pause bien-être. Une halte parfaite pour savourer une culture basque encore intacte et partir à la découverte des pépites alentour, le village d'Ainhoa et ses superbes maisons du XVIIe, la forêt toute proche et ses sentiers de randonnée, fief des pottoks, ces chevaux sauvages basques.

ANGLET 64600

Château de Brindos 13/20

1 allée du Château - T. +33 (0) 5-59-51-53-63 - Menu(s) 38 €

Les Biarrots sont attachés à ce lieu de détente et de plaisir, symbole de beaux dimanches et de repas romantiques. Au bord du lac entièrement entouré de verdure, cette grande salle parquetée aux grandes baies vitrées a beaucoup de charme, propice aux cérémonies et groupes professionnels. Pour donner un ton bien actuel à la cuisine, la maison a sollicité Flora Mikula qui signe la carte pour le chef Hugo de la Barrière. Sans s'aventurer dans du gastro sophistiqué, l'assiette se colore de régionalisme bien compris et d'un soupçon de canaillerie chic et citadine : tourteau granny osciètre, foie gras condiment anguille fumée rhubarbe, risotto morilles, et plats à partager joviaux, tourte de pigeon, côte de bœuf de Galice, langoustines pour deux... Notre expérience montre cette année un bel élan, un très bon jeune service (on ne reprochera même pas au sommelier d'être plus affairé sur les tables à champagne) et des assiettes réjouissantes : un très bon pâté en croûte avec des guindillas, la truite de Baïgorry, fumée maison, avec sa sauce cresson de fontaine et son jus à la berce (un plat bien construit, malheureusement arrivé tiède froid à table, flanqué d'une raviole un peu superflue), un plaisant dessert chocolat en deux versions, noisettes de Saint-Sardos ou poire évoquant la charlotte, sur une mousse «de mamie Jacqueline» réellement excellente). Cave bien étendue, à prix justes, choix au verre vraiment pauvre.

HÔTEL

Brindos, Lac & Château - *5 étoiles*

1 allée du Château - T. +33 (0) 5-59-51-53-63 - À partir de 216 €

Les fidèles de cette belle adresse sont soulagés ! Les 29 chambres et suites ont été soigneusement restaurées, et grâce à l'exceptionnelle situation, 10 lodges flottants ont été aménagés, chacun répondant à un nom de fée de ce lac de légende. On rejoint ces refuges enchantés avec un petit bateau électrique et on découvre, ébloui, le luxe des chambres et la beauté des terrasses où l'on paresse en écoutant le clapotis de l'eau. Et pour que le séjour reste dans toutes les mémoires, des cabines sur l'eau où sont dispensés massages et soins de la marque Gemology. Sans oublier le restaurant emmené par le chef Hugo de la Barrière, qui régale d'une cuisine créative et offre, lui aussi, une vue panoramique sur le lac. Magique au soleil couchant...

ARBONNE 64210

Lurrak 13,5/20

8 route du Bourg - T. +33 (0) 9-88-37-70-09 - Menu(s) 42-92 €

Ancien lauréat de la Dotation Gault&Millau, Romain Goyeneche a trouvé son port d'attache à Arbonne, où il cisèle une cuisine fine, inventive, centrée sur les saveurs et l'harmonie. Dans cette maison basque restaurée, où il prépare une terrasse pour 2024, l'espace est accueillant, bois clair et sombre, luminaires discrets, tables sobres sans nappages aux assiettes dépareillées. On se concentre sur l'assiette, sous l'œil attentif de Paul Chauvet. Les à-côtés sont soignés, la tomate, salicorne, eau de tomate à la framboise, simple en apparence, est très fraîche et équilibrée, le merlu cuisson basse température, crème d'aubergine, coriandre, noisettes est techniquement bien maîtrisé, comme le porc Manex, tendre et rosé à cœur, purée de carottes rôties au four, jus de viande, rhubarbe. Bon dessert crème glacée au cookie, siphon chocolaté tiède, cave variée, petit choix au verre.

ARCANGUES 64200

Le Moulin d'Alotz 15/20

Chemin d'Alotz Errota - T. +33 (0) 5-59-43-04-54 - Menu(s) 82-104 €

CHEF : FABRICE IDIART

Fidèle à sa ligne de conduite, Fabrice Idiart ne varie pas... et se renouvelle sans cesse, par sa cuisine centrée sur le végétal intégrant poisson et viande avec une créativité bien séduisante. Dans cette maison en pleine nature, à l'atmosphère de douceur apaisante, il est naturel de se laisser porter, y compris par l'équipe de salle, et notamment une sommelière pointue et attentionnée, d'excellent conseil sur cette vaste cave régionale étendue à l'Espagne, l'Italie et les autres vignobles. De quoi faire les accords qui vous conviennent avec les nombreuses mises en bouche, la belle entrée sur la pêche locale (thon, turbot, brandade de merlu) et pousses de salade, le mariage complexe et savoureux du bœuf wagyu et du radis (carpaccio de radis violets et jambon de wagyu, bœuf wagyu cuit au BBQ, tombée de radis et moutarde séchée, radis rose, radis noir et tartare...). Un dessert tout aussi étonnant, soufflé aux haricots noirs, glace au chocolat et sorbet de mucilage, cacao, haricots noirs à l'armagnac. Une étape a été franchie cette année avec la 3e toque.

Gaztelur 14/20

Chemin de Gastelhur - T. +33 (0) 5-59-23-04-06 - Carte 48 € - Menu(s) 45 €

C'est un lieu vraiment à part, comme un petit pays de Cocagne, à quelques minutes de Biarritz, une maison basque cachée dans les bambous, à l'intérieur d'un parc arboré donnant sur la Rhune. C'est autant l'accueil, que la cuisine de Fabrice Idiart, que ce décor chiné d'un goût exquis, comme des peintures d'intérieur du XIXe siècle, avec un goût remarquable pour l'art floral et le service de table. Au milieu de ces collections règne une atmosphère poétique, une lumière parfaitement distribuée et une convivialité assurée, mettant à l'aise pour découvrir une cuisine régionale de bon niveau : les pieds de cochon croustillants, vinaigrette aux noisettes grillées et guindillas, le poulpe grillé et marinière aux berberechos, une raviole ouverte de canard confit, légumes et bouillon pot-au-feu, une tarte aux agrumes, orange, citron vert et pamplemousse rose. Service des plus aimables.

Tables Remarquables – 15/20 à 16,5/20

Tables de Chef – 13/20 à 14,5/20

LES PRODUITS AOP, IGP ET AOC DE LA RÉGION NOUVELLE-AQUITAINE

Agneau de lait des Pyrénées, asperges du Blayais, armagnac, beurre de Charentes-Poitou, bœuf de Chalosse, canard à foie gras du Sud-Ouest, cassis de Saintonge, chabichou du Poitou, fleur de sel de l'île de Ré, jambon de Bayonne, jambon noir de Bigorre, kiwi de l'Adour, noix du Périgord, ossau-iraty, porc du Sud-Ouest, porc noir de Bigorre, poularde du Périgord, pruneaux d'Agen, tomme des Pyrénées, volailles de Gascogne, volailles des Landes, volailles du Gers...

L'Atelier des Pyrénées

LE SUMMUM DE LA GOURMANDISE

Diplôme en poche, Manon, jeune pâtissière, ouvre aussitôt boutique dans son charmant village pyrénéen. Dans son atelier, elle prépare de merveilleux gâteaux et d'exquis biscuits secs avec de bons produits comme les œufs et les fruits des fermes voisines. Pour un effet gourmand sans concession et une absolue fraîcheur, gâteaux du dimanche et pâtisseries de fête sont uniquement réalisés à la demande, et la commande se fait par téléphone.

24, rue du Village, 64390 ABITAIN – Tél. : 07-82-57-32-66
www.latelierdespyrenees.com

A Caso

COMME À LA MAISON

D'un côté, il y a Yasmine qui vous accueille dans ce lieu de vie et de partage comme il en existe peu, au cœur du village d'Arudy. De l'autre il y a Julien, Chef de cuisine, qui crée des recettes gourmandes, audacieuses et colorées au gré des arrivages des produits locaux et de saison reçus quasiment tous les jours, de son imagination et même parfois… de la météo. On s'y sent comme à la maison et on y mange beaucoup mieux. **Le + :** Mention spéciale aux bons vins* qui subliment les plats.

6, place de l'Hôtel de Ville, 64260 ARUDY
Tél. : 05-59-05-69-28

Auberge des Isards

MONTS ET MERVEILLES

Le Chef, Alexandre Terrassier, et sa compagne, Laure Eteve, vous accueillent dans un cadre idyllique conjuguant cocooning et bistronomie. Un hôtel étoilé aux chambres spacieuses et lumineuses. Au restaurant, une cuisine créative célèbre les producteurs locaux. La carte renouvelée au fil des saisons a conquis les fins gourmets. En salle, mobilier design et vue à couper le souffle. Réservation conseillée.

3, chemin de l'Auberge, 64490 AYDIUS
Tél. : 05-59-10-92-01
auberge.aydius@gmail.com

L'Atelier d'Émilie

LA PASSION DU CHOCOLAT

« J'aime travailler cette matière, qui est superbe, facile et modifiable ! », s'enthousiasme Émilie Ducournau. Passionnée de chocolat(s) et dans le métier depuis 17 ans, elle a créé son Atelier en avril 2022. *« J'avais envie d'ouvrir un salon de thé dans mon village ».* Depuis, elle fait fondre, table et moule de multiples chocolats. « J'ai une grande gamme de chocolat noir, au lait et blanc. Je travaille avec un fournisseur suisse. Ce sont des chocolats très raffinés », précise-t-elle. Selon les saisons, elle propose aussi rochers, mendiants, biscuits, ganaches : *« Il y a toujours des nouveautés ! ».* Côté confiserie, on se régale avec pâtes de fruits, pralinés, guimauves… que l'on peut déguster dans le salon de thé vintage. Au menu aussi : financiers, brioche, glaces artisanales, café, tisanes, smoothies… Les habitués adorent !

7, avenue des Pyrénées, 64260 ARUDY
Tél. : 09-73-89-29-18

Aimez le chocolat à fond, sans complexe ni fausse honte, car rappelez-vous : « sans un grain de folie, il n'est point d'homme raisonnable ».

François De La Rochefoucauld (1613-1680)

ASCAIN 64310

Trabenia 11/20

Oletako Bidea - T. +33 (0) 5-59-54-01-91 - Menu(s) 25-69 €
À l'ouest d'Ascain, à quelques minutes de la frontière espagnole, ce charmant hôtel de passage offre une belle expérience basque, avec son architecture typique et sa cuisine régionale. La carte reste libre, avec essentiellement des assiettes en rotation au gré des saisons, sur quatre menus, de 25 à 69 €. Bonne sélection en cave, à dominante de vins du Pays Basque.

BAYONNE 64100

Nuance 14/20

23 rue des Cordeliers - T. +33 (0) 5-59-59-83-44 - Menu(s) 49-69 €
Brice Goeuriot et Margaux Le Baillif se sont rencontrés chez Ferrandi, pour former rapidement le projet d'un restaurant bien à eux. Leur dernière expérience chez Choko Ona à Espelette leur a permis de prendre leur envol après deux ans au service de cette jolie table. Les voilà donc dans le grand bain, dans un cadre chaleureux et zen qui leur permet de s'exprimer dans une très performante formule à 49 € : la simplicité gourmande d'un poireau-vinaigrette bien personnalisé (grillé au BBQ, jus de légumes vinaigrés, sabayon à l'huile de poireau, sarrasin en pralin et en gavotte), les belles saint-jacques, en tartelette et rôties, amarante en risotto et frit, gel au citron, émulsion de saint-jacques et de chorizo, avant le superbe pithiviers au foie gras et au pigeon, chou moutardé, jus de roquette, un brillant exercice de style. Dessert plus simple et de bon niveau, tarte aux poires, sorbet pomme au four et cannelle, très bon service orchestré par Margaux et prolongé par le bon travail d'Alexis Marcoux, le sommelier, qui veille sur une cave déjà construite, aimant les vins propres, et à tarifs justes.

Le Cheval Blanc 13/20

68 rue Bourgneuf - T. +33 (0) 5-59-59-01-33 - Carte 53 € - Menu(s) 29-74 €
C'est la grande institution bayonnaise, une auberge gastronomique tenue par la famille Tellechea depuis plus de cinquante ans. La maison exprime une forme de sagesse, se faisant la promotrice du terroir basque au travers d'assiettes renouvelées. Jean-Claude Tellechea prouve une belle capacité à innover, des assiettes inspirées n'hésitant pas à sortir un peu des frontières, un liégeois d'huîtres tièdes au vert, chantilly marine et shiso, noix de coquille saint-jacques rôties, quinoa, chorizo, œuf de truite de Banka, lait noisette-sésame, un quasi de veau laqué au miel Loreztia, pignon, chou vert étuvé, lards, cèpes et crème yaourt Bastidarra au jus de veau, un crémeux M. Txokola, crumble noisette, copeaux et glace chocolat-noisette. Formules de 29 à 74 €.

La Table | Sébastien Gravé 12,5/20

21 quai Amiral Dubourdieu - T. +33 (0) 5-59-46-14-94 - Carte 47 € - Menu(s) 23-55 €
La table de Sébastien Gravé reste un incontournable de Bayonne, lui qui fut l'un des meilleurs ambassadeurs de la cuisine basque à Paris, du temps de sa table Pottoka. On y retrouve cette convivialité et ce sens de l'accueil, l'effervescence bayonnaise sur ce coin des quais, le plaisir d'un terroir basque revisité, avec le sens de la présentation. On redécouvrira la région avec l'egg roll de truite des Pyrénées et anguille fumée à la feuille de nori, crème de chou-fleur au beurre noisette glace moutarde, chou rave mariné et brioche maison

aux algues, la poitrine de cochon et poulpe de Galice laqués, mousse persillade, arancini à l'encre de seiche et chorizo, fenouil et aïoli parmesan, ou encore la ganache M. Txokola, crumble, mousse légère, caramel au beurre salé, glace cacahuètes, sel fumé et piment d'Espelette. Cave bien pourvue.

Patxamama — 11,5/20

7 rue Port de Castets - T. +33 (0) 5-59-59-11-88 - Menu(s) 24 €
Si la Pachamama semble veiller sur cette table à la décoration légèrement sud-américaine, Patxa ramène tout de suite au Pays Basque, et le tout exprime surtout une belle jeunesse. La table de Lise et Nicolas Bouchard est une des cantines les plus appréciées de la ville, pour son dynamisme, ses assiettes actuelles et son atmosphère arty, parfait pour un déjeuner en ville. Le menu à 24 € est d'un excellent rapport qualité-prix, proposant régulièrement des nouvelles recettes : velouté de butternut, crème ras el hanout et croûtons, une morue, patates douces, légumes de saison, aïoli au rocotto, une poitrine de cochon, étuvé de chou pontoise et polenta maïs grand roux, un brownie pistache et dulce de leche. Bon service.

Le Bayonnais — 10/20

38 quai des Corsaires - T. +33 (0) 5-59-25-61-19 - Menu(s) 26 €
Un rendez-vous bien connu au bord de la Nive, du côté des quais du Petit Bayonne. La jolie bâtisse à marquise accueille un bistrot généreux, avec des plats roboratifs où les produits locaux occupent une bonne place. À l'ardoise, l'œuf mi-cuit au foie gras et artichauts, le jambon de Bayonne, les chipirons en persillade, le risotto aux langoustines et sauce aux cèpes, le croustillant de cochon au foie gras et lentilles, le parfait au touron et sauce chocolat. Bon service.

Le Chistera — 10/20

42 rue Port-Neuf - T. +33 (0) 5-59-59-25-93 - Carte 32 € - Menu(s) 17,50 €
Une adresse sans prétention qui décline les produits basques dans une carte bien marquée Sud-Ouest, du confit de canard, des rognons à la tête de veau, de la salade de morue à l'énorme cassolette de tripes à la basquaise qu'il faudra être bien glouton pour lamper en entier avant le flan caramel. Tarifs modérés, service simple, petite cave classique.

HÔTEL

OKKO Hôtels Bayonne Centre - *4 étoiles*

22 boulevard du BAB - T. +33 (0) 5-59-42-88-38
Dans cet immeuble qui détonne un peu avec ses façades immaculées et un modernisme revendiqué, un établissement plein d'allant et bien placé entre Arènes et vieux Bayonne, offrant 92 chambres à la déco contemporaine.

CAVISTE

Le Sang des Vignes

11 avenue Capitaine Resplandy - T. +33 (0) 6-10-03-15-77
Au bord de l'Adour, sur les quais, dans un coin tranquille en dehors du centre, une vaste cave pour connaisseurs, facile d'accès et de parking. Dans d'anciens chais XVIIe, le bon conseil pour les particuliers, la cave conseillant aussi nombre de restaurants. À l'affiche, un peu tous ceux qu'on aime, Elian Da Ros en Marmandais, Richaud, Gramenon, Jamet dans le Rhône, Ganevat en Jura, Magnon en Corbières, etc.

Vignobles & Découvertes

1 rue Bernadou - T. +33 (0) 5-59-59-37-09
À côté des halles, une belle cave ouverte sur la rue, toute vitrée, proposant plusieurs centaines de références, notamment en biodynamie et nature. Dans le catalogue de Philippe Choiselat, Bordaxuria, Ilarria, Arretxea, Alain Robert, Taille au loup, La Rectorie...

CHARCUTIER

Aubard

18 rue Poissonerie - T. +33 (0) 5-59-55-02-27
Tenue par la même famille depuis 1946, la charcuterie Aubard est une institution bayonnaise, réputée pour ses jambons et sa charcuterie basque. À la fois boutique et musée du jambon, l'adresse de la rue Poissonnerie met en avant tout le savoir-faire de la maison, jambon de Bayonne, de Kintoa, Pata Negra, noir de Bigorre, saucissons et chorizo... Des plats cuisinés et des produits d'épicerie sont également proposés.

CHOCOLATIER

Chocolat Cazenave

19 rue Port Neuf - T. +33 (0) 5-59-59-03-16
Fondée en 1854, la maison est une des plus emblématiques de Bayonne, incarnant la grande tradition locale du chocolat. Le salon de thé est l'un des plus exquis, avec ses miroirs, ses boiseries et son style d'époque, où l'on pourra découvrir les spécialités de l'établissement, le chocolat mousseux, les tablettes, les tourons ou encore les kanougas.

Chocolat Pascal

17 rue de la Salie - T. +33 (0) 5-59-46-10-95
Située dans une des rues passantes de la ville, la chocolaterie de Pascal et Ana Moustirats perpétue la tradition locale, avec des chocolats de compétition, conçus avec des grands crus. Notamment passé à la Maison du chocolat et chez Ladurée avec Pierre Hermé, l'artisan-chocolatier défend une belle technique, proposant de nombreuses ganaches, truffes, tablettes... Un salon de thé est également ouvert au 32 quai Galuperie.

Chocolaterie Puyodebat

11 rue Orbe - T. +33 (0) 5-59-24-56-14
Près de vingt-cinq ans d'existence et une renommée qui n'est plus à faire, pour cette maison appliquée à la promotion du célèbre chocolat basque. À sa tête, Christophe Puyodebat, artisan et homme d'affaires avisé, qui possède aujourd'hui des boutiques à Biarritz et à Cambo-les-Bains. On retrouvera ses créations de chocolat, tablettes, confiseries ou encore pâte à tartiner.

Monsieur Txokola

11 rue Jacques Laffitte - T. +33 (0) 5-59-15-66-94
Une très jolie boutique qui a davantage des airs d'ateliers que de boutique, rappelant au passage le travail de l'artisan et du passage de la matière au produit fini. Le projet bean-to-bar de Cyril Pouil et Ronan Lagadec donne lieu à un beau catalogue, tablettes pure origine, assemblages, pâtisseries, coffrets ou encore pâte à tartiner.

FROMAGER

Les fromages de Laetitia

18 rue Guilhamin - T. +33 (0) 9-81-09-29-77

Les connaisseurs savent ici l'expertise et la qualité des sélections, qui permettent de découvrir les fromages du Pays Basque, de France et d'ailleurs. On retrouvera aussi bien les classiques que des variétés plus confidentiels, raclettes, chèvres, aligot, ekigorri, sagasna...

PÂTISSIER

Lionel Raux

7 rue Bernadou - T. +33 (0) 5-59-59-34-61

Juste en face des halles, la boutique de Lionel et Isabelle Raux est un royaume de la pâtisserie, vaste adresse installée sur deux niveaux, où l'on retrouvera un catalogue exhaustif, recettes traditionnelles et créations. Depuis ses débuts, l'établissement a étoffé ses gammes, proposant également glaces et plats traiteur, snacks salés ou encore des chocolats.

Pariès

14 rue du Port-Neuf - T. +33 (0) 5-59-59-06-29

Grande maison de chocolat bayonnaise, fondée à la fin du XIXe siècle, l'établissement participe de la grande tradition locale en matière de plaisirs sucrés. La jolie boutique en orange et noir est aujourd'hui tenue par la quatrième génération, Françoise et Alain, perpétuant les classiques de la maison, le touron, le mouchou, et bien sûr les kanougas.

Pâtisserie Bamas

83 rue d'Espagne - T. +33 (0) 5-59-03-62-42

C'est un incontournable de la pâtisserie basque, créé par Thierry Bamas, champion du monde et MOF. Sa boutique du centre bayonnais est déjà une expérience visuelle, une boutique ultra-minimaliste mettant bien en valeur les créations de l'artisan : pâtisseries, macarons, chocolats, pâtes de fruit, biscuits, gâteaux de voyage... Bon accueil.

Pâtisserie Mokofin

27 rue Thiers - T. +33 (0) 5-59-59-04-02

De part et d'autre du 27 de la rue Thiers, juste en face du Château-Vieux, les deux sœurs Joëlle et Maïtena Erguy ont monté l'une des adresses basques les plus enthousiasmantes, proposant une boutique salée et une boutique sucrée, réinventant classiques et proposants créations. Sur les étals, saint-honoré, pavlova, Bayonne-Brest, choc noisette, plats traiteur, salades et pain surprise, petits fours et canapés.

TORRÉFACTEUR

Kafe Beltza

9 rue Poissonnerie - T. +33 (0) 5-59-59-09-98

Non loin des Halles, le Kafe Beltza est l'une des plus vieilles torréfactions de Bayonne, fondée dans les années 30 et aujourd'hui tenue par les frères Moraiz. Multiplement primée, la maison propose des cafés pures origines et des assemblages, ainsi que des thés et des accessoires.

Chez Amatxi
LA CRÊPERIE DU PETIT-BAYONNE

Chez Amatxi, le talo est roi. Cette galette de maïs et de blé dégustée lors des fêtes basques, est ici cuite à la plancha e à composer selon les envies. Ce jour-là, on opte pour le tri confit d'oignons maison, fromage de brebis et txistorra, un saucisse du pays venue de la boucherie Pascal Massonde Souraïde. Les produits – de saison et locaux – sont à dégusté sur place ou en face, chez Aitatxi, la seconde boutiqu spécialisée dans la rôtisserie. *Service non-stop 11h-21h (ferm le dimanche à partir de 15h).*

43, rue Pannecau, 64100 BAYONNE – Tél. : 05-40-07-57-72
chez.amatxi.bayonne@gmail.com – Facebook : Chez Amatxi

> « C'est au cours d'un dîner copieux que la spiritualité de l'homme se manifeste avec le plus d'évidence. »
>
> Somerset Maugham (1874-1965)

Chez Maite L'ART CULINAIRE DU TALOA

Dans son restaurant du centre historique, Maite, revisite le taloa (une galette à base de farine de blé et de maïs, spécialité basque fabriquée par son grand-père boulanger) en une galette croustillante et moelleuse, à l'instar du Mixte au jambon de Bayonne, fromage de brebis et piquillos (poivrons marinés) accompagné de frites maison au piment d'Espelette. Agréable terrasse bucolique sur rue piétonne.

2, rue des Carmes, 64100 BAYONNE – Tél. : 09-81-27-80-66
www.chezmaite.fr

BIARRITZ 64200

Les Rosiers 14,5/20

32 avenue Beau-Soleil - T. +33 (0) 5-59-23-13-68 - Carte 83 € - Menu(s) 46-105 €

Même si l'on connaît sa précision, son attention et son grand respect de la cuisine française classique, André Rosier parvient toujours à nous surprendre, sur ces chers produits basques comme sur d'autres, dénichés sur le marché de saison. Dans cette belle maison à l'écart des foules, on vit paisiblement et complètement ce moment de sérénité gourmande. Le cadre s'y prête, pierre et bois clair, vaisselle de bon goût, ambiance raffinée sous la supervision de Pierre, plaçant les convives dans les meilleures dispositions pour apprécier cette cuisine engagée et élégante : foie gras poêlé, carottes, condiment oignon-sésame, consommé de canard parfumé au gingembre, poisson de la criée (de la barbue ce jour-là), topinambour, citron confit, beurre blanc aux algues, avant un rafraîchissant dessert agrumes, fromage blanc, croquant thé matcha, sorbet limoncello. Cave vaste explorant les vignobles d'ici et d'ailleurs (Espagne, Portugal, Italie...).

L'Impertinent 14/20

5 rue d'Alsace - T. +33 (0) 5-59-51-03-67 - Menu(s) 78-118 €

A Saint-Charles, à l'écart du centre bouillonnant, le calme d'une table élégante, impertinente juste ce qu'il faut avec le chef Fabian Feldmann, qui reste sur sa ligne directrice, une multitude de saveurs, sans jamais lasser. Le jeune service est bien impliqué pour accompagner et présenter, l'entrée sur les céphalopodes (deux préparations de seiche l'autre jour, une mariné agrumes et poivre, l'autre grillée chou rave shio koji et piment), la betterave à la braise, breuil en raviole, noix et baie de genièvre, le merlu noir en pêche du jour, au feu de bois, yaourt, criste-marine, limquat, algue (belle cuisson, agréable mariage en douceur avec le yaourt), agneau de lait rôti, topinambour, asperge blanche, miso noir, échalote et frais dessert fruité, amande et bois de cassis, glace bois de cassis, crème d'amande, écume de miel de bruyère Callune, pollen, granité au lait. Carte des vins bien construite, sur tous les vignobles, avec une petite sélection étrangère. Un point de plus.

Sillon 14/20

4 rue Jean Bart - T. +33 (0) 5-59-24-76-08 - Menu(s) 72 €

Quand on a la personnalité et le savoir-faire, il est assez facile de faire son empreinte en quelques années, d'avoir une signature reconnaissable et reconnue. C'est le cas de Mathieu Rostaing-Tayard, dont la table biarrote se démarque indéniablement, cet alliage de chic et de décontraction, où tout semble simple et en même temps la conclusion d'un travail long. On a cette belle carte au comptoir pour dévorer des tapas de compétition, les moules de Groix farcies, beurre d'algue et piment, les croquettes de queues de bœuf à la riojana, une glace badiane et granité citron Meyer... Puis le restaurant et les menus en cinq ou sept services, où l'on croisera le maquereau fumé, crist marine et huile de poivre, la sèche à la béarnaise, héliantis, sarrasin, genièvre, algue et ventrèche, un saint-pierre confit avec des choux de Bruxelles à la braise, beurre à la feuille de bergamote et livèche, tout en longueur, un bel agneau de Soule maturé, betterave fumée, chioggia, sauce vin rouge et pimenton de la Vera, un dessert cacao, châtaigne et cardamome noire. Cave forte et bien conseillée.

AHPÉ 13,5/20

34 avenue du Président Kennedy - T. +33 (0) 6-48-81-49-75 - Menu(s) 18,50-62 €
De l'extérieur, l'adresse ne semble être qu'une table de quartier comme bien d'autres. Pourtant, Idir Fseil peut se targuer d'avoir élevé le genre à un tout autre niveau, faisant preuve d'une gourmandise et d'un sens des équilibres remarquables. Preuve en est que simplicité ne rime pas avec facilité, le chef expose sur des plats bistrot, des intensités inattendues, obtenues par la finesse des assemblages, la justesse des jus et des cuissons. On évoquera par exemple une poitrine de cochon aux pleurotes et topinambours, oignons et yaourt cacahuète, fondant, légèrement fumé, plein de rondeurs, avec un jus inoubliable, les maquereaux brûlés aux poireaux, avec un étonnant siphon pain, chanterelles et cacao, ou encore le très original dessert de patates douces, dacquoise noisette et glace miso-sarrasin, parfaitement cohérent. Le service en salle convainc aussi bien sur les explications que le conseil en vin, assuré par Valentin. La cave est courte, mais vaillante (famille Etchandy, Plan B, Hervé Villemade, Stéphane et Jérôme Bernatas, domaine Ponson). Atmosphère chaleureuse.

L'Entre Deux 13,5/20

5 avenue Foch - T. +33 (0) 5-59-22-51-50 - Carte 55 €
La dualité est en enseigne comme dans l'assiette : Rémy Escale est un chef avisé et bien formé, qui peut magnifier des recettes classiques comme rendre accessible les produits nobles, (saint-jacques, ris de veau, foie gras…) avec la même aisance. Autant de finesse que de maîtrise dans la rustique soupe gratinée aux légumes lard et canard que dans la joue de bœuf braisée, salsifis et foies gras poêlé, avant la clémentine dans son jus, financier au beurre noisette et glace. Le service est efficace et bien présent, la cave manque d'un vrai spécialiste, mais se montre variée à tarifs justes.

Après Demain 12,5/20

12 avenue Louis Barthou - T. +33 (0) 6-77-38-38-52 - Menu(s) 59-85 €
Le Clos Basque était une institution. Notre jeune chef distingué dans le «109» l'an passé en a fait un endroit revu à sa manière, accueillant et intimiste. La salle a été repensée, de vieilles pierres mises en valeur, des poutres allégées, un espace totalement ouvert sur l'extérieur pour une vue sur l'extérieur, aéré, spacieux. Matthias Leuliette aime jouer, avec les textures, les saveurs et les trompe-l'œil (le foie gras laqué à la mandarine est toujours là). Parfois, c'est bon, et l'effet ne fait que renforcer le plaisir gustatif du plat. Parfois, le trait est un peu forcé, au détriment d'un véritable acte culinaire. C'est aussi ce qui fait son charme, et la liberté de création. Dans cette succession d'assiettes (6 dans la première formule à 59 €), nous gardons le souvenir d'une très jolie tarte à la tomate et d'un cabillaud très réussi (camaïeu de la criée de Saint-Jean-de-Luz, sauce biphasée à l'huile d'aneth et Noilly Prat, œuf de truite de Banka), au-dessus des autres bouchées. Service manquant un peu d'allant, mais assez efficace. Cave dans l'esprit du circuit court, avec un bon nombre de régionaux.

Carøe 12,5/20

51 bis rue Gambetta - T. +33 (0) 9-83-34-54-60 - Menu(s) 16 €
Le fishbar de la rue Gambetta continue de faire vibrer le quartier, avec sa cuisine vivante et sa grande terrasse, dans un esprit de partage engageant. L'endroit fait du local et du saisonnier, des assiettes en constante évolution par le chef Dario Ruffa, des compositions tout en tension, comme une entrée de coques et sabayon miso, un kimchi pancake, un

assemblage huître et betterave, un yakitori de sébaste ou encore un collier de skreï au BBQ. La cave suit le mouvement, avec des propositions surtout locales et misant sur les nouvelles générations.

Epoq 12,5/20

11 rue du Helder - T. +33 (0) 9-88-09-68-12

C'est une des adresses les plus en vue de la ville, un lieu de confluence autour de l'agriculture éthique, la cuisine durable et la culture du goût. Présidé par Anthony Orjollet, le lieu respire d'un esprit libre et convivial, un moment de partage autour de compositions pleines d'idées, un poireau grillé au feu, mayo, poutargue de mulet, œuf fermier et persil, un bao vapeur farine Xemiania, pleurote, mentsuyu, mayo et rayu, une ventrèche de thon rouge et calamar de ligne grillé à la braise, sabayon vin orange, un jarret de bœuf race béarnaise laqué, purée de pommes de terre et jus réduit de veau, enfin une poire confite, mousse riz au lait, crumble de masa de maïs. L'adresse fait aussi cave, épicerie et comptoir.

Marius 12,5/20

52 rue Alan Seeger - T. +33 (0) 5-59-41-10-11 - Carte 53 €

C'est la nouvelle table en vue à Biarritz, une presque-auberge de campagne, située à la sortie de la ville, sur la route d'Arbonne. Là, une grande grille et une maison basque entourée d'un jardin champêtre, qui fut longtemps celle d'André Gaüzère, et par la fenêtre au loin, les Pyrénées. C'est un retour aux sources pour Sébastien Sanjou, qui a recréé ici sa vision de la table d'amis, un lieu de convivialité où l'on peut retrouver les saveurs d'antan, des classiques à partager, exécutés par le chef Kévin Bigot. Dans la salle décorée dans un esprit fifties et coloré, la direction et le service sont assurés par Géraldine André et Ludivine Bigot. On retrouvera le pot-au-feu de foie gras frais de chez Robert Dupérier, la caille ortolan de chez Pierre Duplantier servie à la casserole, avec des légumes de saison, une crème renversée au caramel, comme à la maison. Cave bien instruite et éclectique (Château de Carles, Léoville-Poyferré, Fanny Sabre, Trapet, Lapierre, Clos Vougeot...).

Aiete 12/20

22 rue Harispe - T. +33 (0) 5-59-43-82-27 - Carte 44 €

C'est une de ces adresses branchées qui font le bonheur des soirées biarrotes, avec sa salle en longueur et briques blanches, ses tables hautes et sa cuisine ouverte. L'ambiance y est toujours cool, et le chef connaît bien son affaire : des produits bien sourcés et une veine régionale habilement revisitée. On pourra se laisser tenter par le jambon de porc noir gascon de Pierre Matayron, une truite marinée à l'aneth et baies roses, blinis maïs Arto Gorria, tzatziki verveine et sumac, un suprême de volaille farci aux shiitakés et crevettes, sauce XO et polenta, un finger russe et chocolat praliné. Cave bien pourvue.

Le Café Basque - Le Café de Paris 12/20

5 place Bellevue - T. +33 (0) 5-59-24-19-53 - Carte 63 €

Décorée par la maison Sarah Lavoine, la table de l'hôtel Café de Paris respire un charme côtier et ensoleillé, de la paille tressée, du bois clair et du bleu ciel, à l'image d'une cabane de pêcheur chic au bord de la plage. La vue sur l'Atlantique est évidemment un des atouts de la maison, tandis que le chef, sous la supervision de Cédric Béchade assure une partition bien régionale, en phase avec l'environnement immédiat. On aura donc le gravlax de truite, chou-fleur fumé et vinaigrette pamplemousse, les chipirons et txistorra à la plancha, riz bomba d'une paëlla, ou encore le chocolat Itakuja à la passion, croustillant riz soufflé. Excellent service.

Le Marion 12/20

30 avenue du Lac Marion - T. +33 (0) 5-59-43-14-86 - Carte 38 €
Une valeur sûre du côté de l'hippodrome, incarnée par la cheffe Yenofa Arangoits, lauréate du trophée tradition d'aujourd'hui en 2022. La maison respire d'une belle sagesse, un service parfaitement maîtrisé et une cuisine sans défaut, pour redécouvrir la côte basque et un savoir-faire bien servi. On pourra commencer par la crêpe de maïs au boudin noir, poursuivre sur un élégant merlu en croûte de chorizo et purée de céleri, une blanquette de sot-l'y-laisse de dinde. Côté dessert, clafoutis de poires aux amandes, ou encore coulant au chocolat, sauce caramel et beurre salé.

Marloe Biarritz 12/20

45 avenue du Président J F Kennedy
T. +33 (0) 5-59-22-34-98 - Carte 70 € - Menu(s) 29-69 €
Fondé par Éric et Johanna Martins, qui se sont connus chez Hélène Darroze, le Marloe Biarritz est la seconde adresse après Paris, pour ce couple désireux de rester plus souvent au Pays Basque. On y retrouve le chef Anthony Ruffet, travaillant le produit local dans un esprit Marloe bien exporté, des idées bistronomiques et actuelles, en phase avec le style très contemporain du Connecteur, le lieu de coworking accueillant la table. La carte crée ainsi du lien entre les cultures, un maki de tourteau au yuzu, radis daïkon, fine gelée de pomelos et jeunes pousses de shiso vert, un homard breton au naturel, arroz bomba au jus de têtes, condiment ail noir et pichet de bisque mousseuse, un ris de veau croustillant, chou de Bruxelles, gel d'oignon doux, chapelure de ris de veau, citron confit et jus corsé, un dessert d'orange sanguine et crème de bergamote, amaretti à l'amande douce, pistache et herbes fraîches. Formules à 31 et 79 €.

Chez Scott 11/20

4-6 rue Jean Bart - T. +33 (0) 5-59-22-85-98 - Carte 88 €
Avec trois tables gastronomiques quasiment côte à côte, la rue Jean Bart peut se targuer d'une belle concentration des plaisirs. L'adresse de Scott Serrato vit d'une approche fusion, avec des assiettes colorées et voyageuses, faisant collaborer le terroir basque et les parfums d'ailleurs, notamment d'Asie. On retrouvera par exemple les saint-jacques dans un bouillon de coquillages au lait de coco, gingembre et citronnelle, le bar de ligne, crémeux de topinambour, jus de coques, bouillon de coquillages émulsionnés, le cœur de ris de veau à la plancha, cannellonis de ris de veau braisé et sauce aux morilles, zestes de combawa, le dessert aux agrumes, yuzu, cédrat, main de bouddha, mandarine mikan en textures. Menus dégustation à 98 et 120 €.

Dos Hermanos 11/20

36 avenue de Verdun - T. +33 (0) 5-59-22-32-67 - Menu(s) 32 €
Une affaire qui fonctionne toujours aussi bien sur les hauteurs du centre-ville, une bodega chaleureuse à la décoration typique, et aux recettes valorisant la tradition et les produits du terroir. Il y a bien sûr le bellota, le chorizo et le pied de cochon rôti, puis le pavé de morue sauce chorizo, le boudin noir de Christian Parra aux deux pommes, la belle côte de bœuf pour deux. Petite cave franco-espagnole.

Le Sin 11/20

Cité de l'Océan - 1 avenue de la Plage - T. +33 (0) 5-59-47-82-89 - Menu(s) 35 €

Dans le beau complexe ultra-contemporain de la cité de l'Océan, la table de Michel Cassou-Debat profite d'un lieu lumineux et d'une vue imprenable sur l'Atlantique. Toute en verre, acier et bois clair, la salle dégage un sentiment de sérénité, bien nourri par une cuisine bistronomique et juste, où l'on oscille entre régionalisme et modernité. À la carte, nems de légumes thaïs, vinaigrette au curry, ravioles de langoustine et émulsion de crustacés, chipirons farcis, dentelle de pieds de cochon, pigeon fermier, jus tranché à l'ail et écrasé de pommes de terre, soufflé au fruit de la passion.

Hernani 10,5/20

29 avenue du Maréchal Joffre - T. +33 (0) 5-59-23-01-01 - Carte 44 €

Loin des rues trop touristiques, cette authentique sidreria à deux rues de la plage est un de ces rendez-vous de quartier à l'ambiance inimitable, où les amis se retrouvent. Les fourneaux y délivrent une cuisine basque espagnole traditionnelle, des classiques que le chef connaît par cœur, la poêlée de chipirons, les croquettes de morue, les cœurs de canard à l'espagnol, le pavé de morue fraîche aux haricots tarbais et chorizo, le magret de canard du sud-ouest.

Chez Albert 10/20

51 bis allée Port des Pêcheurs - T. +33 (0) 5-59-24-43-84 - Carte 55 €

Il faut choisir cette institution pour son cœur d'activité, en véritable écailler. Et donc venir déguster coquillages et crustacés au milieu de la douce agitation du Port Vieux. Nos derniers essais pour sortir de cette zone de confort ont été moins concluants, hormis une honnête soupe de poisson. Service rodé et efficace, sans débordement d'affection, petite cave adaptée.

Chistera et Coquillages 10/20

13 rue des Halles - T. +33 (0) 5-59-41-89-45 - Carte 45 €

C'est incontestablement l'une des terrasses les plus prisées de la ville, située juste à côté des halles et se remplissant tous les soirs, par les jeunes et les moins jeunes, venus partager quelques tapas ou plus. L'animation et le service sont de véritables atouts, participent d'une convivialité qui ne fait que rendre les assiettes encore meilleures. On se concentrera sur les classiques, les plateaux de fruits de mer, les couteaux à la plancha, les anchois fumés du Pays Basque, le pavé de merlu, crème de crustacés et légumes, le riz à l'espagnole, un traditionnel gâteau basque.

HÔTEL

Hôtel Le Café de Paris - *4 étoiles*

5 place Bellevue - T. +33 (0) 5-59-24-19-53 - À partir de 159 €

En plein centre de Biarritz, cet hôtel Art déco a retrouvé une nouvelle jeunesse, sous l'impulsion de Sarah Lavoine, qui a su mêler avec talent style Belle Époque et inspirations marines pour instiller à l'établissement un esprit chic, contemporain et décontracté. Toutes ouvertes sur l'océan en contrebas, les 19 chambres et suites déclinent les bleus et les verts, signature de la décoratrice, auxquels répondent des parquets en chêne naturel, des poufs en forme de galet et des cordes échappées du pont d'un bateau. Ce même esprit se prolonge au Café Basque, l'une des tables les plus prisées du moment, qui régale ses hôtes d'une cuisine locavore emmenée par Cédric Béchade (également chef de L'Auberge Basque, à Saint-Pée-sur-Nivelle), servie dans les salons bleu bord de mer en hiver et sur la grande terrasse dès les premiers beaux jours.

Hôtel Le Garage - *4 étoiles*

50 avenue de l'Impératrice - T. +33 (0) 5-86-98-02-20 - À partir de 180 €

Construit durant la Belle Époque, ce garage avec sa porte en forme de grande arche a hébergé des aéroplanes et les voitures les plus prestigieuses avant d'être transformé en hôtel, conservant ce côté rétro qui fait tout son charme. Ouvertes sur les jardins ou l'océan et prolongées de petites terrasses, les 27 chambres et suites distillent un style à la fois brut et raffiné avec un mix de bois brut et de béton, le tout illuminé de tonalités de bord de mer. L'océan est à côté, mais la piscine bordée de palmiers offre un refuge idéal, à moins que l'on ne préfère rejoindre le spa Sothys de l'hôtel Regina, tout proche, avec lequel Le Garage a établi un partenariat. Et enfin, ne manquez pas le Néo-Bistrot, qui régale les hôtes d'assiettes à partager, avec des produits locaux et quelques échappées exotiques, le tout servi sur la terrasse ou le délicieux patio.

Hôtel du Palais

1 avenue de l'Impératrice - T. +33 (0) 5-59-41-12-34 - À partir de 340 €

Rouvert en 2021 après deux années de restauration, le mythique palace (le seul de la côte atlantique) a retrouvé tous ses charmes, sous l'impulsion de l'Atelier COS et de l'architecte du patrimoine Isabelle Joly. Un sans-faute, comme on le découvre en pénétrant dans ce spectaculaire hôtel avec son immense façade Empire et sa vue panoramique sur la Grande Plage de Biarritz. Des extérieurs à la toiture, du restaurant au bar, tout a été subtilement rénové par des équipes d'artisans d'art qui se sont relayés pour rafraîchir les portes en trompe-l'œil, les colonnes peintes ou encore le lustre du bar, qui a exigé 250 heures de travail. Doté désormais d'un parfait confort contemporain, le lieu a conservé son caractère, comme en témoignent les 86 chambres et 56 suites aux lignes sobres et au luxe raffiné. Une mention également pour la piscine californienne à l'eau de mer chauffée à 28 °C qui surplombe l'océan, le Spa Impérial griffé Guerlain, étendu sur 3000 m2. Une pépite, membre du groupe Hyatt.

Hôtel Palmito

7 rue du Port-Vieux - T. +33 (0) 5-59-24-16-56 - À partir de 125 €

Dès le lobby, le ton est donné avec un rack empli de planches de surf qui attendent les amateurs... Idéalement situé dans la rue piétonne du Port-Vieux, cet hôtel séduit une clientèle venue goûter les plaisirs de l'océan en posant ses valises dans un refuge chaleureux et décontracté. Au premier étage, les étagères du salon réunissent des livres sur Hawaï et les Tiki polynésiens. Les 18 chambres déclinent une déco vintage elle aussi voyageuse, avec mobilier en rotin et objets rapportés du Maroc par Nina et Aurélien Lacoume, propriétaires des lieux. Deux dortoirs avec des lits capsules pour les ados complètent l'offre, sans oublier un appartement familial au dernier étage, avec un rooftop pour siroter son verre au crépuscule. Le Palmito vient également d'ouvrir son restaurant, de l'autre côté de la rue. Six stands y proposent une cuisine créative et durable, avec produits bio et de saison, pour déguster le meilleur de la street food.

Regina Experimental Biarritz - *5 étoiles*

52 avenue de l'Impératrice - T. +33 (0) 5-59-41-33-00 - À partir de 190 €

Posé face à l'océan et aménagé dans une somptueuse bâtisse Belle Époque, cet hôtel historique est l'un des incontournables de Biarritz. Désormais membre de l'Experimental Group, il a fait peau neuve et retrouve une nouvelle jeunesse, pour une réouverture prévue le 7 juillet. La décoratrice Dorothée Meilichzon s'est montrée inspirée, en repensant les 72 chambres et suites à l'aide de matériaux bruts (cordes, paille japonaise), de meubles de bois vernis et de tapis aux motifs aquatiques, le tout offrant de somptueuses échappées sur la baie de Biarritz. Au rez-de-chaussée, le bar a lui aussi fait peau neuve, réinventant la partition d'un piano-bar à cocktails des années 1920 avec un immense comptoir face à des espaces plus intimes décorés de gros canapés et éclairés de belles lampes en papier signées Ingo Maurer. Le restaurant et sa vaste terrasse sont désormais le fief du chef Grégory Marchand, qui décline là une cuisine d'auteur revisitant les grands classiques locaux. Et côté activités, les hôtes n'ont que l'embarras du choix, entre les spots de surf et le golf du phare, juste en face de l'hôtel.

BOUCHER

La boucherie de Stéphane

Les Halles - T. +33 (0) 5-59-22-13-01

Un bel étalage pour la viande et la charcuterie, avec une spécialité sur l'agneau, épaule, gigot, souris, les morceaux de connaisseurs sur le bœuf, poire, hampe, onglet, paleron, les côtes maturées, le bœuf de Galice, et tous les classiques en charcuterie.

Chez Romuald

18 avenue du Président Kennedy - T. +33 (0) 5-59-23-23-26

Une des boucheries de quartier les plus appréciées de la ville, où il n'est pas rare de voir la queue dépasser sur le trottoir. Le boucher propose des beaux morceaux, des viandes réputées et des charcuteries choisies. Une bonne sélection de produits d'épicerie fine est aussi à la vente, sur des étagères élégantes où l'on trouvera bocaux, tartinables et conserves.

BOULANGER

Boulangerie Enneartz

6 rue des Mésanges - T. +33 (0) 9-87-38-80-80

Clément Désigaux s'est taillé une bonne réputation avec sa boulangerie suivant les principes de l'agriculture biologique, proposant pains au levain naturel, viennoiseries et biscuits. Parmi les pains spéciaux, pain aux céréales, au seigle, petit épeautre, complet, variétés anciennes...

Coin de Table

16 avenue de Verdun - T. +33 (0) 7-88-74-83-51

Une boulangerie comme il y en a encore peu à Biarritz, qui fait du pain et non de la baguette, comme le dit François Bricage, ex-monteur truquiste dans la pub devenu boulanger. La côte basque s'est imposée à lui et à sa femme comme une évidence. Certains pains se font sur deux jours, d'autres avec de la farine de maïs, de riz ou de pois chiche parfumés au zaatar, pain d'épices au miel du pays...

CAVISTE

L'ArtNoa

56 rue Gambetta - T. +33 (0) 5-59-24-78-87

Dans l'une des rues les plus gourmandes de Biarritz, la cave et bar à vins d'Antoine Vignac est un vrai plaisir des sens, avec ses sélections larges et étudiées, pas seulement sur le vin mais aussi les spiritueux, son lieu élégant et rassembleur, où l'on peut partager une assiette de producteur. Parmi les possibilités, Michel Théron, Giachino, Bordatto, domaine de Plaisance...

La Cave de Mon Père

26 rue de la Bergerie - T. +33 (0) 2-98-02-34-17

Un accueil, une ambiance, une sélection, de la personnalité, tout ce qu'il faut pour échanger dans cette boutique chaleureuse où l'on met en avant autant les produits que les hommes. Du vin, du champagne, des alcools, mais aussi des jus de fruits et des produits régionaux dans un bel espace décoré de tonneaux et agrémenté d'un coin dégustation.

Wine Shop

14 rue de la Bergerie - T. +33 (0) 5-59-24-71-87

Une cave bien variée où l'on aime un peu tout, le vin, la bière, les alcools, et surtout cette recherche permanente pour trouver du bon pas cher. Avec une prédilection pour le naturel, le fruit en avant autant que le terroir, sur des noms connus ou plus confidentiels. Sélection intéressante sur tout le Sud, notamment en languedocs, mais aussi les bourgognes de Fanny Sabre ou les bons champagnes de Rémi Leroy.

CHARCUTIER

Sébastien Zozaya

16 rue de la Bergerie - T. +33 (0) 5-59-24-45-98

Un touche-à-tout généreux, MOF globe-trotter parti jusqu'à Abu Dhabi, maîtrisant aussi bien les grandes recettes de la charcuterie française que les essentiels du Pays basque. Sa boutique du centre-ville est devenue le point de repère de nombreux gourmands, qui viennent découvrir et redécouvrir plats traditionnels et classiques revisités, charcuteries pâtissières, jambons et saucisses de pays.

ÉPICIER

Maison Arostéguy

5 avenue Victor Hugo - T. +33 (0) 5-59-24-00-52

C'est une des grandes institutions de la ville, la « grande épicerie de Biarritz », fondée en 1875, proposant dans un décor d'apothicaire, un vaste choix de produits d'épicerie fine, du Pays Basque et du monde entier. Les hautes étagères en bois ne manquent de rien : piment d'Espelette, chocolats, foie gras, confitures et conserves, huiles, épices, fromages et charcuteries, bocaux et condiments, ou encore thés, cafés et infusions.

FROMAGER

1001 Fromages

8 avenue Victor Hugo - T. +33 (0) 5-59-24-67-88

Une maison centenaire aujourd'hui dirigée par la maison Arostéguy non loin de là, proposant une des plus gammes de fromage de la côte. On retrouvera des fromages locaux et de toute la France, à pâte dure et à pâte molle, ainsi que des produits d'épicerie fine, du pain Poilâne, du beurre d'Isigny et Bordier, et autres produits de crèmerie.

La Cave à Fromages Saint-Martin

2 rue du Reptou - T. +33 (0) 5-59-22-11-23

Une grande boutique à la décoration traditionnelle et raffinée, avec bois mouluré, tonneau et briques. Outre la belle gamme de fromages, couvrant toutes les régions, on trouvera également de nombreux produits d'épicerie fine, plats cuisinés, ou encore une sélection de vins pour accompagner.

Crèmerie Saint-Charles

17 rue de la Bergerie - T. +33 (0) 5-59-24-40-55

Un accueil, une ambiance, une sélection, de la personnalité, tout ce qu'il faut pour échanger dans cette boutique chaleureuse où l'on met en avant autant les produits que les hommes. Du vin, du champagne, des alcools, mais aussi des jus de fruits et des produits régionaux dans un bel espace décoré de tonneaux et agrémenté d'un coin dégustation.

Fromagerie Gambetta

23 rue Gambetta - T. +33 (0) 6-23-76-13-21

Dans cette rue animée, la fromagerie est un repaire de connaisseurs, avec ses larges gammes couvrant toute la France et ailleurs. Sur les étals, rouelle du Tarn, trèfle du Perche, bouyguette, selles-sur-cher, mothais, tomme au Piment d'Espelette, tomme aux fleurs, camembert di bufala...

GLACIER

Maison Dezamy

11 rue des Halles - T. +33 (0) 5-59-26-52-67

Lorsque la foule déambule en plein été du côté des halles, elle se réfugie volontiers chez cet artisan glacier qui lui apporte la fraîcheur, la détente, le plaisir, dans la modernité et le choix des parfums, en pots, bâtonnets ou milk-shakes, en crèmes glacées comme en sorbets. Goûtez les classiques, noisette, chocolat, rhum raisin, mais aussi cacahuète, sésame noir ou stracciatella et, en sorbet, la cerise noire ou le mélange Caraïbe.

PÂTISSIER

Hungry Belly

12 avenue de la Gare - T. +33 (0) 9-86-40-52-39

Une pâtisserie modern et engageante, proposant en plus des plaisirs sucrés, des options salées et végétariennes. Les inspirations largement anglo-saxonnes, cookies, et cakes, carrot, citron-pavot, choco-pistache, amande-orange sanguine... chaque semaine, des petits plats à emporter (minestrone, sandwichs, pâtes fraîches, salades etc.).

Noisette Pâtisserie

5, rue Gaston-Larré - T. +33 (0) 6-26-60-25-04
Après avoir fait le buzz depuis son atelier du Village Iraty-Biarritz, le chef pâtissier Mathieu Turonnet a ouvert sa boutique en ville, dans le quartier de Port Vieux, pour le plus grand bonheur des gourmands. La grande terrasse permet de déguster de belles pâtisseries, notamment des viennoiseries XXL et des gâteaux au bon goût de revenez-y...

Pâtisserie Miremont

Place Clemenceau - T. +33 (0) 5-59-24-01-38
Fondée en 1872, la pâtisserie est une des plus réputées de ville, conservant son style d'époque, précieux et élégant. La maison propose tous les grands classiques, notamment locaux, comme les fameux gâteaux basques, ou encore le macaron de Biarritz. Également, une trentaine de glaces et sorbets, ainsi que des snacks salés.

PRIMEUR

Manu Primeurs

Les Halles
L'approvisionnement en fraîcheur tous les matins, de la production régionale de saison. Au centre des halles, le grand étalage fait le tour de la question en légumes comme en fruits, majoritairement du local de qualité, mais aussi des fruits exotiques et de l'import, italien ou espagnol.

TORRÉFACTEUR

Moka Fina

7 rue des Halles - T. +33 (0) 5-59-24-19-97
Une valeureuse maison qui assure sa mission depuis plus de soixante-dix ans, respectant un esprit artisanal authentique. Outre une centaine de thés en vrac, on pourra compter sur une gamme de cafés pure origine, des assemblages, quelques produits d'épicerie fine ainsi que des accessoires de dégustation.

BIDARRAY 64780

Auberge Ostapé 15/20

Chahatoenia - T. +33 (0) 5-59-37-91-91 - Menu(s) 59-110 €
*CHEF: **JOHN ARGAUD***

L'arrivée de John Argaud (Meurice, Ibarboure...) rebat les cartes dans cette belle auberge ducassienne en pleine nature basque. Très axé sur le produit, et dans cet environnement propice, le chef danse sur les braises et attise le feu, offrant des notes fumées à la plupart de ses plats, jusque dans les desserts, heureusement avec parcimonie. Ce qui donne des assiettes aussi élégantes que le cadre dans une certaine simplicité de bon goût: petits pois et fèves d'Arbonne relevés au sureau, condiment lactique et rouget-barbet, une variante assez personnelle et réussie de la tartelette petits pois un peu trop vue, lotte de ligne, courgette bicolore condiment basilic et moules au barbecue, cuisson impeccable à cœur du poisson, avant le pigeon du Mont-Royal dans un plat chic et harmonieux, condiment cacahuètes de Soustons de la ferme Darrigade, déclinaison de navets confits (en morceaux et en purée au goût légèrement caramélisé), jus concentré et rafraîchi au vieux xérès. Les desserts sont remarquables («Mont-Baïgura» meringué, mamia fumé au miel du domaine, soufflé à l'armagnac pesto de mélisse...) et justifient en finale triomphale les 3 toques, revenues comme par enchantement. Beau travail de la sommelière Élisa Combrouze, qui gère avec brio les 450 références, piochant dans la rioja comme dans les petites exploitations proches.

HÔTEL

Hôtel Auberge Ostapé - *5 étoiles*

Chahatoenia - T. +33 (0) 5-59-37-91-91

En basque, «ostapé» signifie à l'ombre des feuilles de chêne. Un nom poétique à l'image de cette belle auberge bâtie en 1665 entourée d'un domaine de 45 ha planté de forêts et de prairies, avec la silhouette bleutée des montagnes en toile de fond. Nichées dans 5 maisons basques traditionnelles, les 22 suites cachent un luxe raffiné et chaleureux avec leurs cheminées et leurs meubles anciens, le tout ouvrant sur ce paysage bucolique. Après quelques longueurs dans la piscine chauffée à 26°C, on rejoint le hammam, le sauna ou la salle de fitness avant de goûter les délices d'une gastronomie de terroir déclinée par le nouveau chef John Argaud, passé notamment par les cuisines de la famille Isabal, à l'hôtel Ithurria. Un lieu au charme intemporel, ode à cette nature miraculeusement préservée du Pays basque intérieur, que l'on découvrira au fil des sentiers de randonnée au départ du village de Bidarray.

BIDART 64210

La Table des Frères Ibarboure 17/20

Chemin Ttalienea - T. +33 (0) 5-59-47-58-30 - Carte 120 € - Menu(s) 59-148 €

Chefs : Xabi et Patrice Ibarboure - Chef Sommelier : Thomas Tchoulfyan

C'est la famille ! Unie, tendue vers l'objectif, faire plaisir en se faisant plaisir, en faisant ce que l'on aime, avec une équipe qui vous aide à gagner. C'est tout ce que l'on ressent dans cette maison du bonheur, caché des foules et pourtant à dix minutes de la côte et de son agitation. Cette oasis gourmande a tous les talents et les deux frères Ibarboure, Xabi en cuisine et Patrice à la pâtisserie, font chanter la région comme personne autour d'eux. La légitimité, la fidélité au terroir, et l'histoire familiale, voilà un legs dont ils font bon usage. Avec un joli récital, lequel commence avec une pétarade de mises en bouche (c'est même un peu trop), les premières assiettes végétales, la fleur de courgette soufflée à la langoustine sauce Nantua, la généreuse raviole de foie gras des Landes, fricassée de girolles, légère émulsion de champignons, sauce périgueux.... Les gros appétits enchaînent avec le lieu de pêche locale, condiment iodé, épinard au beurre d'algues, jus relevé au sumac et pastis, le pigeonneau fermier en trois pièces (suprême, filet, cuisse farcie aux abats...). La régalade s'achève en beauté avec la fraise de Mendionde, sablé aux graines de fenouil, ganache légère à la fleur d'oranger et le chocolat pure origine en chaud-froid, praliné noisette du Piémont, glace vanille de Tahiti. Ce travail d'équipe se concrétise à chaque moment, avec un service motivé, actif et compétent. Cave belle et classique aux 600 références.

Ezkia 12,5/20

6 avenue de la Grande Plage - T. +33 (0) 6-33-05-15-99 - Carte 49 €

Une bonne nouvelle qui a bien pris racine dans ce coin de Bidart, à deux minutes de la plage. La table bistronomique de Marine et Olivier Henry profite du bon accueil de la première et de l'expérience du second, notamment formé chez Michel Guérard. Les assiettes privilégient les produits en agriculture biologique et locale, pour une expérience tournée vers le producteur et les saisons. Le menu à 64 € est d'un bon rapport qualité-prix, des saint-jacques, poireaux, algues et jus au Noilly Prat, un retour de pêche au fenouil, citron Meyer et jus de langoustines, une tourte de canard, embeurrée de chou et sauce salmis, un brownie ganache chocolat et citron, sorbet bergamote. Cave assez solide.

Ahizpak 11/20

Avenue de Biarritz - T. +33 (0) 5-59-22-58-81 - Carte 35 €

On aime cette jolie maison de bord de mer, surplombant l'Atlantique au milieu d'une végétation dépaysante. La vue est imprenable, et met tout de suite en appétit pour découvrir les relectures de David Cerisier. Dans l'esprit, la brouillade, œuf parfait, ventrèche et espuma bleu, le merlu en croûte persillée et écrasée de pommes de terre aux herbes, l'onglet de bœuf et gratin au lard et fromage de brebis, la crêpe en soufflé à l'orange et Grand Marnier.

Etika 11/20

1247 avenue de Bayonne - T. +33 (0) 9-86-38-08-51 - Carte 25 € - Menu(s) 27 €

L'adresse n'est pas tout de suite facile à trouver, logée en contrebas de l'avenue de Bayonne, près de la sortie pour l'A63 ; mais une fois installés, on retrouve le plaisir d'un joli « nano « bistrot basque, contemporain et minimaliste. Le chef Alexandre Willaume, qu'on a connu au Grand Hôtel de Saint-Jean-de-Luz, revient à plus de simplicité, avec une approche durable et tournée vers l'économie locale, proposant d'abord des options végétariennes. Le menu donne un bon aperçu de la production régionale, une crème de lentilles au lait d'amande et miso, un œuf mariné à la japonaise et salade d'herbes, un filet de saint-pierre, patates douces et pleurotes, une soupe tom kha aux légumes d'hiver, un tapioca au lait de coco et nashi. Formule à 27 €.

La Cucaracha 10/20

Rue de l'Hubahia - T. +33 (0) 5-59-54-92-89 - Menu(s) 16 €

Une chaleureuse maison basque juste au bord de la mer, avec une terrasse logiquement très prisée l'été. La table a ce qu'il faut de simplicité et d'esprit populaire pour se faire le rendez-vous de nombreux fidèles, qui y apprécient autant l'accueil du patron que sa cuisine basque, simple et engageante. À la carte, moules farcies, chipirons, cogollos, merlu à l'espagnole, côte de bœuf, riz au lait...

HÔTEL

Auberge Koskenia

Place Sauveur Atchoarena - T. +33 (0) 5-59-52-70-25 - À partir de 91 €

Cette auberge nouvelle génération est une alternative bienvenue dans le paysage hôtelier assez traditionnel de la région. Sur la place centrale de Bidart, Koskenia réunit une communauté de randonneurs, surfeurs, familles et locaux qui viennent savourer l'atmosphère décontractée de l'auberge avec son café, son restaurant tout simple mais délicieux, sa scène ouverte qui accueille concerts, débats ou dégustation, son espace de coworking, et même une petite épicerie emplie de produits locaux et d'objets artisanaux. Pour les voyageurs, l'endroit propose 8 chambres (dont certaines familiales : 2 pour 4 personnes, 3 pour 6) avec salles de bains privatives. Un lieu sans façon, parfait pour un séjour en famille ou entre copains.

Hôtel Itsas Mendia - *4 étoiles*

11 avenue de la Grande Plage - T. +33 (0) 5-59-54-90-23 - À partir de 130 €

Un hôtel familial comme on les aime, qui perpétue depuis plus d'un siècle une solide tradition d'amitié et d'hospitalité. Entre mer et montagne, au cœur du village de Bidart, cette belle maison au style noébasque (façade blanche, pans de bois rouges) abrite 15 chambres simples et confortables avec leur mobilier contemporain, leur parquet de bois blond et leurs vues spectaculaires sur les montagnes alentour. En contrebas, la grande piscine chauffée est une parfaite invitation à faire ses longueurs avant de s'installer dans un transat, le tout au milieu du délicieux jardin ombragé de platanes centenaires et empli d'hortensias. Un lieu chaleureux et à prix doux.

Hôtellerie des Frères Ibarboure - *4 étoiles*

Chemin Ttalienea - T. +33 (0) 5-59-47-58-30

Les amateurs de cuisine basque (et ils sont nombreux) ne jurent que par cette belle adresse, propriété d'une célèbre famille d'hôteliers restaurateurs qui se relaient aux fourneaux de père en fils, Xabi officiant désormais pour la partie salée tandis que son frère Patrice régale tous les becs sucrés. Pour offrir aux hôtes le plaisir de prolonger leur séjour, ils ont également aménagé une demeure XVIIe qui réunit 13 chambres chaleureuses et cosy, décorées de mobilier signé d'artisans locaux. L'établissement dispose également d'une belle piscine et, depuis mai 2022, de cabanes abritant sauna et bain nordique près du jardin d'herbes et au cœur d'un domaine de 2 ha en lisière de forêt. Le tout à quelques kilomètres seulement de Biarritz et de Saint-Jean-de-Luz.

Hôtel Villa l'Arche - *4 étoiles*

Rue Camboénéa - T. +33 (0) 5-59-51-65-95 - À partir de 189 €

Les amateurs de calme et de sérénité ne jurent que par cette petite pépite, à l'écart de Bidart et de son agitation estivale. Installée en surplomb de l'océan, cette villa basque pur jus affiche le charme contemporain de ses 9 chambres et 3 appartements aux tonalités lumineuses et aux meubles épurés, le tout ouvert sur un balcon ou une terrasse avec une vue à 180° sur les flots. La piscine et le jacuzzi invitent à une délicieuse détente avec, là encore, l'Atlantique pour horizon – un petit sentier vous mène en contrebas sur une plage de sable blond, parfaite pour pratiquer surf, paddle ou longboard. Associée au centre de bien-être du Grand Hôtel de Saint-Jean-de-Luz, la villa se chargera de vous réserver les meilleurs soins et massages, à moins que vous ne préfériez partir à la découverte de la côte en suivant le sentier qui surplombe les falaises alentour...

BIZANOS 64320

L'Esberit 15/20

34 boulevard du Commandant René Mouchotte
T. +33 (0) 9-83-97-58-58 - Menu(s) 40-87 €
Chef : Nicolas Lormeau

La troisième toque cette année pour Nicolas Lormeau, un des cuisiniers les plus inventifs et les plus intéressants du Béarn, dans cette belle salle rustique au vieux parquet et à l'ambiance zen, prolongée d'une vaste terrasse pour l'été. Jouant sur la rusticité et l'élégance, il trouve, avec ses excellents produits de saison, les bonnes associations et les goûts justes dans des approches parfois intrépides et pourtant maîtrisées : gambas snackées, pieds de cochon confits, consommé au tamarin, daïkon, mousse de pomme de terre et wasabi, dorade sébaste en pêche du jour, piment béarnais, poireau, rouille, l'agneau, asperge blanche BBQ, effiloché, émulsion bière brune, crème d'asperges, dans une composition très aromatique (l'huile d'immortelle avec un doux parfum de curry), puissante et équilibrée, et un beau dessert autour de la fraise, écume Maydie, croustillant de pistache, gel romarin, meringue betterave. Service également en progrès, supervisé par un nouveau directeur, cave large et intéressante, avec quelques vins du monde, des alcools, sans oublier l'Ogeu, l'eau des Pyrénées.

BRISCOUS 64240

Maison Joanto 11,5/20

Chemin du village - T. +33 (0) 5-59-20-27-70 - Carte 38 € - Menu(s) 34 €
Entre bistrot et restaurant familial, cette table se montre réconfortante et fidèle. Dans la salle, Monique veille à tout, et la cuisine de tradition sait aussi s'évader un peu avec les premières initiatives du nouveau chef Maxime Vaillant: vitello tonnato de bonne facture, avec le veau des Pyrénées, bar cuit sur peau, artichauts, tomates confites et pesto au basilic, pavlova, meringue, pêche blanche et sorbet verveine... Du fait maison d'un bon standard, qui écarte les surprises, avec une sympathique petite cave régionale.

CAMBO-LES-BAINS 64250

Terrae 13/20

7 avenue de la Mairie - T. +33 (0) 5-59-64-63-77 - Menu(s) 28-66 €
Une table en mouchoir de poche qui voit pourtant grand, avec ses assiettes deux toques pour douze couverts. En effet, Grégory Ménard et Lucile Voisin sont loin d'être des débutants, elle qui fut notamment à l'école Ferrandi, et lui à Choko Ona, là où ils se sont rencontrés. D'Espelette à Cambo-les-Bains, le couple a construit une vision contemporaine et vivante de la gastronomie, jouant avec aisance sur les textures et les contrastes, tantôt croustillant, tantôt fondant, piquant ou doux, acide ou rond; bref, des compositions ludiques qui promeuvent intelligemment le terroir basque. Le ton argile de la petite pièce souligne le bon goût de la maison, un esprit pastel et vintage d'une belle épure, préfigurant l'esthétique soignée des assiettes, sur une volaille en panure, mayonnaise et épices, des pickles d'endives, polenta et épices yassa, jus de lard crémé, un veau au barbecue, rémoulade et risotto de céleri, un délicieux mont blanc cacao, crème mascarpone vanille et praliné noisette, glace au rhum, flirtant avec les trois toques. La cave, certes courte, montre une bonne intuition (Élodie Balme, Vincent Cluzel, Les Pothiers, Bordaxuria etc.).

Ama 12/20

6 allée Anne de Neubourg - T. +33 (0) 5-59-29-22-29 - Carte 55 € - Menu(s) 62 €
C'est l'image moderne de la restauration en couple. Lui, plutôt salé, elle plutôt sucré, avec possibilité de mixité. Manon Grasset et Adrien Layssac ont donc décidé d'écrire l'histoire ensemble à Cambo, dans cette maison tout en longueur dont la déco s'inspire des traditions basques pour mieux faire ressortir la modernité du propos. Dès la panna cotta chou-fleur et chapelure persillée, le ton est donné, le velouté de châtaignes, poitrine de cochon confite, noisettes est aussi bon qu'appétissant, la pintade fermière, topinambour est très gourmande et le dessert agrumes miel et sorbet finit en fraîcheur. La cave laisse la place aux vins de la région, puis ira piocher dans quelques vignobles de France et d'Espagne, à tarifs justes, Max gère la salle avec attention et savoir.

CASTAGNÈDE 64270

La Belle Auberge 12/20

Le Bourg - T. +33 (0) 5-59-38-15-28 - Menu(s) 17,50-31 €
Hôtel 3* et grande maison de campagne, la Belle Auberge est un rendez-vous qui a ses fidèles, aimant retrouver ici le calme et la simplicité. En terrasse l'été ou sous les poutres l'hiver, on profite d'une atmosphère intemporelle, authentique et chaleureuse, où l'on retrouve des classiques toujours aussi efficaces. À 31 €, la traditionnelle garbure béarnaise, la salade de pieds de porc désossés, les moules farcies, le merlu grillé à l'ail, la pièce de blonde grillée sauce échalote et frites. Menu déjeuner à 17,50 €. Petite cave locale.

CIBOURE 64500

Ekaitza 15,5/20

15 quai Maurice Ravel - T. +33 (0) 5-59-51-29-51 - Menu(s) 45-79 €
CHEF: GUILLAUME ROGET

Une authentique table basque, engagée, identitaire dans le plus charmant cadre qui soit, celui du port de Ciboure. Guillaume Roget maîtrise son sujet et façonne des menus de saison à la fois très enracinés dans la tradition régionale et bien personnalisés : kokotxas de merlu poêlés, pied de cochon grillé, sauce cardamome, belle sole de petit bateau cuite à la vapeur, chipirons en tagliatelles, pomme de terre fumée et matelote infusée à la réglisse, agréable dessert sur le chocolat et la vanille de Tahiti, noix de pécan et fleur d'oranger. Le service, précis et enjoué aide à créer une ambiance chaleureuse et gourmande, la cave offre un large choix sur tout le Sud-Ouest.

Chez Mattin 13,5/20

63 rue Baignole - T. +33 (0) 5-59-47-19-52 - Carte 52 €
Impossible de passer par Ciboure sans se rendre au moins une fois chez Michel et Céline Niquet, ambassadeurs du pays depuis plus de cinquante ans. Leur maison basque au cœur du village est un témoignage du temps passé et des traditions locales, un lieu d'histoire et de passion, où l'on revient pour ces mêmes plaisirs, une carte qui ne change pas et dont on ne se lasse pas. On admirera la cassolette de txangurro, les accras de boudin et morue, langoustines rôties, fromage blanc aux herbes, l'incontournable ttoro, l'entrecôte pireneika, le riz au lait et glace au riz grillé. Cave bien constituée.

Arrantzaleak 12,5/20

18 avenue Jean Poulou - T. +33 (0) 5-59-47-10-75 - Menu(s) 38 €
C'est un incontournable des quais de Ciboure, situé juste au bord de la Nivelle et incarnant mieux qu'aucune autre, l'esprit d'une auberge familiale. Tout le monde s'y retrouve dans une ambiance complice et heureuse, où les classiques basques et notamment marins sont servis avec un grand sourire. La tradition est ici aussi bien faite que respectée ; on commence avec les petites sardines grillées, les moules farcies, la morue piquée au chorizo, olives, basilic et basquaise, un cochon Ospital grillé et langoustines, grenailles sautées... Desserts classiques. Vins du pays.

La Table de Megumi 11/20

15 quai Maurice Ravel - T. +33 (0) 5-47-02-29-29

Ici tout est petit : petit restaurant, petits carreaux aux fenêtres, petite cuisine où Megumi s'agite, petite terrasse, six tables, petite salle et petites cartes du jour, trois plats et trois desserts. Mais la cuisine de Megumi n'est pas petite, elle est un voyage au cœur des saveurs lointaines, héritage de ses origines japonaises. La carte bouge tous les jours, en fonction du marché. Les cagettes de légumes s'empilent sur les bords de fenêtres et donne un avant-goût de ce qui va composer nos assiettes du jour (bouillon de légumes, mapo tofu au bœuf, panna cotta fraise ce jour-là). Des bouteilles de vins au prix étiqueté, sont nichées au-dessus d'une armoire. C'est bon, simple et invite au voyage.

BOUCHER

Boucherie du Golf

29 rue Aristide Bourousse - T. +33 (0) 5-59-47-97-96

Un incontournable de la boucherie à deux pas des quais du village, où l'on trouvera parmi les meilleurs boudins du Pays Basque. L'établissement est réputé pour ses spécialités régionales et ses viandes de bonne provenance : axoa de veau, chichons, gras doubles, bœuf de Galice ou encore porc maturé.

BOULANGER

Etxe Goxoan

51 avenue Jean Jaurès - T. +33 (0) 5-59-47-18-38

Notamment passé dans l'émission « la meilleure boulangerie de France », l'établissement de Bertrand et Émilie n'a pas usurpé sa bonne réputation, proposant sur la grande artère de Ciboure, une bonne gamme de pains et viennoiseries. On y retrouve le pain au levain naturel, viennoiseries gourmandes, ainsi que des pâtisseries de voyage, à la présentation toujours soignée.

PÂTISSIER

Sweet Pea

23 quai Maurice Ravel - T. +33 (0) 5-59-23-10-44

Il ne faut pas se laisser avoir par l'enseigne « laverie automatique », car il s'agit bien du coffee shop-pâtisserie de Lucy Shaw, renouvelant avec plein de jeunesse, l'offre gourmande du port. C'est un lieu chaleureux et contemporain, où la jeune cheffe passée par l'école Alain Ducasse, propose des superbes gâteaux, cakes, cheesecakes et cookies, ainsi quelques snacks salés pour le petit-déjeuner ou le lunch.

ESPELETTE 64250

Choko Ona 15/20

155 rue Xerrendako Bidea - T. +33 (0) 5-59-15-71-65 - Menu(s) 38-82 €

CHEFFE : FLORA LE PAPE - CHEF : CLÉMENT GUILLEMOT

Il la tient, cette troisième toque qui devait bien arriver. Parce que c'est lui, parce que c'est là, au cœur du Pays basque, dans ce village emblématique. La créativité du chef se retrouve dans chaque détail, visuel, olfactif, gustatif. La balade est délicate et esthétique, mais aussi profondément gourmande : la betterave, crème glacée aux herbes fraiches, bouillon dashi et oxalis entame en fanfare de finesse après les mises en bouche, pour suivre avec l'asperge blanche, cacahuètes de la ferme Darrigade, matraila (bajoue de kintoa) et une sauce façon blanquette, le bœuf de Galice, d'une belle qualité, ail, anchois et légumes du jardin, jus de bœuf. Flora, la compagne du chef en salle, prolonge l'harmonie avec une équipe prévenante et motivée, le dessert bière, brioche et crème glacée levure est dans le même ton, et la cave est vaste et inspirée sur toutes les régions, dont une petite sélection outre-Pyrénées.

Brenti 13/20

65 Plazako Karrika - T. +33 (0) 5-59-15-70-67 - Carte 49 € - Menu(s) 32-59 €

Un vrai coup de cœur pour cette maison du pittoresque village d'Espelette, pleine de délicatesse et de fraîcheur. Aurore Martinat nous introduit à la cuisine de Matteo Giua, une passerelle élégante entre Sardaigne et Pays Basque, de la mer à la montagne et vice-versa. Les assiettes expriment une approche sensible du produit, des aller-retour intelligents entre les pays, avec un sens exigeant de la présentation. Le menu dégustation à 49 € propose ainsi sa version de la morue à la vénitienne, au katsuobushi, câpres et poutargue de Sardaigne, des agnolotti farcis à la ricotta et aux épinards, beurre, sumac et grana padano, un agneau de lait du Pays Basque aux champignons rôtis, sabayon au curcuma, une glace au citron jaune, crème anglaise au miel de châtaignier, mascarpone et agrumes confits. Jolie cave italienne.

GUÉTHARY 64210

Briketenia 14/20

142 rue de l'Eglise - T. +33 (0) 5-59-26-51-34 - Carte 90 € - Menu(s) 44-108 €

La maison de la famille Ibarboure est un condensé élégant de ce que la côte basque peut produire, incarnant aussi bien l'esprit d'une terre fière et indépendante, que celui d'une terre d'accueil pour le grand tourisme. À la fois bourgeois et régional, l'hôtel 4* installé sur les hauteurs de Guéthary est un petit havre de paix, paisible et raffiné, où Martin et David imaginent une cuisine de pays, précise et intuitive. L'œuf de la ferme Oiloxoko à Sare est servi avec une sauce suprême truffée et une brioche feuilletée, épaule de Bellota, le cabillaud vapeur vient dans une fine crème aux coquillages, avec courge spaghetti à l'huile de noix et graines torréfiées, la palombe des Landes est au jus au vin rouge, cuisses confites en salmis et poudre de persil ; enfin le chocolat, caramel, arlette au cacao, ganache au chocolat, crumble à la fleur de sel et crème glacée à la cardamome. Vaste cave, avec une bonne sélection régionale. À partir de 48 €.

Getaria 11/20

360 avenue du Général de Gaulle - T. +33 (0) 5-59-51-24-11 - Menu(s) 45 €

Dix ans déjà et une réputation qui ne faillit pas, pour l'accueil toujours personnalisé de Claude Calvet et de son équipe, d'un goût sincère pour la cuisine locale et le plaisir vrai du partage. Sa terrasse au cœur du village en fait un rendez-vous incontournable, où l'on peut profiter d'une cuisine loin des facilités côtières, un pâté croûte, un croustillant de boudin noir de Philippe Caset et chipirons, bouquet de pousses sauvages aux noisettes grillées, un bar vapeur et huîtres pochée, risotto de céleri aux herbes, bouillon crémeux au noilly, une pluma ibérique frottée au genièvre et rôtie à la plancha, fine mousseline de potimarron, pommes granny et jus parfumé aux chanterelles, un russe au praliné de cacahuètes, chouchous caramélisés et crémeux de verveine, crème glacée de fromage blanc. Cave régionale.

HÔTEL

Hôtel Le Madrid

563 avenue du Général de Gaulle - T. +33 (0) 5-59-26-52-12 - À partir de 70 €

Le lieu fut tour à tour une buvette en bois où se retrouvaient les marins et le siège du club de pelote de la ville. Transformée en hôtel, cette maison labourdine est aujourd'hui LE rendez-vous des surfeurs de Guéthary. Prise d'assaut dès les premiers beaux jours, la terrasse bénéficie de magnifiques vues sur l'océan, tandis que les étages accueillent 5 chambres au décor délicieusement rétro avec meubles vintage, tissus basques (réalisé par Martine Boulard, l'une des maîtresses de maison, également designer textile) et belles salles de bains avec des baignoires anciennes à pied. Le Madrid propose également toute une palette de soins (modelage, gommage). Quant aux surfeurs, ils apprécieront l'emplacement prévu sur le palier pour leur planche de surf, tout comme la localisation de l'hôtel, à 5 minutes à pied des plages.

ÉPICIER

Yaoya

251 avenue du Général de Gaulle

L'épicerie basco-japonaise d'Aï et Cédric Bihr est d'ores et déjà un incontournable du village, un lieu de partage et d'éthique, où l'on peut découvrir des produits locaux, valorisant les petits producteurs. La boutique au design très soigné, minimaliste et apaisant, propose de nombreux produits pour le quotidien, des fruits et légumes frais, vins et bocaux, pain de chez Etxe Goxoan, quelques objets d'artisanat pour la maison et enfin des produits japonais.

GUICHE 64520

Le Gantxo - Laurent Miremont 13/20

Quartier du Port - T. +33 (0) 5-59-56-46-63 - Menu(s) 37-51 €

Au cœur du pays dans un petit village au bord de la Bidouze, l'étape de Laurent et Isabelle Miremont est un plaisir qu'on ne manque jamais, une grande maison basque à la décoration impeccable, et où l'on mange régional. Les chefs jouent avec le terroir, proposant des recettes renouvelées, le pied de porc servi en galette dans une sauce gribiche et radis noirs marinés, un lieu jaune, croquette de chipirons ail et citron, cèpes, poireau et coulis de langoustines, un bœuf herriko rossini, compotée de joues au vin rouge, carottes, pommes dauphines et condiment à la châtaigne, ou encore un rocher chocolat noir/caramel/cacahuètes salées et crème anglaise à la vanille de Tahiti. Dans le verre, une sélection de vins resserrée sur la région. Formules à partir de 37 €.

Carte

Addition moyenne d'un prix à la carte englobant le prix d'une entrée + plat + dessert

La boulangerie de Jade
LE PARADIS DES GOURMETS

Lait de la ferme, fruits de saison locaux, Jade décline ses pains et pâtisseries près de la base de loisirs de Guiche. Sa baguette Tradition et ses pains spéciaux sont élevés sur levain naturel en fermentation longue et Jade excelle dans les plaisirs sucrés comme la brioche, le chausson aux pommes, le pain aux raisins, le croque mangue-passion, le dôme chocolat blanc et la divine dacquoise aux fruits rouges. Large choix de snacking. Terrasse pour la pause-café du matin.

348, route du Bourg, 64520 GUICHE – Tél. : 05-40-39-51-03
Instagram : @boulangeriedejade

> « Dans les souvenirs d'enfance
> de chaque bon cuisinier
> se trouve une grande cuisine,
> une cuisinière en marche,
> un gâteau qui cuit et une maman. »
>
> Barbara Costikyan (1928-2020)

IRISSARRY 64780

Art'Zain 13,5/20

Le Bourg - T. +33 (0) 5-59-37-23-83 - Menu(s) 36-49 €

C'est un authentique voyage au cœur du Pays Basque, où tous les curseurs sont poussés au bout, le plaisir d'un petit village discret, le charme d'une vieille maison en pierre, où l'on est tout de suite accueilli comme des amis, avec la promesse d'une expérience régionale entière. Le chef Henry Amestoy maîtrise son sujet, opérant des allers-retours ludiques entre tradition et modernité, revisitant, contestant et inventant de nouvelles façons d'agencer le terroir. À partir de 36 €, le velouté de poireaux, tête de veau et oignon cébette, la saumonette confite, choux, pois chiches et noisettes, les chipirons, chorizo et petit épeautre, l'effiloché de cochon kintoa, haricots tarbais et encre de seiche... Belle cave franco-espagnole et bon accueil par Alexandra et son équipe.

IROULÉGUY 64220

VIGNERON

Domaine Arretxea

72 chemin de Pikatoreko - T. +33 (0) 5-59-37-33-67

C'est incontestablement le domaine le plus célèbre de l'appellation Irouléguy, proposant depuis une trentaine d'années, des cuvées reconnues sur les trois couleurs. Les douze hectares du domaine sont aujourd'hui tenus par la famille Riouspeyrous au complet, avec les deux fils Iban et Teo, perpétuant le savoir-faire au travers de huit cuvées, dont Schistes, Hegoxuri et rouge Arretxea.

Domaine Ilarria

Bourg - T. +33 (0) 5-59-37-23-38

Vieille propriété familiale depuis plusieurs siècles et ayant toujours produit du vin, le domaine Ilarria s'est spécialisé dans ce dernier à partir de 1987. Les dix hectares de vignes donnent aujourd'hui parmi les vins les plus réputés de l'appellation : cinq cuvées, soit trois rouges dont un sans soufre, un rosé et un blanc. Visites guidées et dégustations sont proposées.

ISPOURE 64220

VIGNERON

Domaine Bordaxuria

Lieu-dit - T. +33 (0) 6-86-56-66-94

C'est la partie vignoble de la ferme Larraldea, installée sur les pentes de l'Arradoy à quelques pas de Saint-Jean-Pied-de-Port, aujourd'hui tenue par Elorri Reca et Brice Robelet. Les neufs hectares sont notamment plantés en tannat, cabernet franc, gros et petit manseng, pour des cuvées dans les trois couleurs.

ITXASSOU 64250

Restaurant du Chêne 11/20

Près de l'Église - T. +33 (0) 5-59-29-75-01 - Carte 46 € - Menu(s) 20-35 €

À la frontière espagnole, à quelques minutes d'Espelette, cette charmante auberge concentre toute l'authenticité du Pays Basque, une maison à l'architecture typique, des chambres accueillantes et un jardin de verdure au pied des montagnes. Pour résumer ce décor de carte postale, le chef Benjamin propose une cuisine régionale de saison, bien fournie en produits locaux, un gravelax de truite de Banka, une assiette de jambon kintoa, des saint-jacques, mousseline de pommes de terre à l'ancienne, cochon frit et émulsion de corail, une échine de cochon ibaïama en basse température, légumes de saison et jus corsé, un nougat glacé et coulis de fruits rouges. Bon accueil.

LARRAU 64560

Etchemaïté 12,5/20

Le Bourg - T. +33 (0) 5-59-28-61-45 - Carte 44 € - Menu(s) 25-36 €

C'est toujours la simplicité et la franchise qui dominent dans ce chalet de montagne sur la route de l'Espagne. En pleine nature, on apprécie les bonnes choses et la qualité de l'aubergiste. Chaque voyageur est bien reçu. Les premiers s'installent aux premières loges, près des fenêtres ouvrant sur les Pyrénées. La cuisine, un peu moins régulière que par le passé, s'attache au terroir avec quelques manières, un œuf parfait (la mode est parvenue jusque-là) avec une mousseline de panais, un ballotin de cerf braisé grillé, purée de céleri, jus aux épices, avant le bon clafoutis minute raisin et noisettes. Cave régionale avec quelques bières locales.

MAULÉON-LICHARRE 64130

PRODUCTEUR

Vinaigrerie Saint-Jacques

6 rue Ramuntxo - T. +33 (0) 6-16-54-22-83

Vinaigrier passionné, travaillant selon la « méthode d'Orléans » pour la fermentation et n'utilisant que des produits locaux, Jean-Philippe Lanouguère élabore toute une gamme de vinaigres (de cidre, de myrtille, de bière, de poires...) de grande qualité, que l'on peut retrouver dans quelques épiceries fines, chez de nombreux restaurateurs, mais aussi directement en vente à la cave, ou en ligne.

Tables de Chef – 13/20 à 14,5/20

Tables Gourmandes – 11/20 à 12,5/20

Vinaigrerie Saint-Jacques

GARDIENNE DE L'ART DU VINAIGRE BASQUE

Nichée au cœur des splendides paysages du Pays basque, la vinaigrerie Saint-Jacques s'impose comme un bastion de la tradition basque, perpétuant avec fierté l'art millénaire de la fabrication du vinaigre. Cette pratique se fonde sur les principes ancestraux de la méthode d'Orléans et de l'action des bactéries naturelles. Laissez-vous envoûter par ce trésor véritable, un produit authentique fabriqué avec passion et patience.

6, rue Ramuntcho, 64130 MAULÉON-LICHARRE – Tél. : 06-16-54-22-83
vinaigrerie-saint-jacques.fr

Auberge de Montardon, Chez Cluque

TRADITION GOURMANDE

Crédit photos : Fabien Sarlatte

C'est un restaurant typique du Béarn où l'on s'attable sans chichi devant de belles assiettes généreuses. Le Chef, Fabien Sarlatte, prépare avec brio des bonnes recettes de grand-mère avec des produits locaux et de qualité. Ouvert chaque midi de la semaine, le restaurant propose une formule attractive avec un à trois plats du jour au choix. Le week-end, le restaurant est privatisable avec service traiteur.

30, chemin Lanots, 64121 MONTARDON – Tél. : 05-59-33-12-83
Facebook : L'Auberge de Montardon chez Cluque

Kbourut

« QUAND C'EST BON, C'EST BON POUR TON CORPS »

Voilà six ans déjà que Charlotte et Ariel vous accueillent « comme à la maison » avec toujours la même envie : vous faire plaisir. Ici, ce sont les légumes d'Alex et Aurélie de Meillon, la charcuterie et les cochons de la ferme Dous Baillenx, les fromages de brebis de la bergerie du Tilh, les canards de la famille Carrère à Malaussanne, etc… Une cuisine maison simple et efficace avec de bons produits dans une ambiance conviviale et épicurienne. *Ouvert du mardi au samedi, midi et soir.*

42 bis, avenue Louis Sallenave, 64000 PAU – Tél. : 05-59-02-99-75
contact@kbourut.fr – www.kbourut.fr

COMMUNIQUÉ

Boulangerie Reizabal

LE SAVOIR-FAIRE LOCAL AU SERVICE DU GOÛT

Matières premières locales et de qualité, savoir-faire artisanal, passion du métier : au cœur de sa boutique, Sébastien, élu Boulanger de France 2023, régale sa clientèle de pains, viennoiseries, pâtisseries, glaces et d'un large choix de snacking maison ! Ses pains sont travaillés sur levain (fermentation lente), à partir de farine 100 % française de blés cultivés, récoltés et transformés en France dont ce pain des vendanges (farine du moulin de Compayrot, noix AOP, raisins). Côté pâtisseries, grands classiques, créations (qui suivent les saisons et personnalisées pour vos événements) ou gâteaux de voyage (cakes raffinés aux différents goûts, à déguster à toute heure !) *Fermé le mardi.* **Le + :** les tables hautes en extérieur.

40, avenue de la Résistance, 64360 MONEIN
Tél. : 05-59-21-31-60

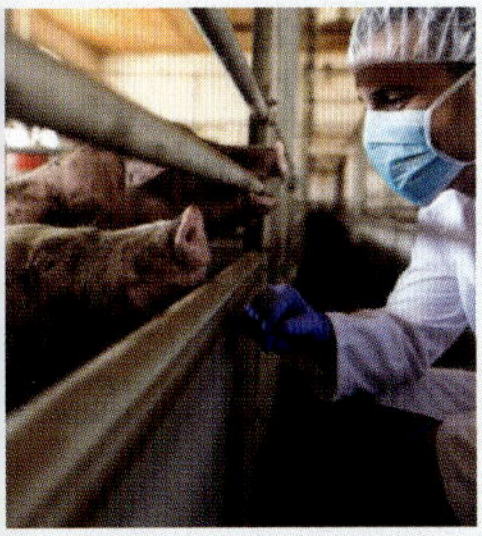

La fermette de Lombia

DE LA FOURCHE À LA FOURCHETTE

Mickaël Martins et Jessica Leloutre gèrent leur exploitation de bout en bout. Ils élèvent leurs chèvres en plein air et leurs cochons sur paille, récoltent leur fourrage, cultivent leurs céréales et fabriquent leur méteil. Puis, ils transforment le lait des chèvres en fromages et en glaces, leur viande comme celle des porcs en charcuterie et en plats cuisinés ou en caissettes.

1343, chemin Marque Debat, 64160 LOMBIA – Tél. : 07-84-66-62-70
www.lafermettedelombia.com

O' Bistrot Gourmand

LE GOÛT DU PARTAGE

Découvrir Oloron-Sainte-Marie, adorable ville d'art, et se restaurer dans l'établissement O' Bistrot Gourmand, quel beau programme ! Spécialiste de viande rouge et des plats de terroir, le Chef, Jérôme Tobal, aime travailler les bons produits de la région pour la formule du midi, le menu chic du soir et la carte bistronomique du week-end.

2, avenue Sadi Carnot, 64400 OLORON-SAINTE-MARIE
Tél. : 05-59-34-44-03 – Facebook : O' Bistrot Gourmand

MONEIN 64360

Auberge des Roses 11/20

Quartier Loupien - Chemin Cambus - T. +33 (0) 5-59-21-45-63 - Carte 43 €
Menu(s) 37 €

À vingt minutes du Pau au cœur du Jurançon, cette belle auberge à l'ancienne offre au voyageur l'expérience d'une halte authentique au pied des Pyrénées. La grande maison avec poutres, cheminée et terrasse, fait vivre une tradition régionale, avec des classiques bien exécutés, des petits piments doux farcis à la morue et jambon poêlé, des chipirons à la plancha, un agneau de lait des Pyrénées et jus réduit au thym. Menu à 37 €.

VIGNERON

Domaine Bru-Baché

39 rue Barada - T. +33 (0) 5-59-21-36-34

Un travail de trente ans et un résultat payant, pour ce domaine au pied des Pyrénées et célébrant le Jurançon. Les onze hectares du domaine sont cultivés selon les principes de l'agriculture biologique, proposant aujourd'hui six cuvées, deux en sec et quatre en moelleux.

PAU 64000

Maynats 15/20

24 avenue Gaston Lacoste - T. +33 (0) 5-59-27-68-65 - Menu(s) 48 €
CHEF : GAUTIER ALVAREZ

Le déménagement n'a pas, heureusement, modifié la ligne directrice de Maynats. Gauthier Alvarez est désormais seul aux commandes, dans les murs de l'ancien Fin Gourmet, mais l'approche est la même, originale et bien dosée, très axée sur le terroir et la région, dans un cadre lumineux avec cuisine ouverte, beau design pour des matériaux naturel (le bois surtout) jusqu'aux jolis costumes de service. Tout en justesse et équilibre, les assiettes sont bien pensées pour offrir une belle palette de saveurs : foie gras, petits pois, verveine, poutargue, alliant puissance et vivacité, barbue, asperges vertes, lard de Bigorre, vanille dans un terre-mer iode, douceur et acidité bien équilibrées, bœuf, artichaut, café, langoustines, avant un dessert fraise et herbes crème d'Isigny citron verveine. Le service est attentif et attentionné, manquant encore un peu de sourire, la cave s'intéresse à toutes les régions, un peu pince dans son offre au verre.

Villa Navarre 15/20

59 avenue Trespoey - T. +33 (0) 5-59-14-65-65 - Menu(s) 39 €
CHEF : STÉPHANE CARRADE

Cette Villa d'un bon chic offre à Stéphane Carrade diverses façons de s'exprimer. Un bistrot, un gastro, une même exigence, même si l'on sent le chef capable de lâcher les chevaux sur des plats de haute tenue, comme il nous l'a montré dernièrement dans un beau voyage béarnais. La majorité des produits travaillés en sont l'expression, les classiques, qu'ils soient rustiques ou paysans comme la garbure, ou nobles comme le foie gras, le thon ou le caviar, toujours exprimés avec finesse et justesse. Une belle attaque sur la tomate antique, pêche roussanne de Monein, tagète du jardin, pan con tomate, très beau foie gras, piperade, poivron, plantes marine, thon rouge de Saint-Jean-de-Luz, haricots tarbais, caviar d'Aquitaine et belle évocation régionale avec l'agneau des Hautes-Pyrénées, raviole de courgettes, merguez éclatée, lait de brebis... Les desserts sont un peu moins convaincants, mais les 3 toques sont bien là, les détails soignés, le service au niveau et la cave ample et classique.

Omnivore 13/20

1 place Gramont - T. +33 (0) 5-59-27-98-08 - Carte 35 €

On ressent la belle technique de Stéphane Cunin dans chacun des plats, sachant apporter un supplément d'âme et d'intensité convaincant. Sa table de la place Gramont est souvent très animée et à raison, un esprit de bistrot à fois vintage et vivant, bois verni, banquettes cuir, grand comptoir, et des assiettes qui fonctionnent toujours bien, un œuf de poule de chez Camymosa, ragoût et velouté de topinambours, kadaïf, un poisson de la criée, poireaux aux algues nori, croustillant et pickles de pommes de terre, un merlan de bœuf, pulpe de céleri boule, pleurotes et gras de canard en béarnaise, un crémeux bergamote et crumble amande. Cave bien construite, avec une sélection pertinente sur la région.

Détours 12/20

14 rue Latapie - T. +33 (0) 5-24-36-53-02 - Menu(s) 17-42 €

À seulement vingt euros le midi, la table de Jean-Pascal et Annie constitue l'un des meilleurs rapports qualité-prix de la préfecture. Située non loin de la place Clémenceau, la discrète adresse n'en est pas moins l'une des plus appréciées du quartier, pour la jolie décoration d'inspiration industrielle, et les bonnes assiettes du marché, toujours en évolution. Ce jour-là, un velouté de lentilles et wok de légumes aux amandes effilées, un dos de saumon, un poulet au curry et pommes de terre écrasés à l'huile d'olive, une glace vanille, fruits frais, coulis de chocolat chaud maison et sablé. On recommandera aussi sa sélection de cafés de spécialités, de thés et infusions. Formule à 40 € le soir.

L'Interprète 12/20

8 rue des Orphelines - T. +33 (0) 5-59-04-52-29 - Menu(s) 29-65 €

Une table à la personnalité forte du côté de la place Clémenceau, avec son intérieur en matière brute, le bois dépoli et l'acier noir, d'une modernité engageante. Le chef Quentin Maysou développe une saveur en phase avec les lieux, des assiettes qui vont droit à l'essentiel, insistant d'abord sur le produit, et le travaillant dans des compositions minimalistes. Les assiettes slash sont d'une belle lisibilité, un tartare de veau, comté, radis noir et citron romarin, des saint-jacques topinambours, cacahuètes et bardes, du cochon, betterave, ponzu et anguille fumée, un dessert kalamansi, estragon et meringue. Menu du marché à 29 €.

M Restaurant 12/20

9 place Royale - T. +33 (0) 5-59-27-56-83 - Carte 46 € - Menu(s) 23,50 €

Sur la place Royale, non loin de l'hôtel de ville, le restaurant de Philippe Maré constitue une valeur sûre, une belle table en ville où les déjeuners d'affaires s'y font logiquement. La belle maison, tout en longueur, affiche un style traditionnel et plutôt bourgeois, avec parquet ciré, cheminée en pierre et assises en cuir. À la carte, des beaux produits et une réalisation soignée, ravioles de foie gras et bouillon thaï, filet de bar et fondue de fenouil, agrumes confits et crème romarin, émincé de bœuf au foie gras poêlé, écrasé de pommes de terre à l'huile de truffes, porto réduit, dessert de poire et nougat au sésame de miel. Menu du marché à 23,50 €.

Obsidienne 12/20

8 rue Adoue - T. +33 (0) 6-66-96-77-75 - Menu(s) 30-70 €

Zian Bodou veut se démarquer en proposant une expérience culinaire (une de plus!). L'odorat est très stimulé, les émulsions très présentes, mais l'impression que la matière manque un peu finit par lasser. D'autant que la formule table d'hôtes est plus que pénible si vous arrivez à l'heure prévue et qu'il faut attendre plus d'une demi-heure que les six ou huit convives prévus soient bien là. C'est dommage, car il y a du travail dans les présentations, dans les recettes, dans son concept et de jolis passages (« jambon beurre et émulsion de vieux livre «, saint-jacques grillée au beurre noisette, émulsion d'eau marine parfumée au combawa, glace noisette sauce chocolat chaud « émulsion d'un feu de cheminée «...). Son voyage culinaire est intéressant, certaines étapes sont surprenantes, d'autres plus ou moins bien maîtrisées en cuisson. Pas de carte de vins, le jeune chef pensant pouvoir interpréter les goûts de chacun pour apporter le flacon idéal.

L'Ardoise 11,5/20

3 rue Viard - T. +33 (0) 9-83-22-30-34 - Menu(s) 18-29,50 €

Une bonne table de producteurs au nord de Pau, où l'on retrouve Xavier en cuisine et Julie en salle. L'équipe défend une cuisine de marché, affichant d'abord ses fournisseurs, et rappelant le lien de l'artisan et du cuisinier. La carte rend un bel hommage à la région, une crème de chanterelles et piment d'Espelette, un poisson de Saint-Jean-de-Luz et risotto, un filet de veau chalossais et légumes racines, un dessert de fruits d'automne, chocolat et mousse légère à la noisette. Deux formules à 20 et 31 €.

L'Ossau 11,5/20

32 rue Tran - T. +33 (0) 5-59-27-08-90 - Carte 57 €

Notamment passé chez Thierry Marx, Benjamin Grandclément est revenu sur ses terres en ouvrant cette grande brasserie chic du côté de la place Gramont. L'endroit, revendiqué maison bourgeoise, affiche un ton volontairement élégant et traditionnel, servant dans de la belle porcelaine, des recettes classiques du patrimoine français. À la carte, l'œuf polignac, le homard façon civet, une truite des Pyrénées au cresson, une poule au pot, avec garniture au choix, un clafoutis aux poires et crumble de noisettes. Un semainier à 29 € est proposé tous les midis.

Mr & Mrs M 11/20

30 rue Pasteur - T. +33 (0) 5-59-27-62-60 - Carte 39 €

Une jolie maison d'époque rénovée dans un style contemporain, avec parquet et tons sobres. On y retrouve Emily et Cyrille, lequel propose une cuisine de marché aux accents exotiques, tenant de son expérience asiatique. Le moelleux de truite est ainsi revisité avec un crémeux de chou-fleur et wasabi, salade de chou rouge, voile de jurançon doux, ponzu et tobiko, le retour de pêche vient avec une crème au miso, flocons de bonite katsuobushi, riz noir et légumes de saison, la ballottine de poulet farcie de choux, champignons et foie de volaille, velouté de volaille au saké, soja, et foie gras, légumes de saison, la panna cotta vanille et biscuit financier, au rhum, ananas, mangue, kiwi, noix de coco et crème anglaise exotique. Cave comptant un peu plus de soixante-dix références.

Les Papilles Insolites 11/20

5 rue Alexandre Taylor - T. +33 (0) 5-59-71-43-79 - Carte 20 €

On y apprécie surtout cet esprit cave à vins, avec ce bois à l'ancienne dépoli et ces étagères remplies de vin, qui mettent tout de suite dans le bain. La cave est spécialisée dans le bio et le naturel, plusieurs centaines de références, venant agrémenter une petite ardoise bien construite, pour se faire plaisir entre amis : cromesquis d'escargots et mesclun de champignons, lieu jaune de ligne à la plancha, panaché de légumes racines, raviolis frits algue ricotta, coulis de cresson et fumet iodé, joues de cochon confites, crémeux de patate douce et blettes, courge spaghetti et cacahuètes grillées, jus réduit miel gingembre.

Resto Dit Vin 11/20

8 rue de Foix - T. +33 (0) 5-59-60-00-14 - Carte 79 €

Un bistrot efficace et animé du côté de la rue de Foix, pour se retrouver entre amis ou collègues, dans une atmosphère contemporaine. L'ardoise aligne des compositions de marché, faisant l'effort d'un sourcing plutôt local. Dans l'esprit, des croustillants de pieds de cochon désossés, sauce gribiche, une truite des Pyrénées en gravelax, salade de betterave d'Aubertin et mousse à l'oseille, noix de saint-jacques snackées à la plancha, topinambours glacés au jus de viande, siphon de sauce béarnaise, ou encore un filet de veau rôti, purée de pommes de terre, jus réduit à l'émulsion de sauge. Formule déjeuner à 20 €.

HÔTEL

Hôtel Villa Navarre - *5 étoiles*

59 avenue Trespoey - T. +33 (0) 5-59-14-65-65 - À partir de 116 €

Un panorama sur les Pyrénées à couper le souffle, un magnifique musée des Beaux-Arts, quelque 300 hôtels particuliers Belle Époque éparpillés ici et là... Idéal pour découvrir les trésors de Pau, la Villa Navarre, bâtie en 1879 par Auguste Guillemin, fait partie de ces somptueuses demeures héritières de la ville. Posée au cœur d'un parc de 2 ha et désormais transformée en hôtel, elle accueille 30 chambres et suites au luxe intemporel et raffiné avec moquettes douillettes, literie 5 étoiles et rideaux fleuris, le tout ouvrant sur les toits de la cité avec, en toile de fond, la haute silhouette des Pyrénées. Parfait refuge bien-être, l'établissement, membre des Collectionneurs, réunit également une belle piscine intérieure (rare en pleine ville), un jacuzzi et une salle de soins dotée d'une riche palette de massages. Dernier atout des lieux, une table pilotée par le chef Stéphane Carrade, qui concocte ici une cuisine de terroir, locale et de saison (une mention pour les exquis légumes du potager), servie dans la salle à manger et, dès l'arrivée des beaux jours, sur la terrasse face aux montagnes.

BOULANGER

Pains Deslandres

81 avenue Trespoey

Une bonne nouvelle pour le quartier Trespoey avec cette nouvelle boulangerie fondée par Quentin Deslandres. Le jeune boulanger se concentre sur une production avant tout bio et traditionnelle, avec des pains au levain naturel, privilégiant les variétés anciennes, comme le petit épeautre ou encore le grand roux basque.

SAINT-ÉTIENNE-DE-BAÏGORRY 64430

Arcé 13,5/20

Route du Col d'Ispéguy - T. +33 (0) 5-59-37-40-14 - Carte 56 € - Menu(s) 38 €

C'est un moment suspendu dans le temps, une maison basque nichée au creux des montagnes, installée au bord de la Nive des Aldudes depuis 1864. L'hôtel 4**** est le résultat d'une aventure familiale soigneusement transmise depuis cinq générations, ayant su préserver et promouvoir un art de vivre typique, d'un luxe sage et d'un esprit régional remarquable. Outre le charme et le plaisir de la maison, on vient aussi pour les belles assiettes de Pascal Arcé, équilibre sensible entre patrimoine local et grande gastronomie, sachant mettre en avant le terroir dans des compositions calibrées et esthétiques. On a bien sûr la truite de Banka, en carpaccio et gravelax, baies roses et crème acidulée, la cocotte d'œuf aux cèpes des montagnes, sauce au vin jaune et mouillettes au beurre, la truite du vivier, carottes vichy et beurre blanc moutardé, la palombe désossée flambée au cognac, flan de châtaignes et toasts d'abattis, un vrai gâteau basque recette de 1864. La cave suit sans faute, avec une bonne sélection sur la région.

HÔTEL

Hôtel Arcé - *4 étoiles*

Route du Col d'Ispéguy - T. +33 (0) 5-59-37-40-14 - À partir de 284 €

À 10 km du col d'Ispéguy et 11 de l'ancienne route de pèlerinage de la Voie des Francs, cette maison basque traditionnelle est dans la famille Arcé depuis cinq générations. On s'installe ici comme à la maison, choisissant l'une des 20 chambres et suites subtilement modernisées avec aplats de couleur, lampes en laiton et literies confortables. La plupart disposent d'un balcon ou d'une terrasse surplombant la rivière ou le jardin d'hortensias, avec des vues spectaculaires sur les montagnes alentour. Selon la saison, on déguste la cuisine de terroir de Pascal Arcé dans la belle salle à manger nichée dans l'ancien trinquet ou bien sur la terrasse, ombragée de platanes centenaires et dominant la Nive. À deux pas, les transats installés au bord de la piscine ou de la rivière n'attendent que vous, à moins que vous ne préfériez partir à la découverte de Pampelune ou Saint-Sébastien, à une heure de route seulement...

SAINT-JEAN-PIED-DE-PORT 64220

Les Pyrénées 15/20

19 place du Général de Gaulle - T. +33 (0) 5-59-37-01-01 - Menu(s) 42-115 €
CHEF: PHILIPPE ARRAMBIDE

C'est l'étape pyrénéenne que connaissent les coureurs de restaurant, davantage que ceux du Tour de France ou que les pèlerins sur le chemin de Saint-Jacques-de-Compostelle. Philippe Arrambide garde la bonne main, généreuse et précise, pour garantir la tenue des repas de famille, dans une approche évoluée sur les bases de la tradition régionale : agréable en entame, le tarama de saumon fumé et chèvre frais, sorbet tomate, pain toasté à l'huile d'olive, avant la poêlée de langoustines, royale d'oignon doux, légumes grillés, jus de soja et citron, sur une cuisson tout en maîtrise et le sucré salé bien équilibré du filet de canard rôti aux épices, panna cotta de maïs, compote de figues, crackers au sésame. Dans un registre de standing, l'atmosphère reste néanmoins familiale, le service aimable et dans la transmission des cadres aux jeunes générations. Dessert plaisant un petit ton en dessous (sabayon mascarpone aux fruits rouges, crémeux d'ananas, sorbet fraise, beignet chaud), cave classique reposant sur les valeurs sûres.

SAINT-JEAN-DE-LUZ 64500

Le Kaiku 15/20

17 rue de la République - T. +33 (0) 5-59-26-13-20 - Carte 104 € - Menu(s) 55-118 €
CHEF : NICOLAS BOROMBO

Douze ans déjà et une réputation toujours au niveau pour Nicolas Borombo, à la fois artiste et artisan. Le sens de l'histoire et du terroir a de l'importance pour ce chef tourné vers l'avenir, conscient aussi bien de ses racines que de l'horizon des jours. C'est ainsi que la pensée d'une cuisine durable et concernée par les enjeux écologiques, a naturellement pris dans la plus vieille maison de Saint-Jean-de-Luz. On contemple ainsi, dans un même mouvement, une assiette pensée pour demain, et dans un reflet, le 1540 gravé dans la poutre du plafond. L'espace ainsi composé, à la fois dense et ample, offre la place pour une gastronomie bien ancrée dans son temps : une fraîcheur de txangurro, avocat à l'agastache, pomme granny smith, blanc manger au citron vert, poudre de corail, pomelos, gel citron vert et jaune, tuile nid d'abeille à l'encre de seiche, sorbet framboise et piquillos, dans une belle déclinaison, les saint-jacques de la baie de Saint-Brieuc rôties, voile de lard de Colonnata, mitonnée de lentilles vertes du Puy, bouillon mousseux de bardes, truffe noire pour la gourmandise et capucine ; enfin l'instant chocolat, sablé pressé, crémeux araguani 72%, chantilly chocolat au lait tanariva 33%, gel yuzu, poudre grué de cacao au poivre de Kampot rouge, sauce chocolat tiède, glace chocolat noisette et gianduja. Très belle cave, avec des références pour toutes les occasions.

Zoko Moko 13/20

6 rue Mazarin - T. +33 (0) 5-59-08-01-23 - Carte 39 € - Menu(s) 39-50 €

Voilà un chef qui ose sortir du répertoire basque pour proposer une cuisine personnelle, affirmant sa personnalité tout en conservant l'esprit terroir et racines. Dans ce cadre lumineux et chaleureux avec sa grande cheminée et ses tables élégantes, l'équipe s'engage avec conviction, avec le patron Charles Olascuaga, sur un chemin créatif : crème de panais, panais glacé, vierge pomme céleri jouant sur les textures et des saveurs harmonieuses, quasi de veau quasiment parfait, à la cuisson maîtrisée, mousseline de carottes fanes et jus de veau à l'orange, mille-feuille pomme un peu en retrait. Service efficace et attentif, carte des vins orientée région.

Aho Fina - Grand Hôtel Thalasso & Spa 12/20

43 boulevard Thiers - T. +33 (0) 5-59-26-35-36 - Carte 80 € - Menu(s) 65 €

L'un des plus beaux hôtels de Saint-Jean-de-Luz, faisant face à l'Atlantique, profite aujourd'hui des bonnes idées du chef Jean-Christophe Burlaud, tout attelé à la réalisation d'une cuisine à la fois bourgeois et allégée. Après la thalasso, le réconfort est au niveau, une queue de homard, nappage thermidor et espuma de saison, un retour de pêche et déclinaison de légumes, une souris d'agneau de lait, écrasé de panais, ail noir, grenade, oignons braisés, gel chou rouge, un macaron crème légère au citron, confit de framboise et sorbet. Service professionnel.

L'Essentiel 12/20

3 rue Vincent Barjonnet - T. +33 (0) 5-47-02-41-47 - Carte 53 €

S'en tenir à l'essentiel, c'est toujours une difficulté et souvent un savoir-faire d'expérience. Si l'on apprécie l'approche créative du jeune chef Morgan Ortega, on aimerait également que cet afflux de saveurs et de parfums soit un peu canalisé en diminuant le nombre d'ingrédients dans chaque assiette, ce qui permettrait d'apprécier au mieux la fraîcheur et la qualité des produits : langoustines croustillantes (en cigare) et gambas grillées avec des ravioles de blettes et brebis, pomme, radis, noix et une bisque très présente, filet de veau sauce morilles avec une chair fondante à cœur et caramélisée, un honnête dessert pistache citron. Cave généraliste, service aimable et efficace dans ce cadre cosy et calme.

Petit Grill Basque - Chez Maya 12/20

2 rue Saint-Jacques - T. +33 (0) 5-59-22-87-95 - Menu(s) 35 €

Inaki Aizpitarte a donc rejoint son cher Pays Basque pour reprendre ce bistrot coutumier, au cadre à peine retouché, avec sa compagne Delphine qui aussi transporté sa sandwicherie dans un espace attenant. Un événement donc, autant pour les Parisiens qui perdent leur Châteaubriand que pour les Luziens qui découvrent cette simplicité urbaine et ce vif talent qui enveloppe chaque bouchée dans la vérité du produit et la justesse du goût. La formule unique du déjeuner, en quatre services pour 35 €, convient bien au lieu et au chef : bonne soupe de haricots rouges, asperges blanche et mayo aux herbes des garrigues, échine de porc Kintoa braisée, fondante et bien charnue, pommes de terre grenailles, oignons nouveaux, fraises, sirop au vin rouge, chantilly. Cave ajustée et personnelle, service bien dans le tempo.

Pluviôse 12/20

3 rue du 17 Pluviôse - T. +33 (0) 6-67-41-78-07 - Menu(s) 60 €

Luke Dolphin exprime son talent dans ce qui est certainement le plus petit restaurant de Saint-Jean-de-Luz. Son espace de travail l'est tout autant et pourtant, les assiettes sont loin d'être étriquées. Les produits sont obligatoirement frais et locaux, travaillés avec justesse, mais aussi avec ce décisif brin de fantaisie d'un cuisinier décomplexé qui fait tout lui-même (pain, vinaigre de vin, jus de sureau...). Même si l'espace en bas est étroit, le voir travailler, découper ses poissons, mettre en cuisson, assaisonner et hop ! dresser une assiette, tout en expliquant et détaillant, voilà une vraie performance au sens anglo-saxon du terme. Une première toque pour tant de qualité, sur le thon rouge cru, radis noir, le mérou, potiron confit et purée maison, vinaigre de vin rouge maison et crémeux de persil, le sorbet au yaourt, siphon de miel et noix. Cave courte aux références peu communes.

Xaya - La Cave Gourmande 12/20

5 rue Saint-Jean - T. +33 (0) 5-59-47-75-48 - Menu(s) 28-75 € ♿

Benjamin Torrezan s'affirme chaque année davantage et nos dernières expériences marquent un réel progrès dans la prestation tout entière, signe que la qualité de l'assiette influe aussi sur la marche de la salle. Les produits basques sont à l'honneur de cette carte qui revisite la traditionnelle garbure ou le boudin et nous régale de saint-jacques tout en finesse, avec un risotto butternut et poireau ou de gnocchis aux champignons très savoureux. Agréable dessert clémentine absinthe, service impliqué et efficace, carte des vins assez courte avec un focus sur le Pays Basque et l'Espagne.

La Réserve - Restaurant Ilura 11,5/20

1 avenue Gaëtan de Bernoville - T. +33 (0) 5-59-51-32-00 - Carte 65 € - Menu(s) 85 €
La table de la Réserve est un bon refuge pour les résidents, qui profitent de la belle vue sur l'océan et de l'ambiance gentiment surannée au service codifié montrant son envie de bien faire. Un nouveau chef est arrivé et prend ses marques tout en respectant les lieux et son histoire : les assiettes sont prudentes, le veau, vinaigre de mimosa, coques, noix, sabayon est une entrée de fraîcheur où l'élément marin n'est pas décisif, la barbue pochée, rouille, carottes, orange est décevante de platitude, et le chocolat noir, cacao, olives noires retrouve un bon niveau toqué. Cave généraliste à prix corrects.

Txalupa 11,5/20

Place des Corsaires - T. +33 (0) 5-59-51-85-52 - Menu(s) 40 €
L'écailler est bien là, une aubaine partagée par les touristes et les locaux pour profiter de cette jolie place. Toute la cuisine autour du poisson reste correctement faite, avec une approche classique et même basique, mais qui a ses qualités, notamment celle de maintenir ses tarifs. Toque confirmée pour la crème de chou-fleur et dés de foie gras, la sole à la plancha et la Mamia au beurre d'Ascain.

Chez Pablo 11/20

5 rue Mademoiselle Etcheto - T. +33 (0) 5-59-26-37-81 - Menu(s) 16 €
Une adresse institutionnelle du village, ouverte depuis 1932 et se faisant le gardien des traditions locales. Le bistrot basque arbore bien sûr tous les signes distinctifs, le petit mobilier en bois, les anciennes lampes à huile et les vieilles photos, nappes vichy et recettes régionales. Au menu donc, la soupe de poisson, les tapas, l'omelette basquaise, le chipiron à l'encre, les piquillos à la morue, le txangurro, le confit de canard, le gâteau basque.

Kako Etxea 11/20

18 rue du Maréchal Harispe - T. +33 (0) 5-59-85-10-70 - Carte 64 €
Une honnête bistronomie qui affiche sa couleur basque, dans laquelle amateurs de viande comme de poisson trouvent leur compte. Une cuisine sincère, bien faite et généreuse, qui mérite une première toque pour l'œuf parfait à la biscayenne, le filet de merlu à l'espagnole, la crème brûlée à la fève de Tonka, sourcing local et produits de qualité. Belle ambiance, équipe impliquée, cave sud-ouest et Espagne avec bien sûr du cidre.

Le Bar Basque 10,5/20

22 boulevard Thiers - T. +33 (0) 5-59-85-16-63 - Menu(s) 30 €
Une brasserie respectueuse qui ne s'emballe pas sur les prix et qui est vigilante dans la qualité des produits travaillés. Pas d'artifice, simple, efficace et gourmand. On appréciera de partager des assiettes et des planches ou de se régaler d'une belle côte de cochon avec ses frites fraiches, ou encore d'une tourte de ris de veau. L'équipe apporte la bonne humeur dans la salle, la carte des vins est courte.

Maison Ama 10/20

34 boulevard Thiers - T. +33 (0) 7-63-54-96-34
Une cuisine de marché, simple et agréable, dans une atmosphère dynamique et actuelle, voilà le pitch gagnant de cette jeune maison qui mise sur un terroir bien compris et une

offre veggie bien pensée : crémeux de potimarron burrata, poitrine de porc (un peu grasse) confite et purée encore plus gourmande avec le jus de cuisson, brownie noix crème vanille pour une séquence complète à 22 €. Cave régionale, service à la jovialité communicative.

HÔTEL

Grand Hôtel Thalasso & Spa - *5 étoiles*

43 boulevard Thiers - T. +33 (0) 5-59-26-35-36 - À partir de 192 €
L'un des hauts lieux de la thalasso à Saint-Jean-de-Luz. Les amateurs de remise en forme plébiscitent le prestigieux centre de bien-être Thalasso & Spa Loreamar avec sa piscine intérieure d'eau de mer, son hammam, son sauna sensoriel et ses bains bouillonnants, le tout adossé à 20 cabines où sont prodigués des soins de haut vol, au fil de programmes à la journée ou sur 3 ou 5 jours. Paradis pour les curistes nouvelle génération, le Grand Hôtel est aussi un refuge parfait pour les amoureux d'un luxe subtil qui plonge ses racines dans l'histoire des lieux... Bâti à la fin du XIXe, cet édifice de style Empire a en effet conservé ses plafonds à caissons, ses marbres à cabochon et son grand escalier de bois sombre qui décorent les espaces communs. Pourvues de mobilier épuré et de luxueuses literies, les 52 chambres et suites ouvrent, pour la plupart, sur l'océan avec de petits balcons pour admirer le va-et-vient des vagues. Côté restaurant, l'offre se veut aussi diverse que raffinée avec, au choix, menus diététiques et healthy ou repas gastronomique au Aho Fina, la table emmenée par Jean-Christophe Burlaud, qui propose une cuisine aux accents du Sud-Ouest, concoctée avec les meilleurs producteurs locaux.

Hôtel La Réserve - *4 étoiles*

1 rue Gaëtan de Bernoville - T. +33 (0) 5-59-51-32-00 - À partir de 169 €
L'une des plus belles adresses de la côte, posée sur une falaise qui surplombe l'océan avec une vue époustouflante sur les flots. Aménagé dans une demeure typiquement basque, l'hôtel, membre des Collectionneurs, se déploie autour de 41 chambres et suites au luxe intemporel, la plupart prolongées de terrasses qui ouvrent sur le parc planté de palmiers. Paradis des amateurs de sport, l'endroit propose une piscine à débordement, un court de tennis, le terrain de golf de Chantaco à deux pas, sans oublier les sessions de yoga, paddle, surf et pêche en mer organisées par l'hôtel. Côté cuisine, le chef Bastien Soumoulou présente une remarquable réinterprétation de la gastronomie locale avec une attention particulière portée aux produits bio et circuits courts. Et le must se trouve dans notre refuge préféré, le lodge «Elaïa» («hirondelle», en basque), où l'on vient admirer l'océan lors des sunsets musicaux, en sirotant un cocktail maison, comme ce Bloody Mary délicatement relevé au piment d'Espelette...

BOULANGER

Maison Inda Goxobat

Les Halles - T. +33 (0) 5-59-22-25-46
L'occasion de retrouver les produits de cette maison d'Ascain, installée dans les halles pour le plus grand plaisir des Luziens. Au programme une belle gamme de pains spéciaux, ainsi que le fameux gâteau basque qui a fait la renommée de l'établissement.

ÉPICIER

Arraya

Halles Municipales - T. +33 (0) 5-54-66-94-14

Extension de l'hôtel Arraya de Sare, cette échoppe des halles de Saint-Jean-de-Luz fait la promotion du terroir à travers une gamme de produits régionaux, en particulier ici les gâteaux basques de Sébastien Fagoaga. Le petit stand coloré propose également des sablés et des confitures, pour prolonger encore l'expérience régionale.

FROMAGER

Beñat Fromager

6 rue Renau d'Elissagaray - T. +33 (0) 5-59-26-68-73

Un fromager-affineur bien connu du centre-ville, qui compte une élégante boutique ainsi qu'un comptoir aux halles. Beñat et Fatou réalisent des plateaux de saison, réputés pour leurs sélections et leur variété, parmi une gamme de plus de 150 fromages.

GLACIER

Glaces Bargeton

23 rue Joseph Garat - T. +33 (0) 6-35-42-27-52

En seulement sept ans d'existence, la maison Bargeton s'est imposée comme une référence du secteur. Porté par Mathieu Bargeton, l'établissement réalise des crèmes glacées, pâtisseries glacées et sorbets, avec essentiellement des produits basques, et toujours le meilleur, pour une expérience authentique et mémorable.

PÂTISSIER

Pâtisserie Adam

4 place Louis XIV - T. +33 (0) 5-59-26-02-13

Au cœur du village, la Maison Adam est certainement l'un des établissements les plus célèbres de la côte basque, fondé en 1660 et perpétuant dans les règles de l'art, les grandes traditions pâtissières de la région. La boutique joue bien évidemment sur ses origines anciennes, avec une jolie devanture en bois sculpté. Parmi les classiques, l'incontournable macaron ou encore le gâteau basque.

POISSONNIER

Poissonnerie Cornec

Les Halles - T. +33 (0) 5-59-26-00-63

Sur la partie marine des halles, on ne manquera pas le grand stand de la maison Cornec, qui assure son office depuis 1974. Devant les fresques, les étals exposent la pêche locale, coquillages, huîtres et poissons. Bons conseils.

Poissonnerie Fagoaga

Les Halles - T. +33 (0) 6-89-77-93-48

Un arrivage en direct des pêcheurs, une maison sérieuse qui fournit les particuliers et les restaurants, une qualité de fraîcheur qui donne confiance à tous. Les chipirons, bien sûr, mais aussi de belles pièces comme ces tranches de thon rouge, le grondin et le sar tambour, la raie bouclée et le bar de ligne.

TORRÉFACTEUR

Kikeran

23 boulevard Victor Hugo - T. +33 (0) 5-59-26-05-37

Une torréfaction ultra-pointue du côté des halles, proposant une gamme de cafés de spécialités, en pure origine ou assemblages. La maison est de très bon conseil, permet - outre la vingtaine de cafés – de naviguer parmi un catalogue Dammann Frères comptant plus de deux cents thés et infusions en vrac.

LES 7 PRINCIPES DE GAULT&MILLAU

1

L'indépendance totale vis-à-vis des établissements.

2

Le recrutement d'enquêteurs exigeants, gourmets et gourmands.

3

L'anonymat des enquêteurs lors des évaluations.

4

La visite dans des conditions normales de fréquentation.

5

Le règlement des additions.

6

La mise à jour régulière par des évaluations continues.

7

La vérification de nos informations.

Hor Dago

AMATEURS DE VIANDE : THE PLACE TO EAT !

Hor Dago célèbre la viande dans toute sa richesse. 19 viandes ont été sélectionnées, chacune avec sa spécificité. Les pièces sont issues de producteurs français et européens, maturées sur place et cuites au kamado, barbecue japonais. Ici, chaque morceau de viande est dégusté comme il se doit. Cette expérience carnivore s'accompagne de pommes de terre grenaille au pesto basque (recette maison) et d'une carte des vins* magnifique. À la carte aussi : poulpe et poissons locaux. Une adresse validée par les bouchers et les carnivores !

19, rue de la république, 64500 SAINT-JEAN-DE-LUZ
Tél. : 05-59-26-37-80

« Le bœuf est la reine des viandes ;
le bœuf possède, incluse en lui,
la quintessence de la perdrix,
de la caille, de la venaison, du faisan,
du plum-pudding et de la crème
aux œufs.

Jonathan Swift (1667-1745) »

---

*L'ABUS D'ALCOOL EST DANGEREUX POUR LA SANTÉ

SAINT-MARTIN-D'ARBEROUE 64640

Auberge Goxoki 13/20

Le Bourg - T. +33 (0) 5-59-29-64-71 - Carte 55 € - Menu(s) 26,90 €

On ne manquera pas de passer dans ce pittoresque village au cœur du Pays Basque, faire une halte chez Margaret et Thierry Lienhardt. Tout est ici rassemblé pour vous proposer l'expérience la plus régionale possible, une véritable ode au pays, avec cette petite auberge du XVIIIe siècle aux volets rouges bien sûr, la petite cheminée et le mobilier paysan, les assiettes du marché de Margaret. La cohérence du moment et les assiettes maîtrisées de la cheffe en font un incontournable local, une brouillade aux cèpes, le tartare de truite, un cabillaud et riz vénéré, la cuisse de canette et pâtes fraîches aux cèpes. Cave franco-espagnole.

SAINT-PÉE-SUR-NIVELLE 64310

La Table de l'Auberge Basque 15/20

745 vieille route de Saint-Pée - T. +33 (0) 5-59-51-70-00 - Menu(s) 106-122 €
*CHEF: **CÉDRIC BÉCHADE***

Certes, il y a toujours 3 belles toques sur cette maison, qui est à la fois un porte-étendard régional et un établissement de chef. Rien n'a changé dans cette grande demeure basque ouvrant sur la campagne et sur le massif des Trois couronnes. L'accueil est professionnel est souriant, l'équipe de haut niveau, toujours dans le bon timing. La partie salée proposée par Cédric Béchade nous a pourtant semblé moins percutante, et peut-être moins personnelle que lors de nos dernières visites. L'entrée est cependant fraîche et très agréable (laitue et laitue de mer velouté glacé de roquette), la lotte est à la fois basque et bretonne avec son sarrasin, et par ailleurs travaillée avec finesse en boudin bien épicé, et le paleron de bœuf maturé anchois, verveine, purée d'échalotes grillées fait le job dans une gourmandise classique et appréciée. Deux desserts d'excellent niveau (fraise et petit pois, châtaigne miel et pollen) montrent que l'imagination n'est pas en berne. Cave sur tablette, exposant la richesse de ses 450 références, avec un bon choix au verre, logiquement coûteux.

Kinka 12/20

684 rue Errota Berria - T. +33 (0) 5-59-23-67-67 - Carte 42 € - Menu(s) 16 €

Cette étonnante table installée au-dessus d'un complexe sportif est un bon compromis entre gourmandise et diététique, permettant de se faire plaisir tout en prenant soin de soi. La terrasse apporte en plus une jolie vue sur les montagnes basques, tandis que les cuisines assurent une assiette équilibrée : croustillant de pied de porc et jarret de porc, roquette à l'huile de noisette et pickles, curry rouge de lotte au lait de coco, julienne de légumes, noix de cajou et riz basmati, épaule d'agneau de lait confite, polenta et gremolata au citron, crème brûlée à la vanille de Madagascar. Formule déjeuner à 20 €.

HÔTEL

L'Auberge Basque - *4 étoiles*

745 vieille route de Saint-Pée - T. +33 (0) 5-59-51-70-00 - À partir de 150 €

À seulement quelques kilomètres de l'océan, une adresse qui témoigne de la splendeur du Pays basque intérieur avec ses rivières, ses prairies et les Pyrénées en ombre chinoise... Refuge privilégié des amateurs de calme et de paysages préservés, l'Auberge Basque réinvente néanmoins l'idée de séjour nature avec un habile mix de tradition et de contemporanéité qui donne au lieu tout son caractère. L'auberge traditionnelle fait face à un bâtiment aux allures modernistes qui abrite 12 chambres et suites décorées par Marion Béchade (propriétaire avec son mari, Cédric) avec des parquets teintés et des meubles signés Sarah Lavoine, Hartô, Élitis, ou réalisés par des artisans locaux. Pensée avec autant d'esprit, la table emmenée par Cédric est désormais une institution, plébiscitée pour sa cuisine singulière sublimant un terroir respectueux de la nature. À tester le temps d'un dîner ou lors des brunchs gastronomiques concoctés tout au long de l'année.

SALIES-DE-BÉARN 64270

Restaurant des Voisins 10,5/20

12 rue des Voisins - T. +33 (0) 5-59-38-01-79 - Menu(s) 25-59 € ☺
Une belle maison du XVIIe siècle au cœur du quartier historique, rénovée dans un style épuré et en harmonie avec le style régional. Le chef Nelson Da Silva y défend une cuisine contemporaine autour du produit local, des assiettes à l'esthétique travaillée, où l'on pourra voir les poireaux grillés, espuma de pomme de terre, jus à la truffe et vichyssoise au lard kintoa, un dos de cabillaud rôti, risotto de lentilles, moules vinaigrées, croquant de lentilles au curry, émulsion au jus de crustacés, une raviole d'agneau de lait de chez Marina Ortiz confit, butternut rôti, estragon, sauce crémeuse au shiitaké, des petits sablés au chocolat et fève tonka, croquant caramel, crème anglaise à la noisette basque, sorbet poire. Formules à partir de 25 €.

SAMES 64250

PRODUCTEUR

La Ferme Etchelecu

Maison Castaing - T. +33 (0) 5-59-56-03-56
À la frontière des Landes, Nathalie et Jacques Etchélécu proposent une monoculture de fraises, travaillant de nombreuses variétés en respectant une éthique durable. On y retrouvera notamment la mariguette, les fraises framboises et les fraises ananas, ou encore la charlotte, également disponibles en nectars et confitures.

Tables Remarquables – 15/20 à 16,5/20

Tables de Chef – 13/20 à 14,5/20

Tables Gourmandes – 11/20 à 12,5/20

La Ferme Etchelecu

LA CRÈME DE LA FRAISE

Au cœur du Pays basque, la ferme de Nathalie et Jacques Etchelecu est bien connue des Chefs de renom et des amateurs de fraise de haute voltige. Un véritable inventaire à la Prévert avec les mythiques Mariguette, Charlotte, Gariguette, Cijosée, ainsi que des variétés rares comme la fraise framboise et la fraise ananas… Ces fruits rouges sont cultivés sans pesticide, choyés et récoltés quotidiennement à la main par ces producteurs passionnés qui ont fait le choix de l'agriculture raisonnée, à l'image de leur nouvelle serre agrivoltaïque permettant de produire des fraises à énergie positive. Des produits d'exception que l'on retrouve sur les plus belles tables de la région et chez les particuliers qui peuvent se fournir directement à la ferme. Ces fruits aux saveurs uniques sont déclinés à l'infini : liqueurs*, cubes de fruits, marmelades… Un régal !

130, route de Vic Naou, 64520 SAMES – Tél. : 06-76-15-18-96
jacques.etchelecu@orange.fr

Maison Ihidoy

LE GOÛT INCOMPARABLE DE L'ARTISANAT

Jambon de Bayonne 18 mois d'affinage, andouille sèche du Béarn, saucisson de bœuf, pâté de campagne, hure de porc, boudin noir… Les deux boutiques de Jean-Michel Ihidoy sont également connues pour leur sélection de viandes labellisées telles que les bovins Blonde d'Aquitaine, le Veau Sous la Mère, le Canard Fermier des Landes ou l'Agneau de lait des Pyrénées. Si tout est si appétissant, c'est grâce à l'exigence de ces artisans quant à la qualité des matières premières qu'ils transforment. Ce qui est également vrai pour le service traiteur : les plats cuisinés et prestations extérieures (repas, buffets) de la Maison Ihidoy régalent régulièrement plusieurs centaines de convives. *Ouvert du mardi au samedi, de 6h à 12h30 et de 15h à 19h.* **Le + :** Deux boutiques pour vous servir.

32, rue du Temple, 64390 SAUVETERRE-DE-BÉARN – Tél. : 05-59-38-55-35
18, rue Félix Pécaut, 64270 SALIES-DE-BÉARN – Tél. : 05-59-69-15-65
Instagram : @maisonihidoy

SARE 64310

Mimosa 14/20

Place du Village - T. +33 (0) 5-59-26-57-66 - Menu(s) 18-22 €
Voilà un super chef, enraciné, représentant la culture locale avec une créativité justement dosée et une exigence de qualité indéniable. Tout ici est cohérent, à mi-chemin entre bistrot de village de montagne et gastro : service, vin, déco, tout concorde pour qu'on passe un excellent moment midi ou soir. Dans ce cadre d'auberge sur la place du village, salle rustique prolongée d'une vaste terrasse, tout est en place (on entend même les aigles siffler très haut dans le ciel) pour la bombance : un pâté en croûte à 3 toques, d'école, un magnifique ris de veau de Galice, cuit à la perfection, langoustines nacrées, carottes des sables, condiment carotte-gingembre, la forêt-noire, bien que scrupuleuse, apportant moins de finesse, mais autant de gourmandise. Courte cave de vins propres, sans emphase, sur toutes les régions, avec un peu de local.

Hôtel-Restaurant Arraya 12,5/20

Place du Village - T. +33 (0) 5-59-54-20-46 - Menu(s) 35-39 €
Une belle maison de famille dans un superbe village basque, une hôtellerie de qualité et un chef engagé, cueilleur de champignons, en osmose avec la nature environnante, qui propose des assiettes plutôt ambitieuses et élaborées : tourteau cuit dans un bouillon marin kombu citronnelle hydne hérisson tartine de corail, truite de Banka en deux façons (confite à 44° fenouil anis vert et citron confit, en émietté et feta de brebis fumée), chevreau du Pays basque mousseline d'artichaut barigoule et de bons desserts aussi inventifs (chocolat et agaric crémeux infusé au lichen sponge cake pistache oxalis shimejis infusés). Cave généraliste et locale avec les bons de l'appellation irouléguy (Brana, Arretxea, Mignaberry).

Olhabidea 11,5/20

Quartier Sainte-Catherine - T. +33 (0) 5-59-54-21-85 - Menu(s) 48-55 € Ⓟ
Cette vieille ferme basque cachée dans un écrin de verdure et totalement isolée de la lumière dès que la nuit est tombée possède bien sûr le charme de l'authentique. Mais en plein jour, la vue depuis la terrasse est magnifique, et la déco est très réussie, entre bric-à-brac régional et objets savamment disposés. La cuisine, dans ce contexte, se fait simple et bien tournée, servie avec courtoisie et efficacité : crémeux de tomate et miettes de crabe, thon rouge snacké et poêlée de légumes de saison (artichaut, carotte, poivron rouge), cheesecake coulis de fruits rouges. Petite cave régionale avec un choix suffisant au verre.

HÔTEL

Hôtel Arraya - *4 étoiles*

Place du Village - T. +33 (0) 5-59-54-20-46 - À partir de 96 € Ⓟ
Au cœur du petit village de Sare, cet ancien relais de Compostelle bâti au XVIe siècle est aujourd'hui l'une des haltes les plus séduisantes du Pays basque. Propriété de la famille Fagoaga depuis trois générations, cette propriété, membre des Collectionneurs, se compose de trois anciennes maisons réunies autour d'un jardin envahi par les fleurs, et compte 15 chambres et suites douillettes avec leurs poutres apparentes, leurs moquettes épaisses et leurs tissus fleuris. Corrézien d'origine, mais basque de cœur, le chef Rémy Le Charpentier régale les hôtes d'une cuisine de terroir revisitée dans un esprit contemporain. Une mention

également pour la boutique Arraya qui réunit une sélection pointue d'artisanat local (linge basque, espadrilles cousues main, maroquinerie de la Maison Laffargue...) et de quelques délices (eaux-de-vie Brana et formidables confitures à la cerise noire...).

CHARCUTIER

Arka

Le bourg - T. +33 (0) 7-87-22-25-70

Artisan charcutier et bistrot gourmand, les deux activités sont à l'évidence bien compatibles dans cette jolie maison blanche au cœur du village. On peut donc déguster sur place les salaisons et conserves élaborées sur place, du local bien sûr, le porc kintoa tenant la vedette en termes de matière première. Pour la partie bistrot, planches de jambon, lomo, saucisson, coppa, chorizo, pâté en croûte, joue de cochon confite aux girolles, agneau de lait confit...

URRUGNE 64122

Ferme Lizarraga 13/20

550 chemin de Lissaraga - T. +33 (0) 5-59-47-03-76 - Carte 59 € - Menu(s) 28-64 €

Avec respect et humilité, Stéphane Poulin réinvente le terroir basque à sa manière. Dans ce lieu typique du cœur de la campagne basque, l'intérieur bien tenu et la prestation sérieuse fidélisent la clientèle locale. Et l'on prend plaisir à ces digressions bienvenues, le txangurro au citron vert, crémeux de brocolis, gel mangue, sorbet piquillos et badiane, le porc Manex, filet mignon rôti, poitrine confite et grillée, croquette de boudin, artichauts crémeux, carotte fane fondante au cumin, jus à l'ail noir. Tout est bien composé, intéressant et savoureux, avec un bon service supervisé par Véronique Poulin, qui construit aussi une bonne cave régionale, jusqu'au crumble chocolat coco, fruits exotiques, siphon coco Malibu, sorbet passion banane.

Gaua 10,5/20

210 route départementale 810 - T. +33 (0) 5-59-43-37-41

L'adresse n'est pas évidente à trouver, cachée à l'arrière d'un bâtiment commercial à la sortie de Saint-Jean-de-Luz, mais elle apporte un vent de modernité à la zone, avec ses idées modernes et sa décoration ultra-minimaliste. L'ensemble se donne un style loft industriel, avec tuyauterie apparente, béton ciré, verre et acier, et propose une cuisine dans l'air du temps. À la carte, pain perdu maïs grillé, foie gras mariné au verjus, champignons et pulpe de citron, araignée de mer et avocat, réglisse, estragon, émulsion crabe vert, filet de canard de Challans à la braise, poireaux brûlés et dattes, beurre et huile de kombu grillé, un soufflé aux noisettes de Saint-Pée. Atmosphère branchée.

HÔTEL

Château d'Urtubie

1 rue Bernard de Coral - T. +33 (0) 5-59-54-31-15 - À partir de 95 €

Amateurs d'histoire, cette adresse est pour vous ! Bâti en 1341 et propriété de la même famille depuis son origine, ce château déroule en effet quelque six siècles d'histoire basque : Louis XI y séjourna en 1463, Louis XIV érigea le domaine en vicomté en 1654, Wellington s'y invita durant les guerres napoléoniennes... S'il a conservé intactes ses hautes tours, le lieu a été largement transformé et offre désormais les charmes d'une maison de famille chaleureuse avec des chambres ultra-confortables et décorées de meubles XVIIIe et XIXe, une piscine dissimulée dans le magnifique parc de 6 ha qui abrite aussi une belle roseraie, le tout rafraîchi par l'Untxin, un délicieux petit fleuve côtier. Une étape idéale pour partir à la découverte du Pays basque, proche notamment de Saint-Jean-de-Luz ainsi que de Ciboure et sa belle plage de Socoa.

USTARITZ 64480

Auberge du Fronton 11/20

Chemin de la Place - T. +33 (0) 5-59-93-00-39 - Carte 41 €
On se sent vite à la maison dans cette chaleureuse auberge de village, à la décoration chargée et régionale, à l'atmosphère populaire et conviviale. Le chef Éric fait une cuisine simple et traditionnelle, des classiques pour seulement 18 €; selon les jours, une soupe paysanne, une brandade de morue, un gâteau basque. Service aimable.

Tables de Chef – 13/20 à 14,5/20

Tables Gourmandes – 11/20 à 12,5/20

LES PRODUITS AOP, IGP ET AOC DE LA RÉGION NOUVELLE-AQUITAINE

Agneau de lait des Pyrénées, asperges du Blayais, armagnac, beurre de Charentes-Poitou, bœuf de Chalosse, canard à foie gras du Sud-Ouest, cassis de Saintonge, chabichou du Poitou, fleur de sel de l'île de Ré, jambon de Bayonne, jambon noir de Bigorre, kiwi de l'Adour, noix du Périgord, ossau-iraty, porc du Sud-Ouest, porc noir de Bigorre, poularde du Périgord, pruneaux d'Agen, tomme des Pyrénées, volailles de Gascogne, volailles des Landes, volailles du Gers...

79

DEUX-SÈVRES

BESSINES 79000

L'Adress 13/20

1 rue des Iris - T. +33 (0) 5-49-79-41-06 - Menu(s) 21-72 €
En dehors du centre-ville, l'adresse chic pour affaires et réunions d'amis. Laurence et David Seguin sont deux pros qui connaissent la musique locale et les goûts de la clientèle. Le menu du marché est plébiscité pour un déjeuner de qualité, la formule à 60 € donnant l'essentiel du travail du chef. Une belle prestation, des produits nobles bien travaillés pour un sans-faute permanent.

Membres de l'Académie Gault&Millau

Tables Exceptionnelles – 19/20 à 19,5/20

Tables de Prestige – 17/20 à 18,5/20

Tables Remarquables – 15/20 à 16,5/20

Tables de Chef – 13/20 à 14,5/20

Tables Gourmandes – 11/20 à 12,5/20

Tables Originales – 10/20 à 10,5/20

Le Chêne Vert

VÉRITABLE INSTITUTION À BRESSUIRE

Fondé il y a 220 ans (oui, oui !), le restaurant de Sophie et Thierry continue d'écrire son histoire de la plus belle des manières. Service efficace, ambiance familiale, conviviale et cuisine traditionnelle forment son ADN, alliant qualité et quantité. Les créations culinaires du Chef, Simon Favreau, peuvent en effet régaler jusqu'à 300 personnes, en salle ou en terrasse, qui viennent y retrouver les saveurs d'antan.

Ouvert à midi, du lundi au samedi (réceptions de groupes et séminaires possibles le soir et le week-end).

14, place Labâte, 79300 BRESSUIRE – Tél. : 05-49-74-16-53
Facebook : LE CHENE VERT Bressuire

Jammet sans ma cochonnaille

LE BOUDIN EST PARTI FAIRE L'ANDOUILLE !

Nul doute que vous vous arrêterez sur les marchés du secteur de Parthenay devant le camion Jammet sans ma cochonnaille, boucherie-charcuterie artisanale, pour le sourire de Christelle. Vous y reviendrez pour le gout et la spécialité de la maison : l'andouille blanche aux herbes. Ici, chaque produit est local et élaboré sans colorant ni conservateur, à l'ancienne, pour conserver le gout du terroir.

6, la Petite Bouchardière, 79340 FOMPERRON – Tél. : 06-77-92-77-41
jammetsansmacochonnaille@orange.fr
Facebook : Jammet sans ma cochonaille

Les Tontons Traiteurs

DES PLATS DE CHEF

Après avoir œuvré dans des maisons prestigieuses (le Pied de Cochon et le Concorde Lafayette à Paris, chez Claude Darroze à Langon), puis travaillé dans le Marais Poitevin, sur l'Île de Ré et dans les Pyrénées avant de séjourner au Maroc et en Martinique, le Chef Alexandre Vigner s'est associé avec Nicolas Fradin à son retour à Magné. Leur boutique traiteur ouvre en 2022 et leur restaurant en 2023. Les deux amis proposent des plats livrés dans des barquettes recyclables ainsi qu'une cuisine de bistrot et de terroir concoctée avec des produits frais, au gré des saisons.

40, Grande Rue, 79460 MAGNÉ - Tél. : 09-86-43-57-03

DB Pain

MAGNIFIQUE CHAMPION DU MONDE

Damien Besson, Compagnon du Devoir, Médaillé d'Or des Championnats du Monde de Boulangerie 2017, et son épouse Laura, après un beau parcours (notamment à l'étranger), ont posé en 2023 leurs valises proche de leur famille. Comme on envie les clients ! Damien émerveiller leurs papilles grâce à son talent inouï, avec son levain et ses pains fabriqués à partir d'une composition unique de farines bio écrasées à la meule de pierre. On succombe à sa baguette tradition, ses viennoiseries, brioches, flans ou tartes. *« Nous utilisons le lait cru bio de la ferme du coin livré le matin même, le beurre AOP du département ou encore les fruits et légumes de saisons du maraîcher local »*, affirment les adorables jeunes mariés qui proposent aussi de savoureux sandwichs. Avec nos félicitations !

7, rue des Azalées, 79300 BRESSUIRE - Tél. : 05-49-65-74-21

Ô Fins Gourmets PRENEZ LE TEMPS DE DÉGUSTER !

En cuisine, Pierre concocte une cuisine à la fois traditionnelle et moderne, toujours dans un esprit locavore. *« J'aime jouer avec les textures, les condiments ou les assaisonnements. Une belle table, des assises confortables, une assiette soignée, c'est important que le client se régale à tous les niveaux ! »*. Mélanie, elle, excelle en salle et en pâtisserie avec un principe : respecter le goût originel des produits.

5, rue Monseigneur Vion, 79380 LA FORÊT-SUR-SÈVRE
Tél. : 05-49-80-96-47

Au Gout du Jour AU CŒUR DU VILLAGE

Stéphane et Maïté vous accueillent dans leur bar-restaurant situé au cœur du village. Ici, en semaine, vous pourrez déguster, sur place, le menu du jour concocté avec des produits frais et essentiellement locaux. Le weekend, le couple prépare des burgers, des tacos et des salades sur place ou à emporter. Un service traiteur est aussi proposé.

2, place de l'Église, 79320 MONCOUTANT-SUR-SÈVRE
Tél. : 09-53-83-12-44
augoutdujour79@yahoo.com

Fromagerie des Gors

LE CHÈVRE PAR PASSION !

Dans cette fromagerie (comme il n'en existe plus), la méthode à la coulée est perpétuée pour un fromage de chèvre au goût authentique. Le bien-être de l'animal comme celui des éleveurs prime. Le fromage s'en ressent : ses saveurs traduisent aussi ce que mangent les chèvres, dans leur ferme, au fil des saisons. Parmi les fromages, le chèvre SAKURA NO-HA avec une feuille de cerisier japonais a été doublement médaillé d'or au Concours Général Agricole. Retrouvez les produits de la fromagerie sur place ou sur www.pourdebon.com.

Rue de la Chagnée, 79500 MELLE – Tél. : 05-49-27-06-58
www.fromagerie-des-gors.fr

« De tous les mets préparés par la main de l'homme et que la nature ne produit pas tels qu'on les mange, le fromage est celui qui évoque le plus fidèlement l'aspect et le tempérament des paysages où paissent les vaches, les chèvres et les brebis qui donnent le lait dont ce fromage est fait.

Jean-Louis Vaudoyer (1883-1963) »

COULON 79510

HÔTEL

Hôtel Le Central

4 rue de l'Autremont - T. +33 (0) 5-49-35-90-20 - À partir de 87 €

Idéal pour partir à la découverte de la Venise verte, Le Central est la propriété d'Hervine et Jean-Paul Guenanten, troisième génération aux commandes de cette belle maison à laquelle ils ont redonné une nouvelle jeunesse. Les 13 chambres ont conservé, pour certaines, leurs murs de pierre et leur parquet ancien, mais affichent toutes un confort très contemporain –tonalités lumineuses, meubles aux lignes claires et vastes salles de bains. Côté cuisine, on découvrira avec bonheur les savoureuses recettes de terroir déclinées en trois menus, le tout servi dès les premiers beaux jours sur la grande terrasse. De quoi faire le plein d'énergie avant de filer vers le Marais poitevin, l'un des plus importants d'Europe avec ses 112 000 ha de canaux au milieu d'une nature miraculeusement préservée, que l'on arpente sur une plate, l'une de ces barques traditionnelles à fond plat qui se glissent dans cette immense cathédrale de verdure.

MAZIÈRES-EN-GÂTINE 79310

HÔTEL

Alexandra Palace - La Maison Younan - *5 étoiles*

Le Petit Chêne - T. +33 (0) 5-49-05-44-73 - À partir de 185 €

À mi-chemin de Niort, Poitiers et La Rochelle, ce château XVII récemment aménagé en hôtel séduit déjà une communauté de fidèles qui ne jurent que par ses multiples atouts - un parc de 60 hectares où se cache un parcours de golf 18 trous, 18 vastes chambres et suites décorées avec élégance (poutres apparentes, meubles anciens et grandes verrières), un restaurant gastronomique, Le Daniels, dans la salle à manger du château, magnifiquement restaurée. Le tout sans compter une cave à vins et cognacs riche de quelque 10 000 bouteilles, adossée à un salon fumoir. Une mention enfin pour la très belle chapelle et l'orangerie qui contribuent également au charme des lieux, parfait pour une escapade romantique.

NIORT 79000

La Belle Étoile 13/20

115 quai Maurice Métayer - T. +33 (0) 5-49-73-31-29 - Menu(s) 24-53 €

Une adresse coutumière sur les bords de Sèvre, avec sa terrasse réjouissante pour l'été. Maxime Guignard, avec sa compagne Jordane, a repris l'affaire où s'illustrèrent ses parents, et confié les fourneaux à un jeune chef prometteur, Alexandre Chaignaud. En de si bonnes mains, la maison va bien, et la carte joue sur les saisons avec bonheur : filet de bar mariné aux agrumes betterave chioggia en textures gel yuzu, joue de bœuf en parmentier façon bourguignon confit en croustillant aux pruneaux jus foie gras, baba au limoncello crémeux citron sorbet orange et timut dans une séquence bien agréable dépassant à peine les 50 €. Cave bien variée, mettant en valeur tous les vignobles.

Auberge de la Roussille 12/20

30 impasse de La Roussille - T. +33 (0) 5-49-06-98-38 - Carte 61 € - Menu(s) 49-68 €

Le lieu a incontestablement beaucoup de charme : on accède à cette jolie maison de campagne en enjambant la Sèvre par un petit pont, pour découvrir cet intérieur rénové qui ne manque pas d'allure. La cuisine fait un peu de manières, dans des associations de bonne tendance, les assemblages ont du sens et séduisent la clientèle locale : saint-jacques en tartelette kiwi concombre red meat, magret rôti petits pois à l'angélique vierge de légumes, chocolat ivoire crémeux hibiscus sureau pain de Gênes dans un menu à 49 € qui donne envie et choix. Carte bien étendue, comme la cave, aux valeurs sûres et aux coups de cœur.

LES 7 PRINCIPES DE GAULT&MILLAU

1

L'indépendance totale vis-à-vis des établissements.

2

Le recrutement d'enquêteurs exigeants, gourmets et gourmands.

3

L'anonymat des enquêteurs lors des évaluations.

4

La visite dans des conditions normales de fréquentation.

5

Le règlement des additions.

6

La mise à jour régulière par des évaluations continues.

7

La vérification de nos informations.

Autour d'un gâteau

PÂTISSERIE-BISCUITERIE-SALON DE THÉ

En plus de leurs délicieuses pâtisseries fines, en format individuel ou à partager (tarte vanille-noix de pécan, paris-brest revisité…), Anaïs et Alexandre confectionnent toute une gamme de biscuits, dont certains sans gluten, comme le fameux gâteau sec – qui ne l'est pas du tout ! – les cookies généreux ou encore l'indétrônable cake marbré. Sans compter les nouveautés que le duo d'artisans propose très régulièrement à des clients de plus en plus fidèles. Leurs barres chocolatées, oursons en guimauve ou encore pâtes de fruit se dégustent également dans l'agréable salon de thé où, chaque dimanche, un brunch sucré-salé est servi. Gourmands locaux et de passage, vous voilà prévenus !
Ouvert du mercredi au samedi de 10h30 à 13h et de 14h à 18h45, et le dimanche de 10h30 à 14h.

22, rue Saint Jean, 79000 NIORT – Tél. : 05-49-16-76-94 – www.autour-dun-gateau.fr

Les Planches

UN CADRE BUCOLIQUE POUR VOS REPAS !

À deux pas de la Sèvre, il fait bon apprécier un repas aux Planches. Le four à braise offre un esprit barbecue. Le Chef, Etienne Rigondaud, mitonne une cuisine à base de produits frais et locaux. On adore les cafés gourmands pour leur singularité et la carte de vins* pour ses 200 références ! L'équipe, soucieuse de l'environnement, valorise ses déchets. Au bien-être des salariés, répond celui des clients et de leurs papilles !

18, rue Pierre Antoine Baugier, 79000 NIORT – Tél. : 05-49-24-90-91

Hypsoline Kitchen

DU BONHEUR DANS L'ASSIETTE !

Cette adresse atypique qui associe la street food coréenne, japonaise et vietnamienne avec la culture procure de la joie. Chaque semaine, la carte courte propose des plats de qualité dont un menu complet végan en favorisant des produits locaux. Si le régal est à emporter, on préfère la pause en terrasse ou dans la salle au style singulier. Tous les mois on vibre aussi au rythme des concerts live.

12, rue Basse, 79000 NIORT – Tél. : 05-16-18-31-20
Facebook : Hypsoline Kitchen – Instagram : @hypsoline_kitchen

*L'ABUS D'ALCOOL EST DANGEREUX POUR LA SANTÉ

Petit Courault

UNE CUISINE LOCALE ET ÉCORESPONSABLE

Situé dans un ancien moulin au bord de l'eau, le restaurant Petit Courault offre un cadre bucolique où les arômes s'épanouissent au bord d'une eau transparente. La cuisine met en avant les producteurs locaux dans une démarche écoresponsable visant à réduire les pertes en utilisant chaque partie des produits. Ici, rien ne se perd, rien ne se crée, tout se transforme. Bérengère Cirot, formée dans des établissements renommés, accorde une grande importance à la création de ses plats, désireuse de proposer une cuisine réconfortante à des prix accessibles.

Lieu-dit Le Petit Courault, 79800 PAMPROUX
Tél. : 05-49-04-29-32

Auberge Sainte Catherine

LA BONNE CUISINE DE NOS GRAND-MÈRES

Au cœur de ce village classé Petite Cité de Caractère, découvrez l'Auberge Sainte Catherine, sa terrasse au bord de l'eau et sa cuisine qui évolue au gré des saisons. Terrine du Chef maison, sauté de canard aux 5 parfums, rognons de veau, souris d'agneau, frites cuites dans la graisse de bœuf… chaque jour, le Chef met en avant deux ou trois plats issus de la cuisine traditionnelle française concoctés avec des produits principalement locaux.

1, rue Sainte-Catherine, 79600 SAINT-LOUP-SUR-THOUET
Tél. : 05-49-95-58-53
auberge79600@orange.fr

« Cuisiner. C'est l'art le plus beau et le plus complet. Il engage nos cinq sens, plus un : le besoin de donner le meilleur de nous-mêmes »

Paulo Coelho (1947-)

86

VIENNE

ANGLES-SUR-L'ANGLIN 86260

HÔTEL

Hôtel Relais du Lyon d'Or

4 rue d'Enfer - T. +33 (0) 5-49-48-32-53 - À partir de 89 €

Aux confins du Poitou, du Berry et de la Touraine, cette bâtisse du XIVe siècle a conservé ses tuiles anciennes, ses murs bien épais et sa petite cour pavée, désormais envahie par les fleurs. Transformé en hôtel, ce lieu bucolique et chaleureux abrite 11 chambres et suites familiales. Réparties entre deux bâtiments, toutes distillent la même atmosphère intime et cosy avec leurs parquets cirés, leurs meubles anciens et leurs aplats de couleur plus contemporains. Le petit déjeuner est servi sous la pergola envahie par les chèvrefeuilles et les jasmins, les repas dans la salle à manger réchauffée d'une immense cheminée, refuge idéal pour savourer une cuisine qui célèbre les produits du terroir local. Une halte parfaite pour découvrir le parc de la Brenne tout proche ou le Futuroscope à moins d'une heure de route.

AVAILLES-EN-CHÂTELLERAULT 86530

L'Ouvrière 12,5/20

6 place René Descartes - T. +33 (0) 9-77-37-61-38 - Menu(s) 39 €

À quelques kilomètres de Châtellerault, Ludovic Dumont, que l'on a connu à Très Girard en Bourgogne, a trouvé un joli point de chute dans cette maison du cœur du village, aménagée avec goût et sobriété, en correspondance avec une fine cuisine à sa mesure, qui suit la saison et la production régionale. Menus cachés (39 € en séquence 3 plats), vins «vivants», comprenez nature et bio, extraits d'une carte de vins engagée et précise, service de bon niveau.

Carte

Addition moyenne d'un prix à la carte englobant le prix d'une entrée + plat + dessert

Menu(s)

Fourchette de prix mentionnant le menu le moins cher et le menu le plus cher proposant à la fois entrée, plat et dessert sans les boissons, qui n'exclut pas les prix intermédiaires

Natsukaya
LE BAR À TAPAS JAPONAIS

En fusionnant cuisine du Japon et gastronomie française, le Chef, Paul Martin, explore une large palette gustative. Formé dans des établissements de renom, il travaille avec maîtrise les saveurs, textures et couleurs pour une nouvelle proposition de trois menus chaque semaine. Dans un amusant décor manga, vous dégustez des spécialités, des plateaux à partager en toute convivialité ainsi que les fameux desserts de la maison : d'exquises gourmandises aux notes asiatiques.

1, rue des Charmes, 86580 BIARD – Tél. : 05-49-00-73-47
www.natsukaya.fr

Brasserie Les Deux Palais
COMME À LA MAISON !

Jeanne Thomas a racheté la brasserie familiale en décembre 2022. Elle y cuisine des plats traditionnels, avec des produits frais et locaux. *« Nous sommes spécialisés dans les viandes françaises »* : tartares, faux-filet, burgers sont au menu du jour (14,90€) ou en assiette gourmande (12,50€), le tout dans un décor atypique. *« C'est comme une maison de famille ! »*, s'enthousiasme-t-elle.

2, route de Poitiers, 86340 FLEURÉ – Tél. : 05-49-42-60-23

« De toutes les passions, la seule vraiment respectable me paraît être la gourmandise.

Guy de Maupassant (1850-1893) »

CHASSENEUIL-DU-POITOU 86360

HÔTEL

Château du Clos de la Ribaudière - *4 étoiles*

10 rue du Champ de Foire - T. +33 (0) 5-49-52-86-66 - À partir de 120 €

Non loin de Poitiers et du Futuroscope, ce château XVIIIe se niche au cœur d'un parc bucolique, rafraîchi d'une rivière. Aménagé en hôtel réparti entre trois bâtiments (le château, l'ancienne conciergerie et le Pavillon), il met 41 chambres à la disposition des nombreux voyageurs qui souhaitent prolonger leur séjour après la découverte de la Table du Clos, pilotée par Cédric Ravaud, qui propose également des cours de cuisine. Pensé pour le bien-être des visiteurs, l'hôtel abrite un vaste spa avec piscine, bain à remous et cabines pour des soins et massages personnalisés. Après une pause bien-être, on n'a ici que l'embarras du choix : profiter des nombreuses activités proposées par l'hôtel (exposition d'artistes locaux, miniconcerts) ou partir à la découverte des sentiers de randonnée de la région, notamment une jolie promenade dans les marais.

Hôtel Ecolodgee - Futuroscope

Boulevard Léonard de Vinci - T. +33 (0) 5-49-49-53-01 - À partir de 159 €

Refuge idéal après une journée au Futuroscope, cet écolodge inauguré en 2023 permet de clore la découverte avec une expérience unique en pleine nature, dans un domaine de 3,8 h faits de cascades, de plans d'eau et d'îlots laissés vierges pour favoriser la biodiversité. Dessinés par l'agence d'architecture et de paysage Rougerie & Tangram, les 120 lodges savamment disséminés ont été largement pensés pour les familles (les enfants adorent l'esprit cabane !) ou des groupes d'amis et accueillent tous jusqu'à cinq personnes, avec des espaces bien séparés pour respecter l'intimité de chacun, et une terrasse pour une vraie immersion dans le paysage. Le petit déjeuner bio est livré chaque matin à la porte des cabanes et, pour les petites faims dans la journée, rendez-vous au Café de l'Etang ou au restaurant le Space Loop, avant de partir à la découverte des lieux en empruntant de petites passerelles au-dessus des marais.

CHÂTELLERAULT 86100

La Ferme Saint-Jacques 10,5/20

15 avenue John Kennedy - T. +33 (0) 5-49-21-01-77 - Menu(s) 19,90-38 €

C'est l'auberge en ville, la grande maison chaleureuse où les gens se retrouvent logiquement, pour partager une convivialité naturelle et une cuisine traditionnelle réconfortante. Les 70 couverts partagent des rires autour d'une grande statue de coq, tandis que le chef Brice Joseph exécute des classiques honorables, une tarte fine de saint-jacques et fondue de poireaux, un œuf cocotte à la crème de truffe, un chevreau confit à l'ail vert, une belle côte de bœuf pour deux rôtie à la broche. Cave honnête avec quelques beaux noms au verre, Pernand-Vergelesses, Aloxe-Corton, Pommard... Formule déjeuner à 19,90 €.

Tables Gourmandes – 11/20 à 12,5/20

POITIERS 86000

Vingélique 11/20

37 rue Carnot - T. +33 (0) 5-49-55-07-03 - Menu(s) 27-38 €

Position centrale, choix, amabilité d'un service bien rodé, les atouts ne manquent pas pour ce Vingélique que nous suivons depuis des lustres (ce fut les Trois Piliers naguère). Du sérieux dans l'assiette comme dans l'accueil, non sans une pointe de fantaisie néanmoins, à des tarifs tout aussi sérieux: oursins en brouillade d'œufs et langoustines, pigeonneau rôti escalope de foie gras aux fruits de saison, soufflé chaud au Grand Marnier sorbet orange pour une séquence de prestige, le menu-carte à 38 € constituant la bonne option dans une carte variée. Cave classique, avec les sancerres de Bourgeois, les bordeaux et les bons locaux de chez Frédéric Brochet, dont notamment le pinot noir au verre.

La Serrurerie 10/20

28 rue des Grandes Écoles - T. +33 (0) 5-49-41-05-14 - Menu(s) 15,50 €

Un véritable centre d'animation pour toute la ville: sur la voie piétonne, on se retrouve à toute heure dans ce bar restaurant, pour le repas comme pour le café ou l'apéro. L'offre est vaste, le service dynamique et l'ardoise fait de la brasserie comme attendu: salades, omelettes, burgers, avec les ingrédients de l'époque, l'andouillette ou le fish and chips, les linguine au saumon ou le parmentier de bourguignon.

CHOCOLATIER

Chocolaterie Benoît

23 rue des Cordeliers - T. +33 (0) 5-49-88-75-71

Une enseigne, une tradition, une réputation. En plein centre, les délices chocolatés de Benoît ont une longue réputation. Présentations soignées, accueil pro et classiques en dérivés qui font aussi la renommée du lieu, les macarons, les nougats, et bien sûr la pâtisserie et les glaces en été.

Fink Chocolaterie

1 bis rue du Marché Notre-Dame - T. +33 (0) 5-49-88-74-75

De la belle ouvrage au bas d'un grand immeuble de pierre. Allure chic dans les présentations comme dans l'accueil, des chocolats comme des bijoux, dans des écrins choisis. De belles pâtisseries en grands formats, des entremets particulièrement appétissants, le Mentonnais au citron, le Turin au marron ou le classique Opéra. Salon de thé sur place, avec une belle variété de thés et de cafés pour accompagner la forêt noire, le paris-brest, le superbe et délicieux flan vanille ou la tartelette yuzu.

ÉPICIER

Chez Dumè

37 rue Cloche Perse - T. +33 (0) 5-49-62-09-57

Epicerie, cave, sandwicherie et même petit resto le midi avec un menu pas mal tourné à 27,90 €. Produits corses, charcuterie, vins, fromages et bien sûr les bières corses, Pietra, Colomba...

La Fabrique à Pâtes

7 rue Carnot - T. +33 (0) 9-54-08-74-12

Une offre large sur le thème des pâtes fraîches maison, qui en déborde largement avec un choix de plats, préparés à l'accent italien, pizzas, lasagnes, arancini, à goûter sur place ou à emporter ; Des pâtes sèches, du vin, des fromages, des sauces maison pour accompagne, et des desserts variés (panna cotta, crème caramel, mousse chocolat...).

FROMAGER

Fromagerie Jérémie Chosson

5 rue du Marché Notre-Dame - T. +33 (0) 5-49-45-12-77

Une jolie boutique et une référence en plein centre-ville avec une belle sélection du Poitou, en chèvre bien sûr, mais aussi des raretés de toutes les régions, et des créations maison, comme cet Ecir aux fruits secs qui agrémente un plateau de fromages de réception. Bel affinage, spécialités locales au top, comme le tourteau fromager, plateaux et box apéros, un peu de charcuterie et les bières locales (Pingouin).

LES PRODUITS AOP, IGP ET AOC DE LA RÉGION NOUVELLE-AQUITAINE

Agneau de lait des Pyrénées, asperges du Blayais, armagnac, beurre de Charentes-Poitou, bœuf de Chalosse, canard à foie gras du Sud-Ouest, cassis de Saintonge, chabichou du Poitou, fleur de sel de l'île de Ré, jambon de Bayonne, jambon noir de Bigorre, kiwi de l'Adour, noix du Périgord, ossau-iraty, porc du Sud-Ouest, porc noir de Bigorre, poularde du Périgord, pruneaux d'Agen, tomme des Pyrénées, volailles de Gascogne, volailles des Landes, volailles du Gers...

La Ferme d'Ayana ENTRE TRADITION ET MODERNITÉ

En 2017, Clément Petreau et Oriane Moussaoui ont décidé de défricher 12 hectares dans la vallée de la Gartempe pour vivre en autonomie dans leur ferme inspirée de l'agroécologie. Ce couple d'autodidactes vend désormais ses productions maraîchères, qu'il valorise avec son foodtruck ambulant. Plantes médicinales et aromatiques complètent l'offre de cette exploitation en permaculture utilisant la traction animale.

Rue de la Vergnade, 86500 SAULGÉ – Tél. : 07-81-71-76-22
www.fermedayana.fr

> La découverte d'un mets nouveau fait plus pour le bonheur du genre humain que la découverte d'une étoile.
>
> Jean Anthelme Brillat-Savarin (1755-1826)

Hôtel-Restaurant Le Cheval Blanc et Clovis
HALTE À VOUILLÉ

À 20 minutes du parc Futuroscope, Le Cheval Blanc & Clovis offre un cadre calme et intimiste pour se ressourcer. La carte du restaurant se renouvelle en fonction des saisons et des denrées des producteurs des alentours. Trois menus y sont proposés tandis que l'on retrouve, à la brasserie, un menu à 15 euros évoluant chaque jour. *Horaires d'ouverture : Brasserie et restaurant gastronomique : 12h-14h / 19h30-21h30. Brasserie ouverte 7j/7. Restaurant gastronomique fermé le dimanche soir et le lundi toute la journée.*

3, rue de la Barre, 86190 VOUILLÉ – Tél. : 05-49-51-81-46 – contact@chevalblanc-vouille.fr
www.cheval-blanc-clovis.fr

VOUILLÉ 86190

HÔTEL

Château de Périgny

40 rue des Coteaux - T. +33 (0) 5-49-51-80-43 - À partir de 85 €

Cette adresse est avant tout l'histoire d'une passion, celle de Kersten et Thierry Baratte pour ce château qu'ils découvrent dans les années 2000. Après une longue réflexion, tous deux décideront d'abandonner leur vie professionnelle pour se consacrer à la restauration de cette bâtisse du XVIe siècle et ses dépendances (auréolée de son parc de 35 ha) qu'ils aménagent en hôtel, décorant avec esprit et raffinement les 44 chambres et œuvrant au lancement du restaurant gastronomique. Quinze ans plus tard, l'aventure est un succès, comme en atteste la communauté de fidèles qui ne jure que par l'atmosphère chaleureuse et bien vivante des lieux qui se prêtent tour à tour au tournage d'un film, au décollage de montgolfières ou à des expositions régulières d'artistes locaux. Autres pépites, une belle piscine et un court de tennis, ce qui en fait un refuge parfait pour un week-end en famille.

Membres de l'Académie Gault&Millau

Tables Exceptionnelles – 19/20 à 19,5/20

Tables de Prestige – 17/20 à 18,5/20

Tables Remarquables – 15/20 à 16,5/20

Tables de Chef – 13/20 à 14,5/20

Tables Gourmandes – 11/20 à 12,5/20

Tables Originales – 10/20 à 10,5/20

87

HAUTE-VIENNE

BOISSEUIL 87220

Le Lanaud 12/20

Pôle de Lanaud - T. +33 (0) 5-55-06-46-08 - Carte 30 € - Menu(s) 20 €
Un site impressionnant à la sortie de la ville, tout près de l'A20 pour une sortie pratique et un déjeuner en pleine nature, dans cette grande salle ouvrant sur les collines. Les belles sculptures bovines veillent sur ce grand bâtiment où l'on profite de la production locale, préparée avec variété et imagination : pot-au-feu d'os à moelle, croquettes de ris de veau champignons jus de bœuf, côte de veau et milhassou corrézien, burger du Lanaud, sans oublier la côte de bœuf maturé et les fromages régionaux.

LES 7 PRINCIPES DE GAULT&MILLAU

1 **L'indépendance** totale vis-à-vis des établissements.

2 **Le recrutement d'enquêteurs** exigeants, gourmets et gourmands.

3 **L'anonymat** des enquêteurs lors des évaluations.

4 **La visite dans des conditions normales** de fréquentation.

5 **Le règlement** des additions.

6 **La mise à jour** régulière par des évaluations continues.

7 **La vérification** de nos informations.

Pâtisserie Fayemendy RUSTIQUE ET MODERNE

David et Christine ont créé en 1997 une institution gourmande proposant pâtisseries, glaces, chocolats artisanaux, thés en vrac et viennoiseries. Un savant mélange entre tradition et modernité à travers classiques, (moka, Paris-brest) ou créations uniques (pastis châlusien, gâteau à la châtaigne). Dans un décor rustique qui fait la part belle au recyclage, les saveurs d'antan et les innovations culinaires offrent un voyage gustatif réussi !

5, rue Salardine, 87230 CHALUS
Tél. : 05-55-78-43-68

Les Bons Vivants

UN SERVICE TRAITEUR ET UN RESTAURANT GOURMAND

Mariages, baptêmes, anniversaires, départs à la retraite... Matthias Priam est l'homme de la situation avec son service traiteur. Le gérant des Bons Vivants fournit des prestations gastronomiques complètes, que ce soit lors d'événements ou dans son restaurant de Châteauneuf-la-Forêt. Au menu, une cuisine française faite maison, gourmande, généreuse et revisitée à base de produits frais uniquement, locaux ou français.

17, avenue Amédée Tarrade, 87130 CHÂTEAUNEUF-LA-FORÊT
Tél. : 06-25-66-56-42
Facebook : MP Traiteur (Les Bons Vivants)

« Il n'y a que les mauvais cœurs qui médisent à table, car rien ne rend plus indulgent que la bonne chère. »

Grimod de la Reynière (1758-1837)

LA ROCHE-L'ABEILLE 87800

HÔTEL

Hôtel Au Moulin de la Gorce - *4 étoiles*

La Gorce - T. +33 (0) 5-55-00-70-66 - À partir de 115 €
Voilà plus de vingt ans que Pierre et Isabelle Bertranet régalent leurs hôtes d'une savoureuse cuisine de terroir, leur proposant également de poser leurs valises dans les 6 chambres (et un appartement) aménagées dans cette jolie bâtisse limousine du XVIe siècle. Meubles rustiques, tissus fleuris, canapés Chesterfield décorent ces refuges ultra-chaleureux qui ouvrent tous sur les 6 ha de nature pourvus d'un bel étang. On y fait une balade en barque et on part à la découverte des sentiers de randonnée alentour avant de goûter la cuisine du délicieux restaurant Le Moulin de la Gorce.

LIMOGES 87000

Philippe Redon 13/20

14 rue Adrien Dubouché - T. +33 (0) 5-55-79-37-50 - Menu(s) 24-78 €
Les années défilent et Philippe Redon reste le leader de la gastronomie limougeaude. Sans faire plus de bruit que cela, il mène sa belle affaire en vrai professionnel, avisé dans ses choix, bien installé dans une salle confortable et agréable d'une rue centrale et semi-piétonnière. Le menu-carte est toujours bien proportionné, dans l'offre et la maîtrise technique, avec des idées malignes, comme ce club sandwich pied de cochon foie gras et tartare de bulot, le cordon bleu de veau à la truffe, les endives au jambon ibérique et poulpe grillé, la tarte croustillante au praliné et passion. Franchement, à 58 € pour la séquence complète et avec ce niveau de professionnalisme, il n'y a clairement rien à redire. Menu déjeuner à 28 €, cave solide, service accompli.

La Cuisine du Cloître 12,5/20

6 rue des Allois - T. +33 (0) 5-55-10-28-29 - Menu(s) 19-69 €
Dans ce coin magnifique du Vieux Limoges historique et religieux, Guy Queroix régale les pèlerins dans l'ancien couvent entouré de maisons à pans de bois. Pour plus de commodité et sous couvert de laisser «place à l'imaginaire», le chef délivre son savoir-faire à travers trois bons menus, de 49 à 69 €, forgés sur des produits de saison et de qualité. L'offre au verre est intéressante et pas bien chère, sur une base de 8 € le verre.

Martin Comptoir 12,5/20

13 rue Lansecot - T. +33 (0) 5-55-34-25-53 - Menu(s) 27 €
Tout près des halles, du bistrot moderne comme il en faut dans toutes les villes gourmandes. Une carte bien tournée, alléchante et bien traduite, une formule déjeuner à 27 € bien tournée, une qualité de service digne des lieux pour un résultat proche des deux toques : crépinette de joue et pied de porc à la truffe noire pleurotes en texture purée de marrons à l'orange, pavé de maigre en feuille de combava confiture de lait d'amande au caviar de Neuvic gnocchi de courge et rutabaga, madeleine à l'huile d'olive déclinaison d'agrumes sorbet limoncello. Cave intéressante et bien fournie sur bordeaux sud-ouest.

Le Cheverny 12/20

57 avenue Baudin - T. +33 (0) 5-55-34-50-01 - Menu(s) 20-84 €

Cette grande maison bourgeoise sur une avenue excentrée est aussi une affaire de famille. Estelle, la fille de Didier, a donc rejoint cette table réputée au fond de l'allée, que la famille Palard fait avancer depuis des lustres. le programme est toujours alléchant, mixant les fondamentaux bourgeois avec de l'attention sur les dressages, les accompagnements et les sauces, multipliant parfois les ingrédients : croquettes d'esturgeon crème de topinambour et chou de Bruxelles poire pochée sauce vin rouge, bavette limousine crème de maïs au chorizo patate douce panée graines et salsifis sauce chimichurri, mont-blanc crème et crémeux marron chantilly vanillée suprême et sorbet mandarine, à l'intérieur d'une formule bien exprimée à 37,50 € elle-même issue d'une large carte. Agréable salle bourgeoise ouvrant sur le jardin, cave classique.

L'Agape 11,5/20

16 rue d'Aguesseau - T. +33 (0) 9-87-00-01-08 - Menu(s) 34,90-59 €

La salle en long, bien tenue derrière le lourd rideau d'entrée, semble un peu coincée sur ce bout de boulevard, au-dessus des halles. On l'atteint en passant devant la mince cuisine, au débit un peu lent, de Jérémy, jeune chef appliqué qui propose une cuisine bourgeoise actuelle tandis que son complice en salle, François, met du cœur et de l'énergie pour que tout se passe bien. Le foie gras mi-cuit, issu de la ferme de Beauregard, est bien préparé, accompagné d'un chutney de poire et le civet de lapin, bien soigné, avec une sauce vin rouge réduite et puissante (on pourrait se passer de l'effet fumée sous cloche), avant un dessert citron plus commun pour une formule tout de même bien onéreuse à 59 €. La cave est bien modeste, pas une priorité pour la maison, permettant de goûter, en variante, la bonne bière élaborée du côté de Confolens.

Amphitryon 11,5/20

26 rue de la Boucherie - T. +33 (0) 5-55-33-36-39 - Menu(s) 34-97 €

Un classique de la ville qui revient sur le devant de la scène grâce à son chef Olivier Polla qui, depuis une dizaine d'années, poursuit l'aventure de cet Amphitryon renommé depuis des lustres. Dans cette belle maison en rouge et blanc de la rue de la Boucherie, il offre une carte de tradition, qui aime les beaux produits travaillés avec finesse, carpaccio de saint-jacques gelée de homard, foie gras poché au vin chaud céleri et granny, ou de grande cuisine bourgeoise, comme le lièvre à la royale. Le menu Retour des Halles, à 34 € servi midi et soir, est une bonne introduction à la maison (poireau et nori émulsion pomme de terre fumée, dos de skrei en croûte d'herbe, sauce albuféra, butternut au caramel, émulsion pain d'épices). Cave sage avec quelques belles références (Château Simone, les alsaces de Trapet, Marjorie Gallet...).

Le Bouillon Limousin 11/20

5 rue du 71ème Mobiles - T. +33 (0) 5-55-03-00-33

Efficace et attractif, ce Bouillon limousin est aussi jovial, à l'image de son patron Jérôme Ivars, qui vous fait visiter la région dans ce cadre singulier au seuil du centre-ville. Le savoir-faire traditionnel, la générosité dans les plats, la variété des recettes, du grillé comme du mijoté. Après la salade limousine ou la charcuterie, une tête de veau ou un confit aux cèpes, un parmentier de boudin aux châtaignes ou une belle entrecôte. On ne se lasse jamais de ces classiques-là, les locaux pas plus que les touristes, allongeant parfois la file de réservation. Desserts simples et classiques, pichet de 25 à 5,50 €.

La Table des Compagnons 11/20

5 rue de la Règle - T. +33 (0) 5-55-33-86-88 - Menu(s) 15-18 €
À deux pas de l'évêché, son musée et ses jardins, cette table des compagnons jouit de sa situation au cœur d'une architecture religieuse majestueuse. Avec régularité et conviction, le chef, membre des Toques Blanches du Limousin, s'astreint à proposer un semainier à petit prix où le choix varie donc chaque jour ; pour une séquence complète à 18 € : salade de joues de cochon, lardons et châtaignes, gigolette de canard à la bordelaise et ananas rôti l'autre jour. Une performance (sous le slogan fédérateur «l'art de bien manger accessible à tous») et de la gentillesse dans le service.

Le Versailles 11/20

20 place d'Aine - T. +33 (0) 5-55-34-13-39 - Menu(s) 27-34 €
La brasserie traditionnelle et indispensable, rideau rouge et nappe blanche, classiques limousins, huîtres et choucroute. Un bon moment de nostalgie pour goûter aux charmes généreux d'une assiette qui fait du bien, avec ses spécialités, comme la tête de veau gribiche, le rognon frites, la côte à l'os à moelle. Cave classique, muscadet au pichet à 16 € le 50 cl.

L'Aparté 10,5/20

39 boulevard Carnot - T. +33 (0) 5-87-08-25-20 - Menu(s) 24,50 €
Titulaire des fourneaux depuis quelques années, Arthur Buisson a repris, à l'automne dernier, cette maison proche de l'Opéra, des mains de son ancien patron. Il propose dans ce frais décor brique et parquet une cuisine du moment, dans la simplicité, un peu plus étoffée le soir. Le gravlax de saumon arrive deux minutes après la commande, signe d'une mise en place efficace, la volaille purée est bien modeste et le namelaka chocolat sauve de justesse la mention pour un menu déjeuner à 24,50 € qui a le bon goût de se détailler en terre ou mer avec possibilité de panachage. Cave d'appoint, bière périgourdine.

Les Petits Ventres 10,5/20

20 rue de la Boucherie - T. +33 (0) 5-55-34-22-90 - Menu(s) 22-32 €
On ne peut manquer de mentionner cette maison authentique et même symbolique, dans son architecture, à pans de bois, dans ce pittoresque quartier de la Boucherie. C'est aujourd'hui Stéphanie Cuq qui la dirige et apporte par une carte adaptée l'ambiance véritable d'une aimable restauration de tradition : tête et langue de veau sauce gribiche, terrine de cul-noir, vol au vent d'escargots aux champignons, rognon de veau au porto. Desserts classiques, sélection viticole variée, avec des verres à 7 €.

Le Bistrot d'Olivier 10/20

Place de la Motte - T. +33 (0) 5-55-33-73-85 - Menu(s) 19,50 €
Dans un coin des halles, un vrai bistrot de circonstance pour manger simple, dans l'ambiance des courses, et avec du choix, dans la bonne franquette de bancs de cantoche. Dans l'assiette, c'est du franc et bon, avec la fraise de veau gribiche, la salade de harengs pomme de terre, le faux-filet limousin, le pot-au-feu de paleron, la blanquette, dans une formule à 19 €, ou complète à 23 € avec un petit dessert, crème chocolat, brioche façon pain perdu. Et les frites maison sont très bien.

AFFINEUR FROMAGER

Fromagerie Lachaise

18 place des Bancs - T. +33 (0) 5-55-56-52-71

Les fromages sagement rangés dans les vitrines témoignent d'un bon savoir-faire dans l'affinage et la température constante. Une belle sélection de chèvres de toutes régions, des frais aromatisés avec des idées intéressantes, miel et truffes, figues, miel et citron, des tommes et fromages de montagne, et des confitures pour accompagner. Des raretés aussi, par exemple parmi les bleus, le sassenage, le termignon, le shropshire ou le bonneval...

BOUCHER

La Boucherie du Centre

8 rue Othon Peconnet - T. +33 (0) 5-55-34-27-01

Une boucherie à connaître, pour la qualité du bœuf et du veau, mais surtout pour les nombreuses préparations qui soulagent celui ou celle qui cuisine à la maison : cabillaud sauce crustacés, coq au vin, gratin dauphinois, lotte à l'américaine, tête de veau ravigote, cuisse de canard, pomme dauphine et nombreuses salades.

Chambinaud

Halles centrales - T. +33 (0) 6-81-28-95-04

Un vaste étalage pour faire toutes ses courses carnées en un seul lieu et pour toute la semaine. Une belle viande limousine, le veau et l'agneau, la charcuterie et les préparations. On comprend que dans le porc tout est bon, l'araignée et la joue, les saucisses et le boudin, les terrines et le saucisson.

BOULANGER

Le Fournil Gogaille

1 place d'Aine - T. +33 (0) 6-98-38-27-67

Une boulangerie qui utilise des farines bio et propose un très bon pain chaque jour grâce à Dylan le boulanger engagé. De bons pains au levain naturel, une bonne viennoiserie, du snacking pour le midi (pizza, burger, pasta box...). Parmi les pains à goûter, le Gogaille, le petit épeautre, le norvégien aux fruits, la tourte seigle.

CAVISTE

Vinoble

3 place de la Motte - T. +33 (0) 5-55-34-30-94

L'attrait principal n'est pas tant sur la sélection elle-même que sur l'animation proposée dans ce lieu juste à côté des halles. Avant ou après les courses, à l'heure de l'apéro, on se retrouve pour un plan dégustation, les bières artisanales avec les petites planches, et même la table d'hôtes en fin de semaine. Des vins et des bières artisanales bien choisies, dans la région et sur l'Occitanie au sens large. La micro-brasserie fournit un choix de six pressions, à goûter sur place ou emporter.

CHOCOLATIER

Chocolats Borzeix Besse

19 rue Jean Jaurès - T. +33 (0) 5-55-32-04-12

Présent à Limoges et à Treignac, cet excellent chocolatier a tous les atouts de l'artisan et du professionnel : des chocolats bien personnalisés, des créations, de jolis coffrets qui savent faire la distinction dans la qualité comme dans la composition. La boutique limougeaude est centrale, proposant régulièrement des nouveautés, des entremets et autres pâtisseries.

COFFEE SHOP

Le Comptoir Pailloux

20 rue Adrien Dubouché - T. +33 (0) 5-44-24-91-10

Il faut connaître cette superbe boutique en plein centre, à la devanture boisée, pour ses thés d'origine, des meilleurs jardins, en noir, vert, blanc, des infusions, des aromatisés, des rooïbos et des mélanges, maison. Aujourd'hui, le Comptoir est aussi un salon de thé qui permet de déguster sur place, et aussi restaurant, avec la cuisine de Jérémy, son pâté en croûte et ses idées du moment.

La Locale

13 rue de la Boucherie - T. +33 (0) 5-19-56-72-08

Dane le beau quartier ancien de la Boucherie, un café épicerie qui se consacre aux produits fermiers locaux, en vrac, issus de circuits courts. Avec les légumes frais d'arrivage régulier, le café s'ouvre pour une dégustation sur place et une petite carte de saison : velouté de butternut, porc au caramel, salades composées, croque végé. On accompagne avec les bières de la brasserie Brâm, à Saint-Laurent les Eglises.

Maison de Thé L

9 rue Cruche d'Or - T. +33 (0) 5-55-32-23-36

Un bel hôtel particulier en plein cœur de la ville, une décoration en accord avec le style classique de l'architecture, comme un boudoir précieux pour déguster les thés de la maison : oolong, Chine, Japon, Ceylan, Vietnam. Dégustation dans une vaisselle en porcelaine, avec une préparation minutieuse.

ÉPICIER

Francis l'épicerie des Halles

3 rue Othon Peconnet - T. +33 (0) 5-87-19-98-84

Juste à côté des halles, l'épicerie de Francis et Laurence est un hommage aux commerces d'antan, un décor d'apothicaire avec son bois peint et ses hautes étagères, où sont exposées plus de 600 références, en sucré comme en salé. On comptera également sur une petite cave et un espace cantine au déjeuner.

FROMAGER

Lamy Fromager

Les Halles centrales - T. +33 (0) 6-08-35-65-96

Un bel étalage dans les halles, des fromages bien rangés et bien affinés, une belle sélection de chèvres, des fromages fermiers au lait cru, avec des régionaux, mais aussi le meilleur des autres régions, le langres et l'époisses, le taleggio et le saint-nectaire fermier, et une bonne gamme de tommes de montagne.

La Maison du Fromage

14 rue Ferrerie - T. +33 (0) 5-55-34-21-89
La jolie déco de cette maison bien en vue n'occulte pas la qualité des produits présentés. Toutes les régions, un bon affinage, et de multiples idées pour savourer le fromage à toute heure. A l'apéritif par exemple, avec les chips, ou en dessert avec les confitures... Des plateaux sur mesure, de belles présentations et quelques bonnes idées du moment (l'époisses à la coupe, le pouligny fermier, le bleu de Termignon).

GLACIER

Coudert

19 rue Othon Péconnet - T. +33 (0) 5-55-34-11-89
Le glacier le plus renommé de la ville, non loin des halles. Le programme est très large, pour tous les goûts et tous les parfums, en verrines, cornets, pots pour les glaces et sorbets, et les grands formats, entremets, omelette norvégienne, vacherin. Une dizaine de fruits, de la myrtille à la mandarine, des épices, comme le gingembre, la cannelle, et puis l'amande et le marron, le poivron et le basilic, la noisette et la réglisse, le chocolat et le rhum raisin...

PÂTISSIER

Saveurs Limousines

Halles centrales - T. +33 (0) 5-44-24-65-19
Une bien appétissante pâtisserie artisanale dans les halles, avec les spécialités limousines, comme la flognarde, ou locale, comme la tarte aux pruneaux, une bonne pâte, des grands formats à détailler en parts, appétissants et savoureux : gâteau à l'ananas, tarte pomme amande, clafoutis et, à l'unité, les galétous, les financiers et le burgou, gâteau traditionnel à la châtaigne.

POISSONNIER

Poissonnerie de l'île de Ré

Halles centrales - T. +33 (0) 5-55-32-41-98
En direct de l'Atlantique, la mer vient jusqu'à Limoges, avec les poissons nobles, le saint-pierre ou la daurade royale, mais aussi les petits futés pas chers, comme le carrelet et le maquereau. Également les langoustines d'arrivage, les saint-jacques, le saumon fumé maison.

TORRÉFACTEUR

La Fabrique du Café

7 place d'Aine - T. +33 (0) 5-55-14-28-16
La belle boutique verte exhale toujours un aussi agréable parfum, d'un artisan torréfacteur réputé et qui sait recevoir. On s'installe volontiers sur les petites chaises pour déguster un bon café d'origine, que l'on emmènera chez soi en grains, moulus, dosettes selon l'occasion et le besoin. Le choix dans les meilleures plantations, du bio du Honduras ou de Bolivie, du Costa Rica, d'Ethiopie...

Flaherty & Co

17 rue Ferrerie - T. +33 (0) 5-55-33-34-39
Une élégante boutique non loin des halles centrales, implantée dans la préfecture depuis quasiment quarante ans. L'adresse propose une bonne gamme de pures origines et d'assemblages, ainsi qu'une vaste sélection de thés. On retrouvera également des accessoires de dégustation et des produits d'épicerie fine.

TRAITEUR

Le Couturier du Goût

Halles centrales - T. +33 (0) 5-55-35-07-77
Un corner dans les halles consacré aux abats par un traiteur réputé sur la ville, avec une richesse sans égal pour les amateurs : ris de veau et cœur de veau, joue de porc, queue et jour de bœuf, grillon limousin, langue de porc en gelée, oreille de porc, fromage de tête et diverses préparations, fraise de veau vinaigrette, tête de veau ravigote, museau...

Membres de l'Académie Gault&Millau

Tables Exceptionnelles – 19/20 à 19,5/20

Tables de Prestige – 17/20 à 18,5/20

Tables Remarquables – 15/20 à 16,5/20

Tables de Chef – 13/20 à 14,5/20

Tables Gourmandes – 11/20 à 12,5/20

Tables Originales – 10/20 à 10,5/20

Le Pied de Poule

LE PLEIN DE SAVEURS : FRAÎCHEUR ET QUALITÉ GARANTIES

Au Pied de poule, rôtisserie des halles centrales de Limoges, les traditions culinaires prennent vie. Spécialiste de la volaille élevée en plein air dans le Périgord (100 jours minimum), leur stand est une promesse de fraîcheur et de qualité. Goûtez au poulet rôti et explorez leur sélection : rôtis de porc, pintades, et plus, tous mijotés avec une cuisson lente respectant ainsi les ingrédients et les saveurs. Leur cuisine, constamment renouvelée, propose des plats maison comme des lasagnes généreuses, un gratin de patates douces au curcuma et d'autres spécialités saisonnières (endives, tomates farcies). Sophie, Gilles et Hugo vous attendent pour une aventure gustative.

Halles centrales, place de la Motte, 87000 LIMOGES - Tél. : 05-44-20-11-78
Facebook : Le Pied de Poule

Au Jardin d'Arnaud

UNE ENTREPRISE FAMILIALE

Au Jardin d'Arnaud est une petite entreprise dynamique et familiale située dans les halles centrales de Limoges. Celle-ci est reconnue pour la fraîcheur de ses fruits et de ses légumes depuis une vingtaine d'années. Arnaud vous accueille du mardi au dimanche derrière son étal en vous proposant des produits locaux et des environs de Limoges (pommes et poires de Corrèze, fraises de Dordogne…). Ses produits se retrouvent également dans des restaurants et des collectivités. Les livraisons sont possibles pour les particuliers comme pour les professionnels. Des panières de fruits peuvent également être confectionnées à la demande pour être offertes comme cadeaux personnalisés pour tous types d'occasions.

Halles centrales, place de la Motte, 871000 LIMOGES - Tél. : 06-75-96-88-93
Instagram : @aujardindarnaud

Le Peuplier

COMME UN VILLAGE

C'est un projet énorme, imaginé par Lola Moro-Calandre (ancienne danseuse professionnelle) et Baptiste Calandre (ancien handballeur professionnel), qui a vu le jour il y a 1 an. Ainsi est né Peuplier, une ancienne miroiterie rénovée qui comprend un restaurant avec salle de sport et de fitness, sauna, cryothérapie, massages et des salles pour les événements ou réunions. Un lieu végétalisé qui accueille également un espace de *cowoeking*, des concerts et spectacles. Aux fourneaux, avec des produits essentiellement du terroir, Théau Daubresse propose une cuisine gourmande, créative, innovante, inspirée de recettes de sa grand-mère. Sa viande limousine et ses propositions végétariennes réjouissent les papilles ! Côté bar, cocktails*, bières et softs sont locaux. Ambiance chaleureuse.

169, avenue du Maréchal de Lattre de Tassigny, 87000 LIMOGES - Tél. : 05-31-60-90-04
www.lepeuplier.fr

Le Castel de Glane

UNE CUISINE AUTHENTIQUE

Dans un cadre magnifique, le Castel de Glane, restaurant semi-gastronomique ouvert en 2017 par le Chef David Nelias, accueille tous les amateurs de bonnes saveurs. *« C'est une cuisine traditionnelle. Nous travaillons avec des fermes locales pour le foie gras, le magret, le porc, le veau, le bœuf... Nous proposons aussi du poisson »*, explique-t-il. Élaborée et authentique, cette cuisine, servie dans de la porcelaine de la Fabrique, invite notamment à déguster, selon les saisons, escargots, ris de veau, langoustines..., pour la formule du midi (entre 20 et 24 €) ou pour l'un des trois menus (de 41 à 65 €). Tout le reste est à la carte, à accompagner de bons vins*. Équipe élégante et souriante. Grande terrasse qui donne sur un parc. Privatisation pour des événements.

Rue Auguste Merle, Domaine de la Vergne, 87200 SAINT-JUNIEN - Tél. : 05-55-01-32-79
www.lecasteldeglane.fr

*L'ABUS D'ALCOOL EST DANGEREUX POUR LA SANTÉ

Ô Jardin d'Océane

DES FRUITS ET LÉGUMES TOUJOURS FRAIS

Betty et Amandine proposent des fruits et légumes de la région et des jus de pommes et confitures de Corrèze en direct du producteur. Betty prépare, sur commande, des corbeilles de fruits, des plateaux de légumes et des fruits découpés. Sur son étal également, un coin épicerie fine (condiments, soupes, miel local…). La livraison à domicile est possible pour les professionnels et les particuliers. N'hésitez pas à la contacter pour toutes vos demandes particulières.

Les Halles Carnot, place Sadi Carnot, 87100 LIMOGES - Tél. : 06-38-16-66-16
Facebook : Au Jardin d'Oceane (O Jardins d'océane)

« Bien boire et bien manger font bien travailler. »

Proverbe français

La Passion des Mets

DES RENDEZ-VOUS GOURMANDS

Amoureux de la gastronomie française, sachez que Marion et Benjamin ont posé leur tablier à Panazol après avoir travaillé en restauration aux quatre coins de la France. Du lundi au vendredi, le couple propose une cuisine traditionnelle locale avec des produits frais et multiplie les rendez-vous gourmands (pâté de pommes de terre et viande le jeudi, tête de veau sauce gribiche un vendredi par mois…), accompagnés de vins* soigneusement sélectionnés.

31, avenue du Président Sadi Carnot, 87350 PANAZOL
Tél. : 09-83-59-94-26
la-passion-des-mets-panazol.eatbu.com

---

*L'ABUS D'ALCOOL EST DANGEREUX POUR LA SANTÉ

NIEUL 87510

HÔTEL

La Chapelle Saint Martin - *4 étoiles*

33 route Saint-Martin du Fault - T. +33 (0) 5-55-75-80-17

Incontestablement l'une des plus belles adresses de la région, emmenée par Gilles Dudognon, propriétaire des lieux et chef ultra-talentueux. On déguste ici une cuisine d'auteur revisitant les richesses du terroir et on se laisse vite séduire par la magie de ce domaine du XIVe siècle, enrichi d'une maison de porcelainier du XIXe décorée d'objets chinés chez les antiquaires voisins. Les 14 chambres (dont 3 suites et une villa) distillent ce même raffinement avec leurs parquets cirés, leurs tissus fleuris et leurs grandes fenêtres qui ouvrent sur le parc de 40 ha piqué d'étangs et ombragé d'arbres centenaires avec, à l'entrée, la fameuse Chapelle Saint-Martin, classée monument historique. Membre du groupe Relais & Châteaux, l'établissement se veut également très engagé en matière d'environnement, de la récupération des eaux de pluie à la création de potager en permaculture.

LES PRODUITS AOP, IGP ET AOC DE LA RÉGION NOUVELLE-AQUITAINE

Agneau de lait des Pyrénées, asperges du Blayais, armagnac, beurre de Charentes-Poitou, bœuf de Chalosse, canard à foie gras du Sud-Ouest, cassis de Saintonge, chabichou du Poitou, fleur de sel de l'île de Ré, jambon de Bayonne, jambon noir de Bigorre, kiwi de l'Adour, noix du Périgord, ossau-iraty, porc du Sud-Ouest, porc noir de Bigorre, poularde du Périgord, pruneaux d'Agen, tomme des Pyrénées, volailles de Gascogne, volailles des Landes, volailles du Gers...

INDEX DES ÉTABLISSEMENTS
370

INDEX DES VILLES
380

INDEX ÉTABLISSEMENTS

A

ABEILLES DU CHÂTEAU TOULOUSE LAUTREC (LES) Saint-André-du-Bois, 33 234
ABRICOTIER (L') Saint-Macaire, 33 240
A CANTINA Bordeaux, 33 195
A CASO Arudy, 64 286
À CÔTÉ DE CHEZ FRED Saint-Martin-de-Ré, 17 118
ADRESS (L') Bessines, 79 335
AGA Cadillac, 33 217
AGAPE (L') Limoges, 87 355
AHIZPAK Bidart, 64 304
AHO FINA - GRAND HÔTEL THALASSO & SPA Saint-Jean-de-Luz, 64 321
AHPÉ Biarritz, 64 294
AIETE Biarritz, 64 295
AKASHI Bordeaux, 33 190
À LA PLANCHA La Flotte, 17 101
ALCHIMISTE (L') Bordeaux, 33 208
ALEXANDRA PALACE - LA MAISON YOUNAN Mazières-en-Gâtine, 79 339
ALEXANDRE CHARPENTIER HUÎTRES Soorts-Hossegor, 40 253
ALIZÉS (LES) Saint-Pierre-d'Oléron, 17 122
ALLÉES (LES) Saint-Justin, 40 260
AMA Cambo-les-Bains, 64 306
AMPHITRYON Limoges, 87 355
ANDRÉ La Rochelle, 17 104
ANNETTE La Rochelle, 17 103
ANTOINE GIRARD Périgueux, 24 165
APARTÉ (L') Limoges, 87 356
APRÈS DEMAIN Biarritz, 64 294
ARCADA Bordeaux, 33 188
ARCÉ Saint-Étienne-de-Baïgorry, 64 320
ARDOISE (L') Pau, 64 318
ARKA Sare, 64 332
ARRANTZALEAK Ciboure, 64 307
ARRAYA Saint-Jean-de-Luz, 64 325
ARRAYA Sare, 64 331
ARRETXEA (DOMAINE) Irouléguy, 64 312
ART DES METS (L') Saint-Sever, 40 263
ARTNOA (L') Biarritz, 64 300
ART'ZAIN Irissarry, 64 312
ASSIETTE DU CAPITAINE (L') Saint-Pierre-d'Oléron, 17 122
ASSIETTE TROGLODYTE (L') Sourzac, 24 173
ASTROLABE (L') La Rochelle, 17 103
ATELIER D'ÉMILIE (L') Arudy, 64 287
ATELIER DE NICO (L') Brive-la-Gaillarde, 19 138
ATELIER DES FAURES (L') Bordeaux, 33 190
ATELIER DES PYRÉNÉES (L') Abitain, 64 286
ATELIER FV (L') Langon, 33 224
ATELIER (L') Périgueux, 24 163
ATHEMA Le Bouscat, 33 226
ATHÉNÉE Bordeaux, 33 197
ATHÉNÉE Bordeaux, 33 211
AU 47 Marmande, 47 274
AUBARD Bayonne, 64 290
AUBERGADE (L') Puymirol, 47 277
AUBERGE BASQUE (L') Saint-Pée-sur-Nivelle, 64 328
AUBERGE DE LA ROUSSILLE Niort, 79 340
AUBERGE DE MONTARDON, CHEZ CLUQUE Montardon, 64 314
AUBERGE DES ISARDS Aydius, 64 286
AUBERGE DES ROSES Monein, 64 316
AUBERGE DU BASSIN (L') Lège-Cap-Ferret, 33 227
AUBERGE DU FRONTON Ustaritz, 64 333
AUBERGE DU PAS DE VENT Pouillon, 40 259
AUBERGE DU PRIEURÉ Moirax, 47 275
AUBERGE GOXOKI Saint-Martin-d'Arberoue, 64 328
AUBERGE KOSKENIA Bidart, 64 304
AUBERGE OSTAPÉ Bidarray, 64 302
AUBERGE OSTAPÉ Bidarray, 64 303
AUBERGE SAINT-ROCH Saint-Ybard, 19 144
AUBERGE SAINTE CATHERINE Saint-Loup-sur-Thouet, 79 342
AU BISTROT Bordeaux, 33 198
AU BONHEUR DU PALAIS Bordeaux, 33 184
AU COIN DES SAVEURS Saintes, 17 131
AU FIL DES SAISONS Bélus, 40 246
AU GOUT DU JOUR La Forêt-sur-Sèvre, 79 337
AU GRÉ DU VIN Le Château-d'Oléron, 17 113
AU JARDIN D'ARNAUD Limoges, 87 361
AU LARD ET BOUCHON Saint-Émilion, 33 237
AU MOULIN DE LA GORCE La Roche-l'Abeille, 87 354
AUNIS (L') La Rochelle, 17 104
AU PETIT COCHON Villeneuve-sur-Lot, 47 278
AU PÉTRIN MOISSAGAIS Bordeaux, 33 203
AU RELAIS GASCON Labastide-d'Armagnac, 40 255
AUTHENTIQUE (L') Champniers, 16 87
AUTOUR D'UN GÂTEAU Niort, 79 341
AUX 3 SENS Sarlat-la-Canéda, 24 171
AUX DÉLICES SEILHACOIS Seilhac, 19 145
AUX TABLIERS NOIRS Bergerac, 24 151

B

BAILLARDRAN Bordeaux, 33 207
BAINS (LES) Boyardville, 17 95
BANDEJA (LA) Coulounieix-Chamiers, 24 155
BAR BASQUE (LE) Saint-Jean-de-Luz, 64 323
BARONNIE HÔTEL & SPA (LA) Saint-Martin-de-Ré, 17 119
BASTON Bordeaux, 33 196
BASTON Bordeaux, 33 203
BAUD ET MILLET Bordeaux, 33 196
BAYONNAIS (LE) Bayonne, 64 289
BEC FAIM (LE) Saint-Pierre-d'Oléron, 17 125
BEL ESTIU Saint-Geniès, 24 168

RESTAURANTS HÔTELS ARTISANS ANNONCEURS

BELLE AUBERGE (LA) Castagnède, 64 307
BELLE ÉPOQUE - HÔTEL HÉRITAGE Cognac, 16 89
BELLE ÉTOILE (LA) Niort, 79 339
BELLES PERDRIX DE TROPLONG MONDOT (LES) Saint-Émilion, 33 235
BENOIST FILS ET FILLE Libourne, 33 231
BEÑAT FROMAGER Saint-Jean-de-Luz, 64 325
BIENVENUE À BORD Saint-Justin, 40 261
BIG BISTROT GIRONDIN Bordeaux, 33 210
BINÔME LES PÂTISSIERS La Rochelle, 17 110
BISTRO D'EN FACE (LE) Bergerac, 24 151
BISTRO DU MUSÉE (LE) Bordeaux, 33 198
BISTROT 1912 Mont-de-Marsan, 40 258
BISTROT 2 (LE) Monpazier, 24 159
BISTROT C.FORGET Brive-la-Gaillarde, 19 136
BISTROT DE MARCEL Mont-de-Marsan, 40 259
BISTROT DES VIGIERS (LE) Monestier, 24 158
BISTROT DES VIGNES (LE) Dax, 40 247
BISTROT D'OLIVIER (LE) Limoges, 87 356
BOÏDICOU (LE) Thonac, 24 174
BOMBECUL (LE) Penne-d'Agenais, 47 278
BONAMOUR Capbreton, 40 244
BON CAP (LE) Capbreton, 40 245
BONS VIVANTS (LES) Châteauneuf-la-Forêt, 87 353
BON TEMPS La Rochelle, 17 104
BORDAXURIA (DOMAINE) Ispoure, 64 312
BORDEAUX (LE) Bordeaux, 33 191
BÔ-TANNIQUE Bordeaux, 33 183
BOUCHERIE CAMPET Bordeaux, 33 202
BOUCHERIE DE STÉPHANE (LA) Biarritz, 64 299
BOUCHERIE DENIS CORDON Dolus-d'Oléron, 17 99
BOUCHERIE DES BEAUX VALLONS Brive-la-Gaillarde, 19 137
BOUCHERIE DU CENTRE (LA) Limoges, 87 357
BOUCHERIE DU GOLF Ciboure, 64 308
BOUCHERIE NEUVIÇOISE Neuvic, 24 161
BOUCHERIE SAINTE-AUGUSTINE Bordeaux, 33 209
BOUCHERIE VALADE FRÉDÉRIC Périgueux, 24 164
BOUCHON BORDELAIS Bordeaux, 33 191
BOUILLON (LE) La Rochelle, 17 103
BOUILLON LIMOUSIN (LE) Limoges, 87 355
BOULANGERIE (LA) Bordeaux, 33 203
BOULANGERIE CHANCEL Rilhac-Xaintrie, 19 143
BOULANGERIE DE JADE (LA) Guiche, 64 311
BOULANGERIE ENNEARTZ Biarritz, 64 299
BOULANGERIE JOLIBERT Monpazier, 24 160
BOULANGERIE K3 Canéjan, 33 218
BOULANGERIE LIMOGEANNE Périgueux, 24 164
BOULANGERIE-PÂTISSERIE DENIZART LARDEAU Villeneuve-sur-Lot, 47 278
BOULANGERIE-PÂTISSERIE TROËL Castillon-la-Bataille, 33 218
BOULANGERIE REIZABAL Monein, 64 315
BOUTE EN TRAIN La Rochelle, 17 105
BRASSERIE BORDELAISE (LA) Bordeaux, 33 192
BRASSERIE DES DEUX PALAIS Fleuré, 86 345
BREIZH CAFÉ - CHARTRONS Bordeaux, 33 193
BRENTI Espelette, 64 309
BRIKETENIA Guéthary, 64 309
BRINDOS, LAC & CHÂTEAU Anglet, 64 284
BRU-BACHÉ (DOMAINE) Monein, 64 316
BRUCELIÈRE (LA) Issigeac, 24 157
BRÛLERIE DU VALOIS Angoulême, 16 82
BUNAMI (LE) Bordeaux, 33 212
BUREAU DES SAVEURS (LE) Montpon-Ménestérol, 24 160

C

585 Bordeaux, 33 187
CABANE 57 (LA) Lège-Cap-Ferret, 33 229
CABANE OCÉANE (LA) La Rochelle, 17 110
CABANOIX & CHÂTAIGNES Domme, 24 154
CACAOYER BLEU (LE) Saint-Martin-de-Seignanx, 40 261
CAFÉ BASQUE - LE CAFÉ DE PARIS (LE) Biarritz, 64 295
CAFÉ BOGOTA Brive-la-Gaillarde, 19 138
CAFÉ DE MINUIT (LE) Bordeaux, 33 214
CAFÉ DE PARIS (LE) Biarritz, 64 297
CAFÉ DES SPORTS La Rochefoucauld-en-Angoumois, 16 92
CAFÉ FRANÇAIS Bordeaux, 33 198
CAFÉ LOUISE Périgueux, 24 165
CAFÉ MARITIME Bordeaux, 33 198
CAFÉS MERLING La Rochelle, 17 110
CAFÉS NOIRO Dax, 40 248
CAFÉS RÉGUS Bordeaux, 33 208
CAIRN (LE) Bordeaux, 33 216
CALE (LA) Villeréal, 47 279
CAMBUSE DU BASSIN (LA) La Teste-de-Buch, 33 225
CAPÉLO Périgueux, 24 163
CAP NELL (LE) Rochefort, 17 115
CARØE Biarritz, 64 294
CASAMAMA FOODTRUK Bordeaux, 33 213
CASS' (LE) Casteljaloux, 47 271
CASTEL DE GLANE (LE) Saint-Junien, 87 362
CAVE À FROMAGES SAINT-MARTIN (LA) Biarritz, 64 301
CAVE DE L'UNIVERRE (LA) Bordeaux, 33 204
CAVE DE MON PÈRE (LA) Biarritz, 64 300
CAVE PASSE À TABLE (LA) Saintes, 17 130
CAVES BADIE Bordeaux, 33 204
CAVES SAINT GENÈS Bordeaux, 33 204
CENT33 Bordeaux, 33 182
CENTRAL (LE) Coulon, 79 339
CERCLE GUIRAUD (LE) Sauternes, 33 240
CERCLE (LE) La Brède, 33 223
CHAI NOUS COMME CHAI VOUS La Flotte-en-Ré, 17 100
CHAMBINAUD Limoges, 87 357
CHAPELLE SAINT MARTIN (LA) Nieul, 87 364
CHAPON FIN (LE) Bordeaux, 33 186
CHARTREUSE DU BIGNAC (LA) Saint-Nexans, 24 169
CHÂTEAU CORDEILLAN-BAGES Pauillac, 33 232
CHÂTEAU DE BRINDOS Anglet, 64 283
CHÂTEAU DE CASTEL NOVEL Varetz, 19 146
CHÂTEAU DE LA CAZINE - WYNDHAM HALCYON RESORT Noth, 23 148
CHÂTEAU DE PÉRIGNY Vouillé, 86 350

RESTAURANTS HÔTELS ARTISANS ANNONCEURS

- CHÂTEAU DU CLOS DE LA RIBAUDIÈRE Chasseneuil-du-Poitou, 86 346
- CHÂTEAU D'URTUBIE Urrugne, 64 332
- CHÂTEAU GARREAU Labastide-d'Armagnac, 40 255
- CHÂTEAU HÔTEL SPA GRAND-BARRAIL Saint-Émilion, 33 237
- CHÂTEAU LAFAURIE-PEYRAGUEY Bommes, 33 180
- CHÂTEAU LE PAPE Léognan, 33 230
- CHÂTEAU LÉOGNAN Léognan, 33 230
- CHÂTEAU TROPLONG MONDOT Saint-Émilion, 33 238
- CHÊNE VERT (LE) Brive-la-Gaillarde, 19 136
- CHÊNE VERT (LE) Bressuire, 79 336
- CHEVAL BLANC (LE) Bayonne, 64 288
- CHEVERNY (LE) Limoges, 87 355
- CHEVILLE Brive-la-Gaillarde, 19 137
- CHEZ ALBERT Biarritz, 64 297
- CHEZ AMATXI Bayonne, 64 292
- CHEZ BAPTISTE Dax, 40 247
- CHEZ BB Agen, 47 270
- CHEZ CRISTINA Bordeaux, 33 203
- CHEZ DARRACQ - LE COMMERCE Amou, 40 243
- CHEZ DUMÈ Poitiers, 86 347
- CHEZ FRANCIS Brive-la-Gaillarde, 19 135
- CHEZ LILI Mont-de-Marsan, 40 256
- CHEZ MAITE Bayonne, 64 292
- CHEZ MATTIN Ciboure, 64 307
- CHEZ MÉLIE La Rochelle, 17 110
- CHEZ PABLO Saint-Jean-de-Luz, 64 323
- CHEZ RÉMI Libourne, 33 230
- CHEZ ROMUALD Biarritz, 64 299
- CHEZ SCOTT Biarritz, 64 296
- CHEZ SYLVIE Agen, 47 269
- CHEZ THOMAS Lanton, 33 225
- CHICKEN & BRO Mimizan, 40 257
- CHICOULA (LE) Bordeaux, 33 193
- CHIEN DE PAVLOV (LE) Bordeaux, 33 191
- CHIQUITO (LE) Royan, 17 117
- CHISTERA (LE) Bayonne, 64 289
- CHISTERA ET COQUILLAGES Biarritz, 64 297
- CHOCOLAT CAZENAVE Bayonne, 64 290
- CHOCOLATERIE BENOÎT Poitiers, 86 347
- CHOCOLATERIE DUCEAU Angoulême, 16 82
- CHOCOLATERIE PUYODEBAT Bayonne, 64 290
- CHOCOLATERIE SAUNION Bordeaux, 33 206
- CHOCOLAT PASCAL Bayonne, 64 290
- CHOCOLATS BORZEIX BESSE Limoges, 87 358
- CHOKO ONA Espelette, 64 308
- CINQ SENS (LES) Vendays-Montalivet, 33 241
- CLEFS D'ARGENT (LES) Mont-de-Marsan, 40 258
- CLEMENCEAU (LE) Bordeaux, 33 198
- CLOSERIE SAINT ROC Puisseguin, 33 233
- CLOS SAINT-FRONT (LE) Périgueux, 24 163
- CLOS SAINT-MARTIN (LE) Saint-Martin-de-Ré, 17 119
- COIN DE TABLE Biarritz, 64 299
- COKOTTE Angoulême, 16 81
- COMPTOIR CUISINE Bordeaux, 33 196
- COMPTOIR DE BRICE (LE) Angoulême, 16 81
- COMPTOIR DE SÈZE (LE) Bordeaux, 33 197
- COMPTOIR ITALIEN (LE) La Rochelle, 17 105
- COMPTOIR PAILLOUX (LE) Limoges, 87 358
- COMPTOIR SAOUFÉ (LE) La Rochelle, 17 112
- CONFIDENTIEL (LE) Bordeaux, 33 197
- CONFISERIE DUPUY Royan, 17 116
- CO(O)RNICHE (LA) Pyla sur Mer, 33 234
- CORDERIE ROYALE (LA) Rochefort, 17 114
- CÔTÉ DORDOGNE Beaulieu-sur-Dordogne, 19 139
- CÔTÉ QUILLIER Magescq, 40 254
- CÔTÉ RIVAGE Lalinde, 24 158
- CÔTE RÔTIE (LA) La Rochelle, 17 105
- CÔTÉ VERGER Montazeau, 24 162
- COUDERT Limoges, 87 359
- COUTURIER DU GOÛT (LE) Limoges, 87 360
- CRÈME DE LA CRÈME (LA) Saint-Pierre-d'Oléron, 17 123
- CRÈMERIE SAINT-CHARLES Biarritz, 64 301
- CUCARACHA (LA) Bidart, 64 304
- CUEILLETTE Altillac, 19 135
- CUISINE (LA) Capbreton, 40 244
- CUISINE DU CLOÎTRE (LA) Limoges, 87 354
- C'YUSHA Bordeaux, 33 188

D

- 17-58 (LE) Royan, 17 116
- DALLAISON (LE) Saintes, 17 129
- DA ROS (DOMAINE ELIAN) Cocumont, 47 272
- DB PAIN Bressuire, 79 337
- DÉMÉTER Bordeaux, 33 193
- DES TOURS GOURMANDS Angoulême, 16 83
- DES VIGNES ET DES ANGES Pauillac, 33 232
- DÉTOURS Pau, 64 317
- DISTILLERIE DENOIX Brive-la-Gaillarde, 19 138
- DOMAINE DE BUGATEL Sainte-Livrade-sur-Lot, 47 280
- DOMAINE DE L'ANCIENNE CURE Colombier, 24 156
- DOMAINE DE ROCHEBOIS Vitrac, 24 175
- DOMAINE DES ÉTANGS Massignac, 16 93
- DOS HERMANOS Biarritz, 64 296
- DUNES BLANCHES Arcachon, 33 178

E

- EARL FAUX Le Château-d'Oléron, 17 114
- ÉCHASSES - ECO LODGE (LES) Saubion, 40 264
- ÉCHASSIER (L') Campet-et-Lamolère, 40 246
- ECHO Bordeaux, 33 197
- EDEN OUEST La Rochelle, 17 108
- EFFET MAISON Monflanquin, 47 276
- EKAITZA Ciboure, 64 307
- EL NACIONAL Bordeaux, 33 199
- EMILE & MARGUERITE Bordeaux, 33 204
- EN CUISINE Brive-la-Gaillarde, 19 135
- ENTRECÔTE (L') Bordeaux, 33 199
- ENTRE DEUX (L') Biarritz, 64 294
- ENVERS DU DÉCOR (L') Saint-Émilion, 33 237
- ÉPICERIE 56 (L') Bordeaux, 33 206

RESTAURANTS HÔTELS ARTISANS ANNONCEURS

ÉPICERIE FINE DU CHÂTEAU Le Château-d'Oléron, 17 113
ÉPICURIEN (L') Périgueux, 24 164
EPICURIUM (L') Agen, 47 270
EPICURIUM (L') La Rochelle, 17 109
ÉPI DU ROY (L') Aiguillon, 47 271
EPOQ Biarritz, 64 295
ERNEST LE GLACIER La Rochelle, 17 109
ESBERIT (L') Bizanos, 64 305
ESQUIREY (L') Andernos-les-Bains, 33 177
ESQUIROU (L') Capbreton, 40 245
ESSENTIEL (L') Périgueux, 24 162
ESSENTIEL (L') Saint-Jean-de-Luz, 64 322
ÉTAGE (L') Angoulême, 16 81
ETCHEMAÏTÉ Larrau, 64 313
ETIKA Bidart, 64 304
ETS RAMBEAU Saintes, 17 131
ETXE GOXOAN Ciboure, 64 308
EXPRESS (L') Saint-Vite, 47 278
EZKIA Bidart, 64 303

F

FABRIQUE, PAINS ET BRICOLES (LA) Bordeaux, 33 203
FABRIQUE À PÂTES (LA) Poitiers, 86 347
FABRIQUE DU CAFÉ (LA) Limoges, 87 359
FARRUGIA (SANDRINE) Cocumont, 47 272
FÉRIA (LA) Gujan-Mestras, 33 222
FERME AUX GRIVES (LA) Eugénie-les-Bains, 40 250
FERME BELARDIA Saint-Saud-Lacoussière, 24 169
FERME D'AYANA (LA) Saulgé, 86 349
FERME DE LADEVÈZE (LA) Marmande, 47 275
FERME D'ENJACQUET (LA) Bordeaux, 33 202
FERME DU PUY LENTY Brive-la-Gaillarde, 19 137
FERME ETCHELECU (LA) Sames, 64 329
FERME ETCHELECU (LA) Sames, 64 330
FERME LABRUE Eyvirat, 24 157
FERME LIZARRAGA Urrugne, 64 332
FERME OSTALAPIA (LA) Ahetze, 64 282
FERME PÉRIGOURDINE (LA) Périgueux, 24 165
FERME SAINT-JACQUES (LA) Châtellerault, 86 346
FERMETTE DE LOMBIA (LA) Lombia, 64 315
FINE BOUCHE (LA) Bordeaux, 33 188
FINK CHOCOLATERIE Poitiers, 86 347
FIRSTNAME - LA BADA Bordeaux, 33 216
FLAHERTY & CO Limoges, 87 359
FLEUR DE SEL (LA) La Rochelle, 17 106
FLOTS (LES) Châtelaillon-Plage, 17 97
FORGE (LA) Uza, 40 266
FOUDRES - HÔTEL CHAIS MONNET (LES) Cognac, 16 88
FOURNIL DE L'HIPPODROME (LE) Eysines, 33 221
FOURNIL GOGAILLE (LE) Limoges, 87 357
FOURNIL HELIOS Marmande, 47 275
FRANCIS L'ÉPICERIE DES HALLES Limoges, 87 358
FRANQUETTE La Rochelle, 17 106
FROMAGERIE DAVID Saintes, 17 131
FROMAGERIE DE PIERRE (LA) Bordeaux, 33 207
FROMAGERIE DERUELLE Bordeaux, 33 207
FROMAGERIE DES GORS Melle, 79 338
FROMAGERIE DES HALLES Agen, 47 270
FROMAGERIE GAMBETTA Biarritz, 64 301
FROMAGERIE JÉRÉMIE CHOSSON Poitiers, 86 348
FROMAGERIE LACHAISE Limoges, 87 357
FROMAGES BÉGUIER Le Château-d'Oléron, 17 113
FROMAGES DE LAETITIA (LES) Bayonne, 64 291
FUMOIR DE L'ADOUR (LE) Habas, 40 249
FURTADO (LE) Bordeaux, 33 214

G

GAÉE La Rochelle, 17 106
GALLERY ET SPA - CHÂTEAU DE L'YEUSE Châteaubernard, 16 88
GAMINS DES SABLES Arcachon, 33 179
GANACHE Bordeaux, 33 193
GANTXO - LAURENT MIREMONT (LE) Guiche, 64 310
GARAGE (LE) Biarritz, 64 298
GASCUNA Mont-de-Marsan, 40 257
GAUA Urrugne, 64 332
GAZTELUR Arcangues, 64 285
GEORGE'S Saint-Martin-de-Ré, 17 118
GETARIA Guéthary, 64 309
GLACES BARGETON Saint-Jean-de-Luz, 64 325
GLACIER DE PÉRIGUEUX (LE) Périgueux, 24 165
GLOUTONNE (LA) La Teste-de-Buch, 33 226
GOUSTUT Capbreton, 40 243
GRAIN Bordeaux, 33 209
GRAND BLEU (LE) Dax, 40 247
GRANDE MARÉE OLÉRONAISE (LA) Dolus-d'Oléron, 17 98
GRAND HÔTEL THALASSO & SPA Saint-Jean-de-Luz, 64 324
GRAND LARGE (LE) Dolus-d'Oléron, 17 97
GRAND LARGE (LE) Dolus-d'Oléron, 17 97
GRAND-PIERRE (LE) Saint-Pierre-d'Oléron, 17 125
GRANDS CHÊNES (LES) Valojoulx, 24 175
GRANGE AUX CAFÉS (LA) Bordeaux, 33 208
GRILLÉRADE (LA) Le Bois-Plage-en-Ré, 17 112

H

HA(A)ÏTZA Pyla sur Mer, 33 234
HANZŌ Bordeaux, 33 199
HARMONIE DU MONDE Gimel-les-Cascades, 19 141
HAUTS DE CAILLEVEL (CHÂTEAU LES) Pomport, 24 168
HÉDONIQUE (L') Bordeaux, 33 199
HERNANI Biarritz, 64 297
HERVÉ MIANE Brive-la-Gaillarde, 19 138
HISTOIRES D'AFFINEUR La Rochelle, 17 108
HITTAU (LE) Saint-Vincent-de-Tyrosse, 40 263
HOR DAGO Saint-Jean-de-Luz, 64 327
HORTENSIAS DU LAC (LES) Hossegor, 40 252
HORTENSIAS DU LAC (LES) Hossegor, 40 252

RESTAURANTS HÔTELS ARTISANS ANNONCEURS

■ **HORTUS** Bordeaux, 33 197
■ **HOSTELLERIE DES DUCS** Duras, 47 272
■ **HÔTEL CHAIS MONNET & SPA** Cognac, 16 89
■ **HÔTEL CÔTE SABLE** Lège-Cap-Ferret, 33 228
■ **HÔTEL DE BOUILHAC** Montignac, 24 162
■ **HOTEL DE TOIRAS** Saint-Martin-de-Ré, 17 119
■ **HÔTEL DES PINS** Lège-Cap-Ferret, 33 228
■ **HÔTEL DU PALAIS** Biarritz, 64 298
■ **HÔTEL ECOLODGEE - FUTUROSCOPE** Chasseneuil-du-Poitou, 86 346
■ **HÔTEL ET SPA LE SPLENDID** Dax, 40 249
■ **HÔTEL HEMEN** Saint-Palais-sur-Mer, 17 122
■ **HÔTEL ITHURRIA** Ainhoa, 64 283
■ **HÔTEL ITSAS MENDIA** Bidart, 64 305
■ **HÔTEL LA RÉSERVE** Saint-Jean-de-Luz, 64 324
■ **HÔTEL LE PALAIS GALLIEN** Bordeaux, 33 200
■ **HÔTELLERIE DES FRÈRES IBARBOURE** Bidart, 64 305
■ **HÔTEL RELAIS DU LYON D'OR** Angles-sur-l'Anglin, 86 344
■ **HÔTEL-RESTAURANT LE CHEVAL BLANC ET CLOVIS** Vouillé, 86 349
■ **HÔTEL VILLE D'HIVER** Arcachon, 33 177
■ **HUITRIER PIE (L')** Saint-Émilion, 33 236
■ **HUNGRY BELLY** Biarritz, 64 301
■ **HYPSOLINE KITCHEN** Niort, 79 341

I

■ **ÎLE O POISSONS (L')** Saint-Pierre-d'Oléron, 17 123
■ **ILLARRIA (DOMAINE)** Irouléguy, 64 312
■ **ILURA** Saint-Jean-de-Luz, 64 323
■ **IMPERTINENT (L')** Biarritz, 64 293
■ **IMPRESSIONS** La Rochelle, 17 102
■ **INSIEME** Saintes, 17 132
■ **INSPYRATION** Brive-la-Gaillarde, 19 136
■ **INTENDANT (L')** Bordeaux, 33 204
■ **INTERCONTINENTAL BORDEAUX - LE GRAND HÔTEL** Bordeaux, 33 200
■ **INTERPRÈTE (L')** Pau, 64 317
■ **IØDE (L')** Saintes, 17 130
■ **ISHIKAWA** Bordeaux, 33 188
■ **ITHURRIA** Ainhoa, 64 282

J

■ **JA'AYL** Fourques-sur-Garonne, 47 273
■ **JAMMET SANS MA COCHONNAILLE** Fomperron, 79 336
■ **JARDIN D'ARCY (LE)** Bois, 17 96
■ **JARDIN (LE)** Arcachon, 33 179
■ **JEAN DES SABLES (LE)** Hossegor, 40 252
■ **JEAN (DOMAINE EMILIEN)** Cocumont, 47 272
■ **JOIE DU VIN (LA)** La Rochelle, 17 109
■ **JOKI** Bordeaux, 33 196
■ **JONC-BLANC (CHÂTEAU)** Vélines, 24 175
■ **JOSEPH CHOCOLATIER** Périgueux, 24 164
■ **JULIEN GALON** Angoulême, 16 82
■ **JULO** Bordeaux, 33 206

K

■ **KAFE BELTZA** Bayonne, 64 291
■ **KAHWA CAFÉ** Soorts-Hossegor, 40 253
■ **KAIKU (LE)** Saint-Jean-de-Luz, 64 321
■ **KAKO ETXEA** Saint-Jean-de-Luz, 64 323
■ **KARINE FROMAGES** Bordeaux, 33 207
■ **KASE (LA)** La Rochelle, 17 111
■ **KBANE (LA)** Moliets-et-Maa, 40 256
■ **KBOURUT** Pau, 64 314
■ **KIKERAN** Saint-Jean-de-Luz, 64 326
■ **KINKA** Saint-Pée-sur-Nivelle, 64 328
■ **KYLIX (LA)** Saint-Pierre-d'Oléron, 17 123

L

■ **LABOULANGERIE** La Rochelle, 17 109
■ **LACS D'HALCO (LES)** Hagetmau, 40 251
■ **LAITERIE GILBERT CAP-FERRET** Lège-Cap-Ferret, 33 229
■ **LALIQUE - CHÂTEAU LAFAURIE-PEYRAGUEY** Bommes, 33 180
■ **LAMY FROMAGER** Limoges, 87 358
■ **LANAUD (LE)** Boisseuil, 87 352
■ **LAPIERRE - TRADITION** Angoulême, 16 82
■ **LARD DE L'ÉTABLE** Saint-Chamant, 19 145
■ **LAUZA** Bordeaux, 33 186
■ **LEROUGE AUX LÈVRES** La Rochelle, 17 107
■ **LEROUGE AUX LÈVRES** La Rochelle, 17 109
■ **LESTIGNAC (CHÂTEAU)** Sigoulès, 24 172
■ **LIONEL RAUX** Bayonne, 64 291
■ **LOCALE (LA)** Limoges, 87 358
■ **LOGIS DE LA CADÈNE** Saint-Émilion, 33 236
■ **LOGIS DES TOURELLES** Cognac, 16 90
■ **LOÏC SAINT-MARC** Marmande, 47 275
■ **LOU CAMILLOU** Saint-Léon-sur-Vézère, 24 171
■ **LOU TOUPING** Saubusse, 40 262
■ **LUME** Bordeaux, 33 189
■ **LUNA** Bordeaux, 33 191
■ **LURRAK** Arbonne, 64 284

M

■ **1544 (LE)** Bordeaux, 33 184
■ **1001 FROMAGES** Biarritz, 64 301
■ **M (LE)** Bordeaux, 33 189
■ **M.B. RESTAURANT** Capbreton, 40 243
■ **MADAME FROMAGE** Bordeaux, 33 207
■ **MADELEINES DE DAX (LES)** Dax, 40 247
■ **MADRID (LE)** Guéthary, 64 310
■ **MAIL (LE)** La Rochelle, 17 105
■ **MAISON AMA** Saint-Jean-de-Luz, 64 323

■ RESTAURANTS ■ HÔTELS ■ ARTISANS ■ ANNONCEURS

MAISON AROSTÉGUY Biarritz, 64 300
MAISON CLAUDE DARROZE Langon, 33 224
MAISON DARRICAU Bordeaux, 33 206
MAISON DE MEZOS (LA) Mézos, 40 256
MAISON DE THÉ L Limoges, 87 358
MAISON DES AMBASSADEURS La Rochelle, 17 107
MAISON DES CHANOINES (LA) Turenne, 19 146
MAISON DES DÉLICES (LA) Bordeaux, 33 205
MAISON DEZAMY Biarritz, 64 301
MAISON DORÉE Grignols, 33 221
MAISON DU FROMAGE (LA) Limoges, 87 358
MAISON DU GLACIER (LA) Arcachon, 33 178
MAISON GABIN (LA) Bordeaux, 33 204
MAISON HERMELIN Bordeaux, 33 203
MAISON HERVÉ Le Château-d'Oléron, 17 113
MAISON IHIDOY Sauveterre-de-Béarn, 64 330
MAISON INDA GOXOBAT Saint-Jean-de-Luz, 64 324
MAISON JOANTO Briscous, 64 306
MAISON LA COURSE Bordeaux, 33 202
MAISON LAMOUR Bordeaux, 33 203
MAISON LEYRAT-LONGY Brive-la-Gaillarde, 19 137
MAISON MALATERRE Agen, 47 270
MAISON MONTAIGNE Périgueux, 24 165
MAISON NOUVELLE Bordeaux, 33 181
MAISON OPPOCA (LA) Ainhoa, 64 283
MAISON PAVLOV Le Bouscat, 33 227
MAISON PAYRE Montignac-Lascaux, 24 161
MAISON PINEAU Agen, 47 269
MAISON REQUIER Périgueux, 24 165
MAISONS DU MONDE HÔTEL & SUITES La Rochelle, 17 107
MA MAISON Bordeaux, 33 189
MAMA SHELTER Bordeaux, 33 194
MAMMA PIZZA Guéret, 23 149
MANSLOIS (LE) Rivières, 16 91
MANUFACTURE LE BAYON (LA) Bordeaux, 33 205
MANU PRIMEURS Biarritz, 64 302
MARÉE DES ÎLES Étaules, 17 99
MARGOTON Agen, 47 269
MARION (LE) Biarritz, 64 296
MARIUS Biarritz, 64 295
MARLOE BIARRITZ Biarritz, 64 296
MARMITE (LA) Palluaud, 16 92
MARTIN COMPTOIR Limoges, 87 354
MARTY HÔTEL, TAPESTRY COLLECTION BY HILTON Bordeaux, 33 201
MASON IZOTS Capbreton, 40 245
MAX BORDEAUX Bordeaux, 33 204
MAYNATS Pau, 64 316
MAZAL Bordeaux, 33 194
MÉDIÉVAL (LE) Villandraut, 33 241
MÉMÉ COCOTTE Saint-Étienne-de-Fougères, 47 277
MEMES'TRA Bordeaux, 33 189
METS MOTS Bordeaux, 33 186
MET'S (LE) Surgères, 17 126
MEULE À PAINS (LA) Saint-Pierre-d'Oléron, 17 123
MICHEL LABAT Agen, 47 270
MICHEL TRAMA Puymirol, 47 276
MIE ET MERLOT Saint-Émilion, 33 238
MIEL DES MUSES (LE) Brive-la-Gaillarde, 19 137
MIMOSA Bordeaux, 33 199
MIMOSA Sare, 64 331
MINA Bordeaux, 33 194
MINI PORT PIRATE Gujan-Mestras, 33 221
MIRASOL Mont-de-Marsan, 40 258
MOKA FINA Biarritz, 64 302
MONSIEUR MOUETTE Capbreton, 40 244
MONSIEUR PAPILLES Bordeaux, 33 210
MONSIEUR TXOKOLA Bayonne, 64 290
MONTAGNE NOIRE BY TIM (LA) Saint-Georges-Nigremont, 23 149
MOON Brive-la-Gaillarde, 19 136
MOULIN D'ALOTZ (LE) Arcangues, 64 284
MOULIN DE L'ABBAYE Brantôme, 24 156
MOULIN DE POUSTAGNACQ Saint-Paul-lès-Dax, 40 263
MOULIN DU ROC (LE) Brantôme, 24 156
MR & MRS M Pau, 64 318
M RESTAURANT Pau, 64 317
MR KLAXON Saint-Sauveur-d'Aunis, 17 125
MUSARDIÈRE (LA) Saintes, 17 131

N

NACRE Arès, 33 180
NAMA (LE) Bordeaux, 33 194
NATSUKAYA Biard, 86 345
NATURE VIANDE Bergerac, 24 153
NAUVE, HÔTEL & JARDIN (LA) Cognac, 16 89
NOISETTE PÂTISSERIE Biarritz, 64 301
NOMMAD'S Bourdeilles, 24 155
NOTES - LA NAUVE Cognac, 16 88
NUANCE Bayonne, 64 288
NUMÉRO 33 (LE) Saint-Estèphe, 33 239

O

Ô À LA BOUCHE (L') Marmande, 47 275
O'BISTROT BAIGNOT Dax, 40 249
O'BISTROT DU SUD Rochefort, 17 115
O' BISTROT GOURMAND Oloron-Sainte-Marie, 64 315
OBSERVATOIRE DU GABRIEL (L') Bordeaux, 33 182
OBSIDIENNE Pau, 64 318
O'DÉLICES DU MÉDOC Cussac-Fort-Médoc, 33 220
Ô FINS GOURMETS La Forêt-sur-Sèvre, 79 337
OISEAU BLEU (L') Bordeaux, 33 183
Ô JARDIN D'OCÉANE Limoges, 87 363
OKKO HÔTELS BAYONNE CENTRE Bayonne, 64 289
OLHABIDEA Sare, 64 331
OMNIVORE Pau, 64 317
O PAINS Rochefort, 17 116
OPALINE La Rochelle, 17 104
O'PLAISIR DES SENS La Roque-Gageac, 24 157
ORIGINEL (L') Bordeaux, 33 197
ORTA Bordeaux, 33 200
Ô SANTA RITA Angoulême, 16 84
OSSAU (L') Pau, 64 318
OST Bordeaux, 33 194
OUVRIÈRE (L') Availles-en-Châtellerault, 86 344

RESTAURANTS HÔTELS ARTISANS ANNONCEURS

P

PAB (LE) Royan, 17 117
PADOCA Eysines, 33 219
PAIN DU PIAN (LE) Saint-Macaire, 33 240
PAINS DESLANDRES Pau, 64 319
PALAIS DES VIANDES (LE) La Rochelle, 17 108
PALMITO Biarritz, 64 298
PAMPAILLET (LE) Saint-Macaire, 33 240
PANADERIA (LA) Mortagne-sur-Gironde, 17 111
PANIER DE CRABES (LE) La Rochelle, 17 105
PAPILLES INSOLITES (LES) Pau, 64 319
PARIÈS Bayonne, 64 291
PART DES ANGES (LA) Agen, 47 269
PART DES ANGES (LA) Soustons, 40 265
PARVIS (LE) Saintes, 17 129
PASSION DES METS (LA) Panazol, 87 363
PÂTISSERIE ADAM Saint-Jean-de-Luz, 64 325
PÂTISSERIE BAMAS Bayonne, 64 291
PÂTISSERIE CÉDRIC LEVEAU Magescq, 40 255
PÂTISSERIE D'ÉMOTION Saujon, 17 126
PÂTISSERIE FAYEMENDY Chalus, 87 353
PÂTISSERIE FRANÇOIS - RÉPUBLIQUE Périgueux, 24 165
PÂTISSERIE GIANNELLI Villeneuve-de-Marsan, 40 267
PÂTISSERIE LOPEZ Libourne, 33 231
PÂTISSERIE MIREMONT Biarritz, 64 301
PÂTISSERIE MOKOFIN Bayonne, 64 291
PATXAMAMA Bayonne, 64 289
PAVILLON DES BOULEVARDS (LE) Bordeaux, 33 184
PAVILLON YUASA Bordeaux, 33 186
PECOITZ Aincille, 64 282
PERGOLA (LA) Saint-Laurent-Médoc, 33 239
PETIT ATELIER DES FAURES (LE) Bordeaux, 33 191
PETIT CHAT GOURMAND (LE) Saintes, 17 131
PETIT COMMERCE (LE) Bordeaux, 33 195
PETIT COURAULT Pamproux, 79 342
PETITE AUBERGE (LA) Cenon, 33 220
PETITE TABLE (LA) Capbreton, 40 244
PETIT GRILL BASQUE - CHEZ MAYA Saint-Jean-de-Luz, 64 322
PETIT POUCET (LE) Saint-Palais-sur-Mer, 17 121
PETITS VENTRES (LES) Limoges, 87 356
PÉTROCORE (LE) Périgueux, 24 163
PEUPLIER (LE) Limoges, 87 362
PHILIPPE REDON Limoges, 87 354
PIED DE POULE (LE) Limoges, 87 361
PIEDS DANS L'EAU (LES) Marcillac-la-Croisille, 19 139
PLANCHES (LES) Niort, 79 341
PLUVIÔSE Saint-Jean-de-Luz, 64 322
POISSONNERIE CORNEC Saint-Jean-de-Luz, 64 325
POISSONNERIE DE L'ÎLE DE RÉ Limoges, 87 359
POISSONNERIE FAGOAGA Saint-Jean-de-Luz, 64 325
POISSONNERIE LABATUD Chaniers, 17 97
POISSONNERIE OCÉAN ATLANTIQUE Bordeaux, 33 208
POISSONNERIE OLÉRONNAISE Le Château-d'Oléron, 17 113
PORTE QUINZE Bordeaux, 33 190
POULE D'OR (LA) Puymirol, 47 277
POULETTES Bordeaux, 33 213
PRALINE ET BERGAMOTE La Tremblade, 17 111
PRAO La Rochelle, 17 106
PRÉS D'EUGÉNIE - MICHEL GUÉRARD (LES) Eugénie-les-Bains, 40 250
PRÉS D'EUGÉNIE (LES) Eugénie-les-Bains, 40 251
PRESSOIR D'ARGENT GORDON RAMSAY (LE) Bordeaux, 33 182
PRIMEURS LUC MARTIN Saint-Pierre-d'Oléron, 17 124
PRINCE NOIR (LE) Lormont, 33 231
PROMONTOIRE (LE) Talmont-sur-Gironde, 17 128
P'TIT 18 (LE) Bordeaux, 33 212
P'TITE BOULANGERIE NOTRE DAME (LA) Bordeaux, 33 203
PUY (CHÂTEAU LE) Saint-Cibard, 33 235
PYRÉNÉES (LES) Saint-Jean-Pied-de-Port, 64 320

Q

QU4TRE-QU4RTS Bordeaux, 33 203
QUANJUDE Bordeaux, 33 184
QUATRIÈME MUR (LE) Bordeaux, 33 187
QUINZE (LE) Castelculier, 47 271

R

RACINES Bordeaux, 33 192
RACINES L'ÉPICERIE Bordeaux, 33 206
RAISIN Angoulême, 16 81
RÉ ALIZÉS La Flotte, 17 101
REGALLIEN (LE) Bordeaux, 33 196
REGALTY (LE) Capbreton, 40 243
REGINA EXPERIMENTAL BIARRITZ Biarritz, 64 299
RELAIS DE GOUNEAU (LE) Le Temple-sur-Lot, 47 274
RELAIS DE LA POSTE Magescq, 40 254
RELAIS DE LA POSTE Magescq, 40 254
RELAIS DE MONESTIER (LE) Monestier, 24 158
RELAIS DES SALINES (LE) Le Grand-Village-Plage, 17 114
RELAIS DU BOIS SAINT-GEORGES Saintes, 17 129
RELAIS DU QUERCY (LE) Meyssac, 19 141
RE (LE) Bordeaux, 33 215
RENAISSANCE BORDEAUX Bordeaux, 33 201
RÉSIDENCE DE ROHAN (LA) Vaux-sur-Mer, 17 133
RESSOURCES Bordeaux, 33 184
RESTAURANT 29 Saintes, 17 130
RESTAURANT CHEZ NOUS Saujon, 17 127
RESTAURANT CHRISTOPHER COUTANCEAU La Rochelle, 17 102
RESTAURANT DE LA SEUGNE Jonzac, 17 99
RESTAURANT DES VOISINS Salies-de-Béarn, 64 329
RESTAURANT DU CHÊNE Itxassou, 64 313
RESTAURANT JAMBON Hagetmau, 40 251
RESTAURANT LE MEYSSET Sarlat-la-Canéda, 24 170
RESTAURANT LES FLOTS La Rochelle, 17 102
RESTO DIT VIN Pau, 64 319

RESTAURANTS HÔTELS ARTISANS ANNONCEURS

- RIBAUDIÈRE (LA) Bourg-Charente, 16 — 85
- RICHELIEU (LE) La Flotte-en-Ré, 17 — 100
- RICHELIEU (LE) Mont-de-Marsan, 40 — 258
- RICHELIEU (LE) Bergerac, 24 — 154
- RITUEL (LE) Périgueux, 24 — 167
- ROBINSONS (LES) La Rochelle, 17 — 112
- RO'CHA Le Bouscat, 33 — 227
- ROSIERS (LES) Biarritz, 64 — 293
- ROUGE - LES SOURCES DE CAUDALIE Martillac, 33 — 232

S

- 7 (LE) Saint-Émilion, 33 — 237
- 70 HECTARES... & L'OCÉAN Seignosse, 40 — 264
- SAFRANIER (LE) Champs-Romain, 24 — 156
- SAINT-ANDRÉ (LE) Angoulême, 16 — 81
- SAINT GEORGES (LA) Bordeaux, 33 — 195
- SAINT-JAMES (LE) Bouliac, 33 — 217
- SAINT-MARTIAL (LE) Saint-Martial-de-Nabirat, 24 — 169
- SAINT VINCENT (LE) Roquefort, 40 — 259
- SALON DE LA GLACE (LE) Carcans, 33 — 219
- SALORGE (LA) Le Grand-Village-Plage, 17 — 114
- SAM PÂTISSERIE-GLACIER Vielle-Saint-Girons, 40 — 267
- SANG DES VIGNES (LE) Bayonne, 64 — 289
- SATINE & BODANDY Bordeaux, 33 — 190
- SAVEURS CAFÉ La Rochelle, 17 — 110
- SAVEURS DE LA COTI (LES) Saint-Pierre-d'Oléron, 17 — 123
- SAVEURS DE L'ABBAYE Saintes, 17 — 130
- SAVEURS LIMOUSINES Limoges, 87 — 359
- SÉBASTIEN ZOZAYA Biarritz, 64 — 300
- SEIZIÈME (LE) Périgueux, 24 — 164
- SENS Bordeaux, 33 — 183
- SERGHI (LE) Saint-Martin-de-Ré, 17 — 118
- SERRURERIE (LA) Poitiers, 86 — 347
- SILLAGE Saint-Pierre-d'Oléron, 17 — 122
- SILLON Biarritz, 64 — 293
- SIN (LE) Biarritz, 64 — 297
- SINGULIERS (LES) Saint-Astier, 24 — 168
- SKIFF CLUB (LE) Pyla sur Mer, 33 — 233
- SOIF Bordeaux, 33 — 192
- SOÏ THAÏ Angoulême, 16 — 84
- SOLÉNA Bordeaux, 33 — 183
- SON' RESTAURANT Bordeaux, 33 — 185
- SOURCES DE CAUDALIE (LES) Martillac, 33 — 232
- SWEET PEA Ciboure, 64 — 308
- SYMBIOSE Bordeaux, 33 — 187

T

- 3 CANARDS BY GALLY (LES) Arvert, 17 — 96
- TABLE DE CATUSSEAU (LA) Pomerol, 33 — 233
- TABLE DE JOCE (LA) Jarnac, 16 — 91
- TABLE DE L'AUBERGE BASQUE (LA) Saint-Pée-sur-Nivelle, 64 — 328
- TABLE DE L'ÉPICIER (LA) Bordeaux, 33 — 212
- TABLE DE L'EUROPE (LA) Villeréal, 47 — 280
- TABLE DE L'OPEN (LA) Moliets-et-Maa, 40 — 257
- TABLE DE MEGUMI (LA) Ciboure, 64 — 308
- TABLE DE MICHEL DUSSAU (LA) Agen, 47 — 269
- TABLE DE MONTAIGNE - LE PALAIS GALLIEN (LA) Bordeaux, 33 — 187
- TABLE DE PAVIE - HÔTEL DE PAVIE (LA) Saint-Émilion, 33 — 235
- TABLE DES COMPAGNONS (LA) Limoges, 87 — 356
- TABLE DES FRÈRES IBARBOURE (LA) Bidart, 64 — 303
- TABLE D'ESCOURCE (LA) Escource, 40 — 250
- TABLE D'HÔTES (LA) Bordeaux, 33 — 181
- TABLE D'OLIVIER (LA) Brive-la-Gaillarde, 19 — 135
- TABLE DU LAVOIR (LA) Martillac, 33 — 231
- TABLE DU MARCHÉ (LA) Villeneuve-sur-Lot, 47 — 279
- TABLE DU MARENSIN (LA) Uza, 40 — 265
- TABLE DU PARLEMENT (LA) Bordeaux, 33 — 200
- TABLE GOURMANDE (LA) Foulayronnes, 47 — 274
- TABLES VATEL (LES) Bordeaux, 33 — 211
- TABLE | SÉBASTIEN GRAVÉ (LA) Bayonne, 64 — 288
- TENTAZIONI Bordeaux, 33 — 185
- TERRAE Cambo-les-Bains, 64 — 306
- TERRES MILLÉSIMÉES Saint-Émilion, 33 — 238
- TERTRE (LE) Saint-Émilion, 33 — 236
- THIERRY RENOU LE PATIO Arcachon, 33 — 177
- THIERS TEMPS La Rochelle, 17 — 104
- THUNEVIN GIRONDINS Saint-Émilion, 33 — 238
- TONTONS TRAITEURS (LES) Magné, 79 — 336
- TOQUE CUIVRÉE (LA) Bordeaux, 33 — 207
- TOUR DES VENTS (LA) Monbazillac, 24 — 158
- TOUT DU CRU (LE) La Rochelle, 17 — 107
- TRABENIA Ascain, 64 — 288
- TUPINA (LA) Bordeaux, 33 — 192
- TXALUPA Saint-Jean-de-Luz, 64 — 323

U

- UN BAIN AU CHOCOLAT Dax, 40 — 247
- UN BOL D'AIR La Rochelle, 17 — 109
- UNIVERRE (L') Bordeaux, 33 — 195

V

- VALENTIN LE GLACIER Brive-la-Gaillarde, 19 — 138
- VERDENERO Bordeaux, 33 — 208
- VERRE BOUTEILLE La Rochelle, 17 — 105
- VERSAILLES (LE) Limoges, 87 — 356
- VIEUX LOGIS (LE) Trémolat, 24 — 174
- VIEUX LOGIS (LE) Trémolat, 24 — 174
- VIGNOBLES & DÉCOUVERTES Bayonne, 64 — 289
- VIGNOBLES ET CHÂTEAUX Saint-Émilion, 33 — 238
- VILLA CLARISSE AND SPA Saint-Martin-de-Ré, 17 — 120
- VILLA DE L'ÉTANG BLANC Seignosse, 40 — 264
- VILLA DE L'ÉTANG BLANC Seignosse, 40 — 265
- VILLA GRAND VOILE La Rochelle, 17 — 108
- VILLA L'ARCHE Bidart, 64 — 305
- VILLA NAVARRE Pau, 64 — 316
- VILLA NAVARRE Pau, 64 — 319

RESTAURANTS HÔTELS ARTISANS ANNONCEURS

■ **VILLAS FOCH** Bordeaux, 33 201
■ **VINAIGRERIE SAINT-JACQUES**
Mauléon-Licharre, 64 313
■ **VINAIGRERIE SAINT-JACQUES**
Mauléon-Licharre, 64 314
■ **VINCI (LE)** Royan, 17 117
■ **VINGÉLIQUE** Poitiers, 86 347
■ **VINOBLE** Limoges, 87 357
■ **VINOTHÈQUE DE BORDEAUX (LA)**
Bordeaux, 33 204
■ **VIN'QUATRE (LE)** Bergerac, 24 151
■ **VINS URBAINS** Bordeaux, 33 200
■ **VIOLON D'INGRES (LE)** Rochefort, 17 115
■ **VITELLI** Gujan-Mestras, 33 222
■ **VIVANTS** Bordeaux, 33 190
■ **VIVRE(S)** Rochefort, 17 114

W

■ **WILFRIED BARDET - ARTISAN BOUCHER**
Bordeaux, 33 202
■ **WINE SHOP** Biarritz, 64 300

X

■ **XAYA - LA CAVE GOURMANDE**
Saint-Jean-de-Luz, 64 322

Y

■ **YAOYA** Guéthary, 64 310
■ **YNDŌ** Bordeaux, 33 202
■ **YOLE DE CHRIS (LA)**
La Rochelle, 17 103

Z

■ **ZE BAR** La Rochelle, 17 106
■ **ZÉPHIRINE** Bordeaux, 33 185
■ **ZOKO MOKO**
Saint-Jean-de-Luz, 64 321
■ **ZOOLOGIE (LA)** Bordeaux, 33 192

■ RESTAURANTS ■ HÔTELS ■ ARTISANS ■ ANNONCEURS

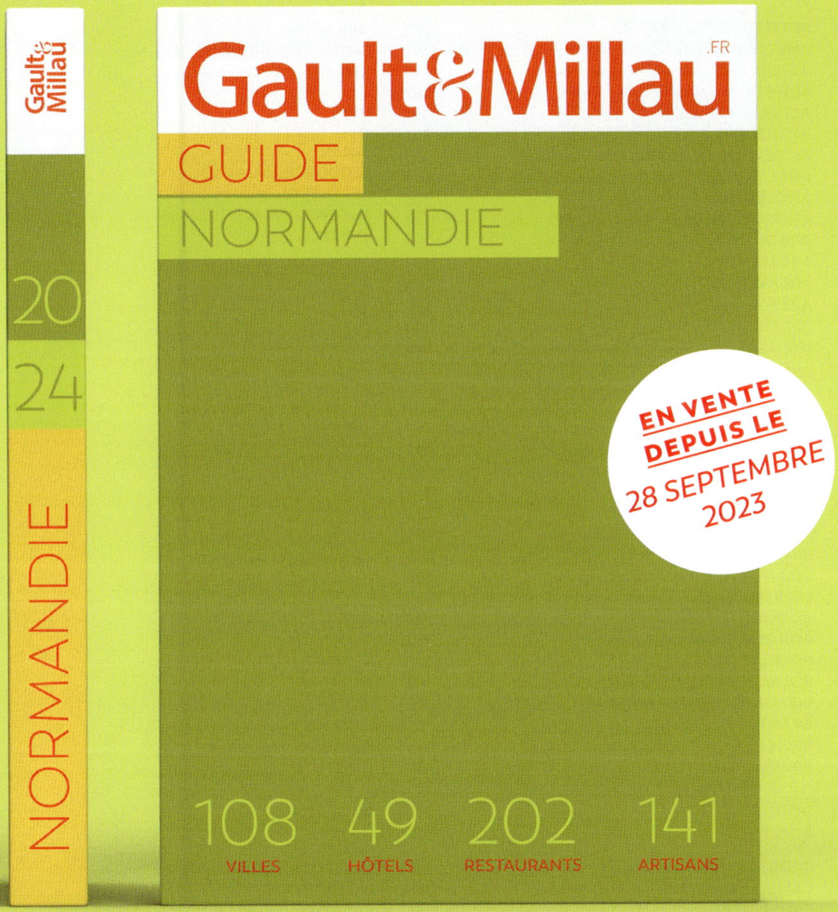
Gault&Millau
.FR
GUIDE
NORMANDIE
108
VILLES
49
HÔTELS
202
RESTAURANTS
141
ARTISANS
20
24
NORMANDIE
EN VENTE
DEPUIS LE
28 SEPTEMBRE
2023

INDEX VILLES

A

AGEN Lot-et-Garonne, 47 **269**
AHETZE Pyrénées-Atlantiques, 64 **282**
AINCILLE Pyrénées-Atlantiques, 64 **282**
AINHOA Pyrénées-Atlantiques, 64 **282**
ALTILLAC Corrèze, 19 **135**
AMOU Landes, 40 **243**
ANDERNOS-LES-BAINS Gironde, 33 **177**
ANGLES-SUR-L'ANGLIN Vienne, 86 **344**
ANGLET Pyrénées-Atlantiques, 64 **283**
ANGOULÊME Charente, 16 **81**
ARBONNE Pyrénées-Atlantiques, 64 **284**
ARCACHON Gironde, 33 **177**
ARCANGUES Pyrénées-Atlantiques, 64 **284**
ARÈS Gironde, 33 **180**
ASCAIN Pyrénées-Atlantiques, 64 **288**
AVAILLES-EN-CHÂTELLERAULT Vienne, 86 **344**

B

BAYONNE Pyrénées-Atlantiques, 64 **288**
BERGERAC Dordogne, 24 **151**
BESSINES Deux-Sèvres, 79 **335**
BIARRITZ Pyrénées-Atlantiques, 64 **293**
BIDARRAY Pyrénées-Atlantiques, 64 **302**
BIDART Pyrénées-Atlantiques, 64 **303**
BIZANOS Pyrénées-Atlantiques, 64 **305**
BOISSEUIL Haute-Vienne, 87 **352**
BOMMES Gironde, 33 **180**
BORDEAUX Gironde, 33 **181**
BOULIAC Gironde, 33 **217**
BOURG-CHARENTE Charente, 16 **85**
BOYARDVILLE Charente-Maritime, 17 **95**
BRANTÔME Dordogne, 24 **156**
BRISCOUS Pyrénées-Atlantiques, 64 **306**
BRIVE-LA-GAILLARDE Corrèze, 19 **135**

C

CADILLAC Gironde, 33 **217**
CAMBO-LES-BAINS Pyrénées-Atlantiques, 64 **306**
CAPBRETON Landes, 40 **243**
CASTAGNÈDE Pyrénées-Atlantiques, 64 **307**
CHAMPS-ROMAIN Dordogne, 24 **156**
CHANIERS Charente-Maritime, 17 **97**
CHASSENEUIL-DU-POITOU Vienne, 86 **346**
CHÂTEAUBERNARD Charente, 16 **88**
CHÂTELAILLON-PLAGE Charente-Maritime, 17 **97**
CHÂTELLERAULT Vienne, 86 **346**
CIBOURE Pyrénées-Atlantiques, 64 **307**
COCUMONT Lot-et-Garonne, 47 **272**
COGNAC Charente, 16 **88**
COLOMBIER Dordogne, 24 **156**
COULON Deux-Sèvres, 79 **339**

D

DAX Landes, 40 **247**
DOLUS-D'OLÉRON Charente-Maritime, 17 **97**
DURAS Lot-et-Garonne, 47 **272**

E

ESCOURCE Landes, 40 **250**
ESPELETTE Pyrénées-Atlantiques, 64 **308**
EUGÉNIE-LES-BAINS Landes, 40 **250**
EYVIRAT Dordogne, 24 **157**

F

FOURQUES-SUR-GARONNE Lot-et-Garonne, 47 **273**

G

GUÉTHARY Pyrénées-Atlantiques, 64 **309**
GUICHE Pyrénées-Atlantiques, 64 **310**

H

HAGETMAU Landes, 40 **251**
HOSSEGOR Landes, 40 **252**

I

IRISSARRY Pyrénées-Atlantiques, 64 **312**
IROULÉGUY Pyrénées-Atlantiques, 64 **312**
ISPOURE Pyrénées-Atlantiques, 64 **312**
ISSIGEAC Dordogne, 24 **157**
ITXASSOU Pyrénées-Atlantiques, 64 **313**

L

LA FLOTTE-EN-RÉ Charente-Maritime, 17 **100**
LALINDE Dordogne, 24 **158**
LANGON Gironde, 33 **224**
LA ROCHE-L'ABEILLE Haute-Vienne, 87 **354**
LA ROCHELLE Charente-Maritime, 17 **102**
LA ROQUE-GAGEAC Dordogne, 24 **157**
LARRAU Pyrénées-Atlantiques, 64 **313**
LE BOUSCAT Gironde, 33 **227**
LE CHÂTEAU-D'OLÉRON Charente-Maritime, 17 **113**
LÈGE-CAP-FERRET Gironde, 33 **227**
LE GRAND-VILLAGE-PLAGE Charente-Maritime, 17 **114**
LÉOGNAN Gironde, 33 **230**
LIBOURNE Gironde, 33 **230**
LIMOGES Haute-Vienne, 87 **354**
LORMONT Gironde, 33 **231**

M

MAGESCQ Landes, 40 254
MARMANDE Lot-et-Garonne, 47 275
MARTILLAC Gironde, 33 231
MASSIGNAC Charente, 16 93
MAULÉON-LICHARRE Pyrénées-Atlantiques, 64 313
MAZIÈRES-EN-GÂTINE Deux-Sèvres, 79 339
MOIRAX Lot-et-Garonne, 47 275
MONBAZILLAC Dordogne, 24 158
MONEIN Pyrénées-Atlantiques, 64 316
MONESTIER Dordogne, 24 158
MONFLANQUIN Lot-et-Garonne, 47 276
MONPAZIER Dordogne, 24 159
MONTAZEAU Dordogne, 24 162
MONT-DE-MARSAN Landes, 40 258
MONTIGNAC Dordogne, 24 162

N

NIEUL Haute-Vienne, 87 364
NIORT Deux-Sèvres, 79 339
NOTH Creuse, 23 148

P

PAU Pyrénées-Atlantiques, 64 316
PAUILLAC Gironde, 33 232
PÉRIGUEUX Dordogne, 24 162
POITIERS Vienne, 86 347
POMEROL Gironde, 33 233
POMPORT Dordogne, 24 168
POUILLON Landes, 40 259
PUISSEGUIN Gironde, 33 233
PUYMIROL Lot-et-Garonne, 47 276
PYLA SUR MER Gironde, 33 233

R

ROCHEFORT Charente-Maritime, 17 114
ROQUEFORT Landes, 40 259

S

SAINT-ANDRÉ-DU-BOIS Gironde, 33 234
SAINT-ASTIER Dordogne, 24 168
SAINT-CIBARD Gironde, 33 235
SAINTE-LIVRADE-SUR-LOT Lot-et-Garonne, 47 280
SAINT-ÉMILION Gironde, 33 235
SAINTES Charente-Maritime, 17 129
SAINT-ÉTIENNE-DE-BAÏGORRY Pyrénées-Atlantiques, 64 320
SAINT-ÉTIENNE-DE-FOUGÈRES Lot-et-Garonne, 47 277
SAINT-GENIÈS Dordogne, 24 168
SAINT-JEAN-DE-LUZ Pyrénées-Atlantiques, 64 321
SAINT-JEAN-PIED-DE-PORT Pyrénées-Atlantiques, 64 320
SAINT-JUSTIN Landes, 40 260
SAINT-MACAIRE Gironde, 33 240
SAINT-MARTIAL-DE-NABIRAT Dordogne, 24 169
SAINT-MARTIN-D'ARBEROUE Pyrénées-Atlantiques, 64 328
SAINT-MARTIN-DE-RÉ Charente-Maritime, 17 118
SAINT-NEXANS Dordogne, 24 169
SAINT-PALAIS-SUR-MER Charente-Maritime, 17 122
SAINT-PAUL-LÈS-DAX Landes, 40 263
SAINT-PÉE-SUR-NIVELLE Pyrénées-Atlantiques, 64 328
SAINT-PIERRE-D'OLÉRON Charente-Maritime, 17 122
SAINT-SAUD-LACOUSSIÈRE Dordogne, 24 169
SAINT-SEVER Landes, 40 263
SAINT-VINCENT-DE-TYROSSE Landes, 40 263
SAINT-YBARD Corrèze, 19 144
SALIES-DE-BÉARN Pyrénées-Atlantiques, 64 329
SAMES Pyrénées-Atlantiques, 64 329
SARE Pyrénées-Atlantiques, 64 331
SARLAT-LA-CANÉDA Dordogne, 24 170
SAUBION Landes, 40 264
SAUTERNES Gironde, 33 240
SEIGNOSSE Landes, 40 264
SIGOULÈS Dordogne, 24 172
SOUSTONS Landes, 40 265

T

THONAC Dordogne, 24 174
TRÉMOLAT Dordogne, 24 174
TURENNE Corrèze, 19 146

U

URRUGNE Pyrénées-Atlantiques, 64 332
USTARITZ Pyrénées-Atlantiques, 64 333
UZA Landes, 40 265

V

VALOJOULX Dordogne, 24 175
VARETZ Corrèze, 19 146
VAUX-SUR-MER Charente-Maritime, 17 133
VÉLINES Dordogne, 24 175
VILLERÉAL Lot-et-Garonne, 47 280
VITRAC Dordogne, 24 175
VOUILLÉ Vienne, 86 350

BIARRITZ

PRÉSIDENT-DIRECTEUR GÉNÉRAL PATRICK HAYOUN

RÉDACTION MAGAZINE

DIRECTEUR DE LA RÉDACTION STÉPHANE BRÉHIER sbrehier@gaultmillau.fr

DIRECTRICE ARTISTIQUE INGRID MAUPOUX, ASSISTÉE DE CANNELLE PETIT

RÉDACTRICE EN CHEF ADJOINTE PÔLE PRINT FLORENCE SAINT-MARTIN

RÉDACTRICE EN CHEF PÔLE DIGITAL ÉMILIE LESUR

RÉDACTEUR WEB MATHIEU DUBUS

CHARGÉE DE PRODUCTION MAUD LOLIA

PREMIÈRE SECRÉTAIRE DE RÉDACTION BRIGITTE ROUX

GRAPHISTE MAQUETTISTE CLAIRE MAGNI

ICONOGRAPHE JULIE VANAZZI, ASSISTÉE DE CASSANDRA JOUFFROY

CAVISTE LAETITIA GAUTHERON

CHEF DE RUBRIQUE VIDÉOS ET PHOTOS JÉRÔME PELEYRAS

COMMUNITY MANAGER LISA MARCHAL

CONTRIBUTEURS LYDIA BACRIE, JEAN ESQUERRÉ, PIERRE GUIGUI, LÉGENDES CARTOGRAPHIE, SYLVAIN OUCHIKH

GUIDE & ENQUÊTES

DIRECTEUR DES GUIDES & DES ENQUÊTES MARC ESQUERRÉ

GESTION BASE DE DONNÉES ARMAND BOLZER

PUBLICITÉ & PARTENARIATS

DIRECTEUR COMMERCIAL NICOLAS MOLINA nmolina@gaultmillau.fr

DIRECTEURS DE CLIENTÈLE AUDREY COMBEAU acombeau@gaultmillau.fr – DANIEL DIAS ddias@gaultmillau.fr

PARTENARIATS OLIVIA HERGAULT ohergault@gaultmillau.fr

RESPONSABLE TÉLÉMARKETING DAVID CHAMARD dchamard@gaultmillau.fr

RÉGIE PUBLICITAIRE

COM'EN RÉGIONS SAMUEL BARUK & JOSEPH BARUK

40, rue de l'Est – 92100 Boulogne-Billancourt – T. 01 83 90 66 90

ÉVÉNEMENTS

DIRECTRICE DES ÉVÉNEMENTS FRANCE FERNANDES ffernandes@gaultmillau.fr

CHEFFE DE PROJET EMMA LACHEVRE elachevre@gaultmillau.fr

CHEFFE DE PROJET JUNIOR LÉA FERRY lferry@gaultmillau.fr

AUDIT & CONSEIL

FRANCK TESSON ftesson@gaultmillau.fr

MARKETING & COMMUNICATION

MAYLIS GADRIOT mgadriot@gaultmillau.fr

ÉDITIONS GAULT&MILLAU – 37-39, rue Boissière – 75016 Paris – france@gaultmillau.fr

Gault&Millau SA au capital de 3 300 000 €

DÉPOT LÉGAL Juin 2024

IMPRESSION Sepec à Péronnas, France - 32956240523

ISBN 978-2-37557-102-6

PEFC 10-31-1470

Certifié PEFC

Ce produit est issu de forêts gérées durablement et de sources contrôlées

www.pefc-france.org